名著で読む世界史120

池田嘉郎
上野愼也
村上 衛
森本一夫=編

山川出版社

はじめに

　人間は，遠い昔から物語をつくったり，語ったり，聞いたりすることを好んできました。はっきりとしたかたちをもたないものであれ，より明確なかたちをもつものであれ，無数の作品の歴史がそのまま人間の歴史であるといっても間違いではないでしょう。そうしたさまざまの作品について，世界史の中で考えてみる，あるいはまた，それらをとおして世界史について考えてみる。そうしたことができればおもしろいのではないかという発想から，本書は生まれました。数え切れない作品のうちの何を取り上げるかは本当に悩ましい課題でしたが，ひとまず高校世界史の教科書を頼りとしつつ，しかしそれをはみだしながら，120の項目を立ててみました。それぞれの作品がどのような時代背景をもっており，歴史的な観点から見て何が興味深いのか。こうしたことについて，本書ほどのまとまりをもって編まれたものは，あまりないように思います。

　さきほど，世界史の教科書を頼りとしつつ項目を選んだと書きましたが，編者にとってそのような作業にあたることは，以下のことをあらためて考えるためのきっかけとなりました。それは，通常の世界史で学ぶ「名著」なるものが，どれだけ近代の，あるいはまたヨーロッパの基準に引っ張られているのかということです。作者や作品のリストもそうですが，「作者」や「著作」といった概念自体，時代や場所によってずいぶんと見方を変えてみる必要がでてきます。例えば長い時間をかけて，多くの要素を付け加えながら口承されてきた物語には，これらの概念はどの程度まであてはまるのでしょう。本書では，歴史の中での「名著」がもつ幅の広さについて，できるかぎり伝えようと努力してみました。

　最後に技術的なことについて。本書では，世界史の教科書にでてくる重要用語をゴシック体で示してあります。細かな説明が必要な語は，▶マークを付し，キーワードとして紹介しています。「近世」とは「初期近代」のことです。

編者一同

目次

1 古代オリエント

1 人類最古の世界文学 『ギルガメシュ叙事詩』 6
2 亡国が生んだ唯一神教 『旧約聖書』 9
3 信仰と歴史の創造 『新約聖書』 12
4 世界最古の創唱宗教 『アヴェスター』ザラスシュトラ・スピターマおよび後世のゾロアスター教神官団 15

2 古代ギリシア・ローマ

5 ヨーロッパ最古の英雄叙事詩 『イリアス』ホメロス 18
6 古代ギリシアの神々の系譜物語 『神統記』ヘシオドス 21
7 人間と神――運命と正義 『アガメムノン』アイスキュロス 24
8 多彩な一大織物 『歴史』ヘロドトス 27
9 わたしは誰なのか? 『オイディプス王』ソフォクレス 30
10 戦いを止める女 『リュシストラテ(女の平和)』アリストファネス 33
11 歴史における人間への眼差し 『歴史』トゥキュディデス 36
12 「地中海世界」の統一 『歴史』ポリュビオス 39
13 共和政末期のローマ 『国家』キケロ 42
14 ラテン文学の黄金時代 『アエネイス』ウェルギリウス 45
15 ギリシア・ローマ神話の「変身」譚 『変身物語』オウィディウス 48
16 ローマ数百年の物語の集大成 『建都以来』リウィウス 51
17 元老院議員が見たローマ帝国 『年代記』タキトゥス 54
18 哲人皇帝の不動心 『自省録』マルクス・アウレリウス・アントニヌス 57
19 西欧キリスト教世界の礎 『神の国』アウグスティヌス 60

3 古代インド

20 神々への讃歌 『リグヴェーダ』 63
21 祭式から哲学的議論へ ウパニシャッド 66
22 仏教聖典の編纂会議 仏典の結集 69
23 古代インドの二大叙事詩 『マハーバーラタ』『ラーマーヤナ』ヴィヤーサ,ヴァールミーキ 72

4 東アジア世界の形成

- 24 微言大義の書 『春秋』 75
- 25 東アジアで最もよく読まれた書物 『論語』孔子 78
- 26 古代中国の弁論を伝える書物 『孟子』孟子 81
- 27 人の性は悪 『荀子』荀況 84
- 28 固有名詞を超えた世界を描く古典 『老子』老子 87
- 29 中国最古の兵法書 『孫子』孫武 90
- 30 中国文学の黎明 『詩経』 93
- 31 「史」の誕生 『史記』司馬遷 96
- 32 正史の理想形を求めて 『漢書』班固 99
- 33 中国的ユートピア 『桃花源記』陶淵明 102
- 34 中国最古のアンソロジー 『文選』昭明太子 105
- 35 河川解説書の枠を超えた宝の地図 『水経注』酈道元 108
- 36 海東三国の抗争と統一 『三国史記』金富軾 111
- 37 中国古典詩の最高峰 杜甫 114
- 38 東アジアで最も読まれた詩集 『白氏文集』白居易 117
- 39 遙かなるインドへの道 『大唐西域記』玄奘 120

5 イスラーム世界

- 40 超越的唯一神の言葉 『コーラン』 123
- 41 最上の人間の模範を伝える ハディース 126
- 42 イスラーム文明の三角法 『フワーリズミーの天文表』フワーリズミー 129
- 43 イスラーム普遍史の金字塔 『諸預言者と諸王の歴史』タバリー 132
- 44 中東のおとぎ話 『千夜一夜物語』 135
- 45 ペルシア文学史上不朽の「英雄叙事詩」 『シャー・ナーメ』フェルドウスィー 138
- 46 体,心,そしてそれらをつなぐもの 『医学典範』イブン・シーナー 141
- 47 世界最古のトルコ語・アラビア語辞典 『トルコ語辞典』カーシュガリー 144
- 48 来世で神に会うための現世における準備の書 『宗教諸学の再興』ガザーリー 147
- 49 不条理と酒と 『ルバーイヤート』ウマル・ハイヤーム 150
- 50 注解者アヴェロエス 『形而上学大注解』イブン・ルシュド 153
- 51 モンゴル覇権と知のネットワーク 『旅行記』イブン・バットゥータ 156
- 52 古今東西の「知」の統合 『集史』ラシード・アッディーン 159
- 53 歴史と人間社会の仕組みを探究する 『歴史序説』イブン・ハルドゥーン 162

6 中世ヨーロッパ

- 54 キリスト教徒と異教徒,フランスと異国 『ローランの歌』 165
- 55 古えの英雄伝説と騎士道文学の融合 『ニーベルンゲンの歌』 168
- 56 スコラ学の大成者 『神学大全』トマス・アクィナス 171
- 57 「イタリア語」の父 『神曲』ダンテ 174
- 58 ルネサンスを告げる物語文学の傑作 『デカメロン』ボッカチオ 177

7 宋・モンゴル時代

59 往事に鑑み, 治道に資する　　『資治通鑑』司馬光 —— 180
60 闊達なる一代の文豪　　　　　『蘇文忠公詩』など 蘇軾 —— 183
61 聖人の道統を継ぐ　　　　　　『四書集注』朱熹 —— 186
62 東西文化の邂逅　　　　　　　『長春真人西遊記』李志常 —— 189
63 コロンブスをも魅了した東方の驚異　『世界の記述』マルコ・ポーロ —— 192
64 諧謔の旋律　　　　　　　　　『元曲』関漢卿ほか —— 195
65 チンギス・カン讃歌──モンゴル版『古事記』『元朝秘史』—— 198
66 中国史入門のベストセラー　　『十八史略』曽先之 —— 201

8 明・清とアジア諸地域

67 天に代わって義をおこなう盗賊たち　『水滸伝』施耐庵, 羅貫中 —— 204
68 お経を求めてインドへの珍道中　『西遊記』呉承恩 —— 207
69 東アジアのロングベストセラー　『三国志演義』羅貫中 —— 210
70 戦う道教の神仙たち　　　　　『封神演義』許仲琳 —— 213
71 中国古典小説の金字塔　　　　『紅楼夢』曹雪芹 —— 216
72 科挙をめぐる中国社会百態　　『儒林外史』呉敬梓 —— 219
73 波乱の人生を送った君主の「自伝」『バーブル・ナーマ』バーブル —— 222
74 タイ史の最重要史料　　　　　『ラームカムヘーン王碑文』ラームカムヘーン王 —— 225
75 繁栄するジャワの王国の記録　『デーシャワルナナ』プラパンチャ —— 228
76 ポルトガル人の見たアジア地誌　『東方諸国記』トメ・ピレス —— 231
77 オランダのアジア進出　　　　『デ・ハウトマンの東インド諸島航海記』
　　　　　　　　　　　　　　　ウィレム・ローデウェイクスゾーン —— 234
78 東南アジアのイスラーム世界の叙事詩『スジャラ・ムラユ』—— 237
79 中国文学のベトナム化　　　　『キム・ヴァン・キエウ』グエン・ズー —— 240

9 近世ヨーロッパ

80 理想郷か, 全体主義の管理社会か　『ユートピア』モア —— 243
81 近代政治学の祖　　　　　　　『君主論』マキァヴェリ —— 246
82 中世的秩序に激震をもたらす　『九十五カ条の論題』ルター —— 249
83 イギリス・ルネサンス演劇　　『ハムレット』シェイクスピア —— 252
84 レコンキスタ後のスペインを舞台として『ドン・キホーテ』セルバンテス —— 255
85 諸学を再構築する　　　　　　『方法序説』デカルト —— 258
86 国家主権の絶対性　　　　　　『リヴァイアサン』ホッブズ —— 261
87 不定形の古典　　　　　　　　『パンセ』パスカル —— 264
88 科学革命の時代　　　　　　　『プリンキピア』ニュートン —— 267
89 人民の権利　　　　　　　　　『統治二論』ロック —— 270
90 近代小説とピューリタン　　　『ロビンソン・クルーソー』デフォー —— 273
91 イギリスとアイルランドのはざまで『ガリヴァー旅行記』スウィフト —— 276
92 三権分立論の登場　　　　　　『法の精神』モンテスキュー —— 279
93 文明社会への危機感　　　　　『人間不平等起源論』ルソー —— 282
94 経済学の誕生　　　　　　　　『諸国民の富』スミス —— 285
95 近代哲学の転換点　　　　　　『純粋理性批判』カント —— 288

10 近代ヨーロッパ・アメリカ合衆国

96	不都合な真実?	『人口論』マルサス	291
97	伝説と歴史と時間が紡ぐ壮大な世界	『ファウスト』ゲーテ	294
98	世界と歴史を遍歴する「精神」	『精神現象学』ヘーゲル	297
99	復古王政年代記	『赤と黒』スタンダール	300
100	制度を変えるのが先か,人間性を変えるのが先か	『オリヴァー・トゥイスト』ディケンズ	303
101	南北戦争勃発の契機	『アンクル・トムの小屋』ストウ	306
102	生物進化のメカニズム	『種の起源』ダーウィン	309
103	近代社会の経済的運動法則を暴露する	『資本論』マルクス	312
104	「1812年」と人生の意味	『戦争と平和』トルストイ	315
105	19世紀パリ,労働者家族の転落の物語	『居酒屋』ゾラ	318
106	現代を揺るがす予言	『カラマーゾフの兄弟』ドストエフスキー	321
107	無意味な生を生き抜く	『ツァラトゥストラはかく語りき』ニーチェ	324
108	アメリカ文学の始まりの1冊	『ハックルベリー・フィンの冒険』トウェイン	327

11 現代の世界

109	万国のムスリムよ,団結せよ	『固き絆』アフガーニー	330
110	若き芸術家による市民文化の「白鳥の歌」	『ブッデンブローク家の人びと』マン	333
111	清末官僚世界の実態	『官場現形記』李宝嘉	336
112	未完の国家建設構想	『三民主義』孫文	339
113	アジア初のノーベル賞	『ギーターンジャリ』タゴール	342
114	国家死滅のユートピア	『国家と革命』レーニン	345
115	変われ,中国社会	『阿Q正伝』魯迅	348
116	第一次世界大戦後のヨーロッパ	『西洋の没落』シュペングラー	351
117	戦争の不条理性への悲観的な思想	『武器よさらば』ヘミングウェイ	354
118	土地から生まれて土地に帰る	『大地』パール・バック	357
119	文化大革命のバイブル	『毛沢東語録』毛沢東	360
120	西欧の支配からイスラームを守る	『法学者の統治』ホメイニー	363

古代オリエント

1

人類最古の世界文学

ギルガメシュ叙事詩

内容紹介 『ギルガメシュ叙事詩』
Gilgamesh 前1200頃（標準版）

　19世紀半ば，イギリス調査隊が**アッシリア**の主都ニネヴェの図書館（前7世紀）を掘りあて，**楔形文字**の刻まれた2万点あまりにのぼる粘土板文書を大英博物館に持ち込んだ。1872年，イギリスの若き研究者ジョージ・スミスが，それらのなかから『**旧約聖書**』の「洪水物語」に酷似した作品を発見する。のちに『ギルガメシュ叙事詩』として知られるようになる書板であった。その後，同じ作品に属する別の部分も，同じ図書館出土文書のなかから次々と発見された。このニネヴェ版『ギルガメシュ叙事詩』は全12の書板からなり，もし完全に保存されていれば，全体が三千数百行の作品であったが，粘土板は破損や欠損が多く，残されていたのは全体のほぼ半分のみであった。しかしその後，ニネヴェ以外の西アジアの遺跡から同じ叙事詩の断片や関連文書が次々と発見され，今日では作品のおおよその内容が明らかになっている。

　叙事詩の主人公ギルガメシュはおそらく，前2600年頃の**シュメール**時代の都市国家ウルクに実在した王であった。彼の死後，彼にまつわるさまざまな物語がつくられ，一連のシュメール語の「ギルガメシュ物語」として伝えられた。それらを踏まえて，前1800年頃，アッカド語（バビロニア語とアッシリア語）の『ギルガメシュ叙事詩』がバビロニアでつくられた。この作品はその後，西アジアのほぼ全域に広まり，前1200年頃，いわゆる標準版が成立した。この標準版は，冒頭の一句をとって，「深淵を覗き見た人」と呼ばれていた。ニネヴェ版『ギルガメシュ叙事詩』は，この標準版を引き継ぐものであった。

標準版『ギルガメシュ叙事詩』のあらすじは次のとおり。ウルクの英雄かつ暴君ギルガメシュと荒野でつくられたエンキドゥは、雌雄の決着のつかない格闘のすえに深い友情で結ばれる。2人は「香柏（こうはく）の森」のフンババを打ち倒し、イシュタルの誘惑を斥けたギルガメシュを懲らしめるために天からくだされた「天牛」をも殺害するが、神々はエンキドゥを死に定める。最愛の友の死を目の当たりにしたギルガメシュは死の恐怖に襲われ、永遠の命を求めて旅立つ。山を越え、暗黒を通り抜け、「死の水」を渡って、ついに太古の洪水を生き延びて神々に列せられたウトナピシュティムのもとにたどりつく。ウトナピシュティムは彼に、人間は死を避けられないと諭（さと）すが、最後には「若返りの草」のありかを教える。ギルガメシュはその草を手に入れるものの、帰途、蛇にこれを持ち去られてしまう。

新アッシリア時代にはさらに、シュメール語のギルガメシュ物語の1つである『ギルガメシュ、エンキドゥ、冥界』がアッカド語に訳され、第12の書板として標準版の末尾に付された。

わたしはわが友エンキドゥのために泣く。泣き女のように、いたく泣き叫ぶ。

（第8の書板第2欄2〜3行、月本昭男訳）

ギルガメシュは、「死後も私を思い起こし、忘れないでくれ」と語って死んだエンキドゥのために切々とした挽歌を歌う。そこには2人の出会い、友情、そして死別が巧みに描き出されており、『旧約聖書』のヨナタンの死を哀悼するダビデの「弓の歌」（サムエル記下1章）、あるいは『イリアス』（→P.18）における盟友パトロクロスの戦死を悼むアキレウスの悲嘆の先駆をなしている。

解説　『ギルガメシュ叙事詩』が生み出されたのは、人類最古の文明が花開いた**メソポタミア**の地であった。このティグリス川とユーフラテス川の流域を中心として栄えた都市国家の1つであるウルクは、物語の舞台にもなっている。

人間と神々の世界とのかかわりを前提とする神話的な様相を呈しつつ、死すべき人間の生き方をめぐる問いと友情が、叙事詩全体を貫く主題となっている。いつかは必ずやってくる死を前にして人はいかに生きるのか、そして人と人はいかにかかわり合うのか、これらははるか古代から人類が答えを求め続けた問いであった。「3分の2が神、3分の1が人間」といわれ、英雄として生きるためには死をものともしなかったギルガメシュの死生観を一変させ、死への恐怖を植えつけて、永遠の命を求める旅の途（と）に就（つ）かせたのは、ほかならぬ盟友エンキドゥとの死別であった。この人類最初の世界文学は、主人公ギルガメシュの精神遍歴を通じて描き出

される，古代西アジア文明に生きた人々の心の軌跡である。

『ギルガメシュ叙事詩』は，**ヘレニズム時代**（前3世紀頃）まで伝承され，1000年以上にもわたって読み継がれた。またヒッタイト語訳やフルリ語訳が試みられ，シリアのウガリトやイスラエルのメギドを含む西アジア各地の遺跡から，叙事詩断片が出土している。これらのことは，この物語がいかに広く流布していたかを示している。

▲『ギルガメシュ叙事詩』の「洪水物語」を伝える第11の書板　ニネヴェのアッシュルバニパルの図書館出土（ロンドン，大英博物館蔵）。

叙事詩に散りばめられたモチーフの数々は，その後のさまざまな文学作品に少なからぬ影響を与えた。とりわけ，標準版第11の書板のなかでウトナピシュティムが語る「洪水物語」はイスラエルにも伝わり，多神教的要素が払拭され倫理化されて，『旧約聖書』の「ノアの洪水物語」（創世記6〜9章）として残された。

参考文献

月本昭男訳『ギルガメシュ叙事詩』岩波書店，1996．
矢島文夫訳『ギルガメシュ叙事詩』（ちくま学芸文庫）筑摩書房，1998．
George, Andrew R., *The Babylonian Gilgamesh Epic: Introduction, Critical Edition and Cuneiform Texts*, 2 vols., London, Oxford University Press, 2003.

キーワード
楔形文字　エジプトの象形文字と並ぶ人類最古の文字。前3200年頃に，メソポタミア文明を築いたシュメール人が考案した絵文字に端を発する。細く削った葦の茎を生乾きの粘土板に押しつけてできる，縦・横・斜めの3種類の楔形状の線を組み合わせた文字へと発達した。古代西アジアの国際共通語でもあったアッカド語がこの文字で記され，エラム・ウラルトゥ・ヒッタイト・シリア・カナンにも伝えられた。元来は表意文字であったが，音価をあらわす音節文字としても使用された。解読は，19世紀中頃，同じ内容の文章が古代ペルシア語・アッカド語・エラム語で書かれたベヒストゥーン碑文の発見により始まる。

関連年表	
前3400〜前3000頃	シュメール都市文化の成立，楔形文字の誕生
前3000〜前2350頃	シュメール初期王朝時代
前2350〜前2200頃	アッカド時代・セム系王朝
前2110〜前2003頃	ウル第三王朝時代
前2002〜前1595頃	古バビロニア・古アッシリア時代
前1600〜前1000頃	中期バビロニア・中期アッシリア時代
前1000〜前609頃	新アッシリア帝国
前625〜前539	新バビロニア帝国
前538〜前331	アケメネス朝ペルシア

（山吉智久）

古代オリエント 1

2 亡国が生んだ唯一神教
旧約聖書

内容紹介 『**旧約聖書**』
Tôrāh Nəbî'îm ûKətûbîm 前8世紀？〜前2世紀？

「旧約聖書」とは，自分たちが独自に生み出した聖典を「新しい契約の書」を意味する「**新約聖書**」と命名した**キリスト教**が，それとの対比で**ユダヤ教**から受け継いだ聖典にあてはめた呼称である。それゆえ，ユダヤ教では「旧約」という名は用いず，「律法（トーラー）と預言者（ネビイーム）と諸書（ケトゥビーム）」と呼ぶ（ヘブライ語で3語の頭文字をとって「タナハ」〈Tanak〉ともいう）。もっとも，日本で，この著作が主にキリスト教の影響下に読まれてきたという事情にかんがみて，以下では一貫して「旧約聖書」と呼ぶことにする。

「律法」「預言者」「諸書」は，ユダヤ教において『旧約聖書』を構成する3つの文書群をあらわす（ただし，日本語訳聖書のほとんどは，キリスト教の伝統に従って文書を配列しているため，この3区分を保っていない）。

「律法」（創世記・出エジプト記・レビ記・民数記・申命記）は，天地創造に始まり，神**ヤハウェ**がアブラハムを祖とする牧羊民にパレスチナでの繁栄を約束し，彼らのエジプト移住やそこからの脱出など，紆余曲折を経ながらも，約束が実現に近づいていくさまを語る。途中，エジプトを出た民がヤハウェと結んだ契約の条項として，聖俗さまざまな領域におよぶ掟が述べられる。

「預言者」は「前の預言者」（ヨシュア記・士師記・サムエル記・列王記）と「後の預言者」（イザヤ書・エレミヤ書・エゼキエル書・ホセア書・ヨエル書・アモス書・オバデヤ書・ヨナ書・ミカ書・ナホム書・ハバクク書・ゼファニヤ書・ハガイ書・ゼカリヤ書・マラキ書）に二分される。前者は，エジプトから「約

束の地」パレスチナに戻った民が，そこに王国を形成し，その王国が盛衰する歴史を記す。後者は，王国時代および王国滅亡後の時代に預言者たちが告げた言葉を集めたものである。

「諸書」（詩編・ヨブ記・箴言（しんげん）・ルツ記・雅歌・コヘレトの言葉・哀歌・エステル記・ダニエル書・エズラ記・ネヘミヤ記・歴代誌）は，詩集・格言集・物語・預言書・歴史書と，体裁も内容も多岐にわたる。

言語は，ダニエル書とエズラ記の一部がアラム語で書かれているのを除き，すべてヘブライ語で記されている。

解説　『旧約聖書』は，歴史叙述はもちろん，預言や詩歌なども含め，内容はイスラエルの民（ヘブライ人）の歴史と深くかかわる。その歴史は『旧約聖書』によれば，次のように要約される。

アブラハム，イサク，ヤコブ（別名イスラエル）と3代にわたりパレスチナを放浪した牧羊者の一家は，やがてエジプトへ渡る。そこで1つの民族イスラエルに成長した彼らは，

> 祭司エズラは律法を会衆の前に持って来た。（……）彼は水の門の前にある広場を前に，男，女，理解することのできる者に向かって，夜明けから正午までそれを読み上げた。　（ネヘミヤ記8章2～3節）
>
> アケメネス朝（前550～前330）のアルタクセルクセス1世（在位前465～前424）ないし2世（在位前404～前359）の命を受け，ユダヤ人エズラはイェルサレムの同胞に秩序をもたらすため，「モーセの律法の書」を朗読する。これが現在の『旧約聖書』冒頭の5つの文書（「律法」）のもととなった。

ファラオにより奴隷として酷使されるが，**モーセ**に率いられ，エジプトを脱出（**出エジプト**）。シナイ山でモーセを仲介者にヤハウェと契約を結んだのち，パレスチナに帰り着くと，ヨシュアの指揮のもと，その地を占領する。その後，周辺民族の圧迫を受け，サウル，ついで**ダヴィデ**を擁立して王制を導入するが，ダヴィデの子**ソロモン**の死後，王国は南北に分裂する。このうち，北の**イスラエル王国**が先に**アッシリア**により，続いて南の**ユダ王国**も**新バビロニア**によりそれぞれ滅ぼされ（**バビロン捕囚**），以来，イスラエルの民は大国の支配のもとで屈従を強いられる。

『旧約聖書』が描く，このような歴史がどこまで事実を反映しているかは，研究者のあいだでも諸説あり，定かでない。ただし，王国分裂以降の記述に関しては，周辺諸国の碑文に傍証（ぼうしょう）が得られることから，細部はともかく，大筋では史実を踏まえているとみて差し支えないであろう。

また、『旧約聖書』におさめられた各文書がいつ、どのような過程を経てまとめられたかをめぐっても、議論は紛糾している。現在、『旧約聖書』の最も古い部分を王国時代、最も新しい部分を**セレウコス朝**支配下の時代（前198〜前64）の成立とする見方が有力であるが、正確に年代を決定する確証があるわけではない。

しかし、そもそも『旧約聖書』はイスラエルの歴史を客観的な事実の記録ではなく、1つの神学のもとに解釈された歴史として語る。その神学とは、端的にいって、ヤハウェとの契約を守れば安泰、破れば破滅という応報主義により特徴づけられる。そのような歴史観をもとに、『旧約聖書』はイスラエルの子孫である**ユダヤ人**に向けて、彼らの苦難の歴史を契約違反に対しヤハウェが下した懲罰として示す。そして、そこから改心して、この神の意思に従うことで平安と自立を取り戻すよう呼びかける。

▲レニングラード写本（1008年）表紙　『旧約聖書』全体の写本としては現存最古のもの（ロシア国立図書館蔵）。

参考文献
共同訳聖書実行委員会『聖書――新共同訳』日本聖書協会、1987.
旧約聖書翻訳委員会『旧約聖書』全15巻、岩波書店、1997〜2004.
山我哲雄『聖書時代史　旧約篇』（岩波現代文庫）岩波書店、2003.

キーワード

バビロン捕囚　前586年、新バビロニア軍の手に首都**イェルサレム**が陥落し、ダヴィデの王統が支配するユダ王国は滅びた。このとき、王族や有力者を中心にユダの住民が多数バビロニアに移住させられた。『旧約聖書』は、一見、敗れたユダ王国の神ヤハウェの無力さをあらわすように思われる、このできごとを、じつはヤハウェがバビロニアを操って不従順な自らの民を処罰したものとして説明する。ここから、ヤハウェを単なるイスラエルの民族神でなく、全世界を支配する唯一神とするユダヤ教の信仰が展開された。

関連年表

前1000頃	ダヴィデ王国樹立
前950頃	ソロモン、イェルサレムにヤハウェ神殿建設
前922頃	王国分裂
前722	イスラエル王国滅亡
前586	ユダ王国滅亡（バビロン捕囚）
前538	アケメネス朝による捕囚民解放
前515	イェルサレム神殿再建
前5世紀半ば/前4世紀初め	エズラによる律法布告
前333	アレクサンドロスのシリア・パレスチナ征服
前3世紀半ば頃	アレクサンドリアで『旧約聖書』のギリシア語訳（七十人訳）始まる（〜前1世紀頃）

（杉江拓磨）

1 古代オリエント

3 信仰と歴史の創造
新約聖書

作者　「新約聖書」は，**イエス**（前7/前4？～後30？）の死後に形成された**キリスト教**の信者によって書かれた27の文書の集成である。4つの「福音書」，1つの「言行録」，20の「手紙」，1つの「黙示録」からなる。作者がわかっているのは，7通の「手紙」の送り主である**パウロ**（？～60以後）および「ヨハネの黙示録」の著者パトモス島のヨハネだけである。10通の「手紙」は有名人（パウロ，イエスの弟子および兄弟）の名を騙る偽書であり，3通の「手紙」は元は匿名だがのちに有名人の名が冠せられたものである。4つの「福音書」の作者名もあとからつけられたものである。各「福音書」は匿名であり，書物自体に作者名はない。「使徒言行録」は，「ルカ福音書」とセットで2巻本として著されたものである。

内容紹介　『新約聖書』
Novum Testamentum 後50～150頃

　『新約聖書』各書の執筆時期は大まかに後50～150年頃，執筆場所は古代**ローマ帝国**支配下の地中海沿岸諸都市（ギリシア語文化圏）であり，原語は当時の共通語（コイネー）のギリシア語である。

　「福音書」にはイエスの生涯と死，および死からの復活が描かれている。そこに描かれるイエスは，神の子キリストであり，それゆえ特殊な能力をもっていて，病人を奇跡的に癒すことができる。またイエスはさまざまなたとえを用いて民衆を教える。その教えとは，この世の終わりが近づいていて，そのときには最後の審判がおこなわれること，そこで有罪判決を受けないためにはイエスに従うことである。やがてイエスは**イェルサレム**に行き，そこで逮捕され，裁判を受け，磔刑で殺される。じつは，

神の子キリストであるイエスは，多くの人の罪を贖う身代わりの犠牲として殺されるためにこの世にやってきたのであって，その死は神の計画の実現なのであった。それゆえ死んだはずのイエスは3日後に甦った。大まかには以上のような物語が描かれているが，4つの「福音書」はそれぞれ異なるところも少なくない。

「使徒言行録」は，イエスの死後，その弟子たちがイェルサレムに集まり，教会をつくって，宣教活動を展開していく物語である。前半はイエスの直弟子たちのパレスチナでの活動が主に描かれる。後半は，熱心なユダヤ教徒でありそれゆえキリスト教を迫害していたパウロが，キリスト教へと回心し，小アジア（アナトリア）からギリシアへと宣教し，ついにローマに到達するまでの活動を描く。

「手紙」は，特定の地域の教会に宛てられたもので，個々の教会のかかえる問題に対して，神学的な回答を与えている。「黙示録」にはこの世の終わりについての幻視が描かれている。

> **イエスが死者の中から復活されたとき，弟子たちは，イエスがこう言われたのを思い出し，聖書とイエスの語られた言葉とを信じた。**
> （ヨハネ福音書2章22節，新共同訳）
>
> この文章ははからずもキリスト教信仰の成立プロセスを明かしている。つまり，弟子たちはイエスが生きていたときからキリスト信仰をもっていたわけではなかった。イエスの死後，死んだはずのイエスに出会うという体験をし，そのことの意味を『（旧約）聖書』に探し求め，イエスは復活したのだ，キリストだったのだ，と信じるに至った。『新約聖書』は事実の報告ではなく，キリストと信じられたイエスの姿を描き，またいかなる意味でイエスがキリストであるのかを伝えようとしているのである。

解説 キリスト教は**ユダヤ教**の一派として生まれた。**メシア＝キリスト**はもともとユダヤ教の概念であり，キリスト教成立以前から存在していた。イエスの死後，弟子たちはイエスこそがメシア＝キリストであると信じるようになったのだが，この概念にはすでにいろいろな意味が込められており，いかなる意味でイエスがメシア＝キリストであるかということについて，キリスト教徒内部に多様な考えが生まれた。他方，キリスト教は外国の非ユダヤ人（異邦人）にも宣教していくようになり，ユダヤ教の律法を実践しない異邦人キリスト教徒があらわれた。それゆえ教会内部には，メシア＝キリストの意味について，また律法を守るかどうかについて対立が生じた。「福音書」が4つあるのは，それぞれの著者が互いに異なるメシア＝キリスト理解をイエスに投影した結果であり，多くの「手紙」が書かれたのは，メシア＝キリスト理解

の違いによって生じた教会内部の問題に対処しようとしたためである。しかし，それぞれが自分たちの正しさを主張し，教会が分裂するようになったため，**使徒**の名を騙った手紙を書いたり，匿名の書物に使徒と関連のある人物名を冠したりして権威づけし，のちに「正統派」と呼ばれる人々が集成したのが『新約聖書』である。『新約聖書』各書に必ずしも本当の作者ではない名前がつけられているのはそのためである。

やがてユダヤ教の律法を実践しない異邦人キリスト教徒が主流になっていった。律法を守らないユダヤ教はありえないので，キリスト教はユダヤ教から分離することになった。キリスト教はイエスをとおして神と「新しい契約」（新約）を結んだと主張し，律法を重視するユダヤ教の契約を「古い契約」（旧約）と呼ぶようになった。しかし，後者なしに前者はないので，ユダヤ教の聖典を『**旧約聖書**』と呼びつつ，キリスト教独自の『新約聖書』とあわせて『聖書』とするに至った。

参考文献
上村静『旧約聖書と新約聖書――「聖書」とはなにか』新教出版社，2011.
大貫隆・山内眞監『新版・総説　新約聖書』日本キリスト教団出版局，2003.
佐藤研『聖書時代史・新約篇』（岩波現代文庫）岩波書店，2003.

キーワード

メシア＝キリスト　メシア（アラム語メシハーのギリシア語音写）は「油注がれた者」の意（キリストはそのギリシア語訳）。古代**イスラエル王国**では即位の儀礼として新王の頭に油を注いだ。つまりメシアとはイスラエルの王，とくにダヴィデ家の王を意味した。ダヴィデ家は王権神授を唱えたため，王は「ダヴィデの子」とも「神の子」とも呼ばれた。しかし**バビロン捕囚**（→P.11）とともにダヴィデ王朝が絶たれたため，ユダヤ人のあいだにいつか再びダヴィデ家の末裔から王があらわれ，自分たちを外国支配から解放してくれるはずだというメシア待望論が生まれた。やがてメシアはこの世の終わりに救済と裁きをおこなうと信じられるようになった。キリスト教はイエスこそがこの待望されたメシアだと信じる。

関連年表

前4以前	イエス誕生
後28頃	イエスの活動開始
30頃	イエス処刑，イェルサレムに原始キリスト教会成立
33頃	パウロの回心
50年代	パウロの宣教活動と手紙の執筆
66〜74	第1次ユダヤ対ローマ戦争
70	イェルサレム神殿崩壊
70年代	マルコ福音書執筆
80年代	マタイ福音書執筆
90年代	ヨハネ黙示録，ルカ福音書と使徒言行録，ヨハネ福音書など執筆
140頃〜	キリスト教内にいわゆる「異端」の活動が活発化し，それに対抗する「正統派」が形成される

（上村　静）

古代オリエント 1

4 世界最古の創唱宗教

アヴェスター

ザラスシュトラ・スピターマ
および後世のゾロアスター教神官団

作者 ザラスシュトラ・スピターマ
Zaraϑuštra Spitāma 前12世紀〜前6世紀のいずれか

　アヴェスター語でザラスシュトラ・スピターマ（Zaraϑuštra Spitāma），パフラヴィー語・ペルシア語でザルドシュト・イスファンタマーン（Zardosht Isfantamān），英語でゾロアスター（Zoroaster）。在世期間については諸説あり，前12〜前6世紀のいずれかと考えられている。活躍地域についても諸説あり，ホラズム・バクトリア・スィースターンのいずれかと考えられる。伝統的なイラン人の神官階級（インド人のバラモンに該当）として生まれ，当時のイランの多神教の神官としての教育を受けたが，30歳で「アフラ・マズダーを最高神とし，善悪二元論を説く教え」（**ゾロアスター教**）を創唱して，教義を述べた中核的な詩文「ガーサー」（偈文）を詠んだ。当初はイラン人のあいだに普及しなかったが，42歳で近隣の部族の王ウィーシュタースパに受容されてからは，しだいに教勢を拡大した。晩年の動向や没年などは不明である。

内容紹介 『アヴェスター』
Avestā 6世紀頃編纂

　パフラヴィー語で『アベスターグ』（Abestāg），ペルシア語で『アヴェスター』（Avestā）。ゾロアスター教の教祖ザラスシュトラが詠んだ「ガーサー」を中心として，原始ゾロアスター教教団が作成した散文「7章ヤスナ」，伝統的なイランの多神教の讃歌「ヤシュト」，悪魔払いの呪文「ウィーデーウダード」などが徐々に付加され，「アヴェスター」と呼ばれる膨大な口承伝承が成立した。言語的には，この口承伝承にしか用いられ

ない古代イラン語「アヴェスター語」(ほかに呼びようがないので，便宜的に こう称している)で作成されており，解読にあたっては姉妹言語である古 代インドの**サンスクリット語**などの印欧古語の知識を必要とする。

　サーサーン朝時代(224〜651)のゾロアスター教神官団の『アヴェスタ ー』理解は，パフラヴィー語文献『デーンカルド』第8巻に要約されて いる。それによると，『アヴェスター』は全21巻から構成され，第1部「ガ ーサー解説編」7巻，第2部「ゾロアスター教呪文・儀式編」7巻，第3 部「ゾロアスター教法編」7巻に分類される。しかし，儀式に活用される 部分を除いては実在が確認されず，当時のゾロアスター教神官団が理念 的に措定(そてい)した「聖典」としての『アヴェスター』と，現実の『アヴェス ター』のあいだにはかなりの 乖離(かいり)が生じていたとみられる。

　教祖ザラスシュトラが詩文「ガーサー」を詠んだのは前12〜前6世紀と推定されているが，古代イランの讃歌や呪文が次々に付加されて，最終的に現在見られるような形態を整えたのは6世紀頃と推定されている。この頃にようやく口承伝承「アヴェスター」を筆録するためのアヴェスター文字53文字が考案され，極めて正確な発音が『欽定アヴェスター』として筆写された。おそらく，『聖書』を擁する**キリスト教**や『マニ教7聖典』を擁する**マニ教**といった「聖典宗教」に対抗するために，当時のゾロアスター教神官団がとった措置だったと考えられる。

> 解説
>
> では，睡眠を通して双生児としてあらわれた，かの始原の二霊についてであるが両者は，心意と言語と行為において，より正善なるものと邪悪なものとであったそして，両者のあいだに，正見者たちは正しく区別をつけたが，邪見者どもはそうではなかった
>
> （ヤスナ第30章第3節，伊藤義教訳）
>
> 善悪二元論を説く典型的な「ガーサー」の一節。ここでザラスシュトラは，アフラ・マズダー信仰を説いたあとに，「始原の二霊」について言及する。この点で，ゾロアスター教はユダヤ教・キリスト教・イスラームといったセム的一神教とは決定的に異なる二元論宗教としての道を歩み始めた。

　だが，教祖没後1800〜1200年以上を経てから編纂されたため，『欽定 アヴェスター』の古層部分は，当時のゾロアスター教神官団にとっても 理解不可能な部分が少なくなかった。このため，パフラヴィー語で翻訳 と注釈(総称して『ザンド』と呼ぶ)が作成されたが，古層部分に関しては 誤訳や誤解が非常に多い。このことは，当時のゾロアスター教神官団が

『アヴェスター』の内容を理解して唱えていたというよりは，単なる呪文として活用していたであろうことを示している。

　また，聖典完成から60〜70年ほどでイスラーム教徒アラブ人の進出を受け，ゾロアスター教を国教とするサーサーン朝は651年に滅亡し，これにともなって国家権力の後ろ盾を失った神官団は10世紀までに解体した。このため，『欽定アヴェスター』は徐々に散逸し，現在まで伝わっているのは6世紀に完成した原文の4分の1程度と推定されている。

　10世紀にイランがイスラーム化すると，イランの残存ゾロアスター教徒のあいだでは，ザウスシュトラを預言者アブラハムと同一視し，『アヴェスター』をイスラーム的に正当化する動きが広まった。『アヴェスター』が古代イラン人の世界観を反映した口承伝承の集成であると正しく認識されたのは，18世紀にヨーロッパで近代的なイラン学が成立して以降である。

参考文献

伊藤義教訳『原典訳アヴェスター』(ちくま学芸文庫)筑摩書房，2012.
岡田明憲『ゾロアスター教――神々への讃歌』平河出版社，1982.
岡田明憲『ゾロアスター教の悪魔払い』平河出版社，1984.

キーワード

ゾロアスター教　前12〜前6世紀に在世したと考えられているザラスシュトラ・スピターマの偈文を中核に，最高神アフラ・マズダーと善悪二元論を教義として成立した宗教。イラン系諸民族伝統の多神教を圧倒して，しだいにイラン高原〜中央アジアに分布するイラン系諸民族（ペルシア人，バクトリア人，**ソグド人**など）のあいだに教勢を拡大した。このため，ソグド人が**シルクロード**沿いの通商に従事すると，ゾロアスター教の遺跡は華北一帯にも広く分布するようになった。しかし，拝火儀礼や曝葬（死体を原野などにさらしておく葬法）といった儀式の面ではイラン人の生活習慣と分かちがたく結び付いており，中国人をはじめとする周辺諸民族のあいだには広がらなかった。ゾロアスター教を国教としたサーサーン朝が滅亡すると，教勢は極度に衰退し，神官団が亡命したインド西海岸地域を中心に残存するに留まっている。

関連年表

前12〜前6世紀頃	ザラスシュトラ・スピターマが「ガーサー」部分を創作
前6〜前3世紀頃	原始ゾロアスター教教団が「ヤシュト」や「ウィーデーウダード」部分を編集
前3〜後3世紀	歴代のゾロアスター教神官階級の口承によって伝承される
後6世紀	アヴェスター文字が開発され，はじめて『欽定アヴェスター』として筆写される。また，パフラヴィー語の訳注「ザンド」が付加される
9世紀	訳注部分だけ独立したパフラヴィー語文献として成立する
10世紀	ゾロアスター教神官団が解体し，『アヴェスター』の4分の3が散逸する
14世紀	インドで現存する最古の『アヴェスター』写本が書写される
1771	フランスのイラン学者・アンクティユ・デュペロンが『アヴェスター』写本を入手し，フランス語訳を完成させる

（青木　健）

古代ギリシア・ローマ

5 ヨーロッパ最古の英雄叙事詩
イリアス
ホメロス

作者　ホメロス
Homēros 前8世紀

　ホメロスは，古代ギリシアの二大叙事詩『イリアス』と『オデュッセイア』の作者とされる人物である。これら2つの詩は，本来は読むための文学作品ではなく，人々の前で朗読される口誦詩であった。ホメロスは一般にヨーロッパ文学史上の権威と見なされ，古来より詩聖とあおがれる存在であるが，生没年など詳細は不明である。すでに古代においても謎に包まれた人物であり，ホメロスの伝記と称する作品も伝わっているが，その内容は信頼にたる事実というよりは創作されたものであろう。さらに近代以降においては，その実在性を疑問視する意見も提出されている。生誕地の有力候補としては，小アジアのスミュルナやエーゲ海東端のキオス島などがあげられてきた。盲目の詩人といわれている。

内容紹介　『イリアス』
Īlias

　『イリアス』とは「イリオスの歌」という意味であるが，イリオスは**トロイア**という地名の別称である。そしてこの小アジアのトロイアとギリシアとのあいだでおこなわれた伝説の戦争，いわゆるトロイア戦争がこの作品の主題である。

　トロイア戦争の発端は，ギリシアの**スパルタ**王妃ヘレネをめぐる事件にある。絶世の美女と謳われたヘレネが，トロイアの王子であるパリスに誘拐された。ヘレネの夫のスパルタ王メネラオスは，これに復讐するために海を越えてトロイアを攻撃する。その際，彼の兄であるミュケナ

イ王**アガメムノン**を総大将として，ギリシア各地より集められた兵士に
→P.24
より連合軍が結成された。その大軍勢のなかには，駿足かつ勇猛なアキ
レウスや智謀知略にたけたオデュッセウスらも含まれていた。しかし堅
牢な城壁に守られたトロイアは容易には陥落せず，戦争は10年の長きに
およんでいた。

　『イリアス』は，このトロイア戦争が勃発してから10年目のできごとを
扱う物語である。戦争全体を年代記風に叙述するのではなく，戦争終結
間近の50日前後のできごとを描いた作品である。そこには英雄たちの苦
悩や悲劇，友情や名誉が神々とのかかわりを交えて描かれており，人間
の生と死を詠いあげる壮大な叙事詩となっている。

> さてオデュッセウスの率いるのは，剛勇の誉れも高きケパレネス族の軍勢で，イタケの島，木の葉のゆらぐネリトン山，(……) 知謀ゼウスにも比すべきオデュッセウスがこれを率い，彼に随うのは船首を朱に彩った軍船十二艘。　（松平千秋訳）
> いろど
>
> 『イリアス』第2巻の後半には，両軍の構成を語る有名な「軍船のカタログ」がある。ギリシア軍に関しては詳細に記されており，内部の勢力関係が推察されよう。引用箇所はオデュッセイアの軍勢を描いた部分である。

　結局，トロイアは陥落する。ただし『イリアス』では敗北したトロイア側の兵士もないがしろにされてはいない。とりわけトロイア軍を指揮する王子ヘクトールは気高い英雄として描かれている。死すべき運命のなかで，もがき苦しむすべての人間たちへの深い共感がうかがわれよう。

解説　やはりホメロスの作品とされる『オデュッセイア』は，トロイア陥落後，ギリシア軍の英雄オデュッセウスが故郷のイタケ島へと帰還する物語である。しかし簡単に帰郷することはかなわず，10年間にわたって漂流し続けることになる。その途中では一つ目の巨人キュクロプスの眼を突き刺して窮地を脱するエピソードなどが盛り込まれており，『オデュッセイア』は『イリアス』とは異なる要素をもつ冒険物語ともいえる作品である。

　ホメロスをめぐる議論の1つに，『イリアス』と『オデュッセイア』という2つの叙事詩が同じ作者によるものか否かという難問がある。現在では同一の作者による作品という意見には疑問が呈されており，別の作者によるものと見なす研究者が少なくない。

　さらに別の問題として，ホメロスの詩に描かれている社会がいつの時

代のものかという議論がある。大きく分けると，特定の時代を反映していると見なす意見と，そうではなく複数の時代の要素が混在しているという意見の2つに区分される。また特定の時代を描いているという意見のなかにも，前14世紀から前13世紀にかけて絶頂期を迎えた**ミュケナイ時代**，そうではなくそのあとの**初期鉄器時代**など，いくつもの見解が出されている。

▲巨人キュクロプス（左）の眼を突くオデュッセウスたち（ギリシア，アルゴス博物館蔵。M. Piérart & G. Touchais, *Argos: Une ville grecque de 6000 ans*, Paris, CNRS Editions, 1996, p. 37.）

　またトロイアは一般に，現在のトルコ西北部に位置するヒッサルリクという遺跡に同定されている。毀誉褒貶相半ばするドイツ人考古学者ハインリッヒ・シュリーマンが，ホメロスの詩に描かれる内容を史実と信じて探し歩いた結果，19世紀にこの遺跡が発見された。さらにその後の調査成果などから，トロイアであると見なされるようになった。しかし確実にそれを支持する証拠が存在するとはいいがたく，推測の域を出るものではない。

参考文献

ホメロス（松平千秋訳）『イリアス』全2巻（岩波文庫）岩波書店，1992.
川島重成『『イーリアス』ギリシア英雄叙事詩の世界』（岩波人文書セレクション）岩波書店，2014.
M. I. フィンリー（下田立行訳）『オデュッセウスの世界』（岩波文庫）岩波書店，1994.

| キーワード |

初期鉄器時代　ミュケナイ文化が崩壊したあと，ギリシアではほどなくして鉄が本格的に使用される時代を迎える。その最初の数世紀を初期鉄器時代といい，前11〜前8世紀前後を指す。かつては低迷かつ孤立した「暗黒時代」と見なされていたが，現在では資料数も増加し，東地中海方面との交流も含めてその具体像が明らかにされつつある。前8世紀頃には**ポリス**（都市国家）が成立し，古典期に向けてのギリシア文化の発展を準備した時代といえる。

（髙橋裕子）

古代ギリシアの神々の系譜物語
神統記
ヘシオドス

作者　ヘシオドス
Hēsiodos 前700頃

　ヘシオドスは、『神統記』および『仕事と日々』という作品で知られる古代ギリシアの大詩人である。古来よりホメロスと並び称される存在であるが、両者の作風には違いが大きい。ヘシオドスの生没年は不明であるが、おそらく前700年前後に活躍したと推測されている。父親はもともとは小アジアのキュメに居住していた人物で、海上貿易に携わっていた。しかし生活に窮乏したことから、ギリシア中部のボイオティア地方にある寒村アスクラに移住した。ヘシオドスとその兄弟ペルセスが育ったのは、このアスクラの地である。ヘシオドスはそこで農業や牧畜に従事しながら詩人としての活動をおこなった。したがってしばしば農民詩人とも表現される。

内容紹介　『神統記』
Theogoniā

　『神統記』は古代ギリシアの神々の系譜を物語る叙事詩である。ホメロスの作といわれる2つの叙事詩が1万行を超えるのに対して、『神統記』は1022行とかなり短いが、ギリシア文化に与えた影響という点では、これにひけをとらない。

　『神統記』の冒頭は、詩の女神であるムーサたちに対する賛歌から始まる。そして農民であるヘシオドスがなぜこのような神々の物語をつくるようになったのか、その理由が明かされる。それによると、ヘシオドスがヘリコンという山で羊の世話をしていたときに、ムーサたちがあらわ

れた。そして彼に詩人になるように促すと、月桂樹の若枝を杖として与え、神の声を吹き込んだという。このようなことを実際に経験したのか否かは不明であるが、ともかく『神統記』によれば、ムーサたちとの出会いという霊的な体験が、ヘシオドスを詩人の道へと導いたのであった。

　その後神々の物語が始まる。まず宇宙の原初的な状態について言及があり、続いて神々の系譜が語られていく。この系譜における中心的なテーマは、オリュンポスの神々の頂点に君臨するゼウスがその支配を確立するまでの経緯である。ゼウスが覇権を確固たるものにするまでには、ウラノス、クロノス、ゼウスと3代にわたる王位継承争いがあった。父の王位を息子が暴力的に奪いとるという、神界における継承争いをめぐる物語である。ウラノスもクロノスも、生まれてくるわが子に自分の権威が脅かされることを恐れてどうにかそれを防ごうとするが敗れ果て、最後はゼウスが勝利する。ゼウスにもその後に危機が訪れるがそれを乗り越え、最終的にゼウスを頂点とする秩序ある世界がつくられていった。

> **ヘリコンの詩神（ムーサ）たちから歌い始めよう。**
> （中務哲郎訳）
>
> 『神統記』は、この書き出しから始まる。ヘリコンとはボイオティア地方の山の名前である。ムーサの信仰で知られており、その聖域があった。またヘシオドスが育ったアスクラは、このヘリコンの山麓に位置する。ヘシオドスにとって詩を語ることはムーサにより与えられた使命であった。

解説　古代ギリシアの宗教は多神教であった。数多くの神々がいるなかでオリュンポス山に棲む12の神々、いわゆる**オリュンポス12神**がその中心的な存在であり、さらにその頂点に位置するのが最高神ゼウスであった。また古代ギリシアの神々は全知全能の存在ではなく、おのおの独自の権能をもっていた。例えばポセイドンは海の神、またアフロディテは愛と美の女神といったところは有名であろう。そしてこれらの神々をめぐっては多彩な神話が知られているが、しかしギリシア神話には教典といえるようなものは存在しない。現在ギリシア神話といわれているものは、いくつもの古典作品のなかに記されている物語の総体である。そしてそのなかでも大きな役割を果たしているのが『神統記』である。

　ヘシオドスの名前で伝わる作品はいくつもあるが、そのなかで真作と見なされているものは『神統記』のほかにもう1つ『仕事と日々』がある。

『仕事と日々』はヘシオドスが兄弟に，正義を重んじて日々の労働にいそしむように諭（さと）す内容であり，農作業や生活にかかわる事柄や人生訓などが記されている。ただしそれのみならず，神々にまつわる物語も盛り込まれており，とりわけ有名なものが5つの時代の神話であろう。ここでいう五時代とは，金・銀・青銅・英雄・鉄の各時代のことである。金から銀，そして青銅の時代へ移るごとに，人間は劣っていった。そのあとの英雄の時代では前の時代よりも優秀となるが，さらに次の鉄の時代においては悲惨なありさまであるという。そしてヘシオドスは自分が悲哀に満ちた鉄の時代に生きていることを嘆いている。苦労の多い鉄の時代に生きながらも労働の尊さを詠うヘシオドスの作品が高く評価されてきたことには，共感を覚えよう。

▲たて琴を奏でるヘリコンのムーサ
（ミュンヘン，州立古代美術博物館蔵）

参考文献

ヘシオドス（中務哲郎訳）『ヘシオドス全作品』京都大学学術出版会，2013．
ヘシオドス（廣川洋一訳）『神統記』（岩波文庫）岩波書店，1984．
山形直子「ヘシオドス――農民詩人の世界観」（川島重成・高田康成編『ムーサよ，語れ――古代ギリシア文学への招待』三陸書房，2003）．

キーワード

ムーサ（英語ではミューズ）　詩や学芸の女神のことで，ヘシオドスによれば9人いた。ゼウスと記憶の女神ムネモシュネのあいだの娘たちである。**ヘレニズム時代**にはこのムーサたちに捧げられた研究機関**ムーセイオン**がエジプトのアレクサンドリアに建立され，学術研究の中心地として隆盛を誇った。「ムーセイオン」は，英語の「ミュージアム」（博物館・美術館）という単語の語源として，現代にもその名残を留めている。

（高橋裕子）

2 古代ギリシア・ローマ

7 人間と神――運命と正義

アガメムノン

アイスキュロス

作者 アイスキュロス
Aischylos 前525〜前456

アテナイの聖地エレウシスの名門出身。前525年に生まれ，前499年頃から劇作を始めたとされる。その後，2度のペルシア来寇（**ペルシア戦争**）では**マラトンの戦い**（前490）と**サラミスの海戦**（前480）に「市民＝戦士」共同体の一員として参加した。

70篇あるいは90篇とも伝わる作品のうち現存するのは7篇。そのうち『ペルシアの人々』は，現存する**ギリシア悲劇**の中でも，めずらしく史実を題材とする唯一の作品。劇大会での優勝は13回とも28回（死後上演作品も含めて？）ともいわれる。前456年シチリア島のゲラで没した。**ソフォクレス**，**エウリピデス**とともに三大悲劇詩人と称され，その最年長。墓碑は悲劇作家としての功績にはいっさいふれず，市民＝戦士としての本分を全うしたことのみ刻んでいた。

内容紹介 『アガメムノーン』
Agamemnōn 前458

本作品は，「オレステイア」と称される壮大な復讐劇三部作の第1部にあたる。アルゴス国王にして**トロイア遠征軍総大将アガメムノン**の帰国を告げる松明（たいまつ）の合図を待ちわびる見張り番が，待望の明かりを発見した喜びの報告で幕を開く。だが，それは王妃クリュタイメストラにとっては，うちに秘めた復讐開始を告げる鬨（とき）の声であった。

ヘレネ奪還のためトロイアへ出陣したギリシア遠征軍は途上，アガメムノンが女神アルテミスの怒りを買ったゆえに，行く手を阻まれる。女

神の怒りをなだめる唯一の手立てとしてアガメムノンは，やむなく妻クリュタイメストラとのあいだにもうけた自分の娘イフィゲネイアを人身御供(ひとみごくう)に捧げた。こうしてトロイア遠征に赴いたギリシア軍が10年の時をかけてトロイアを陥落させる一方，アルゴス本国では，王妃クリュタイメストラが夫による娘の殺害に復讐の炎を燻(くす)ぶらせ，同じくアガメムノンに対して先代からの恨みを報復せんとする愛人アイギストスと不義密通していた。2人は謀議を凝らしたうえでアガメムノンの殺害を果たし，復讐を成就する。だがそれは終わりではない。トロイアから捕虜(ほりょ)として連れてこられ，アガメムノンとともに殺害された巫女(みこ)カッサンドラが，決して理解されぬ真実の言葉で予言していたように，連鎖する新たな復讐の序幕であった。

「オレステイア」第2部『コエポロイ』(供養する女たち)では，母親殺しという「大罪」と父の仇討ちという「正義」とのジレンマに苛(さいな)まれつつ，アポロンの後押しによって復讐を果たす息子オレステスを，第3部『エウメニデス』(慈しみの女神たち)では，母殺害によって復讐の女神(エリニュス)たちに取り憑(つ)かれたオレステスの苦悩と復讐劇の大団円を描く。

> コロス「(斉唱)そして正義の女神が，あらたなる悪行を懲らしめようと，運命の女神がさしだす次の砥石のうえで，剣を研ぐ。」　　(1535〜36行，久保正彰訳)
>
> 「正義」はギリシア悲劇を貫く主題の1つである。仇討ちは1つの「正義」であるが，それはまた別の復讐の「正義」を生む。神々の掌で，人間たちの血で血を洗う復讐の応報は際限ない運命なのか——。悲劇は，戦乱の時代に「市民＝戦士」として生きたポリス市民たちに解きがたいジレンマと運命に立ち向かう困難を現実的課題として突きつけた。

解説　**ペイシストラトス家**の**僭主政**(せんしゅせい)下，大ディオニュシア祭において悲劇の上演が開始されるなど，文芸が花開いた時代にアイスキュロスは少年期を過ごした。やがて僭主の追放を経て民主政の基盤が確立した前508年の**クレイステネス**の改革と同時期に成人を迎え，自由な息吹のなかで自身も詩作を始める。30代半ばにはペルシア来寇の危機に自らも戦列に身を連ね，2度目の来寇の際には，撃退に成功したものの，祖国の破壊と劫掠(ごうりゃく)を味わった。この激動の時代，前484年に最初の優勝を経験しており，彼の名声は早くもギリシア世界に広まり，前476年には，シチリア島シュラクサイの僭主ヒエロンの宮廷に招かれている。

自らも俳優として舞台に立ちつつ，役者の長い衣装や底高靴を導入し，

俳優の数を2人に増やすなど,形式面での基本的要素を整えた。またほかの作家と比べ,合唱隊の役割が重視されることや,視覚面での演出の工夫にアイスキュロスの作品の特徴を認めることができる。

悲劇の題材は,多くが**ホメロス**叙事詩に代表されるような先行する神話・伝承に負うもので,アガメムノン暗殺にまつわるプロットも『オデュッセイア』にすでに見られる。前6世紀前半に神話・伝承を題材にした詩人ステシコロスの先行作品が彼に影響を与えたともいわれるが,アイスキュロスは死の2年前となる67歳のときに,これをもとに壮大な三部作という作品にして完成させた。以後,ソフォクレス,エウリピデスらもまた,同じ題材を独自にアレンジした作品を残している。

前405年に上演された**アリストファネス**の喜劇『蛙』において,アイスキュロスは冥界の悲劇の玉座にあって「作品は自分とともに死んではいない」と語る。事実,没後も彼の作品は特別に再演されていたという。逝去からおよそ半世紀後,すでに不滅の評価を得ていたことがうかがえる。

参考文献
アイスキュロス(呉茂一訳)「アガメムノン」(『ギリシア悲劇1 アイスキュロス』〈ちくま文庫〉筑摩書房,1985).
アイスキュロス(久保正彰訳)『アガメムノーン』(岩波文庫)岩波書店,1998.
松平千秋・久保正彰・岡道男編『ギリシア悲劇全集 別巻――ギリシア悲劇案内』岩波書店,1992.

キーワード

ギリシア悲劇 ギリシア悲劇の起源は不詳であり,前534年アテナイの大ディオニュシア祭でのテスピスによる「山羊の歌」(トラゴーイディア。「悲劇」tragedyの語源)の上演についても確かではない。アテナイでは国家行事として悲劇の上演がおこなわれた。毎年春の大ディオニュシア祭では,中心市のディオニュソス劇場において悲劇・喜劇の競演がおこなわれた。

ポリスにおける悲劇の上演は単なる娯楽ではなく,宗教行事の一環であることに加えて,市民教育の重要な機会であったことも指摘されている。春の大ディオニュシア祭では外国人の観劇も認められたが,女性が観劇できたかどうかについては議論があり,よくわかっていない。

関連年表

前534	アテナイの大ディオニュシア祭ではじめての悲劇の上演(?)
前525	アイスキュロス誕生
前508	クレイステネスの改革
前499頃	アイスキュロス悲劇初上演
前490	マラトンの戦い(第1次ペルシア戦争)
前484	アイスキュロス初優勝
前480	サラミスの海戦(第2次ペルシア戦争。~前479)
前476頃	アイスキュロス,シチリアの僭主ヒエロン訪問
前458	「オレステイア」三部作上演
前456	シチリアのゲラにて没

(齋藤貴弘)

古代ギリシア・ローマ **2**

8

多彩な一大織物

歴史

ヘロドトス

作者 ヘロドトス
Hērodotos 前484頃？〜前420年代？

「歴史の父」と呼ばれるヘロドトスであるが，彼自身の「歴史」について判明している事実は少ない。その作品からは，小アジア西南のギリシア系**ポリス**，ハリカルナッソス（現ボドゥルム）の出身で，生涯に広大な空間（エジプトから黒海北岸まで，南イタリアからバビュロンまで）を旅し，前420年代までは生きていたことが知られる。後代の史料は，前480年の少し前に生まれ，貴顕(きけん)の家の出でハリカルナッソスの僭主(せんしゅ)により故郷を追われたこと，南イタリアに新設された植民市トゥリオイに入植し，そこで死去したことなどを伝える。故郷喪失者として半生を送ったが，**アテナイ**にはおそらく長期滞在し，そこでの知識人との交遊が『歴史』執筆に大きく影響したと見られる。

内容紹介 『**歴史**』
Historiai 前420年代

冒頭で作者は作品の内容と目的をはっきり示している。すなわち，この作品は，ギリシア人と蛮族（**バルバロイ**）双方の「偉大で驚嘆すべき行い」が忘却されることのないよう，とくに「ギリシア人と蛮族がいかなる原因で互いに戦ったのか」について，「調査探求」（ヒストリエ。Historyの語源）したところを示したものである，と。ではこの「ギリシア人と蛮族との戦い」，いわゆる**ペルシア戦争**（前490，前480〜前479）の原因はどこにあるのか。ヘロドトスは神話や伝承には答えを求めず，リュディア王クロイソスの行動が2つの世界の関係に決定的な転換をもたらしたと見て，

クロイソスの先祖ギュゲスの王位簒奪から叙述を始める。以下リュディアによる小アジアのギリシア諸市の征服，キュロスによるペルシアの建国と拡大（第1巻）が続き，エジプト誌（第2巻）をはさみ，ペルシアのエジプト攻略と**ダレイオス**の登位（第3巻），ペルシアの**スキュタイ**およびリビュア遠征（第4巻），イオニア地方のギリシア人の反乱（第5巻）と展開する。第6巻から最終第9巻までがペルシア戦争を扱い，マラトン，サラミス，プラタイアといった著名な戦闘，そしてギリシア軍によるイオニアの解放が語られる（なお題名や巻分けは後代のものである）。

以上がこの作品の縦糸であるが，ヘロドトスはここに自ら調査した各地の歴史・風土・慣習・制度・伝承（真偽を問わず），そしてそれらをめぐる議論を横糸として織り込み，とくに第2・4巻は，それぞれエジプト誌，スキュタイ誌を構成する。『歴史』はできごとの単線的な記述に留まらない，地理学・民俗学・人類学などが扱う話題を幅広く含む，多種多様な柄の一大織物なのである。

> かつて大きかった町の多くは，今は小さくなってしまい，私の時代に大きかった町は当初は小さかった。したがって，人間の幸福は決して同じ場所に留まり続けはしない，かく解する私は，大きな町についても小さな町についても，同じように触れるつもりである。
>
> ヘロドトスの世界観を明確に示す一文。変化という視点によって，世界全体の動きを見据えていることに注意したい。

解説 『歴史』はすぐれて物語的である。登場人物の多くは直接話法で語り，神託や夢見はつねに成就し，適切な助言はたいてい聞き入れられない。さらに，魅力的だが時として荒唐無稽な各地の伝承や逸話が随所に登場するため，事実に即した歴史というより，おとぎ話でも読んでいるかのような印象を今日の読者はいだくかもしれない。

『歴史』が物語的なのは，公衆の前で読みあげるべく書かれたことと関連しているとする仮説もある。事実検証の厳密さに乏しく，おもしろさを狙ったつくり話ばかりだといった悪評はすでに古代から存在した。

しかし『歴史』は決して一場の感興をそそるだけの作品ではない。ヘロドトスは扱う時間を明確に限定し（クロイソス以降ペルシア戦争終結まで），この時代の記録（何が生じたか）だけでなく，しばしば時間を遡ってできごとの説明と解釈（なぜ生じたか）にも取り組み，散文という新しいメディア

による新しい知の領域をつくり出した。その意味で彼は「歴史の父」と呼ばれるにふさわしい。

ヘロドトスに歴史と世界を解釈し議論するための道具を提供したのが、**プロタゴラス**のような**ソフィスト**や**ヒッポクラテス**学派の医師に代表される、前5世紀後半の合理主義の新思潮であった。例えば、それぞれの人間社会に秩序と特徴を与えているのは、フュシス（自然・環境）よりむしろノモス（規範・慣習）であるというヘロドトスの基本的な考え方は、ノモスとフュシスを対比し、ノモスを相対化して捉えたソフィストたちから受け継いでいる。ヘロドトスはここに変化という視点を取り入れ、ノモスの変化に社会の変化の可能性を見ているが、これは彼の独創的見解である。ノモスが変化しうる以上、今日の強国は明日の弱国になりうる。『歴史』は同時代人に警告を発してもいるのである。

▲ヘロドトス像（アテネ、アゴラ博物館蔵。著者提供）

参考文献

ヘロドトス（松平千秋訳）『歴史』全3巻（岩波文庫）岩波書店、1971〜72.
藤縄謙三『歴史の父ヘロドトス』新潮社、1989.
桜井万里子『ヘロドトスとトゥキュディデス——歴史学の始まり』(Historia)山川出版社、2006.
中務哲郎『ヘロドトス『歴史』——世界の均衡を描く』（書物誕生　あたらしい古典入門）岩波書店、2010.

キーワード

ソフィスト　前5世紀後半のギリシア世界には、「ソフィスト（ソフィステス）」（知恵者）と呼ばれる、金銭と引き換えに言葉を操り他人を説得する技術（弁論術）を教える人々が登場し、民主政治下のアテナイを中心に活動した。プロタゴラス、ゴルギアスなどがその代表格である。しかしソフィストは単なる弁論術教師ではない。彼らはむしろ、先達の**イオニア自然哲学者**たちや同時代のヒッポクラテス学派の医師らと問題関心をともにしつつ、自然界の理、神々の存否、人間社会の規範・慣習などについて、合理的な把握と論証を試みた知識人であった。こうした活動は知の大きな転換をもたらし、従来の価値観に対する相対主義や懐疑主義を生んだが、ソフィストに対する社会的な反発や批判も引き起こした。

関連年表

前560頃	クロイソスがリュディア王に即位
前550頃	キュロスがメディアを滅ぼしペルシアを建国
前546頃	ペルシアによりリュディア滅亡
前522	ダレイオスがクーデタののち、ペルシア王に即位
前499	イオニア反乱勃発（〜前494）
前490	マラトンの戦い
前480	テルモピュライの戦い、サラミスの海戦
前479	プラタイアの戦い、ミュカレの海戦
前443	南イタリアのトゥリオイに植民市建設
前431	ペロポネソス戦争始まる（〜前404）

（宮﨑　亮）

古代ギリシア・ローマ

9

わたしは誰なのか？

オイディプス王

ソフォクレス

作者 ソフォクレス
Sophoklēs 前497頃〜前406

　いわゆる三大悲劇詩人の1人で**アテナイ**の人。ソフォクレスの生涯は，祖国アテナイの盛衰，すなわち**ペルシア戦争**（前490，前480〜前479）後，**デロス同盟**（前478）を結成してエーゲ海に一大勢力圏を築くが，やがて**ペロポンネソス戦争**（前431〜前404）で**スパルタ**の前に敗れ去り，覇権を失っていく過程にほぼ重なる。これは国内では**民主政治**が押し進められる一方，各地から知識人が蝟集し，アテナイがギリシア世界の文化の中心になる時期でもある。こうした内外の状況のもと，ソフォクレスは悲劇詩人として長く第一線で活躍するとともに，何度か将軍など重要な公職に任じられて**ポリス・アテナイ**の政治運営の一端を担った。生涯で123篇の劇を書いたとされるが，完全なかたちで伝存するのは『オイディプス王』を含め7篇のみである。

内容紹介 『オイディプス王』
Oidipous Tyrannos 前420年代？

　作物が育たず，家畜も女たちも子を産まなくなり，疫病の蔓延に苦しむテーバイの市民たち。彼らの嘆願を聞き入れ，知者と自他ともに認めるテーバイ王オイディプスが救済に立ち上がるところからこの劇は始まる。
　オイディプスはコリントスで育ったのであるが，些細なことから自らの出生に疑問をいだき，デルフォイに赴いてアポロン神の神託を求める。ところが「父親を殺し母親と交わるであろう」との返答を得たため，二

度と故郷には戻らぬ決心をする。その後，たまたまテーバイを訪れたとき，怪物スフィンクスに苦しめられていたこの町をその抜群の知力で救った。この功績のゆえに，先王ライオスが殺されて空位となっていたテーバイの王位に就き，ライオスの妻イオカステをも娶ったのであった。テーバイの人々は今またオイディプスに自分たちを苦境から救ってくれるよう願い出たのである。

　テーバイの災いは先王ライオス殺しの犯人がいまだ処罰されずにいるためだと，アポロン神の神託から教えられたオイディプスは，身元も所在も不明のその犯人を必ず突き止めるとの誓いを立て，犯人を知るはずの人々を問い質していく。ところが最終的に，ライオスを殺したのは自分であるばかりか，じつは彼自身がライオスとイオカステの息子であり，あろうことか母親と床をともにし子どももうけていたことを，すなわちかつて自分にくだされた神託が成就していたことを知る。自分こそテーバイの災いの元凶であり，このうえもなく汚れた人間であるという事実を前にしたオイディプスは，何も見えていなかった自らの両眼をつぶし，知者として王としてあおぎ見られた栄光から転落していく。

> 「ああ，恐怖の崖っぷちに立つ思いだ，いわねばならぬわたしは」
> 「聞くおれもだ，だがやはり聞かねばならぬ」
> （岡道男訳）
>
> 真相を知る羊飼いとオイディプスとの最終局面でのやりとり。この段階でオイディプスは自分の出生の秘密にほぼ気づいているが，その恐るべき事実に向き合うことを，決して止めようとしない。この激しい知的誠実さに心を揺さぶられる者は少なくあるまい。

解説　この作品は現存する**ギリシア悲劇**のなかで，おそらく最もよく知られた作品である。題材としているのは，精神分析学者**フロイト**(1856〜1939)の「エディプス・コンプレックス」でも有名な「テーバイ伝説」，すなわち父親を殺し母親と交わったというオイディプスの神話である。どこまでが神話伝承にあった部分で，どこからが悲劇詩人の創作なのか，はっきりしない箇所もあるが，オイディプスが質問をし，論理の力を用いて真相に迫っていく劇の展開はソフォクレスの考案と見てよい。これは当時のアテナイでおこなわれていた民衆法廷の審理とはまったく異なる形式の真相究明であるが，最後の鍵を作者は1人の羊飼いに握らせている。もはや権力者だけが知者として真理を独占できる時代ではないことが，ここに劇的に表現されている。

犯人探しの過程でしだいに姿をあらわしてくるのは，かつてデルフォイのアポロン神が告げた2つの古い神託である。ライオスには「息子によって殺される」，オイディプスには「父親を殺し母親と交わる」との神託がそれぞれくだっており，2人はいずれも自分にくだされた神託の実現を回避しようとするが，回避行動が逆に神託を実現させる。『オイディプス王』の始まる時点で2つの神託は成就しており，したがってこの作品は，回避したはずの神託がじつは成就していた事実を，オイディプスが発見していく劇なのである。

　ギリシア悲劇には，最上の選択・行動をしたつもりであったのに，じつはそれが取り返しのつかない過ちであったことにあとになって気づき，破滅していく人間がしばしば登場する。オイディプスもこの「悲劇的人間」の1人であり，人間と神との関係について，また，人間は自分の行動の主体たりえるのか，そして自分とは何者なのか，問いかけている。

参考文献

ソポクレス（藤沢令夫訳）『オイディプス王』（岩波文庫）岩波書店，1967．

ソポクレース（岡道男訳）「オイディプース王」（松平千秋ほか編『ギリシア悲劇全集　第3巻』岩波書店，1990）．

川島重成『アポロンの光と闇のもとに──ギリシア悲劇『オイディプス王』解釈』三陸書房，2004．

逸身喜一郎『ソフォクレース『オイディプース王』とエウリーピデース『バッカイ』──ギリシャ悲劇とギリシャ神話』（書物誕生　あたらしい古典入門）岩波書店，2008．

キーワード

アテナイ民主政　民主政とは，ポリス共同体の運営に携わるのに財産や家柄といった資格を要求せず，市民であれば誰でも同じように参加を許す国制である。アテナイでは，前6世紀末に導入された10部族制度で民主政運営の土台がつくられ，前5世紀後半になると，公職者の多くを抽選で選出し，民衆法廷の陪審員に日当を支給するなど，全員参加の体制が確立していく。この体制が作動するには，市民のあいだに財力の差や家格の違いを超えた同質性をつくり出すことが必要であった。悲劇の上演・観劇は，アテナイ市民に同一の経験をさせ，同じ問題を考えさせることで，この同質性をつくり出す役割を果たしており，その意味では単なる娯楽ではなく，民主政を支える装置の1つであった。

関連年表

前497頃	ソフォクレス生まれる
前490	ペルシア軍のギリシア遠征。マラトンの戦い
前480～前479	ペルシア軍のギリシア遠征。サラミスの海戦，プラタイアの戦い
前478	アテナイを盟主とするデロス同盟が創設される
前468	ソフォクレス，はじめて悲劇を上演，アイスキュロスを破って優勝する
前441	ソフォクレス，サモス遠征に将軍の1人として参加
前431	ペロポンネソス戦争始まる
前413	アテナイのシチリア島遠征軍壊滅。ソフォクレス，事態打開のための10人の先議委員の1人に選ばれる（P.34「解説」参照）
前406	ソフォクレス死去
前404	アテナイ，スパルタに降伏（ペロポンネソス戦争終結）

（宮﨑　亮）

10 戦いを止める女
リュシストラテ（女の平和）
アリストファネス

作者 アリストファネス
Aristophanēs 前450頃〜前385頃

　アッティカ古喜劇を代表する詩人の1人。**アテナイ**市内，キュダテナイオン区のフィリッポスの子。デビュー作は前427年上演の『宴の人々』。前388年の『福の神』上演後に亡くなった。3人の息子も喜劇詩人として前4世紀前半に活躍したことが知られる。

　アリストファネスはおよそ40篇の作品を書き，そのうち11篇が今日までまとまったかたちで伝存する。当初からその名声は高く，喜劇の競演がおこなわれた大ディオニュシア祭またはレナイア祭で，少なくとも6回優勝した。彼の作品には，戦争と平和・政治・富と貧困・知識人批判など，当時の政治情勢や社会問題を反映したものが多く，歴史史料としても利用される。

内容紹介 『リュシストラテ』
Lȳsistratē 前411

　本篇は『女の平和』の訳名で知られているが，原題の『リュシストラテ』は実際にアテナイで使われていた女性の名である。それは「解体（リュシス）」と「軍隊（ストラトス）」の合成語であり，女性名詞化されて「軍を解く女」を意味する。戦争中の男たちに講和条約を結ばせようと画策するヒロインの名に，この作品の内容が凝縮されているといえよう。

　本篇はおそらく前411年のレナイア祭で（現在の1〜2月頃）上演された。その内容は，アテナイ人女性リュシストラテが男たちに戦争（**ペロポンネソス戦争**，前431〜前404）をやめさせようと，アッティカやボイオティア，

ペロポンネソスの女たちを呼び集め，2つの計画を持ちかける。まず，ギリシア中の女たちがセックス・ストライキをし，音をあげた男たちが講和条約を取り結ぶよう説得すること。そして，アテナイの女たちは**アクロポリス**を占拠し，**パルテノン神殿**に収納されている銀1000タラントンを戦費として使われないよう差し押さえることである。

こうして計画が実行されると，アテナイの男たちはアクロポリスのプロピュライア門に火攻めを試みるが女たちに水をあびせかけられ，鎮圧に駆けつけた先議委員（「解説」を参照）もリュシストラテとの論争にやり込められる。一方，籠城中の女たちには脱走者が出てくるが，リュシストラテは神託を持ち出して彼女たちを説き伏せる。我慢できずに妻ミュリネを呼びに来た夫キネシアス（「動かす〈キーネイン〉」という動詞と「腰を動かす，女性と交わる」の意味をかけた駄洒落）は，妻に焦らされて休戦を約束してしまう。そこに，自国の女たちのセックス・ストライキに弱り切った**スパルタ**から和睦(わぼく)の使者がやって来る。アテナイとスパルタの使節を相手に改めてリュシストラテが和解の協議を進め，ついに停戦が成立する。最後に祝宴が催され，アテナイとスパルタ双方の男たちは妻を取り戻す。

> 「今日の集会で，あなたたち，あの碑文の条約に何を付け加えると議決したのです」。「おまえに何の関係がある」。亭主が言います，「黙らんか」。
> 　　　　　　　　　　　　　　　（丹下和彦訳）
> 前418年，アテナイ民会は主戦論者アルキビアデスの説得により，前421年に結ばれたニキアスの和約を刻んだ石碑に「スパルタ人が誓約に違反した」との一文を付け加えた。ここでは，家庭における夫婦の会話として，妻リュシストラテの口を借りて戦争に反対する姿勢が示されている。

解説　前431年に始まったアテナイ同盟軍とスパルタ同盟軍との戦い（ペロポンネソス戦争）は，前421年のニキアスの和約で一時停戦となる。前415年にアテナイはシチリア島遠征に乗り出すが，前413年に全滅してしまう。おりしも前413年以降，スパルタ軍はアッティカ北部のデケレイアを占拠していた。シチリア島遠征失敗後，アテナイは窮状に対処するため男性市民10人からなる先議委員を設置するが，彼らはしだいに民主政への反動の先駆となっていく。そして，主要同盟国の離反が続く前412年，アテナイはパルテノン神殿に収納していた銀1000タラントンの流用を決議する。

前411年の本篇上演当時，アテナイにはこのような時代背景があり，それは作品中の台詞(せりふ)の端々にあらわれている。作者アリストファネスおよび主人公リュシストラテの唯一の狙いは戦争を止めることにあった。ただし，女たちのセックス・ストライキとアクロポリス占拠といういわば女性によるクーデタは，男性中心のアテナイ社会にとって現実には絶対に起こりえないフィクションであった。おそらく，作者の意図は女性市民の政治参加や社会進出を求めることにあったのではない。アリストファネスは，性生活という夫婦間の問題と，戦争というポリス間の問題を交差配列（キアスモス）によって巧みに結びつけ（「肉体をぶつける性交が夫婦の和」「肉体をぶつけないストライキが夫婦の戦」「肉体をぶつけないのが国と国の和」「肉体をぶつけるのが国と国の戦」)，喜劇としてのおかしみを提供しながらも，観客であるアテナイ市民男性に厳しい現実を突きつけているのである。

　なお，リュシストラテは実在した同時代のアテナ・ポリアス女神官リュシマケ（「戦いを止める女」の意）を，またミュリネは同名のアテナ・ニケ女神官をモデルにしたともいわれる。どちらもその神殿はアクロポリスにあった。

参考文献

アリストパネース（丹下和彦訳）「リューシストラテー」（久保田忠利・中務哲郎編『ギリシア喜劇全集　第3巻』岩波書店，2009).

桜井万里子『古代ギリシアの女たち――アテナイの現実と夢』(中公文庫)中央公論新社，2010.

キーワード

アクロポリス　自然の城砦。先史時代から居住の跡が見られ，ミュケナイ時代には王宮が建てられた。その後，アテナ女神に捧げられた祭祀の場として発展し，ペリクレスの時代にパルテノン神殿，プロピュライア門，ニケ神殿，エレクテイオン神殿が建造された。パルテノン神殿はアテナ・パルテノス女神像をおさめるだけでなく，非常時用の銀1000タラントンを保管する国庫としても利用された。本篇の舞台であるアクロポリスを占拠するとは，アテナイを実質的に支配することの象徴であり，国庫を押さえることも意味したのである。

関連年表

前447	パルテノン神殿建造開始（～前432）
前431	ペロポンネソス戦争開始
前421	ニキアスの和約
前415	ヘルメス像破壊事件，シチリア島遠征出発
前413	シチリア島遠征失敗，先議委員設置
前411	寡頭政権「四百人評議会」樹立
前404	ペロポンネソス戦争終結，「三十人僭主」樹立
前403	アテナイ内戦，民主政回復

（竹内一博）

2 古代ギリシア・ローマ

11 歴史における人間への眼差し

歴史

トゥキュディデス

作者 トゥキュディデス
Thoukȳdidēs（Thucydides）前460頃から前455まで〜前400頃

　古代ギリシアの都市国家**アテナイ**の人。祖国アテナイが軍事力を背景に政治・文化的にも大きな成長を遂げた時代を生きた。前431年から**スパルタ**とその同盟諸国とを相手とする**ペロポンネソス戦争**（前431〜前404）の開戦にあたり，「これまでに生じた戦争で最も記録に値する大戦争となる」ことを予見し，すぐに記録を始めた。また「市民＝戦士」社会にあって，自らも将軍として前424年トラキア方面で任務にあたっていたが，要衝都市の救援に間に合わずスパルタにこれを奪われたため，追放（おそらく帰国後の責任追及と制裁を危惧しての亡命）生活を送りつつ，祖国とも敵国とも離れた第三者的立場から情報収集に努め，『歴史』の執筆活動を続けた。アテナイ敗戦の前404年頃帰国し，前400年頃に亡くなったとされる。

内容紹介 『歴史』
Historiai 前5世紀末

　ペロポンネソス戦争の開戦から前411年までの内容を含む。8巻立ての構成は後代のものである。タイトルも後世の付加で『戦史』などとも題される。

　第1巻冒頭で，この戦争の記録の動機と叙述の方針について述べられるほか，アテナイとスパルタという当時の二大強国が衝突に至る背景として，アテナイの成立事情などにふれた「考古学」と呼ばれる部分や，前5世紀初頭の**ペルシア戦争**（前490，前480〜前479）でペルシアを退けて

から開戦までのアテナイの台頭を扱う「50年史」と呼ばれる部分も含む。

第2巻から戦争の記述に入る。当時，強い指導力を発揮していたペリクレスの主導下，アテナイは開戦に踏み切った。開戦初年度に戦没兵士国葬でペリクレスのおこなった「葬送演説」はとくに名高い。また，陸戦の覇者スパルタと対抗するためにとった中心市での籠城策が裏目となって，開戦翌年から市内に発生した大疫病（断続的に前426年まで続き，市民人口の3分の1を失ったとされる）については，現場から生々しくも冷淡に病状や民衆の退廃を描く（「疫病記事」）。中立を保つメロス島に自ら率いるデロス同盟への参加を強要する，アテナイとメロス代表団とのあいだで交わされた前416年の「メロス島の対話」（交渉決裂のすえ，メロス人男性は虐殺され女性と子どもは奴隷化された），アテナイの増上慢の頂点にして凋落の契機となるシチリア島遠征の壊滅的敗北の顛末など，時に大局的，時に人間の心理内面にまで切り込む深い洞察力をもって戦争の経緯が記録されている。失墜し始めたアテナイで状況打開のために目論まれた，前411年の四百人寡頭政権があえなく瓦解し，同年秋頃に五千人体制に移行したあたりで筆が途絶えており，8巻自体が未定稿の状態とされる。

> また，私の記録からは伝説的な要素が除かれているために，これを読んで面白いと思う人はすくないかもしれない。しかしながら，やがて今後展開する歴史も，人間性のみちびくところふたたびかつての如き，つまりそれと相似た過程を辿るのではないか，と思う人々がふりかえって過去の真相を見凝めようとするとき，私の歴史に価値を認めてくれればそれで充分であろう。この記述は，今日の読者に媚びて賞を得るためではなく，世々の遺産たるべく綴られた。（第1巻22章，久保正彰訳）

2400年の時を経て，彼の作品は，その言葉のまま私たちに響き，問いかける。『歴史』を人類普遍の作品たらしめる歴史叙述の核心を記した一節といえよう。

解説　対ペルシア防衛を目的としたデロス同盟の盟主として強圧的に支配し権勢を伸ばしていたアテナイと，スパルタ率いる同盟とのあいだで始まったペロポンネソス戦争は，前421年にいったん休戦した。アテナイはその間にシチリア島遠征を企て痛手を負うも，前413年から再び戦端が開かれ，前404年アテナイの全面降伏で幕を閉じる。今日，前半のアルキダモス戦争，後半のデケレイア戦争をまとめて1つの戦争

と見なすのは，トゥーキュディデスの認識に従うところが大きい。

　戦争を記述するにあたり，各年を夏と冬の二期に分けた年代記風のスタイルをとり，広範囲におよぶできごとを時間軸に従って整理する記述方法が画期的である。また「疫病記事」には，この頃興った近代的な医学の魁（さきがけ）ヒッポクラテス学派の思想的影響が指摘されている。

　彼の叙述方針は情報を徹底して客観的に分析し，批判，利用しようというものであるが，その叙述は無味乾燥な事実の羅列ではない。事件の背後に潜む，一見不条理とも思われる行動原理を，神々の介入といった非合理性を持ち出すことなく読み取ろうとする，作者の人間に対する鋭い眼差しに貫かれている。また，正確な記録が困難である「演説」について，彼は事件全体の経緯のなかで，その「演説」が担っていた本質的意義を見きわめ，作品のなかに効果的に配置した。加えて，立場の異なる当事者たちの「演説」を対にして両論併記することで「事実」を浮かび上がらせようとする。その「演説」の多くは，この戦争の顛末を踏まえての自らの見識と修辞的な技巧を凝らした文体で再構成されたものとなっているが，時代を見据えた同時代人の言葉として迫真の力をもつ。

参考文献
トゥーキュディデース（久保正彰訳）『戦史』全3巻（岩波文庫）岩波書店，1966～67．
トゥキュディデス（藤縄謙三・城江良和訳）『歴史』全2巻（西洋古典叢書）京都大学学術出版会，2000～03．
桜井万里子『ヘロドトスとトゥキュディデス――歴史学の始まり』(Historia)山川出版社，2006．

キーワード

科学的歴史叙述の祖　トゥキュディデスよりも少し先行するヘロドトスによる『歴史』は神話・伝承をふんだんに盛り込んだ物語的叙述のスタイルであった。これに対し，そうした類を退け，可能な限り具体的な事実と情報収拾に努め，情報提供者の立場からくる歪みを批判的に分析し，自らの体験でさえ，自己批判的な分析を通じて記録の材料とする方針を執筆当初から打ち立てた。人間の行動の動機を可能な限り合理的可能性から浮かび上がらせようとする一貫した執筆姿勢ゆえに，近代に連なる科学的歴史叙述の魁として評価を受けている。

関連年表

前478	デロス同盟結成
前443	ペリクレスの政治的指導権確立
前431	ペロポンネソス戦争開戦（アルキダモス戦争）
前430	アテナイで疫病発生（断続的に前426年まで）
前421	ニキアスの和約
前416	アテナイ，メロス島に侵攻
前415	シチリア島遠征（～前413年。アテナイの壊滅的敗北）
前413	戦争再開（デケレイア戦争）
前411	アテナイで政変，四百人寡頭政権樹立（5～6月頃）。ほどなく解体し，五千人体制に移行（9～10月頃）
前410	民主政復活（8月頃）
前404	アテナイ全面降伏，終戦

（齋藤貴弘）

古代ギリシア・ローマ

12 「地中海世界」の統一

歴史

ポリュビオス

作者 ポリュビオス
Polybios 前200頃〜前118頃

　前200年頃ペロポンネソス半島アルカディア地方の都市メガロポリスに生まれる。地元の名門の出であり、父リュコルタスはフィロポイメンとともにアカイア同盟を指導する有力政治家であり、将軍職も務めた。ポリュビオス自身も騎兵長官を務めるなど政治家・軍人として活躍したが、前168年のピュドナの戦いにおいて友軍の**マケドニア**軍が敗れると、捕虜(りょ)の1人として勝利した**ローマ**に送られる。しかしそこでスキピオ・アエミリアヌス（小スキピオ）の知遇を得、助言者・友人として遠征にも同行する。前150年に虜囚の身から解放され、故郷に帰還したのちもスキピオの遠征に同道し、政治家・軍人としての活動を続けた。前118年頃落馬して亡くなる。『歴史』のほかに『戦術論』など複数の著作が知られているが、すべて散逸している。

内容紹介 『歴史』
Historiai 前167〜前118頃

　全40巻のうち第1巻から第5巻が完全なかたちで伝わっており、残りは後世の著作からの引用・抜粋により、断片的に伝えられたものである。ただし第17巻と第40巻はすべて散逸している。対象とする期間は前264年から前146年であるが、とくにローマが地中海世界に支配権を確立するに至る前220年から前168年のできごとが主な記述対象となっている。基本的には第2次・第3次**ポエニ戦争**（第2次は前218〜前201、第3次は前149〜前146）や第4次マケドニア戦争など、ローマとほかの政治勢力（**カル**

タゴ，マケドニア，ギリシア諸ポリス）との戦争や政治外交活動をオリュンピア紀年に基づいて記述する。このような事件史・軍事史の通時的叙述のほかに，**政体循環論**および混合政体論，ローマの国政と軍制を扱う第6巻，ポリュビオス以前の歴史家に対する批判を述べる第12巻，地理学的主題を扱う第34巻，索引（第40巻）で構成されている。

　ポリュビオスが最初に本書を構想したときの執筆範囲は前220年から前168年であり，全30巻で構成される予定であった。この最初の構想に基づく執筆は前167年から前150年頃にかけてなされたと推定されている。しかし前146年以降，ローマが覇権を握ったあとの統治の是非を検討するために執筆対象期間を延長する必要を感じ，前168年から前146年の記述にあてた10巻を追加して全40巻としたと考えられている。

　解説　本書は，まさにローマが地中海世界に覇権を確立する時代を対象としている。ポリュビオスは，同族のギリシア人たちに対して，ローマがいかにして地中海世界を征服するに至ったのかを説明するために，本書を記述した。

> 人の住むかぎりのほとんど全世界が，いったいどのようにして，そしてどのような国家体制によって，わずか53年にも満たない間に征服され，ローマというただひとつの覇権のもとに屈するにいたったのか。　（第1巻第1章第5節，城江良和訳）
>
> ポリュビオスはこのように第1巻冒頭において，自らの叙述の主題を明確に宣言した。そして政治家に有用な訓練と経験を提供すること，および運命の移り変わりにいかにして耐えるかを読者に教えることを執筆の目的として定めた。

　著者にとっては執筆期間に着目すれば現代史であり，執筆対象の地理的範囲からいえば（地中海）世界史である。執筆方針においては，政治家・軍人として自ら見聞きし，経験したことを最も重視した。書物や行政文書，決議碑文からの情報も厳密な史料批判を施したうえで採用したが，あくまでも副次的なものとして扱った。また執筆対象を政治的・軍事的なものに限定し，彼以前の歴史家にありがちであった作者の修辞的力量を誇示するような叙述は避け，また宗教的迷信によってものごとを説明することも退けた。また地理学的要素を重視し，とくに第34巻は全篇が地理学的探究にあてられている。

　ポリュビオスも古典期以来のギリシア歴史学の影響を受けており，現代史，政治・軍事史の重視は**トゥキュディデス**の，地理学的要素の重視

はヘロドトスの伝統を引き継ぐものといえよう。またポリュビオスの政
→P.27
治思想といえば政体循環論と混合政体論が名高いが，政体が変遷すると
いう思想はすでに**プラトン**(前429頃～前347)の『国家』や『法律』など
にも見出され，ポリュビオス自身もそのことを明言している(『歴史』第6
巻第5節)。**アリストテレス**(前384～前322)による批判(『政治学』1286b,
1316a)を受けつつも，古典期・ヘレニズム期を通じて継承されるなかで，
ポリュビオスをはじめとして多くの人物に影響を与えた思想であると考
えられている。混合政体論もまた，プラトンの『法律』の第3巻などに
原型が見られ，ポリュビオスを介してのちの時代の**マキァヴェリ**の共和
→P.246
政論，**モンテスキュー**やジョン・アダムズの**三権分立論**の礎となり，現
→P.279　　　　　　　　　　　　　　→P.281
代の民主政治にも深い影響を与えた。

参考文献
ポリュビオス(城江良和訳)『歴史』全4巻(西洋古典叢書)京都大学学術出版会，2004～13.
佐藤真一『ヨーロッパ史学史——探究の軌跡』知泉書館，2009.
Walbank, F. W., *Polybius*, Berkeley and Los Angeles, University of California Press, 1972.

キーワード

政体循環論　ポリュビオスが重視する政治理論。自然状態における人間集団では，力で他に勝る個人が独裁政を確立する。その後集団のなかに美と正義の観念が生まれたとき，集団の自発的意思によって支配者となった者が王となり王政が成立する。しかし王位が継承されるうちに王は富と享楽に溺れ，王政は僭主政に転落する。この状態が少数の貴族によって打破されると貴族政が成立するが，やはり数代後には堕落し寡頭政へと変化する。すると今度は民衆が立ち上がり，民主政が誕生する。しかし彼らもやがて堕落し，衆愚政に転落する。ここに至って再び独裁者が出現し，独裁政に回帰する。以上のような順序で国政が変遷し続けていくと考えるのが，政体循環論である。

関連年表

前200頃	ポリュビオス生まれる
前171～前168	第3次マケドニア戦争
前170/169	ポリュビオス，アカイア同盟騎兵長官を務める
前168	ピュドナの戦い，ポリュビオス捕虜の1人としてローマに送られる
	スキピオ・アエミリアヌスの庇護を受ける
前151	スピピオのヒスパニア遠征に同行
前150	ギリシア人捕虜の解放，ポリュビオス故郷に帰還
	スキピオのカルタゴ遠征に同行
前146	カルタゴ敗北，コリントス破壊，ポリュビオス大西洋探検
前146～	アレクサンドリア，サルディス，ロドス島訪問，スキピオの遠征に同行
前118頃	ポリュビオス没

(内川勇海)

2 古代ギリシア・ローマ

13 共和政末期のローマ

国家

キケロ

作者　マルクス・トゥッリウス・キケロ
Marcus Tullius Cicero 前106〜前43

　共和政末期**ローマ**の政治家・弁論家・哲学者。イタリアのアルピヌム(現アルピーノ)に生まれた。名家出身ではなかったが,類まれなる弁論の才能をもとに最高官職である執政官までのぼりつめた。しかし,執政官在職時に生じた国家転覆計画の事後処理をめぐって政争に敗れ,亡命。その後帰国を果たしたが,前50年代後半一時的に政界から遠ざかった。『国家』はこの時期に執筆され,政界へ復帰する直前の前51年に発表された。

　政界復帰後は,**カエサル**(前100〜前44)と**ポンペイウス**(前106〜前48)のあいだに勃発した内乱の時代を生き抜いた。勝利をおさめたカエサルが,前44年,共和政を支持する保守派によって殺害されたのち,彼の後継者の地位をめぐって**オクタウィアヌス**(前63〜前14)と**アントニウス**(前83〜前30)のあいだに軋轢(あつれき)が生まれると前者を支持した。そのなかで後者を国家の敵として弾劾(だんがい)する演説を著したことで同人の不興を買い殺害された。このとき,遺体から頭部とともに右手が切断されたことは,キケロの弁論が有した影響力の大きさを如実に物語る。

内容紹介　『国家』
De Re Publica 前51

　『国家』は,前129年,**第3次ポエニ戦争**(前149〜前146)における活躍で名高い小スキピオの邸宅を舞台に,スキピオと他8名とのあいだで3日間にわたっておこなわれた討論という設定で書かれた論考である。全体的には登場人物同士による対話形式を採用しながら,各日の討論の導入

部分に著者であるキケロ自身の意見を挿入するという体裁をとる。

　全6巻から構成されるが，第3巻から第6巻までの大部分が失われており，現存するのは全体の4分の1程度にすぎない（現存箇所の大半も，1819年12月にヴァチカン図書館で新断片が発見されるまで，長らく失われていた）。そのため詳細について不明な箇所も多いが，本書が主題とするのは，理想の国家の姿とその国家を永続させるための術である。

　本書の議論は，**政体循環**の理論を基礎として，混合政体，すなわち，各政体の要素を適切な配合で組み合わせることで成立する公平性と安定性を備えた国家を是とする。そして，最初の王ロムルスから始まるローマの歴史にこの理解をあてはめることで，父祖から受け継がれてきたローマの共和政体こそ最良の国家を体現していることを明らかにする。

→ P.41

ローマの国家はいにしえの慣習と人々によって立つ。

『国家』の第5巻において，詩人エンニウス（前239〜前169）の代表作『年代記』からキケロ自身が引用した詩行。ローマという国家の存立と繁栄が，古来の慣習と父祖たちの尽力に依拠しているという認識を強く印象づける一節である。この引用をもって，キケロは混乱した国家の現状に対する責任が自身の同時代の人々にあることを示す。

　他方，理想の国家を維持するために，国家を正しい方向へ導くことのできる政治家が求められる。そこで，この理想的政治家が国家の危機に対処し，その安寧を保つために果たす役割について，議論は展開する。論じられるのは，哲学的修養を前提とした実際の政治活動の重要性である。これを受けて，本書の結び，国家を維持・運営する務めを果たした者への報償が語られる。小スキピオの夢に養祖父である大スキピオの霊があらわれ，国家に対する責務の遂行が天の世界における永遠の生の享受へとつながることを説くこの箇所は，『国家』のほかの部分とは異なり，『スキピオの夢』というタイトルのもと，西欧中世世界に継受され，完全なかたちで伝えられてきたものである。

解説　『国家』という著作名からまずもって想起されるのは，**プラトン**（前427〜前347）によって書かれた同名の著作であろう。事実，キケロの『国家』には，議論のテーマはもとより，対話の構成，場面設定など，プラトンのそれを手本にしたと考えられる部分が多い。しかし，プラトンの描く理想の国家とは異なり，キケロの理想とする国家は現実に存在する。それは，父祖がつくり上げ，守り伝えてきたローマにほかならない。

キケロは，本書の舞台設定を前129年という過去の時代にすえている。これは，**グラックス兄弟**による改革でローマの国内状況が混乱し，**内乱の1世紀**が幕を開けた時期にあたる。その一方で，キケロが自身の弟に宛てた書簡の記述から，『国家』は執筆と同時期の政治に目を向けた著作であったことが明らかとなる。前50年代後半，ポンペイウスとカエサルの対立が激化するなかで，国家が分裂し，旧来の国政は機能不全に陥っていた。キケロは本書を通じて，荒廃したローマの現状を嘆き，理想の国家とその維持のための手立てをローマの歴史に求めた。そして，内乱で分断された国家を再建し，父祖伝来の栄光を取り戻すべく訴えたのである。

　キケロの『国家』が政治に影響力をおよぼすことはなかった。本書発表の2年後にはカエサルとポンペイウスのあいだに内乱が生じる。その後，最終的には，**アウグストゥス**（在位前27～後14）による帝政の開始をもってキケロが理想としたローマの共和政体は終焉を迎えることとなった。

参考文献
キケロー（岡道男訳）『キケロー選集8――哲学1』岩波書店，1999．
高田康成『キケロ――ヨーロッパの知的伝統』（岩波新書）岩波書店，1999．
クリスチャン・ハビヒト（長谷川博隆訳）『政治家キケロ』岩波書店，1997．
マティアス・ゲルツァー（長谷川博隆訳）『ローマ政治家伝Ⅲ　キケロ』名古屋大学出版会，2014．

キーワード

内乱の1世紀　前133年，護民官ティベリウス・グラックス（前163～前133）は，農地改革をはじめとする革新的な諸改革を遂行するなかで保守派の反対にあい殺害された。その後，オクタウィアヌスが，地中海全域を掌握し，前27年アウグストゥスとして実質的に帝政が開始されるまでの約1世紀のあいだ，ローマでは有力政治家同士，武力を背景に政治の実権を争う時代が続いた。この抗争は，しばしば民衆派（ポプラレス）と閥族派（オプティマテス）の対立として理解される。しかし，両者の差異は，現代における政党の場合とは異なり，政治的イデオロギーよりもむしろ，国家の運営を掌握するに際して重点的に利用された手続きの違い（前者は民会，後者は元老院）に帰される。そのため，各政治家は，状況に応じて立場を改めることが可能で，持続的な党派を形成することもなかった。

関連年表

前129	小スキピオ没
前106	キケロ誕生
前63	キケロ執政官に就任
前58	キケロ政争に敗退し，亡命（翌年，帰国）
前51	キケロ『国家』を発表
前49	カエサルとポンペイウスのあいだに内乱が勃発
前44	カエサル暗殺
前44～前43	キケロ，アントニウス弾劾演説を展開
前43	キケロ没

（内田康太）

古代ギリシア・ローマ **2**

14

ラテン文学の黄金時代

アエネイス

ウェルギリウス

作者 プブリウス・ウェルギリウス・マロ
Publius Vergilius Maro 前70〜前19

　ウェルギリウスは古代**ローマ**の共和政末期から帝政初期にかけて活躍した，**ラテン文学**を代表する詩人である。彼は北イタリアのマントゥア（現マントヴァ）で生まれた。『牧歌 Bucolica』ないしは『選歌 Eclogae』全10歌，『農耕詩 Georgica』全4歌を書き上げたのちに，『アエネイス Aeneis』全12歌に取りかかったが，一部未完のままブルンディシウム（現ブリンディシ）で死去した。彼の著作は『**神曲**』で知られる**ダンテ**をはじめ，
→P.174　　　→P.174
後世のヨーロッパ文学に多大な影響を与えた。

内容紹介 『アエネイス』
Aeneis 前19

　『アエネイス』は，**トロイア**の英雄アエネアスがギリシア勢の手で滅亡する祖国を離れ，神々に翻弄（ほんろう）されるも，その苦難を乗り越え，将来のローマの礎（いしずえ）となる都市アルバ・ロンガを築くまでの伝説を歌った英雄叙事詩である。
　物語はトロイア脱出から7年後，アエネアス一行が**カルタゴ**に漂着するところから始まる（第1歌）。彼はその地をおさめる女王ディドにこれまでの彼らの遍歴を語る（第2歌および第3歌）。両者は惹かれ合うもアエネアスには新しい国を興す使命があり，名残惜しくもディドのもとを離れる。他方，ディドは別れに絶望し，自ら命を絶ってしまう（第4歌）。ディドの自殺を知らぬまま，アエネアスはイタリアへ向かう。途中シチリアで，父の命日に追悼の競技会を開催し（第5歌），その後冥界（めいかい）へくだる。そこで

彼はディドの死を知るとともに、父の霊からローマの建設、そこにあらわれる英雄たち、運命の戦いを予言される（第6歌）。

アエネアスはついにティベリス川河口、ラティウムの地にたどり着く。しかしここでも苦難が待ち受ける。彼はその地の王女をめぐり、許婚（いいなずけ）であったラティウムの英雄トゥルヌスと衝突。トロイア勢とラティウム勢のあいだに運命の戦いが勃発したのである（第7歌）。援軍を求めるアエネアスは戦場を離れ、ティベリス川を北上する。そこでのちのローマとなる地の王エウアンデルに会い、その息子パラスを援軍として授かる（第8歌）。その間、トロイア軍は苦戦を強いられるも（第9歌）、そこにアエネアスがパラス率いる援軍をともない帰還する。ところが、パラスはトゥルヌスにより討ちとられ、その剣帯を奪われてしまう。他方、アエネアスもラティウム方の英雄を討ちとる（第10歌）。英雄たちの死に悲嘆にくれる両陣営は一時休戦。アエネアスはトゥルヌスに一騎打ちを要求する（第11歌）。たび重なる神々の妨害ののち、ついにアエネアスは宿敵トゥルヌスと一騎打ちをおこない、これに勝利する。トゥルヌスから助命の嘆願を受けるも、その肩にパラスの剣帯を見出すやいなや、激昂。非情にも彼の胸に剣を突き立てる（第12歌）。

> 戦いと勇士をわたしは歌う。
> この者こそトロイアの岸から初めてイタリアへと運命ゆえに落ち延びた。
> ラウィーニウムの岸辺へ着くまでに、陸でも海でも多くの辛酸を嘗めた。
> 神威と厳しいユーノ女神の解けぬ怒りゆえであった。
> 戦争による多大な苦難を忍びつつ、ついに都を建て神々をラティウムへ移した。
> 　　　　　　（岡道男・高橋宏幸訳）
>
> 名高い冒頭部を見てみよう。ここではアエネアスが神々から与えられた運命に従い、あらゆる苦難を耐え、ローマ建国へ奔走する様子がまとめられている。

ここでこの壮大な詩は幕引きとなっている。

解説　『アエネイス』とは「アエネアスの歌」という意味であり、その名のとおり英雄アエネアスについての叙事詩である。叙事詩とは元来ギリシア文学のジャンルの1つであり、ヘクサメトロスという韻律で歌われるものである。ラテン語で綴られた本作もまた、この韻律を用いている。ギリシア文学がラテン文学に与えた影響はきわめて大きく、本作にあっても韻律に加え、先行するギリシア文学の作品に対する意識が随所に見られる。とりわけ**ホメロス**の叙事詩は作品の構成に大きな影

響を与えており，全12歌のうち英雄の放浪を扱う第6歌までの前半部分は『オデュッセイア』的，以降の戦争を語る後半部分は『イリアス』的→P.18といわれている。ウェルギリウスはこうした神話の世界のうえに，新たにローマ人の物語，彼らの起源をドラマチックに接合したのである。それはすなわち，ローマ人とは，あるいはローマとは何か，という問いに対する1つの答えを提示したことになる。

　このように本作はローマ人の心の拠り所となるような国民的叙事詩をめざして作成されたが，同時に新時代の旗手**アウグストゥス**（在位前27～→P.53後14）を讃える歌でもあった。トロイア勢とラティウム勢との戦いには内乱が，そしてアエネアスにはアウグストゥスが重なるように構想されている。当時，アウグストゥスとその友にして文芸の庇護者であったマエケナスは，プロパガンダの浸透を文学の力に求めていたからである。死の床でウェルギリウスは未完である本作の破棄を望んだが，アウグストゥスはその遺言を無視し，発表した。それは本作が新時代の到来を告げる鐘楼として，彼の統治に必要不可欠なものであったことを示している。

参考文献
ウェルギリウス（岡道男・高橋宏幸訳）『アエネーイス』京都大学学術出版会，2001.
高橋宏幸編著『はじめて学ぶラテン文学史』（はじめて学ぶ文学史）ミネルヴァ書房，2008.
小川正廣『ウェルギリウス研究――ローマ詩人の創造』京都大学学術出版会，1994.

キーワード	関連年表
ラテン文学の黄金時代　ラテン文学は時代により，共和政前期・共和政後期・アウグストゥス期・帝政前期・帝政後期の，5つに分けられることが多い。とりわけアウグストゥスの治世には，その平和を謳歌する高度な文学が花開き，ラテン文学の黄金時代と評されている（これに共和政末期を含める場合もある）。ローマ建国からの歴史を著した**リウィウス**（→P.51）の存在も忘れてはならないが，この時代の特徴は詩作にある。代表的なウェルギリウス，ホラティウス，ティブルス，プロペルティウス，**オウィディウス**（→P.48）のいずれも詩人である。この時代の詩人の多くが共和政末期の内乱を経験していた。内乱と平和。これらが黄金時代の文学に大きな影響を与えたことは間違いない。	前70　ウェルギリウス誕生 前60　第1回三頭政治（ポンペイウス，カエサル，クラッスス） 前49　カエサル，ルビコン渡河――ポンペイウスとの内乱 前44　カエサル暗殺，再び内乱に 前43　第2回三頭政治（オクタウィアヌス，アントニウス，レピドゥス） 前38～前37頃　ウェルギリウス『牧歌』（『選歌』）を発表 前31　アクティウムの海戦――内乱の終結，地中海の平定 前29　ウェルギリウス『農耕詩』を発表 前27　オクタウィアヌスにアウグストゥス（尊厳者）の称号が贈られ，ローマ，元首政（帝政）となる 前19　ウェルギリウス死去，死後『アエネイス』刊行

（阿部　衛）

2 古代ギリシア・ローマ

15

ギリシア・ローマ神話の「変身」譚

変身物語

オウィディウス

作者 プブリウス・オウィディウス・ナソ
Publius Ovidius Naso 前43〜後17

　古代ローマの詩人。イタリアのスルモ（現スルモナ）の騎士階級身分の家族のもとに生まれた。兄とともにローマで修辞学と弁論術の教育を受け，その際マルクス・ウァレリウス・メッサラ・コルウィヌス（前64〜後8）の文学サロンに出入りして詩作にいそしんだ。その後，ギリシアに赴き研鑽を積み，帰国後ローマで要職に就くものの，それを放棄して詩の道の追求を志した。

　すでに詩人としての地位を確固としたものにしていた後8年，**アウグストゥス**（在位前27〜後14）によって黒海沿岸のトミス（現ルーマニアのコンスタンツァ）に追放される。ローマに帰れることを願って文化・芸術から隔絶された環境で詩作を続けるものの帰国はかなわず，後17年にトミスにおいて死去した。

内容紹介 『変身物語』
　　　　　Metamorphoses 後8年以前

　『変身物語』は，古代オリエント世界および古代ギリシア・ローマの神話や伝説のなかに登場する神々や人物の「変身」に関する逸話を集めたもので，全15巻，約1万2000行からなるオウィディウス最大の作である。本作は，叙事詩で使われる韻律であるヘクサメトロス（基本的には長短々の音節の組み合わせを6度繰り返して1行とし，そのようなかたちの1行を連ねていく詩形のこと）で書かれているが，今に伝わるオウィディウスの作品でこの詩形をとっているものはほかにはない。執筆時期は，ローマから追

放される数年前とされている。

　オウィディウスは第1巻のなかで，世界の始まりから現在に至るまでのあいだに生じたと伝わる変身に関する物語を，流れにそって展開していくことを約束しているものの，1つ1つの物語の内容は基本的にはその物語のなかで完結している。そのため，作品全体を貫くテーマが「変身」であるということを除くと，本作に集められたそれぞれの物語にはこれといったつながりはない。これらの物語のなかには，現代の日本人が慣れ親しんだ話も多く，例えば童話『王様の耳はロバの耳』に登場するロバの耳をもつ王は，『変身物語』ではフリュギアの都市ペッシヌスのミダス王として描かれる。このほかにも，オルフェウスの冥府くだりや，テセウスによるミノタウロス退治などの物語が本作で取り上げられている。最終巻では，オウィディウスが活躍した時代の為政者**カエサル**（前100〜前44）とアウグストゥスも登場する。カエサルの昇天と神格化という「変身」を描くことで，その後継者であるアウグストゥスもまた天界に昇る日がくると予言し，『変身物語』は締めくくられている。

> ローマの勢力が及んでいるかぎりの地で，わたしの作品はひとびとに読まれるだろう。もし詩人の予感というものに幾らかの真実があるなら，わたしは，名声によって永遠に生きるのだ。（中村善也訳）
> この『変身物語』の最後の一節は，作品が読み継がれることで作者であるオウィディウスもまた名声のなかに生き続け，つまりは「変身」を遂げるのだと予言している。

解説　前1世紀後半の**ラテン文学の黄金時代**
→P.47
から白銀時代へと移り変わる転換期に活躍したオウィディウスは，多くのギリシア・ローマの文学作品に慣れ親しみ，また自らもさまざまなジャンルの詩作に挑戦した。その前半生においては，『恋愛指南』に代表される色恋を主題としたエレゲイア詩形（「長短短長短短長」〈ヘクサメトロスの基本単位を2つ半連ねたもの〉を2度繰り返す）の作品を数多く残した。その後，白銀時代の代表たるオウィディウスは，ヘクサメトロスで英雄叙事詩的要素をもたない『変身物語』を書き上げた。ラテン文学の黄金時代を代表する**ウェルギリウス**が同じ詩形を用いて英雄叙事詩の金字塔『**ア**
→P.45
エネイス』を執筆していることから，『変身物語』はオウィディウスがウ
→P.45
ェルギリウスに対抗しているとの見解が主流である。先輩詩人とは異なり，内乱を経験していないオウィディウスは，政治的にも社会的にも穏

やかな時代に生まれた。そのため，彼の詩作はほかの詩人と比較すると，自由にしておおらか，かつ全体のなかからものごとを語ろうとする姿勢が垣間見られる。このオウィディウス独特の感性に裏打ちされた文章構成と，作品の背景にある野心的な試みは一定の評価を得ている。本作執筆ののち，彼はエレゲイア詩形に立ち返り，ローマの行事暦を神話や伝説と関連づけることを『祭暦』で試みるが，後8年にローマから追放されたため執筆は中断された。

追放された原因についてオウィディウスは，「詩と過ち」にあったとしている。彼は，原因の「詩」は『恋愛指南』なのではないかと推察しているが，「過ち」については明らかにしていない。ただ『恋愛指南』が，トミスへ追放された後8年より以前から人々のあいだで読まれていたことから，この「過ち」は追放直前の単発的なできごとを指すのではないかと推測されている。追放後も彼は赦免と帰国を願い，また己の不幸を嘆いて『悲しみの歌』『黒海からの手紙』をはじめとする作品を世に送り出した。彼の願いはかなわなかったが，オウィディウスの名および『変身物語』は，彼の予言どおり現在の西洋世界で広く親しまれている。芸術分野に与えた影響はとりわけ大きく，登場する逸話をモチーフとした文学，彫刻，絵画作品が今なお数多く生み出されている。

参考文献

オウィディウス（中村善也訳）『変身物語』全2巻（岩波文庫）岩波書店，1984（初版）.
Hardie, Phillip (ed.), *The Cambridge Companion to Ovid*, Cambridge, Cambridge University Press, 2002.
Knox, Peter E. (ed.), *A Companion to Ovid*, Chilchester, Wiley-Blackwell, 2009.

■ キーワード

変身物語 オウィディウスが生きた前1世紀半ばから後1世紀前半は，ラテン文学の隆盛期であり，また政体は共和政から帝政へと移行したまさに激動の時代であった。こうした大きな変化の波は，美術・芸術の分野にも押し寄せた。マルケッルスの劇場やパラティヌス丘にアポロ神殿をはじめとする公共建造物が建設され，住宅内部の壁画の様式が変化したのもこの時代である。このような時流をオウィディウスは敏感に察知し，古くから伝わる神話や伝説の「変身」物語のなかに，同時代人である皇帝をも取り込んだのであろう。

■ 関連年表

前43	オウィディウス，スルモで生まれる
前31	アクティウムの海戦
前27	オクタウィアヌスにアウグストゥス（尊厳者）の称号が贈られる
前4頃	ナザレのイエス（イエス・キリスト）誕生
後8以前	『変身物語』刊行
8	トミスに追放される。彼の家族はローマに留まった
14	アウグストゥス，カンパニアの都市ノーラ近郊で死去
17	トミスで死去

（川本悠紀子）

16 古代ギリシア・ローマ 2

ローマ数百年の物語の集大成

建都以来

リウィウス

作者 テイトゥス・リウィウス
Titus Livius 前64/59頃～後12/17頃

　パタウィウム（現イタリアのパドヴァ）の出身。500年近く続いた共和政が内乱により崩壊するなかで青年期を過ごし，前30年頃までに**ローマ**に移り住む。当時ローマで歴史書を綴った人々のなかでは珍しく，公職とは無縁の生活を送った。そのかたわら，ローマおよびギリシアの史料を収集し，ローマの成立から地中海世界全域がその統治下におかれるまでのおよそ750年を描いた歴史書を，ローマの言語ラテン語で執筆。その作品は同時代より注目を集め，また多くの古代の文筆家に史料として用いられた。共和政への郷愁をいだく一方で，**アウグストゥス**（在位前27～後14）とも親交があり，さらにのちに4代目の皇帝となるクラウディウスの教育にもかかわったといわれている。

内容紹介 『建都以来』
Ab Urbe Condita 前1世紀末～後1世紀初頭にかけて順次刊行

　前753年のこととされる「首都（ローマ）建設以来」のローマ人にまつわるできごとを，年ごとに生じたことを記していく年代記スタイルと，特定の人物や事件に焦点をあてた伝記・物語の形式を織り交ぜながら，時代順に前9年まで描いた全142巻の歴史書。5巻ないしは10巻で1つのまとまった時代を取り扱っていた。多くの巻は散逸し，現存するのは，建国当初の王政期から前6世紀末の共和政の創始，さらに前4世紀初頭の北方のガリア人によるローマ陥落，そこから同世紀末にイタリア半島を掌握するまでに再生する，建国から約450年を描いた1～10巻と，北アフリ

カの大国**カルタゴ**との2度目の対決（第2次ポエニ戦争，前218～前201）からギリシア北方の**マケドニア撃破**（前168）までの，あいつぐ戦勝による地中海全域における覇権の確立や，共和政のもとで育まれローマを興隆へと導いた，自由や質実剛健の気風を伝える21～45巻の計35巻のみ。ただしこのほかに，リウィウスの時代以降の文筆家たちの引用などのかたちで伝わっている，巻番号が確定しないものを含めた30巻ほどの断片と，後4世紀までに作成された，136巻と137巻を除いた各巻の要約版が残っている。これらによると，11～20巻が前3世紀の**第1次ポエニ戦争**，46～60巻が前2世紀後半のカルタゴ攻略や，繁栄の陰で進んだローマ指導層の堕落，そのなかで格差是正をはかった**グラックス兄弟**の改革の失敗に割り当てられ，残る80巻ほどで共和政最後の100年の動乱（いわゆる「内乱の1世紀」）と，それを終結させた**オクタウィアヌス**（前63～後14）が**アウグストゥス**（「尊厳なる者」を意味し，以後ローマの元首を指す言葉となる）を名乗り，新体制を樹立していく詳細が語られていたという。

> 我々ローマ人の心に宿る気概はかつていかなる運命のもとにおいても揺らいだことはない。そしてそれは今でも変わらない。順境がそれを傲慢なものとしたことも，逆境がそれを卑屈なものとしたこともない。
>
> 37巻45章12節において，ローマの英雄大スキピオが敗者に語った言葉である。リウィウスが後世に伝えたいと望んだ，共和政のもとでの，古き良きローマ人の理想像がそこには凝縮されているといえるだろう。

解説 リウィウスはそれまでに著されたラテン語の年代記や，ギリシア人たちの歴史書，さらにはローマ当局が数百年にわたって作成を続けていた，市民数の推移や毎年の政務官などの名簿および外国と結んだ条約を記した碑文，指導者階級の家々が私的に受け継いできた記録などを集め，それらを再構成しつつ本書を執筆した。このためその文章の内容や表現は非常に多彩であり，ある部分においてその年の選挙についての公的記録を淡々と報告しているかと思えば，別の部分において，宿敵カルタゴとの死闘を軍記物のような口調で伝えるなどして読者を退屈させない。ただしこれはリウィウスが集めた史料の豊富さだけによるものではなく，そこにあったさまざまな文章を彼がしばしば自身の作品内で流用しているからでもある。例えばいくつかの章においては，ギリシアの歴史家**ポリュビオス**の記述をラテン語に訳してそのまま掲載して

→ P.39

いる。これは現代人からすると，作者の文筆家としての独創性の低さを意味するといえるかもしれない。しかしそれは本書の歴史史料としての価値を損なうものではない。リウィウスが用いた史料の多くは伝存せず，さらに彼の作品自体も全体の4分の1程度しか残っていないにもかかわらずその分量はなお膨大で，かつほかの歴史家の作品には記されていない情報が数多く含まれているからである。また左ページの引用文からもうかがえるように，現存する巻はアウグストゥスの登場により転換期を迎えたローマにあって，リウィウスが後世に伝えたいと序文において語っている，ローマ人を地中海の覇者へと押し上げた勇気や知恵，社会を正しい方向に導こうと努める指導者たちの高邁な精神が最も強く発揮された時期を扱っている。この意味で本書はその執筆目的を，われわれ現代人を相手に今なお果たし続けているといえる。

参考文献
ピエール・グリマル（北野徹訳）『アウグストゥスの世紀』（文庫クセジュ）白水社，2004.
リウィウス（鈴木一州訳）『ローマ建国史 上』（岩波文庫）岩波書店，2007.
リウィウス（毛利晶訳）『ローマ建国以来の歴史4──イタリア半島の征服(2)』（西洋古典叢書）京都大学学術出版会，2014.

キーワード

アウグストゥス ガイウス・ユリウス・カエサル・オクタウィアヌス・アウグストゥス（Gaius Julius Caesar Octavianus Augustus）。共和政末期の政治家**ユリウス・カエサル**の養子。養父の暗殺後およそ100年続いたローマ内外の戦乱を終結させ，地中海全域の平和，いわゆる**パクス・ロマーナ**を実現させた。通常，初代ローマ皇帝として扱われるが，彼自身はローマ市民の第一人者と名乗っていたことから，その統治体制は一般に**元首政**と呼ばれる。ただし軍事上の権限は彼が一手に握り，さらに兵士たちの年金制度を設立することをとおし，軍の忠誠を確かなものとした。また首都ローマの再建や，税制改革，国防体制の充実により，ユリウス＝クラウディウス朝の基礎を固めた。

関連年表

前64	リウィウス誕生（前59という説もある）
前63	オクタウィアヌス誕生
前44	ユリウス・カエサル暗殺
前31	アクティウム海戦に勝利したオクタウィアヌスによる地中海全域の掌握
前27	オクタウィアヌスがアウグストゥスを名乗る
前27頃	『建都以来』1〜5巻が刊行されたと思われる（以降の巻の完成や刊行年についても，諸説入り乱れて確かなことはいいがたいが，全体の巻数からして毎年3〜4冊程度を執筆していったと見られている）
後12頃	リウィウス没（後17頃という可能性も高い）
14	アウグストゥス没
14以降	アウグストゥス生前には控えられていた，彼の政権掌握や統治を扱った121巻以降の巻が刊行されたと思われる

（伊藤雅之）

古代ギリシア・ローマ

17

元老院議員が見たローマ帝国

年代記

タキトゥス

作者 プブリウス（？）・コルネリウス・タキトゥス
Publius (?) Cornelius Tacitus 56頃〜120頃

　56年頃，属州ガリア・ナルボネンシスで騎士身分の家に生まれたとされる。岳父アグリコラの後押しにより首都ローマで公職を歴任して**元老院議員**となり，法務官や祭司職，属州での軍事職を経て，97年には**ローマ**の政務官職の頂点である執政官（補充）を務めている。さらに112年には重要属州アジアの総督も任されるなど，属州出身であるにもかかわらず顕著な職歴をもつ有力元老院議員として活躍した。ただし出生地や個人名も含め，生涯については不明な点も多い。晩年になってから著述活動を開始し，ネルウァと**トラヤヌス**の治世下で『アグリコラ』『ゲルマニア』『雄弁家についての対話』『同時代史』『年代記』を執筆した。120年頃に死去。

内容紹介 『年代記』
Annales (Ab excessu divi Augusti) 110〜120頃

　14年のティベリウス即位から68年のネロの死までを扱った歴史書。全18巻（もしくは16巻）のうち，1〜4巻，12〜15巻が現存しており，5・6・11・16巻は断片のみ残されている。『年代記』という書名で知られているが，この名称は16世紀から用いられているものであり，本来の書名は不明である。フィレンツェの**メディチ家**が所蔵する写本に書かれていた『神君アウグストゥス死去以降（の歴史）』を書名と推測する意見もある。

　タキトゥスは『年代記』の冒頭で，この時期を取り上げて歴史書を執筆する理由を述べている。それは，皇帝の生前は恐怖によって，死後は彼らに対する憎悪によって歴史が歪曲（わいきょく）されているため，自らは中立の立

場から歴史を記すというものである。編年体で記されたこの作品は，まずティベリウスの即位に始まり，彼の甥にあたるゲルマニクスの活躍と夭逝，親衛隊長官セイヤヌスの権勢と凋落，ティベリウスの死までが述べられ，反逆罪裁判などによって徐々に元老院の自由が失われていく様子が示される。続くカリグラ（ガイウス）の治世からクラウディウス即位までの部分は現存しない。その後，皇后小アグリッピナによる皇帝暗殺の謀略に続き，クラウディウスの死と小アグリッピナの連れ子ネロの即位，ネロの治世下でのできごとが語られ，告発や処刑が横行する暗鬱な時代の様子が描かれる。ここには，64年のローマの大火とキリスト教徒の処刑，ネロの家庭教師でもあった哲学者セネカの死など，有名な事件も含まれている。ただし16巻の途中以降が失われたため，晩年のネロについて記した箇所は現存しない。同じくタキトゥスが執筆した『同時代史』には本書に続く69年の内乱の様子が詳述されている。

> 私は思うに，歴史叙述のもっとも重要な任務は，美徳を闇から闇に葬らないこと，それと共に，よこしまな言行を書きとめて，死後の汚名に対して，人々が恐れを抱くようにすることである，（……）
> （3.65，國原吉之助訳）
>
> タキトゥスの執筆方針を示した一節。彼は過去のできごとをただ羅列するのではなく，後世の人にとって模範や戒めとなる事例を取捨選択しながら歴史を叙述することで，作品を通じて後世の糧となる教訓を伝えようとしていた。

解説 タキトゥスの『年代記』はティベリウスからネロの時代を扱った最も重要な歴史書とされる。有力元老院議員が記した作品であることに加え，元老院議事録・国民日報・回想録・歴史書といった文献，碑文・伝承などの媒体にも丹念にあたって情報を集め，個別の史料の信頼性を彼が丁寧に考察していることも本書の評価を高めている。

タキトゥスはドミティアヌス治世末期の恐怖政治を体験した自身の経験から，歴史書を通じて暴君による統治の危険性と自由が保証されることの重要性を伝えようとした。本書はティベリウスの即位から筆を起こし，**アウグストゥス**によって確立された帝政が「徳（virtus）」のない皇帝たちによって翻弄され，政争や陰謀が蔓延する状態になっていく様子を描いている。とくに暴政を敷いて社会から自由を失わせ，自らは淫行や飽食にふける悪しき皇帝たちの行動が鋭い筆致で批判され，同時にこのような悪帝たちに唯々諾々と追従する堕落した元老院議員たちの行状も慨嘆

されている。また，密告者の暗躍や信頼していた人物の裏切りといったローマ社会の道徳的な退廃も，タキトゥスによる厳しい批判の対象である。その一方，自由や友情を守ろうとする高潔な人物を紹介することで，退廃の時代におけるわずかな救いも示されている。

史料引用を多用しつつさまざまなできごとを織り込んだ**リウィウス**の→P.51
『**建都以来**』に対し，タキトゥスは取り上げる事案を取捨選択して整理し，→P.51
劇的かつ簡潔な文章で記すことで，後世の教訓とすべき国家の姿を巧みに描き出している。元老院議員という国家の中枢にいる立場からローマ帝国で生じたできごとを冷徹に批評する本書は，国家のあり方について論じた政治哲学の書として**マキァヴェリ**や**モンテスキュー**らに愛読され，→P.246 →P.279
後世にも影響を与えている。

参考文献
タキトゥス(國原吉之助訳)『年代記』(岩波文庫)岩波書店，1981.
タキトゥス(國原吉之助訳)『同時代史』(ちくま学芸文庫)筑摩書房，2012.
タキトゥス(國原吉之助訳)『ゲルマニア・アグリコラ』(ちくま学芸文庫)筑摩書房，1996.

キーワード

元老院 ローマの政務官職経験者による諮問機関。共和政中期の定員は300人であったが，共和政末期や帝政期には600〜1000人に増加した。元老院は政策決定にあたっての諮問機関という建前であったが，政治・外交・軍事・財政といった重要事項を管轄していた。具体的には，諸外国との折衝，使節の派遣と受け入れ，宣戦と講和の決議，属州総督の任命，軍事指揮権の付与，凱旋式の承認，財政支出の承認や決裁，属州総督への告発の審議などがある。国家の非常時に現行法規を超える権限を承認する，元老院非常決議をおこなう権利も有していた。元老院議員となるには，財務官以上の公職を経験し，一定の財産資格を満たすことが必要であった。

関連年表

14	アウグストゥスの死とティベリウス即位
37	カリグラ即位
41	クラウディウス即位
49	クラウディウスと小アグリッピナの結婚
54	ネロ即位
64	ローマの大火
65	セネカの死
68	ネロの自殺
69	ガルバ，オト，ウィテリウスの即位と死(69年の内乱)
69	ウェスパシアヌス即位(フラウィウス朝の始まり)
81	ドミティアヌス即位
96	ネルウァ即位(五賢帝時代の始まり)
98	トラヤヌス即位，『アグリコラ』『ゲルマニア』刊行
105〜109頃	『同時代史』刊行
110〜120頃	『年代記』刊行

(福山佑子)

古代ギリシア・ローマ

18

哲人皇帝の不動心

自省録

マルクス・アウレリウス・アントニヌス

作者 マルクス・アウレリウス・アントニヌス
Marcus Aurelius Antoninus 121〜180

　ローマの名門に生まれ，少年時**ハドリアヌス帝**(在位117〜138)に，(元の家名「Verus〈真実の〉」にかけて)「Verissimus(最も真実な)」と呼ばれた。帝がアントニヌス・ピウスを後継者にする際ピウスの養子となり，ピウス帝の繁栄の時代(138〜161)，最高の学者に学びつつ国務に仕え，145年に24歳で再度の執政官就任とともにピウスの娘ファウスティナと結婚。翌年，総督命令権と護民官職権を得て帝位継承者となる。161年に40歳で即位。義弟ウェルスを共同皇帝としたが，彼が**パルティア遠征**の勝利後の169年に死去したあとは，単独で職責を果たした。

　168年以降は北イタリアとゲルマニア国境地域で異民族の侵攻に対処，180年ウィーン近郊で59歳で病死した。彼の治世は，外憂に加えて疫病と地震の災害にさいなまれたが，概して平穏で，暴君に変じて暗殺された彼の息子コンモドゥス帝と以降の混乱との対比で理想化された。

内容紹介 『自省録』
ta eis heauton 170以降

　原書名『タ・エイス・ヘアウトン』は「自分自身に向けての事柄」を意味し，著者の命名ではない。古代では4世紀の文人の言及があるだけで，**ビザンツ**時代も少数の学者にしか知られていなかった。だが，15世紀にイタリアで原典が刊行されると，ただちに翻訳されて西欧世界に広く普及した。

　執筆時期は内容から推測するほかないが，大部分は170年以降，著者

50歳代の晩年に属する。全12巻と総計540章からなる区分けものちの産物で、マルクスは執筆の際に書物としての構想をもたず、自分のための覚え書きとして書き留めていたのだろう。そうした文章の集積を、彼の近くにいた人物がまとめたものと思われる。

　第1巻には他と異なる明確な構成があり、生みの親に発して恩ある人々の記憶を連ね、養父アントニヌス帝の讃美の頂点を経て神々への感謝に結ばれる。残る11巻は哲学的な断想の集積である。隣接する章が主題的に繋がることはよくある。第2巻では、人間理性に基づく共同体と宇宙の理性（自然）が与える同胞愛から、全体の一部としての心身、唯一の実在である現在の瞬間の貴重さと己の残り時間の短さへと続く。また、いくらかの構想と論旨の展開、修辞の工夫を備える章も少なくない。

　しかし全体的に、前後の脈絡なしに類似の内容の短い章句が繰り返されている。その多くは**ストア哲学**の原則（真の自己は心であり、善悪と幸不幸はそのあり方にのみかかることなど）だが、万物の生成消滅、人の営みのむなしさへの所感もめだつ。後半にはこれらを敷衍した論述や、**ホメロス**や悲劇、**プラトン**、エピクテトスなどの抜粋が増える。内容から宮廷や戦地、都市や田園など、彼を囲む状況が見えるときもあるが、具体性に乏しく、現実の職務や活動が記されることはない。こうした徹底した内面性ゆえに本書は時空を超えた修養の書として読み継がれている。

> おお宇宙よ、すべて汝に調和するものは私にも調和する。汝にとって時をえたものならば、私にとって一つとして早すぎるものも遅すぎるものもない。おお自然よ、すべて汝の季節のもたらすものは私にとって果実である。すべてのものは汝から来り、汝において存在し、汝へ帰って行く。ある人はいう「親愛なるケクロプスの都（アテナイ）よ！」と。君はつぎのようにいわないのか。「おお親愛なるゼウスの神の都よ！」と。　　（4.23、神谷美恵子訳）
>
> 宇宙における人間と自己の位置を見てとり、それを運命として引き受ける姿勢をあらわす言葉。

解説　本書は随想録というよりも、帝政期における哲学の実践の記録である。当時哲学とは個別的な学問ではなく、「生の技術」——人間が自分の知性によって幸福に至るための技法であり、その完成は善き人になることに等しい。日々の自己修練のさなか、哲学徒は一日の反

省に学説の原則を反芻し，己の失敗と怠惰を叱って激励した。それゆえ章句の多くはストア哲学の基本教説であり，特殊な専門用語が幾度となく繰り返される。

　マルクスは，この厳しい理性主義の学説の真実を再確認しては納得し，宇宙のなかでの己の位置と役割（それはローマ皇帝という人間社会の孤独な頂点だった），その務めの遂行を自らの使命と受け入れる。だがそれは真面目な彼に逃れがたい運命の重い拘束となり，断念と憂愁をもたらした。彼は宇宙に眼差しを向け，物体と精神の変化衰滅，現在のはかなさに思いをはせる。

▲マルクス・アウレリウス・アントニヌス騎馬像（ローマ，カピトリーノ美術館蔵）

　　星とともに走っている者として星の運行をながめよ。また元素が互いに変化し合うのを絶えず思い浮べよ。かかる想念は我々の地上生活の汚れを潔め去ってくれる。(7.47)

　宇宙における義務，つまり人間社会の公益に仕える自覚と相即するかたちで，その意志の主体，他者と外部から隔離された精神の内部に真の幸福のありかが確認される。この宇宙から見れば，万象の衰滅とその醜さも一度かぎりの偶然も，すべては必然の産物であり，摂理の現れの美となる。こうした認識と，それと相容れない揺らぎと諦観の交錯から，哲学の教義を超え，彼の気高い人格と文のみがあらわしえた崇高な情感，普遍的な絶対者への帰依がもたらされる。真の古典たる所以である。

　『自省録』に魅了された教養人は数多い。**ゲーテ**（→P.294），マシュー・アーノルド，ペイター，ミル，テーヌ，ルナン，近年ではフーコーがこの書を愛した。

参考文献
マルクス・アウレーリウス（神谷美恵子訳）『自省録　改版』（岩波文庫）岩波書店，2007．
荻野弘之『マルクス・アウレリウス「自省録」――精神の城塞』岩波書店，2009．

キーワード

ストア哲学　ヘレニズム時代の哲学派。創始者キティオンのゼノン（前335〜前263）がアテナイの広場の柱廊（ストア）に学園を開いたことにちなむ。**ソクラテス**（前469頃〜前399）を範と仰ぐ理性主義の実践哲学で，宇宙と自然にいきわたりそれを統率する「理性」を提示，真の自己である人間理性とその徳に基づく揺るぎない幸福を約束する。ローマ帝政期に栄え，セネカ（前4頃〜後65），エピクテトス（50頃〜135頃），マルクス・アウレリウス・アントニヌスは人生論の古典として近代以降広く読まれている。

（兼利琢也）

2 古代ギリシア・ローマ

19 西欧キリスト教世界の礎

神の国

アウグスティヌス

作者 アウレリウス・アウグスティヌス
Aurelius Augustinus 354〜430

　初期**キリスト教**の最も偉大なラテン**教父**。354年に北アフリカのタガステ(現アルジェリアのスーク・アフラス)に生まれ、学業をおさめたのち修辞学教師となったが、敬虔(けいけん)なキリスト教徒であった母モニカの影響を受け、長い葛藤を経て回心、キリスト者として生きることを決意した。395年にヒッポ(現アルジェリアのアンナバ)司教に就任し、430年にその地で没するまで信徒の教導に努めた。413年頃からほかの著作と並行しつつ、多忙な生活の合間に10年以上かけて大著『神の国』を執筆した。そのほか、自伝的作品である『告白』をはじめとする膨大な量の著作が伝わっており、現在に至るまで西欧キリスト教世界に最も大きな影響をおよぼしている。

内容紹介 『神の国』
De Civitate Dei 413〜425

　『神の国』全22巻は、キリスト教を非難する人々に対する反論・批判からなる第1部と、神の国と地の国に関するアウグスティヌス自身の考察からなる第2部とに大きく分けられる。
　第1部(1〜10巻)は、キリスト教が**ローマ帝国**の混乱を招いたと主張する「異教徒」への反論である。アウグスティヌスによれば、帝国ははるか昔から数々の災厄を経験しており、「異教」の神々の助けなどなかった。そうであれば、今の時代が苦難に満ちているからといって、キリスト教が非難されるいわれはない。「異教」に対する辛辣(しんらつ)なほどの批判は、彼の豊かな学識と教養を証明するものでもある。11巻から始まる第2部では、

歴史を2つの「国」(キウィタス。ラテン語で「市民共同体，都市国家」)，すなわち神の国と地の国との絶え間ない抗争の舞台と見なす，アウグスティヌス自身の歴史神学が語られる。地の国とは欲望に従い，自己に対する愛によって生きる人々の共同体である。他方，神の国とは神に従い，神に対する愛によって生きる人々の共同体である。2つの国は歴史のあらゆる場面につねに絡み合って存在している。そして最後の審判において，地の国は断罪され永遠の罰を受け，神の国は永遠の至福を得ることとなる。

アウグスティヌスにとって，人間がつくり出したすべての制度はかりそめのものにすぎない。人間は神を信じ，神による永遠の平和の到来を信じて，苦難に満ちたこの世を生きなければならない。それは困難な道であるが，それでもなお神に従って生きることが重要なのである。2つの国の歴史を語ることによってアウグスティヌスは，人がいかに生きるべきかを考察し，読者に問いかけている。

> 二つの愛が二つの国を造ったのである。すなわち，神を軽蔑するに至る自己愛が地的な国を造り，他方，自分を軽蔑するに至る神への愛が天的な国を造ったのである(……)前者は自分を誇り，後者は主を誇る。
> (14.28，泉治典訳)

アウグスティヌスにとって愛とは，神と人間との，また人間同士の関係において決定的に重要な要素であった。神への愛は最高の善への愛にほかならず，さらには隣人愛を根拠づけるものである。

解説 アウグスティヌスは，古代地中海世界が政治的にも文化的にも大きく変化した時代に生きた人であった。**ゲルマン人の大移動**やいわゆるローマ帝国の東西分割を経て，476年に**西ローマ帝国**が滅びた。また，**コンスタンティヌス帝**(在位306〜337)による「公認」以降，キリスト教はギリシア・ローマの伝統的宗教を押しのけていった。その過程で，伝統的宗教を守ろうとする人々と，キリスト教徒との争いも生じた。

『神の国』の執筆は，410年の**ゴート族**によるローマ市の略奪を1つのきっかけとしている。この事件は人々に強い衝撃を与えた。当時の人々にとって，永遠の都とも呼ばれたローマが蛮族の略奪をこうむるなど，本来あってはならないことであった。ある人々は，伝統的な神々に対する崇拝を怠ったためにこの災厄が生じたと考え，キリスト教を激しく非難し始めた。アウグスティヌスは，そのような人々に対してキリスト教

を擁護しなければならないと考えていた。

　この頃までにアウグスティヌスは，2つの国に関する著作の計画を練りつつあった。コンスタンティヌス帝のキリスト教公認ののち，ローマ帝国は地上に平和を実現すべく，神の計画に基づいて生まれたキリスト教帝国であるという考えが広まった。とくに**テオドシウス帝**(在位379〜395)のもと，伝統的宗教の信仰が禁止され，ローマ帝国のキリスト教化が推進される。ここにキリスト教時代が始まった。アウグスティヌスも初めはそう考えていた。だが，この世の歴史におけるローマ帝国の意義，神による救済の聖なる歴史に関する思索を深めるにつれ，彼の考えは変わる。ローマ帝国は地の国の代表であり，その栄枯盛衰は神の計画に何らかかわりをもたない。求めるべきは神を愛する人々からなる，神の国である。2つの国に関する独創的考察は，410年の事件から始まった論争のなかで，『神の国』という記念碑を打ち立てた。

　430年8月，アウグスティヌスは病に倒れ息を引き取った。アフリカに侵攻した**ヴァンダル族**が，彼の眠るヒッポを包囲していた。それから50年もたたずに，最後の西ローマ皇帝が退位する。西ローマ帝国の滅亡と呼ばれる事件である。アウグスティヌスの透徹した知性は，いかなる地上の国家も永遠ではありえないことを見通していた。

参考文献
アウグスティヌス(金子晴勇ほか訳)『神の国』全2巻(キリスト教古典叢書)教文館，2014.
アウグスティヌス(山田晶訳)『告白』全3巻(中公文庫)中央公論新社，2014.
R. A. マーカス(宮谷宣史・土井健司訳)『アウグスティヌス神学における歴史と社会』教文館，1998.

キーワード
教父　古代のキリスト教著作家のなかでも，キリスト教信仰の確立に努め，とくに高い権威を認められた人々。古代世界では教師を「父」と呼ぶ習わしがあり，キリスト教徒も司教や優れた著作家を「教えの父」や「教会の父」，すなわち教父と呼ぶようになった。彼らは神やキリストの理解をめぐる論争のなかで，聖書の正しい解釈を示すための，あるいは異端を批判する書物を執筆し，そこに自らの神学・キリスト教思想を表明した。それらの著作は後代の人々によって権威あるものと見なされ，キリスト教を擁護し異端を攻撃する際の重要な論拠とされた。

関連年表	
325	コンスタンティヌス帝がニカイア公会議を開催
354	アウグスティヌス誕生
386	アウグスティヌス，ミラノで回心を体験
391	テオドシウス帝が異教信仰を禁止
395	ローマ帝国の「東西分割」。アウグスティヌス，ヒッポの司教に就任
410	ゴート族によるローマ市の略奪
413	『神の国』の執筆開始，断続的に公刊(〜425)
430	アウグスティヌス没
476	最後の西ローマ皇帝が退位

(小坂俊介)

古代インド

20 神々への讃歌
リグヴェーダ

内容紹介 『リグヴェーダ』
Ṛgveda 前1200頃

アーリヤ人によってつくられたインド最古の文献。ヴェーダ語と呼ばれる、**サンスクリット語**の古い形態で書かれている。原型はインド・イラン共通時代まで遡るが、現在のかたちにまとめられたのは、インダス川上流域においてである。

ヴェーダとは、動詞「知る」からつくられた名詞で「知識」を意味し、一群の聖典の総称となった。しかし狭義にはヴェーダのなかでもとくに以下の4種のサンヒター（本集）を指す。(1)リグヴェーダ：ホートリ祭官を代表とするバフヴリチャ祭官が唱える神々への讃歌（リチュ）の集成 (2)サーマヴェーダ：ウドガートリ祭官を中心とするチャンドーガ祭官によって歌われる歌詠（サーマン）の集成 (3)ヤジュルヴェーダ：祭式行為の執行に際してアドヴァリュ祭官らが唱える祭詞（ヤジュス）の集成 (4)アタルヴァヴェーダ：ブラフマン祭官に属する呪句の集成（後世になってヴェーダに加えられた）

これらサンヒターはそれぞれ以下の文献をともなっている。すなわち、祭式を説明する散文文献であるブラーフマナ（祭儀書）、アーラニヤカ（森林書）、哲学文献である**ウパニシャッド**（奥義書）である。

『リグヴェーダ』は詩人が神秘的霊感によって観得した詩句をおさめたものであるという。口伝によって、一字一句変えることがないように厳密に代々受け継がれた。1017の讃歌（補遺歌を加えれば1028讃歌）が収録されており、10巻からなる。第2巻から第7巻までが最も成立が早く、祭官の各家系に伝えられた讃歌集で、本集の中核をなしている。これらは

内容・構成において共通性を示しており，火神アグニへの讃歌から始まっている。この部分を中心に残りの巻が編集・付加されていき現在のかたちになった。

『リグヴェーダ』の宗教は多神教であり，極めて多数の神々が讃歌の対象となっている。その数は一定しないが，2つのグループに大別することができる。第1のグループは狭義のデーヴァ（神：天を意味するディヤウからつくられた形容詞「天に属する」からきている）で，その代表が英雄神インドラである。また，自然界の構成要素や諸現象を神格化した自然神である天神ディヤウス，地神プリティヴィー，太陽神スーリヤ，風神ヴァーユあるいはヴァータ，火神アグニ，ソーマなどもこのグループに含まれる。

第2のグループは，アーディティヤ神群（アディティ「無拘束・自由」に属するの意）と総称される，インド・イラン共通時代に由来する諸々の社会制度を神格化した神々で，「アスラたち」とも呼ばれる。ヴァルナ（王権・司法），ミトラ（契約），アリヤマン（部族慣習法），バガ（分配・幸運），アンシャ（部分・分与），ダクシャ（能力）などが数えられる。古来デーヴァは人々から親しまれていたが，これら制度神は恐れられていた。アスラはのちには悪魔や魔神を意味するようになり，仏教文献の阿修羅へとつながっていく。

> 「人」は千の頭をもち，千の眼をもち，千の足をもつ。
> 彼は地をあらゆる場所で覆い，十指分はみ出して立っていた。
> （10.90.1, 後藤敏文訳）
>
> 第10巻におさめられたプルシャ讃歌の最初の詩節。この巨大なプルシャ（人，原人）から万物が生じる。「十指の高さに／十指を越えて，聳え立った」などの従来訳は誤解を招くだろう。「指」は長さの単位で，一指は指1本の幅の長さをあらわす。当時の世界観では大地は平面と捉えられており，横への広がりが想定されていた。

解説 インド・アーリヤ人の宗教（**バラモン教**）は祭式主義であり，『リグヴェーダ』の讃歌は祭式で唱えられるためのものであった。ホートリ祭官は祭場に神を勧請(かんじょう)するための讃歌を唱え，さらにアドヴァリュ祭官が祭火に供物を献じるのに合わせて，その神を讃える詩句を唱える。対象となる神は，長寿や子孫繁栄，家畜の増殖などさまざまな願望に応じて交代し，そのたびに最高級の賛辞が捧げられる。神々のあいだに優劣はなく，ただ捧げられた讃歌の数の多少が人気の目安となっている。最も人気のあるインドラには『リグヴェーダ』の4分の1の讃歌が

捧げられており，次いでアグニが5分の1を占める。ソーマは「しぼり出す」を意味する語根からつくられた名詞で，精神活動を高揚させる働きのある植物かつその液体の名であるが，『リグヴェーダ』の第9巻はこのソーマ・パヴァマーナ（清まりつつあるソーマ）に捧げられる讃歌のみにあてられている。

しかし，このような多神教的宗教観はしだいに一元論的原理の探究へと進んでいく。第10巻におさめられた6つの宇宙創造の讃歌には一神論または汎神論の傾向が認められ，さらに宇宙の最高原理を求める哲学的思索が芽生えてくる。これはのちのウパニシャッドの哲学的思弁の先駆けといえる。

『リグヴェーダ』はアーリヤ人のインドにおける宗教・神話・生活実態などとともに，遡ってインド・イラン共通時代の情報をも提供してくれる。しかしその言葉はときに理解するのが容易ではない。これはこの文献がもつ性格にも起因するが，さらに，私たちが現代の物差しで推しはかろうとする場合に顕著である。『リグヴェーダ』を理解するにはその世界観に寄り添うことが求められ，また反対にその言葉を正しく読み解くことが，『リグヴェーダ』の世界を知る鍵となるのであろう。

参考文献

後藤敏文「神々の原風景――ヴェーダ」（上村勝彦・宮元啓一編『インドの夢・インドの愛――サンスクリット・アンソロジー』春秋社，1994）．
辻直四郎訳『リグ・ヴェーダ讃歌』（岩波文庫）岩波書店，1970．
辻直四郎『インド文明の曙――ヴェーダとウパニシャッド』（岩波新書）岩波書店，1967．

キーワード

アーリヤ諸部族の侵入 前1500年頃，アーリヤ諸部族はアフガニスタン方面から波状的にヒンドゥークシュ山脈を越えてインダス川上流のパンジャブ地方に侵入してきた。彼らは騎馬遊牧民族であったが，しだいに定住化していった。インドにはそれ以前に**インダス文明**が栄えていたが，すでに衰退しており，アーリヤ諸部族がその破壊者であるという説は疑問視されている。しかし，彼らが先住民と争い征服していったことは確かであり，その事跡は神話化されて『リグヴェーダ』の記述に反映されている。アーリヤ人の言語はインド・イラン語派に属し，さらにインド・ヨーロッパ祖語に遡る。

関連年表

前2600頃	インダス文明興る
前1900頃	インダス文明衰退へ
前1600頃	ミタンニ（支配層はアーリヤ人からなる）による北メソポタミア支配
前1500頃	アーリヤ諸部族のインドへの侵入
前1370頃	ミタンニ・ヒッタイト盟約文（ヴェーダに見られる神々の名が記されている）
前1200頃	『リグヴェーダ』編集
前1000頃	ヤジュルヴェーダ，サーマヴェーダ，アタルヴァヴェーダ編集

（伊澤敦子）

3 古代インド

21 祭式から哲学的議論へ
ウパニシャッド

内容紹介 ウパニシャッド
Upaniṣad 前600以前〜後10世紀以後

　ヴェーダ語ないし**サンスクリット語**で書かれた哲学文献。ガンジス川上流から中流にかけての地域でつくられた。ヴェーダ聖典の最後の部分を形成するため，ヴェーダーンタ（ヴェーダの終わりの部分，のちにはヴェーダの極致と解される）とも呼ばれる（『**リグヴェーダ**』の項参照）。現象世界の背後・根底にある根本原理を追究する議論や教説が中心となっている。作者や編者についてはいっさい不明だが，登場する人物のなかには実在した人たちもいると考えられている。

　ウパニシャッドの名を冠した文献の数は非常に多く，後代の『ムクティカー・ウパニシャッド』に108種の名が列挙されているが，実際にはそれ以上存在する。普通制作年代が古く内容的に重要なものを「古ウパニシャッド」と呼び，ほかの「新ウパニシャッド」と区別する。「古ウパニシャッド」は文体により以下のように分類される。

〔古散文ウパニシャッド〕ジャイミニーヤ・ウパニシャッド・ブラーフマナ，ブリハッド・アーラニヤカ，チャーンドーギヤ，カウシータキ，アイタレーヤ，タイッティリーヤ，ケーナ（前半は韻文からなる）

〔韻文ウパニシャッド〕イーシャ，カタ，シュヴェーターシュヴァタラ，ムンダカ，マハーナーラーヤナ

〔新散文ウパニシャッド〕プラシュナ，マーンドゥーキヤ，マイトリ

　このほか，チャーガレーヤ，バーシュカラ，アールシェーヤを含めることもある。これらのうちで古いものは仏教興起以前にできたものと推定される。

「古ウパニシャッド」の中心となる思想としてまずあげられるのは、いわゆる「梵我一如」説であり、これは宇宙の根本原理である**ブラフマン**（梵）と個人の本体・本質であるアートマン（我・自己）の同一化を説いたものである。さらに、5つの祭火をそれぞれ、かの世界・雨・大地・男性・女性と見なし、それらの祭火に神々が献供し、最終的に女性から胎児が生じるという「五火説」、死んだ人は神々の道か祖霊たちの道を行くという「二道説」、それらをあわせて「五火二道説」と呼ばれる輪廻の思想が確立された。これらの思想はそれ以前のヴェーダ文献に端を発しており、祭式理論と切り離して考えることはできない。しかし、祭式や布施ではなく、ウパニシャッドの教理を知ること、すなわち智慧の獲得が解脱に至る道であると示して、祭式至上主義からの脱却がなされているのは確かである。また智慧を獲得する方法として、瞑想や苦行、遊行などに比重がおかれるようになる。

> この微細なるもの、この世の全てのものはそれ（「有」）を本質としている。それは真に存在するものである。それはアートマンである。シュヴェータケートゥよ、おまえはそれである。
> （『チャーンドーギヤ・ウパニシャッド』6.8.7, 松濤誠達訳）
> 高名な哲学者ウッダーラカ・アールニが息子に語った「有」の思想から。伝統的な解釈によれば、サット（有、実在するもの）と呼ばれる最高原理とアートマンとの同一化という大原則が「おまえはそれである」という言葉に集約されているのである。

解説 ウパニシャッドが成立した時期は、19世紀の哲学者ヤスパースが「枢軸時代」と呼んだ、人類史上最も重要とされる時代にあたる。**ソクラテス、プラトン、孔子**などの偉大な思想家が輩出し、インドにおいても、ヴェーダの宗教である**バラモン教**とは異なる新たな思想文化が台頭し、**仏教やジャイナ教**が誕生した。これらの開祖である**ガウタマ・シッダールタ**や**ヴァルダマーナ**は**クシャトリヤ**（王族・武士）階級の出身であるが、バラモン教内部においてもクシャトリヤが進出していることが、ウパニシャッドの内容に反映されている。祭官であり神学者であるバラモンが、クシャトリヤから新しい教説を伝授される場面がそれである。この時代、**アーリヤ人**たちはさらにガンジス川流域を東漸し、定住化していったが、ガンジス川上・中流域を中心に**都市国家**ともいえるものが出現し、これらの国家を統治するクシャトリヤたちの力が各方面におよんだと推測される。

また，ウパニシャッドには女性が論争や問答に参加する場面が見られるが，この点も革新的である。

　このような時代の流れのなかで，バラモン教は内外から変革を迫られ，先住民の土着文化を取り込みながら，**ヒンドゥー教**へと変貌していく。ウパニシャッドにその兆しはすでに認められ，「新ウパニシャッド」にはシヴァ信仰やヴィシュヌ信仰が扱われているものもある。しかし同時に，その伝統的な思想は，正統バラモンの哲学派である六学派（ヴェーダーンタ・サーンキヤ・ヨーガ・ミーマーンサ・ニヤーヤ・ヴァイシェーシカ）の前提となっており，また二大叙事詩『**マハーバーラタ**』（→P.72）と『**ラーマーヤナ**』（→P.72）にも引き継がれている。

　さらに，近代に至ってウパニシャッドがショーペンハウアーをはじめとする西洋の哲学者たちに多大な感銘を与えたことはつとに有名である。彼が目にしたのは，17世紀に世に出たペルシア語訳『ウプネカット』を19世紀になってさらにラテン語に訳したものであった。のちに彼の弟子のドイッセンが60のウパニシャッドを原文からドイツ語に翻訳し，その思想はさらに知られるところとなった。

参考文献
松濤誠達『ウパニシャッドの哲人』（人類の知的遺産）講談社，1980.
長尾雅人編『バラモン教典，原始仏典』（中公バックス世界の名著）中央公論社，1969.
上村勝彦・宮元啓一編『インドの夢・インドの愛——サンスクリット・アンソロジー』春秋社，1994.

キーワード

ブラフマン　『リグヴェーダ』以来，中性名詞として用いられ，元来は，神秘的な潜在力・実現力，さらにはそれがこもった言葉，すなわちヴェーダの讃歌・祭詞・呪句を指したと考えられる。ブラーフマナ（ヴェーダ祭式を説明する散文文献）以降「宇宙の根本原理」と見なされるようになり，ウパニシャッドにおいてその地位は確立される。のちにヒンドゥー教や仏教では男性神（主格はブラフマー，漢訳で梵天）として扱われるが，すでに『カウシータキ・ウパニシャッド』において，天界の最高位に位置するブラフマンの世界の主として，男性名詞であるブラフマン神が登場している。

関連年表

前500頃中心	古ウパニシャッド成立
前463頃	ガウタマ・シッダールタ（仏教の開祖）誕生
前444頃	ヴァルダマーナ（ジャイナ教の開祖）誕生
前327	アレクサンドロス大王のインド侵入
前313	マウリヤ王朝，チャンドラグプタ王の統治
前268	アショーカ王即位

（伊澤敦子）

古代インド 3

22 仏教聖典の編纂会議
仏典の結集

内容紹介 仏典の結集(けつじゅう)

　「仏典」という言葉の範囲は非常に広い。最も狭い意味では，**仏教**の開祖**ガウタマ・シッダールタ**(ブッダ)(前563頃〜前483頃〈諸説あり〉)自身が説いたとされる教説(法)と教団規則(律)とを指す。しかしながら，各部派で教説の内容を整理・解説した文献(論)や日本人にもなじみの深い『般若経(はんにゃきょう)』『法華経(ほけきょう)』などの大乗経典も仏典であり，さらには仏教が伝播した地域で成立した翻訳経典や偽経，論書，語録までも含む仏教文献全体を指すこともある。以下においては「仏典」という言葉を，最初期の結集の対象となった最も狭い意味で用いることにする。

　第1回の仏典の結集は，ブッダ入滅の直後，教えが失われるのを恐れたマハーカーシュヤパの主導によりラージャグリハでおこなわれた。そこではブッダにつねに仕えていたアーナンダが教説を，戒律に理解の深かったウパーリが教団規則を唱え，集まった500人の修行者たちに承認されて，のちの経蔵(きょうぞう)と律蔵(りつぞう)との原型ができあがった。これを「第一結集」，または参加人数から「五百結集」などと呼んでいる。さらに仏滅から100年が経過した頃，戒律に違反する10種の事柄をおこなっている修行者がいるのを知ったヤシャスが，700人の修行者をヴァイシャーリーに集めて審議をおこなった。この審議のあとで仏典の結集をおこなったとする伝承もあるため，これら一連のできごとを指して漠然と「第二結集」，または「七百結集」と呼んでいる。

　後代の仏教書には，前3世紀に**アショーカ王**(在位前268頃〜前232頃)治世下のパータリプトラでモッガリプッタが1000人の修行者を集めて「第

三結集」をおこなったと述べるものもあるが，史実であるかどうかは疑わしく，アショーカ王とのつながりを強調するためにつくられた伝説とも考えられる。さらには第4回以降の結集に関する伝承もあるが，インドの仏教教団全体による結集に限定するならば，多くの部派が共通して伝えている「第一結集」と「第二結集」との2つのみが，何らかの史実に基づいている可能性が高い。

　上記のように，結集を主宰した人物の名前などは伝えられているが，仏典のほとんどが作者のわからない匿名の資料である。現存する仏典の多くはブッダが語った内容を記録したものという体裁をとるが，それを記録した人物が誰であるのか，1人の人物なのか，あるいは複数の人物なのかなどといったことは不明である。さらには何世紀ものあいだ，文字化されることなく，口頭によってのみ伝承されてきたものであるため，われわれが考えるような意味での作者は存在しない。

> お前たちのためにわたしが説いた教えとわたしの制した戒律とが，わたしの死後にお前たちの師となるのである。
> 　　　　　　　　　　　　　（中村元訳）
> これは入滅直前のブッダが弟子たちに説いた言葉であり，ブッダを失った弟子たちが何を師とすべきかが説かれている。ここでは，ブッダの説いた教説と教団規則とを師とすべきことが説かれ，ブッダの入滅直後の「第一結集」ではこの両者がまとめられたとされる。

| 解説 | 「結集」は**サンスクリット語**でサンギー →P.74 |

ティ (saṃgīti) といい，漢訳仏典では「合誦(ごうじゅ)」「衆誦(しゅうじゅ)」などと訳される。仏典を書物として捉えるならば編纂会議に相当するが，書き記すことなく，暗記している教えを合唱して確認する集会であり，現代人のイメージする編纂会議とはやや趣が異なっている。結集に関する伝説が史実であるのかどうかはわからないが，少なくとも，背景には仏典が口頭で伝承されていたという事実があったと考えられる。

　各部派が伝えるところによれば，「第一結集」ではブッダが説いた教説と教団規則とがまとめられ，のちの経蔵と律蔵との原型が成立した。そして，経の内容が確定されたあとにはその内容を整理・解説した論蔵がまとめられ，経蔵・律蔵とあわせて「三蔵」と呼ぶようになった。ただし，論蔵の確定はインドの仏教教団が複数の部派に分裂したあとであり，内容は部派ごとに異なる。また，経蔵・律蔵も，現存するのは各部派が伝承した資料のみであり，古い要素を残しているかもしれないが，当時の

ままのかたちで残っているわけではない。7世紀に西域やインドを旅して多くの仏典をもたらし、帰国後はそれらを精力的に翻訳した**玄奘**(げんじょう)→ P.120, 209は『**西遊記**』→ P.207の三蔵法師のモデルになったことで知られるが、この「三蔵法師」という呼称は、このような経蔵・律蔵・論蔵という三蔵に精通した僧侶に対する尊称である。

また、これら「三蔵」の成立により、仏典の編纂は終了する可能性もあったが、インド仏教には中央集権的な組織がなかったため、複数の部派内部では引き続きブッダの言葉として認められた文献が追加されていった。のちの大乗経典の制作も、このような諸部派内部の経典制作という流れから発展したものと考えられる。

その後、仏教はインドで衰退してしまい、再び表舞台に出てくるのは、新仏教運動を開始したアンベードカル(1891〜1956)の登場を待たなければならない。しかしながら、パーリ語仏典はスリランカや東南アジア、漢訳仏典は東アジア、チベット語訳仏典はチベット、ブータン、モンゴルで広まり、各地域において今日に至るまで多大な社会的・文化的影響を与えてきた。

参考文献

中村元訳『ブッダ最後の旅——大パリニッバーナ経』(岩波文庫)岩波書店, 1980.
馬場紀寿「初期経典と実践」(奈良康明・下田正弘編『仏典からみた仏教世界』〈新アジア仏教史〉佼成出版社, 2010).
平川彰『インド仏教史 上』春秋社, 1974.

キーワード

アショーカ王　マウリヤ王朝(前317頃〜前180頃)第3代の王で、仏教の保護者として知られる。父親のビンドゥサーラ王の死後、兄弟と争って王位を継承し、在位8年目にカリンガ国を征服して、インド亜大陸をほぼ統一した。その際に多くの犠牲者を出したことを後悔し、以後は武力ではなく、正義による征服をめざした。

正義による征服を推進するため、彼は領土内の各地に法勅(ほうちょく)を刻んだ石柱や磨崖(まがい)を設けた。これらの法勅は各地域の言語で記されており、現在のアフガニスタンではギリシア語で記されたものも見つかっている。さらには自身が領土内を巡察したり、特別官吏を任命・派遣するなどもした。また、あらゆる宗教に対して寛容であり、**ジャイナ教**などの宗教も保護したとされる。

関連年表

前7〜前6世紀	ブッダ入滅、ラージャグリハで第1回の仏典の結集
前6〜前5世紀	ヴァイシャーリーで第2回の仏典の結集
前3世紀	アショーカ王即位、パータリプトラで第3回の仏典の結集

※上座部の伝承による。

(堀田和義)

3 古代インド

23 古代インドの二大叙事詩
マハーバーラタ, ラーマーヤナ
ヴィヤーサ, ヴァールミーキ

作者 ヴィヤーサ　　ヴァールミーキ
　　　　Vyāsa 生没不詳　　Vālmīki 生没不詳

　『マハーバーラタ』はヴィヤーサという人物の作とされるが，その詳細はわかっていない。『マハーバーラタ』では叙事詩の登場人物たちの同時代人として描かれており，パーンドゥの父親にあたる。彼は『マハーバーラタ』を5人の弟子に伝え，そのうちの1人であるヴァイシャンパーヤナがはじめてこれを唱えたとされる。

　一方，『ラーマーヤナ』の作者とされるヴァールミーキに関しても，ヴィヤーサと同様，詳細はわかっていない。『ラーマーヤナ』の1巻，7巻の記述によれば，北インドのタマサー川のほとりに住み，世人の誤った非難により追放されたシーターを養護し，彼女の2人の息子を育てて『ラーマーヤナ』の吟唱を教えたとされる。

内容紹介 『マハーバーラタ』
　　　　　Mahābhārata 前4世紀～後4世紀

　バラタ族のドリタラーシュトラの息子たち(クル家)とパーンドゥの五王子(パーンドゥ家)とのあいだには，幼い頃から確執があった。そしてドリタラーシュトラが五王子のユディシュティラを跡継ぎにした結果，王国は二分され，さらに彼はクル家のドゥルヨーダナの企みによって王国を失う。五王子は13年の放浪ののち，クル家に王国の半分の返還を求めたが受け入れられず，戦争に至る。18日間にもおよぶ激しい戦闘の結果，クル軍は壊滅し，パーンドゥ軍も多くを失った。戦後は両家がともに死者を弔い，ユディシュティラが王位に就いた。戦争の15年後にドリタラ

ーシュトラとその妻は森に隠遁(いんとん)するが，火事で亡くなる。そして戦争の36年後，ユディシュティラは甥を王位に就けて都を捨て，ヨーガによって天界へと赴き，一族の者たちと再会する。

内容紹介 『ラーマーヤナ』
Rāmāyaṇa 前8世紀～前3世紀

　ヴィシュヌ神は，神々を悩ます魔王ラーヴァナを退治するため，コーサラ国のダシャラタ王の息子ラーマとして誕生し，成長したのちはヴィデーハ国のジャナカ王の娘シーターと結婚して幸せな日々を送っていた。しかし，王が第三王妃との約束によりラーマの異母弟バラタを王位に就けたため，ラーマとシーターはもう1人の異母弟ラクシュマナを従えて森へと旅立つ。その後，シーターがラーヴァナに誘拐されてランカー島に幽閉されるが，猿王やその家来たちの協力を得て見つけ出し，ラーヴァナを退治する。帰国後ラーマは王位に就くが，世人の誤った非難によりシーターを追放してしまう。シーターは2人の子を生み，貞節を証明してから大地の女神に抱かれて姿を消し，ラーマは息子を後継者としたのち，サラユー川に身を投じてヴィシュヌ神の姿に戻る。

> ここに存するものは他にもある。しかし，ここに存しないものは，他のどこにも存しない。
> （『マハーバーラタ』1.56.33，上村勝彦訳）
>
> 『マハーバーラタ』はその大枠となっている物語のほかにもさまざまな物語が挿入されており，むしろそういった挿入部分にこそ叙事詩の魅力があるともいわれる。そのため，叙事詩のなかには古代インドの宗教・思想・文化・社会に関するありとあらゆる情報が含まれており，百科全書的な性格を備えている。

解説　『マハーバーラタ』と『ラーマーヤナ』は，しばしば**ホメロス**の『**イリアス**』『**オデュッセイア**』と比較される。
→P.18　→P.18

　『マハーバーラタ』とは「バラタ族の戦争を物語る大史詩」といった意味である。全18巻と付録『ハリヴァンシャ』（ハリの系譜）をあわせた約9万詩節からなり，前10世紀頃にインドで実際に起こったとされるバラタ族の親族間争いを主題とする。吟遊詩人が伝承するあいだにさまざまな要素が混入し，前4世紀あたりから後4世紀にかけてしだいにかたちを整えていったと考えられる。主筋は全体の5分の1程度であり，その周辺には**ヒンドゥー教**の聖典『バガヴァッド・ギーター』や『ナラ王物語』などのさまざまな挿話や神話・伝説などが挿入される。また，12～13巻は

後代の付加と考えられ，哲学的な内容を含んでいる。

一方，『ラーマーヤナ』は「ラーマ王の行跡」を意味する。全体は全7巻2万4000詩節からなり，その文体は美文体の先駆けとされる。1～2巻はラーマの誕生から森へと旅立つまで，3～4巻はシーターの誘拐，猿王たちとの出会いなど，5～6巻は猿王の家来によるランカー島偵察，ラーヴァナとの戦闘，7巻は後日談を描く。1巻と7巻とは後代の付加と考えられるが，現存『マハーバーラタ』が示す『ラーマーヤナ』の梗概は7巻本と一致する。核となる部分の成立時期に関しては，前8世紀から前3世紀のあいだで諸説ある。

両叙事詩とも非常に影響力があり，後代のインドでは多くの詩人や劇作家によってこれらを題材とした文芸作品が著された。また，ジャワ，マレー，ミャンマー，タイ，バリなどといった東南アジア諸地域への影響も大きく，物語の翻案や劇・影絵などが今日でもさかんにおこなわれている。さらには，仏典経由で東アジアにもその内容が伝えられた。例えば，『マハーバーラタ』に含まれる「一角仙人物語」は歌舞伎十八番の1つ『鳴神』の原型であるとされており，また『ラーマーヤナ』の物語は，漢訳仏典の『六度集経』や，日本の『宝物集』のなかにも見られる。

▲戦場で弓を引くアルジュナと御者のクリシュナ（『マハーバーラタ』より）

参考文献
上村勝彦訳『マハーバーラタ』全8巻（ちくま学芸文庫）筑摩書房，2002～05．
ヴァールミーキ（岩本裕訳）『ラーマーヤナ』全2巻（東洋文庫）平凡社，1980～85．
ヴァールミーキ（中村了昭訳）『新訳 ラーマーヤナ』全7巻（東洋文庫）平凡社，2012～13．

キーワード

サンスクリット語 インド・ヨーロッパ語族に属するサンスクリット語は，英語などの遠い親戚にあたり，日本では古くから梵語などと呼ばれてきた。「サンスクリット」というのは「完成された」「洗練された」というほどの意味であり，前5～前4世紀の北西インドの人パーニニがそれまでの文法を集大成した文典が最も有名である。古代よりインドの文学作品や哲学書・医学書・数学書などの多くがこの言語で書かれており，文章語・学術語としての性格が強いため，しばしば中世ヨーロッパのラテン語にも例えられる。また，インドで成立した仏典の多くもサンスクリット語で書かれており，漢訳仏典の音写語などを通じて日本語にも多くのサンスクリット語（語彙）が入っている。

（堀田和義）

東アジア世界の形成

24 微言大義の書
春秋

作者 　『春秋』はもともと魯国の史官の記録であり，伝説では**孔子**の手→P.78によって編纂されたといわれる。そのため『春秋』は**儒家**の経典としての地位を得ることとなった。記録された年代は，魯の隠公元（前722）年から哀公14（前481）年までおよそ240年間にわたる。魯の建国は，**殷**（前16世紀頃〜前11世紀）を倒した**周**（前11世紀〜前256）の武王の弟・周公旦が山東省曲阜に封建されたことに遡る。古えの周の伝統文化をよく伝えるこの地で，孔子は生まれたのであった。

内容紹介 　『春秋』

　『春秋』の本文はいかにもそっけない，極めて簡潔な年代記でしかない。試みに数条を取り上げてみよう。

　　冬，魯公が斉侯と防（地名）で会合した。（隠公9年）
　　二月癸亥の日，日食があった。（文公元年）
　　冬，楚が鄭を攻めた。（僖公2年）

　『春秋』はこのように時期と事件だけを，編年体で淡々と記していくにすぎない。記載された事件の詳しい前後関係や解説，評価などはほとんど見られない。しかしそこには孔子の奥深い言葉使い（微言）によって，毀誉褒貶の意図（大義）が込められている，と儒学者たちは考えてきた。しかし『春秋』の本文を読んでこの微言大義を理解することは，常人には到底不可能である。そこでそれを解説するための書物が出現する。経書に対する注釈を「伝」というが，『春秋』には『左氏伝』『公羊伝』『穀梁伝』が主たる注釈として存在し，「春秋三伝」と呼ばれる。

三伝の『春秋』解釈は，時に孔子の名を借りて，時に名もない君子の発言として，提示される。例えば『春秋』宣公4（前605）年の条に，鄭国での内乱を記して次のようにいう。

　　夏六月乙酉の日，鄭の公子帰生が君主の夷〔帰生，夷はともに人名〕を弑した。

これに対する『左氏伝』の解説は，

　　〔『春秋』に〕「鄭の公子帰生が君主の夷を弑した」と書いてあるのは，〔乱を防げるほどの〕権力が無かったからである。君子いわく，仁の心があっても武威がなければ，事を成し遂げることはできない。凡そ君主を弑した際，君主の名を書くのは，君主に道義がない場合であり，臣下の名を書くのは，臣下にその罪がある場合である。

というものである。こうした微妙な言葉の使い分けで歴史に評価をくだすことを「春秋の筆法」というが，その意味は「伝」によって解き明かされるのである。経（『春秋』）と伝とはこうして一体不可分となった。われわれが現在見ることのできる『春秋』は，単独では存在せず，三伝に付随して伝えられたものである。

鼎の軽重を問う。

（『春秋左氏伝』宣公三年）

前606年，中原へと進出した楚の荘王は，周都洛邑に迫り周王に鼎の大小軽重を問う。鼎は王権を象徴する宝で，その軽重を尋ねることは天子の交代を促す脅迫に等しい。しかし周王の使者・王孫満は毅然としてこれを退けた。いわく，「大きさや重さは，所有者の徳によってきまり，鼎そのものには関係ありません。……徳が明らかならば鼎は小さくても重く，移動させることはかないません。逆に徳に欠ける場合には，鼎は大きくても軽く，簡単に移動できてしまいます。……今でこそ周の徳は衰えたとはいえ，天命の改まらぬうちは，鼎の軽重を問うことはできません。」

解説　周王朝が前770年に首都を東方の洛邑に遷してのち，**秦**の**始皇帝**による統一（前221）がなされるまでの時代を**春秋・戦国時代**（前770～前221）と呼ぶ。その境目は韓・魏・趙の三国が晋から独立した前453年，もしくは三国が諸侯として正式に認定された前403年とされる。

　この時代，周王朝の権威は低下し，各地の諸侯が相互に同盟また抗争を繰り広げる。当初は周王の近い縁戚である鄭が強勢であったが，しだいに**斉**・晋が台頭し，「**覇者**」として諸侯を統制するようになる。斉や晋は主に**黄河**中・下流域を中心とするいわゆる中原の諸侯たちを同盟下においたが，一方で長江中流域から急速に勢力を伸ばしてきた楚がこれに

対抗する。斉の桓公、晋の文公の時期には中原の諸侯が楚を撃退したが、のちに楚の荘王は洛邑に迫って周王を威嚇した。春秋時代末期には長江下流の呉が、さらにそれを滅ぼした越が、相次いで中原に進攻し、諸侯関係は混乱を極める。

諸侯間の秩序が混乱するのと同時に、各国内での権力関係も動揺し始め、有力な臣下が政治の実権を握るようになる。魯の三桓氏、斉の田氏、晋の六卿といった有力氏族がそれぞれ強権を振るった。なかでも晋では六卿の争いの結果、韓・魏・趙の三氏が晋の君主を追放して独立するに至り、ここに戦国時代が始まりを告げる。

春秋時代の歴史については、その時代名のもととなった『春秋』および三伝、とりわけ『左氏伝』が根本的な史料となる。というのも、『公羊伝』『穀梁伝』は『春秋』本文の語義解説を主とするのに対し、『左氏伝』はそれに留まらず、数多くの歴史事件を掲載しているからである。なお、『左氏伝』は孔子と同時代に生きた左丘明という人物が作者とされるが、真偽は定かではない。

参考文献
小倉芳彦訳『春秋左氏伝』全3巻(岩波文庫)岩波書店、1988~89.
野間文史『春秋学――公羊伝と穀梁伝』(研文選書)研文出版、2001.
野間文史『春秋左氏伝――その構成と基軸』(研文選書)研文出版、2010.

キーワード

覇者 春秋時代の諸侯関係は、「会盟」(諸侯が一同に「会」して「盟」約を結ぶ)によって動いていた。会盟の主導者は、権威の衰えた周王ではなく、「覇者」と呼ばれる諸侯の筆頭格であった。「春秋五覇」と総称することもあるが、「五覇」の数え方には諸説あり、斉の桓公・晋の文公が必ず含まれるほかは一定しない。一説では、残りは楚の荘王、呉王闔閭、越王句践とされるが、いずれも短期的な成功をおさめたにすぎない。一方で晋の覇権は別格である。当時の諸侯関係における最重要の問題は、何といっても中原諸侯と楚との南北対立であって、そのなかで晋は中原諸侯を結集した対楚軍事同盟を主宰することで、覇者の地位を長きにわたり維持したのである。

関連年表

前770	周の平王、洛邑へ遷都(周の東遷)
前722	『春秋』の記述開始
前679	斉の桓公、覇者となる
前632	晋の文公、城濮の戦いで楚を破り、覇者となる
前606	楚の荘王、洛邑に迫り、周に鼎の軽重を問う
前551	この頃、孔子生まれる
前473	越王句践、呉王夫差を破り呉を滅ぼす
前479	孔子没
前453	晋より韓・魏・趙が独立(三晋)
前403	周王、三晋を諸侯として公認

(土口史記)

4 東アジア世界の形成

25 東アジアで最もよく読まれた書物

論語

孔子

作者 孔子の門人たち

　孔子（前551頃～前479）は，中国の**春秋時代**（前770～前403）に生きた教育者・思想家・政治家であり，**儒教**の祖とされる人物。孔子自身が，自らの生涯を書き留めたことはなかったが，その弟子や孫弟子たちが彼の言葉や行動を記録し，『論語』としてまとめた。それゆえ，『論語』は孔子自身が書いた書物ではないが，ここでは孔子の事跡を記しておく。

　孔子は前551年頃に魯（現山東省曲阜）の地に生まれ，前479年に同地に没した。孔子の父は魯に仕える役人であったが早くに亡くなったため，孔子は母に育てられた。孔子も魯の昭公・定公に仕えたが，あきたらず，衛・陳などの諸国を遊歴しつつ，弟子の教育をおこなった。晩年は，魯に帰国し哀公に仕え，国政にも携わりつつ，後進の指導にあたった。

　春秋時代は，**周**（前11世紀～前256）の王権が弱体化し，晋や斉などの強国が覇を競い合う時代であった。この時代において，孔子は西周初期の政治を理想とし，文王・武王・周公を模範とした政治を再現させようと努めた。しかしその理想を政治的に実現することは難しかったので，孔子は自らの理想に基づいて弟子たちを教育した。

内容紹介 『論語』
前5世紀頃

　中国春秋時代の孔子の言行や弟子との問答を編纂した書物。漢代以降，孔子の人生と思想を伝える書物としてさかんに読まれ，**宋代**（960～1276）以降は儒教経典「**四書**」の1つとして重んぜられた。

『論語』の内容は，すなわち孔子の思想の反映であるとされる。『論語』において，人に対する愛を意味する「仁」という徳を孔子は重視し，いかにしてそれを自分たちの生活と政治に生かすかを説いた。「己にうちかって礼に立ちもどるのが仁である。そうやってある日，己にうちかって礼に立ちもどるなら，天下は仁に帰順するだろう」(顔淵篇)という言葉は，「克己復礼」として有名であるが，これこそ孔子の思いを伝えるものであろう。

　「仁」という理想を実現するために，「礼」を身につけ，正しい行動と儀礼をおこなうことを主張した。またそれと同時に，人格を高めるために「楽」(音楽)の練習も重視した。このように，孔子の学園においては「礼楽」が重視された。この「礼楽」とは，周代の初期に整えられた文化の粋であると，孔子は考えていたので，それを習得することこそが理想を実現するための手立てであるとされたのである。ただし，「人が不仁であるなら，礼が何の役に立つものか。人が不仁であるなら，楽が何の役に立つものか」

> 『詩経』の学習から勉学をはじめ，礼儀の習得によって自立し，そして音楽によって人格を完成する。
> （詩に興こり，礼に立ち，楽に成る）
> （泰伯篇）
> 『詩経』の学習を基礎とし，礼儀と音楽とによって人格を陶冶しようとした孔子の考えがよくわかる。

(八佾篇)というように，あくまでも仁こそが孔子の理想の根本であった。

　本書には孔子以外にも，多くの弟子や政治家などが登場し，問答を交わしている。その際，別々の弟子から同じ質問をされた孔子は，それぞれ別の答えをした。これは，孔子の思想に一貫性がないためにそうなったのではなく，質問者の資質や弱点を観察したうえで，配慮を加えて対応した結果であるとされる。説教くさい話を相手かまわず繰り返すわけではなく，そういった会話が本当にあったのだろうと感じさせる臨場感が本書の魅力の1つである。

　『論語』は，魯をはじめとする諸国の政治に携わる政治家としての孔子像と，学園において教育に携わる教師としての孔子像とを両方伝えるが，むしろ後者の色彩がより濃い。本書の編纂者であった人々にとって，親しみ深く，かつ偉大な師匠であったらしいことを感じさせる。

解説 孔子は魯の政治に携わった時期もあったが，おおむね「仁」を理想とするその思想は春秋時代においては実現されなかった。あまりにも高邁(こうまい)な理想が，当時，勢力を拡大しようとして覇権を競っていた各国の諸侯には受け入れられなかったためである。しかしその後，弟子たちが孔子の教えた儒教を大いに広めたので，戦国時代になると，**儒家**はかなり有力な思想集団へと成長した。この頃に，『論語』が儒家のあいだで編纂されて，伝えられるようになったものと考えられる。

　秦の**始皇帝**(しん)(在位前221～前210)が中国を統一すると儒家を弾圧したが，その後，**前漢**時代(前202～後8)においては儒家の地位が向上し，それにともない儒教の入門書とされた『論語』も識字層のあいだで広く読まれるようになり，この頃以降，注釈書がいくつもつくられた。何といっても，『論語』は儒教の祖である孔子の肉声を伝える古典であると考えられたので，儒教を信奉する人々が真剣に読もうとしたためである。三国・魏(220～265)の時代には，何晏(か あん)らが『論語』のテキストを整理し，さらに『論語集解』という注釈をつくり，重んじられることになった。今日，われわれが読んでいる『論語』は，何晏らの編輯(へんしゅう)を経たものである。

　宋代になると，『論語』はさらによく読まれるようになり，**朱熹**(しゅき)が**朱子学**を大成し，『論語』は儒教の中心部に位置づけられた。こうして『論語』は，東アジアで最も広く，長く読まれる古典となったのである。

参考文献
金谷治訳注『論語』(ワイド版岩波文庫)岩波書店，2001.
吉川幸次郎訳注『論語』全2巻(朝日選書)朝日新聞社，1996.
蜂屋邦夫『孔子——中国の知的源流』(講談社現代新書)講談社，1997.

キーワード

儒家　孔子を祖として誕生した思想家の集団。周代初期の文王・武王・周公の政治を理想として掲げ，仁の徳を拡充してゆくことにより，その理想を実現できると主張し，春秋戦国時代，諸侯たちに遊説した。前漢時代に国家により権威を与えられ，後世に至るまで，中国社会全般に大きな影響を与えた。**南宋**時代に朱熹が儒家思想の改革をおこない，「**四書五経**」を儒教経典として確立し，その思想は東アジアの広い地域に伝播した。

関連年表

前770	周の平王が洛邑に遷都し，春秋時代が始まる
前551	この頃，孔子，魯に生まれる
前500	魯の定公に従い，斉の景公との外交交渉にあたる
前484	諸国遊歴から魯に帰国し，哀公を補佐する
前479	孔子が死去
前403	周王が三晋を諸侯として公認し，戦国時代が始まる
前212	秦の始皇帝が，儒者を虐殺する(焚書坑儒)
後1177	朱熹が『論語集注』を完成させる

(古勝隆一)

東アジア世界の形成 4

26 古代中国の弁論を伝える書物

孟子

孟子

作者 孟子の門人たち

　孟子（前372頃？〜前289頃？）は鄒（現山東省済南市）の出身の儒者である。名を軻といった（孟子の「子」は先生という意味）。孔子の孫である子思の門人から学んだという。早くに父を亡くし、母に育てられたという。「孟母三遷」の故事は有名であるが、それが史実であったのかどうかははっきりしない。

　戦国時代（前403〜前221）に生まれた孟子は、斉の宣王、梁の恵王、滕の文公など、各国の君主に**儒家**の教えを説いたが、孟子の教えは理想的にすぎ、どの国においても重く用いられることはなかった。そこで、故郷に戻り、弟子たちとともに議論を深めたという。

　7篇からなる『孟子』という書物は、孟子自身が書いた自著とする説もあるが、当時の常識から考えてそうとは見なせず、孟子とさまざまな立場の人々が交わした問答や孟子の言葉などを、その弟子たちが書き記して編纂したものであろうと考えられる。

内容紹介 『孟子』
前3世紀頃

　『孟子』は問答の書物である。孟子が問答を交わした相手は、諸侯・思想家・弟子たちなど多様であり、孟子の弁舌がおよぶ範囲もまた多岐にわたる。その意味で、戦国時代の思想家の最もいきいきとした議論の記録であるといえる。『**論語**』は一章一章が短く、極めて簡潔な孔子の言葉を載せるだけだが、それとは異なり、『孟子』に見える孟子の言葉は雄弁

であり，対話者との問答を積み重ねながら，重厚な議論を組み立てている。本書は7篇，あわせて261の章から構成されている。

　思想的には，人間の性質が生まれながらにして善であると説いた「性善」説がよく知られる。仁・義・礼・智という4つの徳を実現するための手がかりを孟子は「四端」と呼び，それら4つの手がかりは生まれながらにして万人に備わっていると考えた。たんに人間の善なる性質を信じたというわけではなく，その善は手がかりであって，それをうまく育てて大きく展開させなければならないとした点に，孟子の性善説の特徴がある。

　政治思想としては，仁の徳をその基本にすえた。「仁人は天下に敵なし」「三代の天下を得るや仁を以てし，その天下を失うや不仁を以てす」といって，諸侯は仁に基づく政治を実践すべきであり，それによってこそ天下をおさめることができると説いた。実力によって外国を侵略し，民を一方的に支配する覇道を軽んじ，徳によって世をおさめる王道を重んじた。

> 自分自身を見つめ直してまっすぐだと思えるならば，数千人・一万人が相手であろうとも，私は前に進もう。（自ら反みて縮くんば，千万人と雖も吾往かん）　（公孫丑篇上）
> 自信にあふれ，勇気ある思想家であった孟子の姿をいきいきと伝える一言。

　その王道は何によって実現されるのかというと，民衆が君主を支持することによってだと孟子は考えた。民衆の支持こそが，天の意志である「天命」のあらわれであるというのである。孟子は「民衆が最もたっとく，国家はそれに次ぎ，君主は軽いものだ」（尽心篇下）といったが，このように民を重視する考え方は，当時としては非常に斬新なものであったと考えられる。

　また『孟子』は名言の宝庫でもある。「惻隠の心は仁の端なり」「聖人と我とは類を同じくする者なり」といった名言は孟子の言葉であり，また「五十歩百歩」「助長」「往く者は追わず，来る者は拒まず」などの故事成語の淵源としても知られる。

解説　孟子は，孔子の後継者をもって自認し，戦国時代，多くの国々を遊説して儒家の理想を政治的に実現しようとした。当時は**墨家**などの思想集団（**諸子百家**）がとくに有力であったらしく，孟子はそれら

に対する敵意を示して，儒家の思想を守り，発展させようと努めたが，当時においてさえ，孟子の説は過激で極端な思想であるとも見られたらしい。しかし，孟子自身にいわせれば，それは儒家の劣勢を挽回するためのやむを得ない行動であった。

漢代以降，ある程度は読まれて一定の評価を得たが，『論語』などとは異なり，**儒教**の経典として重んじられることはなく，儒教を説いた一思想家の著作と見なされてきた。その点では，『荀子』(→P.84)などの著作と同様の扱いであった。ところが，**南宋**時代（1127〜1276）に**朱熹**（しゅき）(→P.186)が儒家思想の改革をおこない，「**四書**（『大学』『中庸』『論語』『孟子』）」の１つとして『孟子』を位置づけ，その地位は大いに向上した。

孟子は，暴君を武力によって討伐することを是とした革命思想をもっていた。徳のない君主を攻撃してよいかどうかは，下剋上がしばしば生じたこの時代，とくに為政者の関心を集める問題であったが，これに対して，徳のない，「天命」を失った君主ならば，討伐されてしかるべきだと孟子は考えた。君主を絶対とする立場から一線を画したこのような考え方は，前近代においては危険思想と見なされたこともあった。しかし他方で，考えたことをはっきりと表現するこのストレートな書物は，多くの読者をひきつけ，見事に古典としての地位を確立した。

参考文献
宇野精一訳注『孟子』(全釈漢文大系)集英社，1973.
小林勝人訳注『孟子』全2巻(ワイド版岩波文庫)岩波書店，1994.

キーワード

諸子百家 中国の春秋・戦国時代に活躍し，各国を旅し，諸侯たちに政治を説いてまわった，さまざまな思想家たち。「諸子」とは「先生たち」の意で，十とも百とも数えられる多様な思想が伝えられたため，このように呼ばれる。当時の諸侯たちは，富国強兵により領域の拡大をめざしていたため，思想家たちの力を必要としていた。農業を基本とした者や，戦争を中心にすえた者，法律を主として制度を整えようとした者など，各種の思想家たちが登場した。**前漢**（前202〜後8）末に編纂された図書目録である『七略』においては，**儒家**・**道家**・陰陽家・**法家**・名家・墨家・縦横家・雑家・農家・小説家の十類に分けられた。

関連年表

前403	周王が三晋を諸侯として公認し，戦国時代が始まる
前326	この年，滕の文公の使者と問答したのが，『孟子』に見える
前319	斉の宣王が即位（〜前301）。在位中，孟子の政治的助言を受ける
後1177	朱熹が『孟子集注』を完成させる

（古勝隆一）

4 東アジア世界の形成

27 人の性は悪

荀子

荀況

作者 荀況 じゅんきょう
前310頃?〜前230頃?

戦国時代(前403〜前221)末期の思想家。荀卿(じゅんけい)・孫卿(そんけい)とも呼ばれる。趙(ちょう)の国に生まれたが、前半生の事跡はつまびらかでなく、**秦**に遊説して昭襄王(しょうじょうおう)に自説を述べたことなどが知られるのみである。斉の襄王(せい)の末年頃、斉に遊学した時期には、すでに50歳であった。その後、讒言(ざんげん)にあって斉を去り、楚の春申君(しゅんしんくん)に迎えられて**蘭陵**(らんりょう)(現山東省南部)の令(地方長官)となった。だが春申君が暗殺されると位を退き、蘭陵で著述と後進の指導にあたった。**法家**の学者として知られる**韓非**(かんぴ)(?〜前233)や**李斯**(りし)(?〜前210)はその弟子である。秦がほかの諸侯国を圧倒し、天下統一へと向かっていく時代を生きた、戦国最後の**儒家**であった。
→ P.80

内容紹介 『荀子(じゅんし)』

全32篇。荀況の自著のほか、その言行を記録したもの、後継者たちの雑録を含む。論説・対話形式の篇に加えて、韻文をおさめた篇もある。

荀子の思想としてよく知られるのが、いわゆる「性悪説」であろう。彼は戦国末期の戦乱や社会の激動を冷静に見つめ、人間は生まれつき利益を好み、妬(ねた)みや憎しみの心をもっているので、それにそのまま従うと争いは避けられないとする。だが、そうした「悪」は絶対的なものではなく、性悪な人間も秩序を与えられれば「善」になるとし、学習の必要性が力説される。そのために重要なのが「礼」の存在である。

「礼」とは単なる礼儀作法の類ではなく、個人の行動基準から国家秩序

のあり方までを規定するもので，聖人がこれをつくったとされる。そこには身分・階層・能力・年齢による等差（「分」）が定められており，それぞれの人間が自らの「分」に応じて欲望を制御することで，人間集団に秩序が生まれることになる。

　為政者が仁義の徳をもって政治にあたれば，おのずと理想の社会が実現するという孟子の主張に対し，荀子は「礼」という，より客観的・外在的な規範を重視しており，そのぶん現実的であるといえる。道家のように人間の欲望を否定するのではなく，「分」の範囲内でそれを肯定するのも，また同様である。こうした客観性や現実的な感覚は荀子の思想がもつ特色の1つで，それは例えば，彼の「天人の分」をめぐる主張にもうかがえる。

人の性は悪にして，その善なる者は偽なり。

性悪篇の冒頭にあらわれる一句。人の性を悪とする荀子の主張を端的に示す。ただし「偽なり」というのは「いつわりである」という意味ではない。「偽」は「為」，つまり「作為」のことであり，「人が善であるのは作為の結果である」ことを意味する。つまり，聖人の作為の結果である「礼」に従って自らの「性」に働きかければ，人の性は「悪」から「善」に変わることをいう。

　中国古代人にとって「天」は天上にある最高神であり，災害などはその意思のあらわれであった。だが荀子はこれを迷信とし，「天」が人間界で起こることを左右したりはしないとする。「天」で起こる事象をただの自然現象として客観視し，むしろ人間の主体性を重んじる荀子の考えは，人間は学習により「善」に転じることができるという主張を，根底において支えるものでもあった。

解説　荀子が生きたのは戦国時代の最末期で，各諸侯国では社会のさまざまな局面で変化があらわれ，君主権がより強化されていた。なかでも秦の国力がしだいに突出し，その優勢はもはや動かしがたいものになりつつあった。荀子の思想は，こうした時代背景のもとで培われた。

　儒家が理想としたのは，政治の根底に道徳が据えられ，「徳治」によって民生に安定がもたらされる社会であった。だが現実の世界では抑圧的な支配が日常である。そこで儒家は太古の君主を「聖王」として称揚し，徳治がおこなわれたその時代に回帰すべきことを説いた。

　しかし太古の時代を賞賛して現状批判を繰り返すだけでは，理想の実現は望み得ない。ましてや荀子の時代，統一国家の出現はもはや確実視され，そのあるべき姿を探ることが喫緊の課題となっていた。それゆえ

に荀子は，あくまで理想を掲げつつも，冷静に現状を認め，それを少しでも理念に引き寄せる道を探ろうとする。

例えば彼は同時代の君主を「後王」と呼び，古代の聖王の「礼」を継承しているなら，彼ら「後王」こそ模範にすべき存在であると説く。荀子が重視するのは聖王の人格ではなく，聖王の定めた「礼」であるから，その「礼」に連なる者であれば，事跡のよくわからない太古の王よりも，むしろそちらを手本にすればよいというのである。いわば条件つきでの，復古主義の否定である。

「礼」を民に与え，教える者として，君主が巨大な権力をもつことも積極的に肯定される。この世に秩序を与えるのは「天」ではなく「人」なのだから，君主の役割が絶対化されるのも，また当然のことであった。荀子が君主への忠義を，父への孝行と同様に重視するのも，君主権強化を肯定する論理に繋がるものである。

ただし荀子は君主の権力を無条件に認めたわけではなく，君主があるべき理想の姿に近づくことを求めた。しかし荀子の流れを引く法家の学者は完全に君主の側に立ち，その権力をそのまま肯定するようになる。荀子以降の儒者も，皇帝に臣従する官僚として専制国家を理論的に支える存在と化し，春秋・戦国時代の**諸子百家**が放つ，いきいきとした創造力は失われてゆく。
→ P.83

参考文献
荀況（金谷治訳注）『荀子』全2巻（岩波文庫）岩波書店，1961～62.
内山俊彦『荀子』（講談社学術文庫）講談社，1999.

キーワード

法家 荀子が重要視した「礼」は法律的規範としての性格も帯びており，彼の思想のなかのこうした側面を突き詰めてゆくと，法治主義・厳罰主義に繋がることになる。門人のなかに韓非や李斯のような法家の学者があらわれたのは，決して不思議なことではない。彼らの主張に見える，人間を本来利己的なものとして信用しない冷徹な人間観や，現実を肯定する反復古主義的な立場も，荀子から受け継いだものといえる。だが荀子自身は，「立派な法律があっても国が乱れることはあるが，君子がおりながら乱れることはない」として，あくまで君子による徳治を理想とする立場を貫いており，この点で法家とは一線を画している。

関連年表

前325	秦の恵文王が王号を称す
前306	秦の昭襄王即位（～前251）
前293	伊闕の戦い。秦が韓・魏を攻め，斬首24万の大勝をおさめる
前288	秦王が西帝，斉王が東帝と号す
前278	秦が楚の都・郢を攻略
前260	長平の戦い。秦が趙に対して決定的な勝利をおさめる
前256	周王朝の断絶
前246	秦王政（のちの始皇帝）即位
前238	楚の春申君死去
前221	始皇帝による中国統一

（宮宅　潔）

28 固有名詞を超えた世界を描く古典

老子

老子

作者 道家の人たち

　この書物の著者は，厳密にいうと未詳である。老子（「子」は先生の意）という人物が書いた書物，とする説もあるが，そもそもその人物の伝記的事実が曖昧であり，信用できない。『史記』によると，老子は楚の苦県（現河南省周口市）の人で，姓は李，名は耳，字は聃，周（前11世紀～前256）の役人であった，というものの，その『史記』にしても老子と称する別人の伝記をあわせて紹介するなど，要領を得ない。

　『老子』の内容にもほとんど固有名詞が見えず，著者を特定する手がかりがないが，思想傾向は**道家**の考え方を明確に反映しているものであるから，道家の思想家によって書かれたことはまず間違いない。また，前300年頃に筆写された写本（現『老子』の一部のみ）が発見されているので，それ以前に主たる内容が成立したことも認められる。ただ，著者が1人であるのか複数であるのか，また一時期に書かれたか長年にわたって書き継がれたのかなどについても，定説はない。成立過程に謎の多い書物である。

内容紹介 『老子』
前4世紀頃？

　現行本『老子』は81の短い章からなっている。1970年代に，**前漢時代**（前202～後8）の墓から発見された，絹布に書写された写本も，すでに現行本の『老子』と似た体裁であった。個々の章は，「道」「聖人」「無為」などをキーワードとし，道家の主張をごく短い言葉で伝え，教訓集のよう

なおもむきがある。『道徳経』という別名で呼ばれることもある。

「道は一を生じ，一は二を生じ，三は万物を生ず」といい，万物を生み出す根源的な存在として「道」を語る。『老子』に説かれる「道」とは，人為的な人間の倫理ではなく，自然に近い偉大なものである。「上善は水のごとし。水はよく万物を利して争わず，衆人のにくむところにおる。故に道にちかきなり」と説き，「道」と水は似た性質をもつ，という。ただ「道」それ自体は定義することができない，言語を超越した存在である，とする。

その「道」に従って生活し，そして政治をすることを理想とする文句が繰り返し見える。「道は無為にして為さざるなし」といい，意図的な行為をしないことこそ「道」の性質だと説き，君主がそれに従うならば天下はおのずからおさまる，と語る。

また，「功成り名を遂げ，身退くは，天の道なり」というのは，政治家の処世術として説かれたものと見られる。このように「無為」というキーワードで表現される消極主義こそが理想の世界を生む，と『老子』は教える。

「財宝が家に溢れるほどあれば，それを守ることはできない」というなど，過剰な富の蓄積も批判される。ただし，「大きな国を治めるのは，小魚を煮るようなものだ」といった比喩が見えることから考えて，民衆の立場からつくられた思想ではなく，政治にあたる為政者が考えた内容を伝える書物であろう。決して素朴な思想ではない。

> 大道廃れて仁義有り，智恵出でて大偽有り。六親和せずして孝慈有り，国家昏乱して忠臣有り。　（第十八章）
>
> 「偉大な道がすたれると，仁義という徳が登場してくる。智慧が出現すると，大きな偽りが生まれてしまう。家族のなかで不和があることによって，かえって孝行者と慈悲深い親が目立ち，国家が混乱すると，かえって忠臣が目立つようになる」。儒教が重んずる価値観「仁義」を否定し，大いなる道への復帰をめざした言葉。

他の先秦諸子の書物と異なり，人名や地名などの固有名詞がほとんど出てこないのも，本書の特徴である（「江」の語が長江を指す可能性があるのが唯一の例外）。その点において，『老子』は時代や環境などの個別的な文脈を超えた，普遍的な思想文献として読むことが可能となっている。なお，同じ道家の主張を載せる『荘子』には多くの人名や地名が見られ，『老子』と好対照をなしている。

解説　『老子』は，最も自然な存在である「道」に従って生きよ，というメッセージを伝える書物である。礼楽を重んじ，人間の文化

を最上とする**儒家**思想と比較すると，道家思想はその対極にあり，道家
→P.80
が儒家に対抗するなかで，人為を否定して「無為」を是とするこのような思想が育まれていったものと推測される。人間の欲望を小さく抑え，身を低くして生き，政治をおこなうことが幸福へとつながるという信念が，『老子』には反映されている。

　前漢の初期においても，皇室などを中心に『老子』は重んじられ，また司馬談・**司馬遷**の親子も『老子』の信奉者であったことが『史記』の
→P.96
記述からわかる。のちに**儒教**が勢力を拡大し，相対的にいえば，道家思想は政治の中心からはずれることとなったが，それでも中国を中心とした東アジアにおよぼした思想的な影響は大きい。

　後漢(25～220)に発生した**道教**も，『老子』の教えを基底にすえた宗教であった。道教においては，老子という人物に対する崇拝もおこなわれた。

　それとは別に，**魏晋時代**においては『老子』『荘子』『易』という3種の
→P.107
古典が，形而上の世界を語る哲理の書として研究されるようになり，なかでも『老子』は最も深遠な哲学を表現した書物として重んじられた。このような読み方は，後世の中国思想ならびに東アジア思想に大きな影響を与えた。

　人為を抑え，自然に帰順せよという『老子』の教えは，東アジアのみならず，それ以外の文化圏にも伝えられ，現在ではさまざまな言語に翻訳され，世界中で愛読される古典となっている。

参考文献
蜂屋邦夫訳注『老子』(ワイド版岩波文庫)岩波書店，2012.
福永光司・興膳宏訳『荘子』(ちくま学芸文庫)筑摩書房，2013.

キーワード

道家　大いなる「道」に従うことを理想とする思想家の集団。戦国時代に生まれた集団であると考えられる。すべての存在は「道」と呼ばれる根源から生み出されたとし，それに従って自然な生活や政治をおこなうべきであると考え，儒家の仁義の考えを排斥した。老子がその祖とされるが，史実とは認められない。戦国時代に，**荘子**(前4世紀頃)が道家の教えを大いに広めたことは事実である。道家の教えは，儒家と対立しつつ，中国思想を通じ，重要な意味をもちつづけた。

関連年表

前535	この年，孔子が老子に面会したという記事が『史記』にあるが，おそらく伝説
前300	この頃に筆写された『老子』の写本(一部分)が，湖北省から見つかっている
前195	この年より以前に筆写された『老子』の写本(全部)が，湖南省から見つかっている
前90	この頃，司馬遷が書いた『史記』に，老子の伝記が見える

(古勝隆一)

4 東アジア世界の形成

29 中国最古の兵法書

孫子

孫武

作者 孫武(そんぶ)
前6世紀？〜？

　春秋時代(前770〜前403)の兵法家。『**史記**』の「**孫子**列伝」によると、孫武は斉(せい)の国に生まれ、呉王闔廬(こうりょ)に仕えた。のちに呉が西方の大国、楚(そ)に勝利してその都にまで攻め込み、中原(ちゅうげん)の諸侯国、斉や晋に対し威勢を示すのに功績があったという。

　孫武の列伝には、彼から約100年後の子孫とされる孫臏(そんぴん)の伝記もあわせて収録されている。孫臏は斉の威王に仕えた兵法家であり、『孫子』の本当の作者は彼であるとする見方も、かつては存在した。だが1972年、**前漢**(前202〜後8)の墓から『孫子』の内容と合致する兵法書が発見され、孫臏の言行をおさめた兵法書も同時に出土した。この「孫臏兵法」の内容は『孫子』よりも相対的に新しい。したがって、『孫子』は孫武の軍事思想が春秋時代末期から**戦国時代**(前403〜前221)初期にかけてまとめられ成立したものと、現在では考えられている。

内容紹介 『孫子』

　全13篇。最初の3篇は総論にあたり、開戦前に熟慮すべき点や策謀の重要さなどが説かれる。続く3篇は戦術原論というべきもので、戦端を開くまでの態勢(「形」)の整え方や、戦闘のなかでの形勢(「勢」)に応じた、臨機応変の対処について述べる。後半の7篇はいずれも各論で、例えば第9の「行軍篇」は軍隊を駐屯させる場所や敵情の観察について、第10の「地形篇」は地形に応じた戦闘法、最後の第13「用間篇」はスパイの

活用について述べたものである。

『孫子』のなかで、おそらく最もよく知られているのが「引用」にあげた一文であろう。「戦わずして勝つ」のを最善とする思想は、ある意味で兵法書には似つかわしくなく、読む者に強い印象を与える。こうした非好戦的な姿勢は『孫子』に一貫して見られるもので、ほかにも「上兵は謀を伐つ。……其の下は城を攻む」、すなわち計略により相手を打ち負かすのが最上で、多大な人的損害が出る攻城戦（城郭都市への包囲攻撃）は下策であるとし、力ずくでの攻撃を避けるべき手段として戒める。

ただしその背後にあるのは、当然のことながら「反戦」や「人道主義」ではない。戦乱の世にあっていかに自軍の損害を最小限に留め、その勢力を維持・拡大するかという問題を突き詰め、そのすえに得られた現実主義が『孫子』の根底をなしている。「兵は詭道なり――戦争とは人をあざむくことである」と断言し、策略やスパイの活用などの「卑怯な」やり方を推奨するのも、同様の考え方からすれば当然の結論である。こうした透徹した現実主義が、時代を超えて『孫子』が読み継がれてきた一因であるといってよい。

> **百戦百勝は善の善なるものにあらず、戦わずして人の兵を屈するは善の善なるものなり。** （謀攻篇）
> 敵を打ち破るよりも、敵国や敵軍を保全したまま勝利するのが上策であることを強調したうえで、引用した句をその結論としている。つまり、戦争の目的はあくまで新たな利益の獲得にあり、戦闘での勝利はその一手段にすぎない。むしろ敵に壊滅的な損害を与えてしまうと、勝利による利益が損なわれかねないことを説いたもので、『孫子』の冷徹な合理主義が際立つ一文である。

解説 　『孫子』が成立した春秋時代末期から戦国時代初期は、いわゆる「**戦国の七雄**」をはじめとした諸侯国同士がしのぎを削り合うなかで、戦争のあり方が大きく変化した時期であった。それまでの戦争の主役は貴族であり、彼らの乗った戦車が戦闘の中心にあった。それは軍隊の規模が戦車の台数によって表現されたことからもわかる。諸侯国の大小を問わず、その規模は戦車1000台以下で、各国の首都近辺の戦闘員によってまかなわれていたらしい。だが前6世紀中頃から5000台近い戦車が投入された戦役もあらわれ、より広い範囲の、より多くの階層の人間が戦争に動員されるようになったことが推測される。また、軍隊の主力は戦車から歩兵へと変わってゆき、その指揮官も貴族がその都度任命されるのではなく、軍事のプロである「将軍」に委ねられるようになった。

さらには，これら軍隊による長期の戦争を経済的に支えるために，さまざまな富国強兵策が実施される。

『孫子』の説くところは，こうした時代背景と無縁ではない。貴族による戦車戦の時代には，互いに陣形を整えてから正々堂々と戦うのがよしとされたが，これは「兵は詭道なり」とする『孫子』の立場とは相入れないものである。また『孫子』は「将の能にして君の御せざる者は勝つ——将軍が有能で主君がそれに干渉しなければ勝つ」として，将軍が戦場でくだす臨機応変の判断を尊重し，君主はそれに口をはさむべきでないと強調する。君主の親族でも貴族の成員でもない人間に指揮権を与えると，相互に疑心暗鬼が生まれやすいが，そうした事態を厳しく戒めたものである。

戦乱の時代が新たな軍事制度と，軍事理論と呼びうる思想とを生み出した。『孫子』は中国兵法書の元祖として，後代にも大きな影響を与えた。例えば魏の武帝(曹操)は『孫子』の注を著しており，また近代では，**毛沢東**がその著作のなかでしばしば『孫子』を引用している。さらに，よ
→ P.360
く知られるように武田信玄(1521～73)の「風林火山」は『孫子』に典故をもつ。その影響力は中国という枠を超えて，世界に広がっている。

参考文献
金谷治訳注『新訂　孫子』(岩波文庫)岩波書店，2000．
浅野裕一『孫子』(講談社学術文庫)講談社，1997．
湯浅邦弘『中国古代軍事思想史の研究』研文出版，1999．

キーワード

戦国の七雄　戦国時代の情勢を左右した7つの有力諸侯国，燕・斉・趙・魏・韓・楚・秦のこと。これらの国々のうち，当初主導権を握ったのは中原の諸侯国，とりわけ魏であったが，馬陵の戦い(前343)では斉に大敗を喫した。この戦いで作戦を立案したのが斉に仕えていた孫臏である。やがて戦国後期になると中原外の諸侯国がしだいに優勢となり，最終的には秦によってほかのすべての諸侯国が征服された。

関連年表

前679	斉の桓公が覇者となる
前632	晋が楚を破り，晋の文公が覇者となる
前606	楚の荘王が周の都・洛邑近郊に迫り，鼎の軽重を問う
前506	呉王闔廬が楚の都を陥落させる
前496	越王句践が呉を破り，闔廬は戦傷により没す
前479	孔子が没す
前403	周が魏・韓・趙を諸侯として公認する(晋の三分)
前386	周が斉の田和を諸侯として公認する
前361	秦の孝公即位，商鞅を登用する
前343	馬陵の戦いで，斉の威王が魏の恵王を破る

(宮宅　潔)

東アジア世界の形成 4

30

中国文学の黎明

詩経

作者 　長期間にわたって各地でつくられた詩歌を集めた文献なので、個々の詩について由来を伝えられる場合もあるが、確実な作者は知られていない。『**春秋**』など**儒教**のほかの経典とともに、**孔子**が3000余篇伝えられていた詩を取捨して編纂したという説が、古くから唱えられてきた。数種あった注解のうち、毛氏の伝（前1世紀？）に**後漢**（25〜220）の**鄭玄**（127〜200）が加えた再注釈の箋が権威を認められる。これが**唐王朝**（618〜907）の編纂した『**五経正義**』（653頒布）に取り入れられ、政府公認の学説として影響をおよぼす。**宋代**（960〜1276）以降、硬直した解釈への反省が生じ、新しい研究が複数あらわれる。**朱熹**の『**詩集伝**』（1186頃）はその一種で、**明清**時代に大きな力をもち、新たな権威となる。

内容紹介 　『詩経』

　題目のみの作品を除いて、『詩経』は305篇の詩歌をおさめる。後世の詩と異なり、それらは実際に詠われた歌謡だと考えられ、「風」「雅」「頌」の3種に分類される。「風」は各地の民謡、「雅」は貴族・朝廷の儀式・宴席で奏でられた音楽の歌詞、「頌」は朝廷の祭祀で用いられた儀典曲の歌詞といわれる。「風」は国と地域ごとに周南・召南・邶・鄘・衛・王・鄭・斉・魏・唐・秦・陳・檜・曹・豳の15種に分かれ、「国風」とも呼ばれる（「邶」以下は「邶風」などという）。「雅」は「小雅」と「大雅」に、「頌」は「周頌」「魯頌」「商頌」に分かれる。これらの詩歌は、おそらく前9世紀から前7世紀頃までにつくられ（「頌」のほうが古いと考えられる）、前5世紀には一書としてある程度はまとまったかたちをとっていたと思われ

る。

　『詩経』がおさめる詩歌は，おおむね1句が4字よりなる場合が多い。今日一般に知られる5字・7字の句を基調にする漢詩の発生は，ずっと遅れる。さらに4句が1章を形成し，数章が集まって1篇をかたちづくる。歌謡が原型だったため，リフレインも少なくない。

　全書のうち，「国風」の諸篇はとくに際立った個性を示す。

　　「あなた，塀を越えて来るのは止めて，うちの柳の木を折らないで。惜しいのではないの，両親が恐いの。あなたは好きだけど，両親に叱られるのも恐いの」（「将仲子」）

　　「私を好きというならば，もすそをかかげて川を渡ってあなたに会いに行く。好きでないというならば，他に男がいないわけではない。お馬鹿さん，それが分からないの？」（「褰裳」）。

　「鄭風」のなかの2首より一部を引用した。雅や頌が儀礼の様子を伝えるとともに，「国風」は古代人の生活を知る貴重な資料といえる。

桃の夭夭たる，灼灼たる其の華。之の子 于き帰がば，其の室家に宜しからん。
（若々しい桃の木，つやつやしたその花。この娘が嫁に行けば，嫁ぎ先にうまく溶け込もう）

「国風・周南」の「桃夭」から冒頭の3分の1を引く。前半2句は嫁ぐ少女の美しさを象徴するが，原初的な比喩といえる。「逃之夭夭」（雲隠れする）という慣用句が第1句の「桃之夭夭」に基づくなど，『詩経』が今も中国人にとって身近だと示す1篇でもある。

解説　複数の人物が著した文学作品をおさめる書籍を「選集」と呼ぶが，現存する中国最古の選集は，やはり詞華集ながら別格の扱いを受ける『**楚辞**』を除けば，『**文選**』→P.105 ということになる。ただ，詩歌をまとめた文献ならば，『詩経』のほうがじつは約1000年古い。それでも『詩経』を最古の選集といわないのは，同書がもともと儒教の経典で，文学との縁は深いが文学書ではないとされたからだ。このことは，同書の評価ともかかわる。

　「是非を糾し，天地を動かし，鬼神を感じ入らせる点で，詩以上のものは無い。いにしえの王者はそれで夫婦の筋道を立て，孝順を実現し，人倫を篤くし，教化を輝かせ，風俗を改めた」とは，『詩経』最初の篇に冠せられた序で全体の総論ともいうべき「大序」（前1世紀以前？）の言葉である。このような考え方のもと，各篇に付す著者不明の「詩序」や現存する最古の注解「毛伝」（毛氏の伝）以来，極めて倫理的な解釈が『詩経』全

体に施される。

　すなわち「内容紹介」にあげた，忍んでくる男を拒む娘の言葉は，重臣の意見を断りたい主君を象徴し（「将仲子」），「他にも男はいるぞ」とうそぶく女性は，保護してくれなければ他国の傘下に入るぞと大国に呼びかける小国を意味すると解される（「褰裳」）。経書であると同時に文学の規範でもあった『詩経』のこの種の解釈は，中国の古典文学に一種の窮屈さをもたらす。

　それら「古注」に対して，朱熹以降の注解を「新注」と呼ぶ。家族団らんの歌も別離の歌も，彼ら宋人はより素直に読むように論じる（もっともそれによって恋の歌は倫理的に劣る，価値の乏しいものとされたのだが）。20世紀に至って今度は民俗学の手法が，研究に導入されることとなる。その流れはなお続いており，新たな出土文献との対照も含めて，今日では『詩経』の多様な検討・受容が見られる。

参考文献
目加田誠『定本詩経訳注（上）』（目加田誠著作集）竜渓書舎，1983．
目加田誠『定本詩経訳注（下）・定本楚辞訳注』（目加田誠著作集）竜渓書舎，1983．
白川静訳注『詩経国風』（東洋文庫）平凡社，1990．
白川静訳注『詩経雅頌』全2巻（東洋文庫）平凡社，1998．
石川忠久『詩経』全3巻（新釈漢文大系）明治書院，1997～2000．

キーワード

『楚辞』　『詩経』は当時の北中国，黄河（→P.110）流域の歌謡をおさめる。これに対して『楚辞』には南中国，現湖北省・湖南省を中心とする楚の一帯でつくられた韻文がおさめられる。古くは前4世紀～前3世紀の屈原という放逐された楚の重臣が悲憤の情を詠ったとされる「離騒」などの諸篇に，その弟子筋，漢代の模倣者による作品が付され，後2世紀前半の王逸が注を施した17篇からなるテクストが通行する。屈原の実在性や関連する作品成立の背景には，疑問も多い。今日では祭祀を司った巫と呼ばれる人々が，6字ないし7字を1句とする比較的長い感情的・幻想的な作風の発生にかかわったとする説が有力である。『詩経』とともに中国文学の源流に位置づけられ，後世への影響も大きい。

関連年表

前9世紀	『詩経』収録作品のうち古い部分（「雅」「頌」）がつくられる？
前841	周が洛邑に遷都（これ以前を西周，これ以後を東周と呼ぶ）
前7世紀	『詩経』収録作品のうち最も新しい詩がつくられる？
前479	孔子（『詩経』の編者といわれてきた）没
前340	屈原誕生？
前278	屈原没
後200	鄭玄（「毛伝」に基づく『詩経』の注釈「鄭箋」を著す）没
653	『毛詩正義』（『五経正義』の一種。「毛伝」と「鄭箋」に基づく『詩経』の注釈）頒布
1200	朱熹（晩年に『詩集伝』とともに『楚辞』の注釈『楚辞集注』を著す）没
1861	ジェームズ・レッグが『詩経』を英訳

（永田知之）

4 東アジア世界の形成

31 「史」の誕生

史記

司馬遷

作者 司馬遷(しばせん)
前145/前135〜前86頃

　司馬遷の生年は前145年とも前135年ともいわれ，また没年は**武帝**(在位前141〜前87)崩御の前後と見られるが，これもはっきりしない。いずれにしてもその生涯は，**前漢**(前202〜後8)の最盛期を築いた武帝の治世とほぼ重なる。司馬遷は若くして中国各地を旅行し，古い伝承や地方の風俗を直接に見聞した。その経験は『史記』の叙述に活かされている。のちに父である司馬談の後を継いで太史令(天文・暦，およびその記録を司る)となり，史書編纂の業を進めるが，**匈奴**(きょうど)に投降した李陵(りりょう)を弁護して武帝の怒りを買ったことで，宮刑に処されてしまう。しかし史書の完成を自らの使命と誓う司馬遷はこの屈辱を乗り越え，中国正史の第一となる『史記』を完成させた。

内容紹介 『史記』
前1世紀初め頃

　『史記』は伝説上の五帝(黄帝・顓頊(せんぎょく)・帝嚳(ていこく)・堯(ぎょう)・舜(しゅん))から前漢武帝の時代におよぶまでの通史であり，本紀(ほんぎ)・表・書・世家(せいか)・列伝の各部分から構成される。本紀・列伝を中心に記述する史書の形式を「**紀伝体**」と呼び，のちの正史はすべてこれを採用することとなった。

　『史記』編纂の意図や動機は，司馬遷自身の言葉として「太史公自序」に述べられている。司馬遷はそこで，失明して『国語』を編纂した左丘明(さきゅうめい)，脚切りの刑を受けて兵法書を著した孫臏(そんぴん)などの例をあげながら，偉業というものは逆境のなかでこそ成し遂げられるという信念を表明して

いる。彼らはみな行き場のない鬱屈した思いを偉大な作品へと昇華させた。この驥尾(きび)に付するのが、宮刑の恥に屈せず執筆を続けた司馬遷自身なのである。

　司馬遷は個人の事跡を通じて歴史を叙述するという方法を重んじた。そのことは、『史記』のなかで最大の分量を占める「列伝」全70巻によくあらわれている。その冒頭を飾る「伯夷列伝」は、周(前11世紀～前256)の武王が殷(前16世紀頃～前11世紀)の紂王(ちゅうおう)を武力でもって倒したことを不仁の行いと非難し、ついに周に服従せず山中に隠れ餓死した聖人、伯夷と叔斉(しゅくせい)の伝記である。2人の聖人は、正義を貫きながらも悲痛な最期を遂げた。「天道、是か非か」とは、彼らの運命に対して司馬遷が発した問いである。善人が不遇に終わり、悪人がかえって天寿を全うするという不合理は、歴史上至るところに見られる。天が人に与える運命は正しいものなのか——それは武帝に忠言をつくして報われなかった自分自身に向けた問いでもある。これが『史記』に通底する問題意識であり、司馬遷の筆を走らせる情熱の源であった。

燕雀(えんじゃく)いずくんぞ鴻鵠(こうこく)の志を知らんや。
（陳渉世家）

若くして「小鳥には大鳥の遠望などわかるまい」と大言壮語した陳勝は、「王侯将相いずくんぞ種あらんや」と実力主義を掲げ、秦王朝に反旗を翻す(陳勝・呉広(ごこう)の乱)。これを機に各地で反乱が勃発、項羽・劉邦らの軍勢がついに秦を滅亡させる。それは司馬遷の生きた漢王朝が成立する前提にほかならなかった。この因果を重視する司馬遷は、陳勝の事跡を「列伝」ではなく王侯クラスの「世家」に載せている。後代の史家の眼には常識はずれとも映ったこの処置は、かえって司馬遷独自の史観をよくあらわすものである。

解説　「天道、是か非か」の問いが象徴しているように、天は一個人の善悪に応じた禍福を、その者が生きているあいだにくだすわけではない。それゆえにこそ、歴史家が過去のできごとに対して正邪の評価を定め、後世に残さねばならない。このことは、**孔子**が『**春秋**』に込めたとされる意図とも重なり合う。「春秋を継ぐ」という役割を、司馬遷は自ら『史記』の存在意義として重視していた。『春秋』とは、もともと魯国の史書でありながら、歴史上の事件・人物に筆誅(ひっちゅう)を加えることによって世を正し、人を導くという大義を有する聖典である。司馬遷もまた、『史記』によってこの役割を果たそうとしたが、それは父・司馬談の遺言が命じたことでもあった。

　「太史公自序」に孔子の言葉を引いていう、「我これを空言に載せんと

欲するも，これを行事に見わすの深切著明なるに如かず」と。すなわち空疎で抽象的な言葉よりも，人の事跡，行為によって描写するほうがより切実に，明確にその意図を伝えることができるというのである。司馬遷にとって史書とは単なる事件，行動の記録であってはならず，それを素材としてあるべき秩序と価値観を提示することこそが重要であった。

漢王朝の蔵書目録である**『漢書』**芸文志において，『史記』は「太史公百三十篇」として，「春秋」類に区分されている。『春秋』の継承者を自任した司馬遷の立場からすればまさに適切な分類といえるが，じつのところ司馬遷の時代には，「史」という書籍分類はまだ存在していなかった。それはあくまで「春秋」の付随品だったのである。しかし**後漢**(25〜220)，**魏晋南北朝時代**における史書の増加を経て，**唐代**(618〜907)に編纂された『隋書』経籍志において，ようやく「史」のジャンル（史部）が確立する。そのとき史部の首位におかれたのが，ほかならぬ『史記』であった。司馬遷は時代をはるかに先取りしていたといえよう。彼が史学ひいては学術そのもののあり方に与えた影響ははかりしれない。

参考文献
吉田賢抗・寺門日出男・水澤利忠・青木五郎訳『史記』全15巻（新釈漢文大系）明治書院，1973〜2014.
小竹文夫・小竹武夫訳『史記』全8巻（ちくま学芸文庫）筑摩書房，1995.
小川環樹・今鷹真・福島吉彦訳『史記列伝』全5巻（岩波文庫）岩波書店，1975.
小川環樹・今鷹真・福島吉彦訳『史記世家』全3巻（岩波文庫）岩波書店，1980〜91.

キーワード

紀伝体 『史記』は本紀・世家・表・書・列伝からなる。司馬遷によって創出されたこのような史書の形式を「紀伝体」という。「本紀」は帝王の，「世家」は諸侯の年代記である。「表」はいわゆる年表で，年月の流れと歴史事件とを表形式にして配置したもの。「書」は礼楽・暦法・祭祀・経済政策など，文化史・制度史的な重要事項を叙述する。「列伝」は歴史に残すべき個人の伝記集である。後世，歴代王朝の正史は最低限「本紀」「列伝」を備えていることが必須とされ，正史＝紀伝体，というスタイルが確立した。その影響は中国に留まらず，例えば日本においても水戸藩・徳川光圀(1628〜1701)らにより編纂された『大日本史』が紀伝体を採用している。

関連年表

前221	秦の始皇帝，天下統一
前209	陳勝・呉広の乱
前202	劉邦，皇帝に即位。前漢王朝の成立
前145/前135	司馬遷生まれる
前141	武帝即位
前110	武帝，泰山で封禅。司馬談没
前108	司馬遷，太史令となる
前99	李陵が匈奴に投降
前98	司馬遷，宮刑に処される
前87	武帝没。この頃，司馬遷没

（土口史記）

東アジア世界の形成 4

32

正史の理想形を求めて

漢書

班固

作者 班固（はんこ）
32〜92

班固，字（あざな）は孟堅（もうけん），後漢（25〜220）初期の人物である。若くして文才に優れ，父・班彪（はんぴょう）の遺業を継いで史書編纂を始めるが，これを国史の改作をはかるものと告発した者がおり，逮捕・収監されてしまう。しかし弟・班超（はんちょう）（32〜102）の奔走によってこの一件は不問となり，かえって皇帝に才能を認められ，著述の継続を許される。その後20年あまりを経て，『漢書』はおおよそ完成するが，班固自身はのちに庇護者（ひごしゃ）である大将軍竇憲（とうけん）が失脚した余波を受けて獄死する。

『漢書』の「表」と「志」の一部は班固の生前には未完であり，これは妹の班昭（はんしょう）や儒者の馬続（ばしょく）らが補った。なお『**史記**』に「太史公自序」がおかれているのと同様，『漢書』にも自序として最終巻に「叙伝」がおかれ，『漢書』編纂の背景をうかがうことができる。

内容紹介 『漢書』（かんじょ）
後82頃

『漢書』は**司馬遷**の『史記』に次ぐ，中国史上第二の正史とされる。『史記』の**紀伝体**という枠組みをおおむね踏襲し，紀・表・志・伝からなる。「紀」では『史記』になかった「恵帝紀」と**武帝**（在位前141〜前87）以降の皇帝紀が補充され，「表」では漢代の官制を記す「百官公卿表」が加わった。「志」は『史記』の「書」（文化・制度など項目ごとのテーマ史）を改称したもので，「地理志」「芸文志」（王朝の蔵書目録）などが新たに立てられた。「伝」においては陳勝（ちんしょう）（？〜前208）・**項羽**（前232〜前202）や**王莽**（おうもう）（在位8〜23）など**前漢王**

朝(前202〜後8)前後の人物にも紙幅を割いている。

『漢書』は前漢一代の歴史を主とする断代史のスタイルをとっており，『史記』が黄帝から前漢武帝までの通史であったのと大きく性格を異にしている。中国歴代の正史は紀伝体であることに加えて，王朝名を冠した断代史とすることがおおむね通例となっているが，この伝統は『漢書』に始まった。

かといって『漢書』に通史的な記述が存在しないというわけではない。とりわけ「志」においては上古以来の歴史を述べることが多く，例えば「刑法志」は黄帝の時代より説き起こし，後漢初めにまで至る。また古今の人物を九等級にランク付けしたユニークな部分である「古今人表」においても，その採録範囲は伝説上の人物にまでおよんでおり，かえって漢代の人物は記載されていない。

『漢書』は世に出るとただちに高く評価され，経書に匹敵するほどさかんに学ばれたという。そのため多くの注釈書が著されたが，なかでも最も重要なのは唐・顔師古(581〜645)の注釈であり，これは現在に至ってもなお『漢書』を読むために不可欠のものである。

> **楽浪海中に倭人あり。分かれて百余国と為る。歳時を以て来たり献見すという。**
>
> 『漢書』の「地理志」燕地の条に記された，日本に関する最古の記述である。いわゆる「魏志倭人伝」(『三国志』魏書・烏桓鮮卑東夷伝・倭人条)の情報量とは比べるべくもない，わずか1条の文章ではあるが，日本列島と中国大陸との交渉を確かに伝えてくれる。武帝の時期，漢は積極的に領域拡大をはかり，東は衛氏朝鮮を滅ぼして楽浪郡などをおき，西は匈奴を破って西域と通交した。この時期，日本をも含め，ユーラシア大陸東西の結び付きは着実に強まりつつあった。

解説 『漢書』に関して，古来つねに議論の的となってきたのは『史記』との違いである。『史記』との比較なくして『漢書』の評価はあり得ないといっても過言ではない。

両者の違いをよくあらわす一例として，『史記』が項羽のために「項羽本紀」を立てた一方で，『漢書』では彼を「伝」の一部に「格下げ」した，という点がある。『史記』が項羽を「本紀」に入れて漢の歴代皇帝と同列においたのは，史書の体裁を崩す処置であり，漢王朝の正統性を重んじる立場からは到底容認できないものであると，班固は司馬遷を強く非難している。

さらに『史記』では「本紀」と「列伝」の中間的存在として「世家」があり，**春秋・戦国時代**(前770〜前221)の諸侯，漢代の王侯，さらには

陳勝や**孔子**など歴史上重要な役割を果たした（と司馬遷が考える）人物の事跡がそこで語られていた。しかし『漢書』は「世家」を立てず，王侯の事跡も一般の人物とともに「伝」に一括されている。この措置はもともと班彪によるものだが，彼は「世家」という中間的存在を排除することで，皇帝（「紀」）とそれ以外の個人（「伝」）とのあいだを隔絶させたのである。

このように『漢書』は，漢の皇帝を独尊の地位におく歴史観をその体裁のうえにはっきりと示している。これは班彪・班固父子がめざした史書の理想形であった。しかしその理想は，**儒家**思想に強く規定されたものである。司馬遷は前漢半ばの人であって，儒家思想はなお支配的な地位にはなく，その影響からは比較的自由であり得た。一方，後漢初めの人である班固にとって，官学となりあらゆる価値観の基礎となった**儒学**の影響力は，司馬遷当時の比ではない。たしかに『漢書』には史書としてじつに行き届いた整理がなされている。しかしその代償として，『史記』のような自由奔放さ，単独の思想に染まらない素朴さは失われてしまったようにみえる。

体裁ひとつ取ってみても『史記』と『漢書』とは大きく異なっているが，史書としての体裁をどのようにするかは単純に叙述の便宜のみで決まるわけではない。それは，作者の生きた時代の思想状況，さらには社会的・政治的な要素がさまざまに絡み合った結果だといえる。

参考文献

小竹武夫訳『漢書』全8巻（ちくま学芸文庫）筑摩書房，1997〜98.
三木克己訳『漢書列伝選』（筑摩叢書）筑摩書房，1992.
大木康『『史記』と『漢書』——中国文化のバロメーター』（書物誕生 あたらしい古典入門）岩波書店，2008.

キーワード

前漢王朝 項羽との覇権争いに勝利した**劉邦**（在位前202〜前195）が皇帝に即位し，前漢王朝が始まる。武帝のときには最盛期を迎え，**匈奴**に大勝して西域への交通路となる河西回廊を確保した。この地域では，当時使用された木簡が大量に出土している。当時，儒学が官学としての地位を固めたが，その熱烈な信奉者であった王莽が前漢を滅ぼすことになったのは歴史の皮肉であった。王莽は儒家思想に基づく理想国家の建設をめざしたが，極端な改革が反発を招き，**赤眉の乱**（18〜27）に始まる混乱のなか，漢の血統を引く**劉秀**（在位25〜27）が再統一に成功，後漢王朝が始まる。

関連年表

前202　高祖劉邦，皇帝に即位
前154　呉楚七国の乱
前141　武帝劉徹，即位
後8　王莽，前漢を滅ぼす。新王朝の成立（〜後23）
18　赤眉の乱
25　光武帝劉秀，即位
82頃　班固，『漢書』を完成
92　班固没
220　献帝が曹丕（魏の文帝）に禅譲，後漢滅ぶ

（土口史記）

4 東アジア世界の形成

33

中国的ユートピア

桃花源記

陶淵明

作者 **陶淵明（とうえんめい）**
365〜427

字は元亮，または名が潜で，淵明は字ともいう。人生の大半を郷里の潯陽（現江西省九江市）とその近隣で過ごす（生没年には異説もある）。曾祖父は国家の重臣だったが，何世代にもわたる名門を誇る家系が幅を利かせた当時の社会では，栄達の望みが乏しい非門閥の出身といえる。三度仕官するが在職はいずれも長続きせず，四度目の官職を約80日で退き405年に帰郷したのちは，自ら耕作にも携わる隠逸として，創作に従事した。この間，王朝は**東晋**（317〜420）からかつての上官だった劉裕（在位420〜422）が建てた南朝の宋（420〜479）へと移り変わる。それらの朝廷や地方官から官界への復帰を誘われるが，辞退して生涯を終えた。130篇あまり伝わる詩文のなかでは，田園生活を主題とする作品がとくに名高い。

内容紹介 『桃花源記（とうかげんき）』

「記」（事実の記録）と題するこの作品は『陶淵明集』巻六などにおさめられる。東晋の太元年間（376〜396），すなわち陶淵明が12歳から32歳の時期のことと語り出したあと，おおむねこうある。

武陵（現湖南省常徳市）の漁師を生業とする男がある日，谷川沿いに山奥まで舟を遠く遡らせると，両岸数百歩に桃の木だけが生える場所に出た。その源に山があって，そこの狭い洞穴に男は入っていった。穴を抜けた向こうには，平らな土地が広がり，家屋や美しい田や池が整っていた。住人は外の者と変わらない姿をして，暮らしを楽しんでいる様子だった。

男の姿を見て驚く彼らに事情を話したところ，家に連れていってもてなしてくれた。

集まった者らの話では，**秦**（前221年に**始皇帝**が中国を統一するが，15年で亡びた）の時代の戦乱を避けて家族・村人とともに移ってきた者の子孫が，外界とかかわらずここに住んでいるという。「今（外の世界は）何という時代ですか」と尋ねるので，聞けば（秦に続く王朝の）**漢**も**魏**も**晋**も知らないという。男が聞き知ったことを教えると，みな彼の話に驚きいったものだ。村人に代わる代わる招かれて酒食の歓待を受けること数日，「外の人にここのことを話されぬように」といわれつつ，男は別れを告げた。（穴に入る前に）乗り捨てた舟に乗って，あちらこちらに目印をつけながら，元の道をたどってきた。

町に戻った男は，郡の太守（知事）にこのことを申し上げた。太守は彼に人をつけて目印を探って行かせたが，道に迷ってあの土地に着けなかった。高潔の士である劉子驥は喜び勇んでその地に行こうとしたが，果たさないうちに病気で亡くなった。これよりのち，そこへの道筋を尋ねようという者はいない。

> （漁師は）突如桃の花が咲く林に出くわした。川を挟む両岸数百歩に，他の木は無く，かぐわしい花は鮮やかで美しく，花びらがはらはらと散っていた。
>
> 「桃花源」（桃の花が彩る川の源），または今日の「桃源郷」という言葉が，漁師の男が迷い込んだ村に由来するのはいうまでもない。中国では元来，桃は長寿をもたらし，邪気を払う力をもつと考えられており，外界との境目に桃があったというこの作品の設定はそれと関係があろう。

解説　今「桃源郷」といえば，おおむねユートピアの同義語とされる。古来，理想郷を扱う伝説や文学作品は数多い。中国においても，古くは「無何有郷」（果てしなく広々とした土地の意）が『荘子』内篇「逍遥遊」に見られる。それらに比べて，「桃花源記」に描かれる世界には，日常生活の雰囲気が極めて色濃い。

たしかに，秦末の混乱から東晋まで500年以上も部外者に知られず隠れ里が存続しうるとは，いささか考えがたい。また，漁師が目印を道々残してきたのに二度と村に行き着けなかったという結末には，怪異譚の気味も漂う。だが，田畑もあれば，桑や竹が植えられ，鳥や犬の鳴き声が聞こえる，と描かれるこの村落に，超自然の要素はまったく見られない。

陶淵明が生きた時期を含め**魏晋南北朝**（220〜589）には，いわゆる「仙境」

への訪問を描いた文章の例が少なくない。「山中で仙女に会った2人の男が村に帰ると，7代後の子孫が住んでいた」「山中で童子の奏でる琴を聞いていた木こりが，しばらくして帰るように促されたところ，いつのまにか斧の柄が腐っており，家に帰ると数十年が過ぎていた」。日本の「浦島太郎」にも通じるこの種の伝説が複数存在するなかで，陶淵明は普通の村を理想郷として描いた。

　陶淵明がこの記に付した詩に，かの地には「秋の熟りに王の税靡し」（秋の収穫時にも税はない）とある。ここから作者は支配者を欠く原始共同社会，あるいは当時の世に実在した，国家権力がおよばない自治社会を描きたかったというのは，また極論にすぎよう。たしかに彼が生を受けた東晋という王朝は，**五胡十六国**の諸政権と北で国境を接し，南中国のみをおさめる不安定な時代であった。ただ過度に時代背景を読み込むことは，正しくあるまい。むしろ，人々が自由で多くを望まない，彼自身がたびたび詩に詠う農村と重なる姿がそこに見られる。届きそうで手が届かないものへの憧憬，それこそが理想郷物語として，「桃花源記」が長く読者の心を捉えてきた理由なのではないか。

参考文献

松枝茂夫・和田武司訳注『陶淵明全集』全2巻（岩波文庫）岩波書店，1990.
田部井文雄・上田武『陶淵明集全釈』明治書院，2001.
一海知義『陶淵明を読む』（一海知義著作集）藤原書店，2009.

キーワード

五胡十六国　「五胡」は5つの遊牧騎馬民族，すなわち**匈奴**（系統は不明）・**羯**（匈奴と同系）・**鮮卑**（モンゴル系？）・**氐**・**羌**（ともにチベット系）を指す。先に漢と争った匈奴が弱体化して**後漢**（25〜220）や魏などの支配を受けるようになったのを皮切りにこれらの諸民族は，中国内地に入っていった。覇権を競った**西晋**（265〜316）国内の諸勢力がこれらの非漢族の軍事力を利用したことが，逆に彼らの自立と西晋の滅亡を促し，漢族の政権は南中国に移った。同時に北中国では前趙・夏・北涼（匈奴）・後趙（羯）・前燕・後燕・南燕（鮮卑）・西秦・南涼・前秦・成漢・後涼（氐）・後秦（羌）のほか，前涼・西涼・北燕（漢族）といった十六国などによる分裂状態が4世紀初めから，439年の**北魏**による統一まで続いた。

関連年表

184	黄巾の乱が勃発し後漢の衰亡が決定的になる
220	魏が後漢を滅ぼす（翌年に蜀が建てられる）三国時代が始まる
265	西晋が魏を滅ぼす
280	呉が滅亡して三国時代が終わる
316	西晋が滅亡し（翌年に東晋が建てられる）華北では五胡十六国の混乱が続く
365	陶淵明誕生
420	東晋の滅亡・宋の建国
427	陶淵明没
439	北魏が華北を統一し五胡十六国に終止符が打たれる
479	宋の滅亡・南斉の建国

（永田知之）

34

東アジア世界の形成 **4**

中国最古のアンソロジー

文選

昭明太子

作者 昭明太子
501〜531

　本名は蕭統、字は伯施という。南斉の皇室の遠戚だが、彼が襄陽(現湖北省襄陽市)で生まれた年に父の蕭衍が当時の皇帝を倒して、政権を掌握し、翌年には梁(502〜557)を建国して、皇帝に即位する(武帝)。長男の蕭統は、皇太子に立てられた。幼い時期から学問に秀で、文学を愛好したという。『文選』は首都の建康(現江蘇省南京市)にあった彼の周囲に集まった複数の文人が、その命令で編んだとされる。帝位の後継者として国政に携わり、慈悲深い人柄だったといわれるが、舟遊びの際に水に落ちたのがもとで病を得て、武帝より先に没した。「昭明」は没後の諡である。個人の著作として詩文集『梁昭明太子文集』5巻が伝わる。

内容紹介 『文選』
526〜531のあいだに完成

　中国の現存する最も古い詩文の選集『文選』は、もと30巻からなっていた。一般に昭明太子の編纂によるといわれる同書だが、太子が周囲の文学者に編ませたというほうが正しい。主導的な編者として数人の名はあげられるが、その実相は明らかではない。生存者の作品はおおむねおさめないという慣行から、最も新しい収録作を著した人物の没年である526年より太子が没した531年までに完成したと考えられる。

　前3世紀から編者の同時代人まで、約130人が著した800篇近い作品がおさめられる。収録作品は賦・詩・騒(『楚辞』)・七・詔・冊・令・教・策文・表・上書・啓・弾事・牋・奏記・書・檄・対問・設論・辞・序・

頌・賛・符命・史論・史述賛・論・連珠・箴・銘・誄・哀・碑文・墓誌・行状・弔文・祭文という37の文体別に配列され、「賦」と「詩」にはさらに主題ごとの下位分類が設けられる。多岐にわたる作品を集めた一方で、同じ漢字による言語表現でも経書（儒教の経典）、史書（史論などを除く）、諸子（老荘、『荀子』など）はまったくおさめない。

前近代中国では個人の詩文集を「別集」、複数人の作品をおさめる文学書を「総集」という。今日、**魏晋南北朝時代**（220～589）以前の別集は数種しか伝わらず、『文選』より古い総集も見られない。6世紀前半を遡る時代の詩歌・文章をまとまったかたちで読むことができるのは、同書が現存すればこそといえる。編纂後早々の受容については資料を欠くが、**唐代**（618～907）に至って知識人のあいだでその価値は広く認識されていたらしい。詞華集の代表格としてよく読まれた事実は、多くの文献を用いた李善（?～690?）、語彙の解釈に力を注いだややのちの五臣（5人の学者）がともに注釈を施した点からも理解される。これらの注を加えた60巻よりなる、写本・刊本が今に伝わる。

> （文学は）時代に連れて変化するので、(その様子は)言葉では尽くし難い。
>
> 『文選』巻頭の昭明太子による「文選序」から引用した。この前に、豪華な車には祖先である手押し車の質朴さはなく、水の集積が厚い氷をかたちづくるのに冷たさを欠くのは、車づくりの技が華麗な方向へ進み、氷が水の本質を変化させて冷たさを加えたからだ、という議論が見える。同時代の詩文もおさめる同書編纂の背景には、文学の多様な発展を認める視座があった。

解説　「史伝文学」という言葉があるとおり、文章表現でも高評価を受ける歴史書が存在することは、洋の東西を問わない。中国の場合、『史記』などはその典型である。儒教の経典や諸子の書にも、文学性が色濃い箇所は往々にして見られる。一方で歴史・思想の伝達を必ずしも主題としない純文学めいた美文を肯定する動きは、魏晋南北朝の初期まで登場が遅れる。

前漢（前202～後8）から盛んだった「賦」（韻文の一種）に続いて、のちに韻文の王道となる「詩」が大量にあらわれたのは、この時代のことである。『詩経』以来、長い歴史をもつ「詩」だが、知識人自らそれを詠む例は、漢以前だとそう多くはない。美麗な修辞と音声の調和に意を用いたのは、「賦」や後世に律詩や絶句を生み出す詩歌などの韻文に留まらない。押韻しない文体でも、対句と4字・6字の句を基調とするなど、外的な制約が

多い四六駢儷文(駢文)の形式が力を伸ばす。

このような文学の流れを受けて,『文選』は登場した。漢代以前の作品も少なからず収録するとともに,華麗さを増した魏晋南朝(未発展かつ**南朝**と敵対する**北朝**の文学は対象外)の詩文が,同書のなかには多く見られる。その意味で,編纂を命じた昭明太子が個人的には熱愛した**陶淵明**(→P.102)の詩文を数篇しかおさめないことは,おおいに興味深い。質朴さを特徴の1つとする彼の文学は,南朝文学の主流と相入れなかったためであろう。

極度に修辞を重視するようにも思える『文選』の作品選択は唐代以降,時に批判の対象ともなった。これは,駢文以前の文体(古文と呼ばれる)に帰ろうとする文学上の潮流が唐の後半(9世紀)からさかんになったことともかかわる。ただ,思想性にも配慮して詩文を採録したこと,適度な分量などが手伝って南朝文学への評価が下がった**北宋**(960~1127)よりのちにも,『文選』は例外的に読者を保ち続ける。この点は,梁の簡文帝(昭明太子の弟)が編纂させた『玉台新詠』(恋愛を詠う詩が主体の総集)とは対照的といえる。中国では『文選』の注釈など,同書を扱う学問を「文選学」と称するが,『枕草子』(平安時代中期)での「文は文選」(漢文を鑑賞するならば『文選』を読むに限る)という評価を一例として,人気は日本の一部でも共有された。平安時代以降につくられた『文選』の写本が複数伝わる点も,その日本への影響を裏付ける。

参考文献

内田泉之助・網祐次ほか『文選』全8巻(新釈漢文大系)明治書院,1963~2001.
小尾郊一・花房英樹『文選』全7巻(全釈漢文大系)集英社,1974~76.

キーワード

魏晋南北朝 2世紀末に**後漢**(25~220)が弱体化したあと,**魏**(220~265)・**呉**(222~280)・**蜀**(221~263)が争う**三国時代**を経て,**西晋**(265~316)が全国を支配する。後漢や魏と同じ洛陽に都をおく西晋は内憂外患で滅亡した。晋の皇族が建康で建てた政権を**東晋**(317~420)と呼ぶ。これ以降,**南朝**,すなわち宋,南斉,梁,陳が興亡を重ねる。他方,北中国では非漢族系で北朝を開いた**北魏**(386~534)の統治が,北斉と北周に継承される。前者を併呑した後者も**隋**(581~618)に乗っ取られ,やがて隋が陳を滅ぼし,中国を統一した。この長きにわたる分裂期を「魏晋南北朝」と称する(魏で三国を代表させる)。

関連年表

501	昭明太子が誕生
502	南斉の滅亡,梁の建国
531	昭明太子没
534	北魏が東西に分裂
550	東魏の滅亡,北斉の建国
556	西魏の滅亡,北周の建国
557	梁の滅亡,陳の建国
577	北周による北斉の征服
581	北周の滅亡,隋の建国
589	陳の滅亡,隋の天下統一

(永田知之)

4 東アジア世界の形成

35

河川解説書の枠を超えた宝の地図

水経注

酈道元

作者 酈道元(れきどうげん)
469?〜527

　『水経注』の撰者，酈道元は，生年が明らかではないが，本人の所説に基づき469年生まれと考えられている。曾祖父の代に後燕より**北魏**(386〜534)に降伏し，以後代々北魏の官僚となった。酈道元自身も官僚としてキャリアアップを果たしたが，途中二度罷免されている。最初の罷免理由は498年，駆け出しの頃に上司の罷免に連座にしたためであるが，二度目は515年に東荊州刺史となった際，その政治が「刻峻(こくしゅん)」(残酷で厳しい)であると現地の蛮族が中央政府に訴えたためであり，彼はいわゆる酷吏であった。この二度目の罷免ののち，524年に河南尹(かなんいん)に復帰するまでの10年ほどのあいだに，『水経注』が作製されたと考えられている。

　復帰後の酈道元はエリートコースを歩むが，謀反の気配があった雍州刺史蕭宝夤(しょうほういん)の処置のため派遣された際，逆に蕭宝夤に殺害されてその生涯を終えた。527年のことである。

内容紹介 『水経注(すいけいちゅう)』
515〜524頃に作製

　『水経注』は全40巻からなる河川・水系の解説を主眼とした地理書である。読んで字のごとく，『水経』という典籍に対する酈道元の注釈書だが，**宋代**(960〜1276)に本文と注釈が混淆(こんこう)してしまったと考えられている。

　とはいえ，『水経』という典籍には不明な点が多い。撰者は一般的に**前漢**(前202〜後8)の桑欽(そうきん)とされるが，郭璞(かくはく)とする説もあって確定していない。前者は前漢後半，後者は**西晋**(265〜316)から**東晋**(317〜420)初期にかけ

ての人物なので、そのあいだは約300年にもおよぶ。『水経』はこの長期間に少しずつ修正が加えられてきたと考えるべきであろう。

『唐六典(とうりくてん)』によれば、『水経』が取り扱った河川の数は137、対して酈道元による補足が1252にもおよぶという。酈道元は北魏(北朝)の人間であるため、その領域外にあった長江など南方の河川に対する注釈が粗略だという問題はあるが、『水経』は酈道元によって『水経注』という別のものに生まれ変わったといえる。

しかし詳細になったとはいえ、『水経注』本来の目的である河川・水系の説明は、さほどおもしろくはない。「某川は某処に水源が有り、東に流れ、某処で北に向きを変える」といった類である。むしろ河川が通過する、あるいは向きを変える指標として列挙される流域内の都市や施設、名山などの説明のほうが格段におもしろい。これは『水経』の本来の目的からは大きく脱線していることになる(ただし、こうした脱線は中国古典における注釈にはときおり見られる)が、脱線すればするほどいよいよおもしろいのである。

> 滱水(こうすい)は霊丘県から南に流れて峡谷に入る。これを隘門という。隘路を峡谷に設けて、旅客を検査しまた足止めするのである。南山を経ると、高い峰が空を隠し、深い渓流は谷にも等しくなる。滱水は谷に沿って西に向きを変え、御射台の南を通過する。御射台は北の丘の上にあり、台の南に御射の石碑がある。(……)滱水の流れに沿って行幸し、この場所に出ると必ず遊び楽しむのである。滱水はそれから西に流れ、また南に転じて東に折れ、北海王(元)詳の石碣の南、御射碑の石柱の北を通過し、それから南に流れる。　　(巻11 滱水)

太武帝東巡碑(皇帝東巡之碑)が立っていた、霊丘の御射台周辺の描写。最後に見える「北海王(元)詳の石碣」は、孝文帝北巡の際における弓競べを記念して建てられたものであり、それに随従した酈道元も、弓競(ゆみくら)べの様子を目睹したに相違ない。

解説　『水経注』は、『元和郡県図志』など後続の地理書に多数参照・引用され高く評価されてきたが、ここでは同書が有する北魏の同時代史料としての側面を指摘したい。

酈道元は実見したものも『水経注』に記録している。例えば永平年間(508〜512)に魯陽太守(ろようたいしゅ)となった際、汝水(じょすい)の水源を実地調査したと記す(巻21)。他の重要な同時代史料は、彼が494年に**孝文帝**(在位471〜499)の北

方巡幸に随行した際のルポルタージュである。

この巡幸は，北魏最大の行政改革——平城から洛陽への遷都が背景にある。この遷都は大多数に秘匿されていたため，孝文帝はいったん洛陽にて遷都を宣言したのち，旧都の平城周辺慰撫のために北方を巡幸した。『水経注』の平城周辺，その北方で防衛を担った軍鎮の記載には，酈道元が実見した情報が反映されていることは疑いない。

また『水経注』には石碑に関する記載も多い。同書が紹介する石碑の多くは現存せず，おのずと貴重な情報となるが，同時代史料としての価値も高い。というのも北魏皇帝は行幸先に多くの石碑を残したからである。その一例として平城と河北を結ぶ交通の要所・霊丘（現山西省大同市）をあげたい。北魏皇帝はこの場でしばしば家臣たちと弓の飛距離競争をおこない，その記念碑を立てたことが『水経注』に見える（巻11）。その記載どおり，同地からは太武帝東巡碑と文成帝南巡碑が発見された。『水経注』によると同地には北海王石碣も存在するという（これは孝文帝北巡の際に建てられたものであり，随行した酈道元は弓競べを実見したはずである）。今後も『水経注』を手がかりとした石刻史料の発見が期待される。

このようなわけで，『水経注』はたんなる歴史地理の書物ではなく，宝の地図といっても決して過言ではないのである。

参考文献

森鹿三・日比野丈夫訳『水経注（抄）』（中国古典文学大系）平凡社，1974．
東洋文庫中国古代地域史研究班編『水経注疏訳注　渭水篇』全2巻（東洋文庫）平凡社，2008・2011．

キーワード

黄河　長江と並んで中国を代表する河川であり，「河」1字のみでも黄河を意味する。青海省に源を発し，チベット高原から内蒙古に北上して，オルドス地方を東に流れて南下，再び東に向きを変えて渤海に注ぐ。その中下流域が，いわゆる「中原」である。華北を支配下におさめた北魏も黄河と深い縁がある。北魏の前身である代国は，いったん滅亡した際に，その集団はオルドス東部にて，黄河以東と以西に分割して統治された。また，北魏が東魏・西魏に分裂した際も，黄河の南流箇所が，おおよその国境線となったのであった。

関連年表

469	酈道元生まれる
493	北魏，平城より洛陽に遷都
494	孝文帝の北方巡幸に随行する
498	上司に連座して罷免される
508〜512	魯陽太守となり，汝水の水源調査に赴く
515	東荊州刺史となるも，「刻峻」のため罷免される。この頃『水経注』撰述
524	河南尹として復職
527	蕭宝夤により殺害される

（藤井律之）

36 東アジア世界の形成 4

海東三国の抗争と統一

三国史記

金富軾

作者 金富軾(キムブシク)
1075～1151

　金富軾は慶州(今の大韓民国・慶尚南道・慶州市)の人。高麗(918～1392)前期の代表的な儒臣の1人。慶州の地方役人(郷吏)の家系に生まれたが,兄の金富佾(キムブイル),弟の金富儀(初名富轍)(キムブギ)(ブチョル)とともに,一家3人で科挙に及第し,中央官僚として活躍した。仁宗(インジョン)(在位1122～46)の時代に宰相(平章事)となり,征西元帥に任じられて妙清の乱(当時の西京,今の平壌を中心とする地方勢力が,風水思想に依拠して起こした反政府運動)を鎮圧。その功績により首席の宰相(門下侍中)に昇進した。その後,政界を引退して『三国史記』の編纂に従事。1145年に『三国史記』50巻を撰進した。1151年没。臣下の最高位である中書令を贈られ,文烈と諡(おくりな)された。

内容紹介 『三国史記(さんごくしき)』
1145

　『三国史記』50巻は,新羅本紀12巻,高句麗本紀10巻,百済本紀6巻,年表3巻,志9巻,列伝10巻より構成される。正史の伝統に即した,いわゆる「紀伝体」の歴史書であり,すべて「漢文」で書かれている。「本紀」には新羅(しらぎ)・高句麗(こうくり)・百済(くだら)の三国について,それぞれまず建国の始祖の説話を載せ,その後の歴代の王の事績(とりわけ三国の抗争の歴史)を年代順に記している。「年表」には上段に干支,次段に中国の紀年を載せ,その下に新羅・高句麗・百済の王暦を載せて,中国の紀年と三国の紀年を相互に対照できるようにしている。「志」では「祭祀・楽・車服・屋舎・地理・職官」について,それぞれ三国の制度の沿革をまとめ,「列伝」で

は新羅による三国統一の立役者ともいうべき金庾信(キムユシン)をはじめとして，高句麗の乙支文徳(ウルチムンドク)や百済の階伯(ケベク)など，三国の英雄・名臣の伝記を記す。列伝の最後の巻におかれたのは，いわゆる「後三国」の時代に後高句麗国(摩震・泰封)を建てた弓裔(クンエ)と，後百済国を建てた甄萱(キョンフォン)で，彼らは新羅国から独立した「反逆者」であった。反逆者を列伝の最後に位置づけることは，これも「正史」の伝統に即した編纂のあり方である。しかし弓裔と甄萱は，いずれも「**骨品制**」に基づく新羅の古代的な制度を破壊し，次の時代を切り開いた先駆者としての一面をもつ。とくに弓裔の配下からは開城の地方豪族の出身である王建(ワンゴン)があらわれたが，彼は弓裔に代わって918年に高麗国を建て，地方の豪族勢力を糾合して新たに中世的な統一国家の体制づくりを進めていくことになる。新羅の敬順王(キョンスンワン)(金傅)は935年に高麗の王建に帰順し，翌936年には高麗が後百済国を滅ぼして再び朝鮮半島を統一した。

解説 新羅・高句麗・百済の，いわゆる「海東三国」は，百済・高句麗がそれぞれ唐・新羅の連合軍により滅ぼされたあとを受けて，7世紀後半に新羅によって統一された。太宗王(金春秋)，文武王(金法敏)および金庾信らの活躍による三国統一は，『三国史記』における歴史記述の1つのハイライトといえる。

> 顕宗は新羅の外孫の立場から高麗国王の位に即いたが，その後，王位を継承した者は，みな顕宗の子孫であった。〔これは自ら率先して高麗に帰順した敬順王の〕陰徳の報いというものではないだろうか。
>
> （新羅本紀・論）

敬順王(金傅)が高麗に帰順すると，王建は金傅の伯父(金億廉)の女を娶って安宗(郁)をもうけた。顕宗はこの安宗の子であるから，つまりは新羅の王族(金億廉)の外孫の子にあたる。慶州出身の金富軾にとって，高麗の王室とは，すなわち新羅の王統を受け継ぐ存在でもあったのである。

この統一新羅のもとにおいて，高句麗人・百済人の新羅社会への融合が進み，この三国の歴史・言語・文化を基盤として，今日に至る「朝鮮民族(韓民族)」の枠組みが確立する。もっとも，高句麗の領土のうち，統一新羅が支配したのはその南半部(大同江以南)にすぎず，北半には新たに高句麗の継承国家を標榜する渤海(ぼっかい)国が成立したが，『三国史記』はこの渤海国を，自国の歴史の対象としては叙述していない。

統一新羅では**唐**の政治的・文化的な影響のもと，華厳宗を中心とする**仏教**文化が隆盛し，元暁(ウォニョ)や義湘(ウイサン)などの名僧を輩出するとともに，仏国寺

などの名刹を各地に建立した。しかし、9世紀末には地方勢力がそれぞれに割拠政権を樹立し、統一新羅は再び「後三国」の分裂の時代を迎える。この「後三国」の戦乱をおさめ、再び統一国家を樹立した高麗は、その名のとおり、自らを高句麗（高麗とも称する）の継承

▲『三国史記』（朝鮮後期鋳字本）　左：巻一、第一葉表　右：金居斗跋（朝鮮太祖三年甲戌）　（大阪府立中之島図書館蔵）

国家として位置づけていた。しかしその一方において、高麗は統一新羅の領域を継承し、新羅の敬順王（金傅）の帰順を受けて、これを国家の正統性の一部としている。したがって、高麗には高句麗を継承する側面と、統一新羅を継承する側面との2つがあったが、金富軾はこのうち、どちらかといえば後者の側面を強調する。一方、『三国史記』における高句麗に関する記述は概して粗略であり、ほとんどは中国史料からの引用にすぎない。「**広開土王碑**」などの、高句麗の独自史料が尊重されるゆえんである。

参考文献
金富軾（林英樹訳）『三国史記』全3巻、三一書房、1974〜75.
金富軾（金思燁訳）『完訳　三国史記』明石書店、1997.
金富軾（井上秀雄・鄭早苗訳）『三国史記』全4巻（東洋文庫）平凡社、1980〜88.

キーワード

広開土王碑　中華人民共和国・吉林省集安市に現存する石碑。高句麗・414（長寿王2）年立碑。高さ6メートルあまりの巨大な石の四面に隷書風の楷書体で高句麗の広開土王（在位391〜412）の事績を記す。記事は「漢文」で書かれている。広開土王の即位年を391年とするなど、『三国史記』高句麗本紀の記述と異なる内容をもち、文献資料の欠を補う意味でも極めて貴重な資料といえる。なかでも「倭」の「渡海」を記した「辛卯年（391）」条の記事はとくに著名。この碑を含めた中国領内の高句麗の遺跡は「古代高句麗王国の首都と古墳群」の名称で、また北朝鮮の領内のものは「高句麗古墳群」の名称で、それぞれユネスコ・世界文化遺産に登録されている。

関連年表

前57	新羅の建国（伝承）
前37	高句麗の建国（伝承）
前18	百済の建国（伝承）
後660	百済の滅亡
668	高句麗の滅亡
676	新羅による朝鮮半島の統一
900	甄萱、後百済を建国
901	弓裔、後高句麗（摩震・泰封）を建国
918	王建、高麗を建国
935	新羅の滅亡
936	高麗による朝鮮半島の統一

（矢木　毅）

4 東アジア世界の形成

37
中国古典詩の最高峰
杜甫

作者 　**杜甫**（と　ほ）
　　　　 712〜770

　字は子美，洛陽に近い鞏県（現河南省鞏義市）で生まれる。旧家の出身で，祖父は著名な宮廷詩人だった。**科挙**（官僚登用試験）に何度も失敗するなかで，**李白**（701〜762）と交わりを結ぶ（744〜745）。755年，近衛軍の事務官に就任するが，直後に**安史の乱**（755〜763）が起こり，反乱軍に占領された都の長安で幽閉される。まもなく脱出して，地方にあった**唐**（618〜907）の臨時政府に駆けつけ，皇帝を諫める官職を与えられる。しかし，世渡りのつたなさが災いして左遷され，やがて官界を離れる。こののちは生活のために家族を連れて，現在の甘粛省や四川省を流浪し，最後は長江をくだる途中，耒陽（現湖南省耒陽市）付近で客死した。苦難の続くなかでも詩作に励み，詩集『杜工部集』20巻を今日に伝える。

内容紹介　唐代が中国古典詩の黄金期だという認識は，広く共有されている。「唐詩」という言葉が，現代日本の辞書にも見えることは，1つの象徴といえるかもしれない。唐代の詩歌史は一般に初唐・盛唐・中唐・晩唐の4期に区分される。うち盛唐（710頃〜765頃）は**玄宗**（在位712〜756）の治世とほぼ重なっており，政治的・軍事的に唐王朝の最盛期であった。ただ，安史の乱の勃発に向かうなど，そのなかには衰退も兆していたと考えられる。杜甫は，そういった時代の詩人だった。

　「君を堯舜の上に致し，再び風俗をして淳ならしむ（君主には上古の聖天子である堯や舜よりも立派になっていただき，世間をもう一度純朴にさせる）」（「韋左丞に贈り奉る二十二韻」）と杜甫が自らの抱負を詠ったことはこの時

代背景と無縁ではない。挫折続きで，官途でも失敗した彼にとって，これは見果てぬ夢でしかなかった。

また，流刑になった友人の李白を気遣って「文章は命の達するを憎み，魑魅は人の過ちを喜ぶ（文才は持ち主の出世を嫌い，化け物は人の災いを嬉しがる）」（「天末に李白を懐う」）と述べている。この言葉は彼自身の不遇を意識してのものではなかったか。

四川に仮住まいした頃，大風に吹き飛ばされた家の屋根を持ち去った近所の悪童を追いかけた際の詩にこうある。「安くにか広厦の千万間を得て，大いに天下の寒士を庇いて俱に歓顔せん，風雨にも動かず　安きこと山の如し（どこかに千万の部屋を持つ大きな家を得て，天下の貧しい者を皆々住まわせて一緒に顔をほころばせたい，風にも雨にも動じない山のようにどっしりした家で）」（「茅屋の秋風の破る所と為る歌」）。彼の偉大さは，最後まで志をいだき続け，弱者への温かい眼差しを忘れなかった点にあるようだ。

> 老妻は紙に画いて棋局を為り，稚子は針を敲きて釣鈎を作る。多病須つ所は唯だ薬物，微躯　此の外に更に何をか求めん。
>
> 杜甫49歳のおり，成都の寓居で家族の団らんを詠んだ「江村」という詩の後半を引いた。紙に碁盤の目を描く妻，釣り針をつくろうと針を曲げる子どもらを見やりつつ，病がちの身で薬は手放せないが，数ならぬ自分がほかに何を求めようか，という思いが綴られる。家庭の風景，じつはこれも杜甫以前の詩に例の乏しい題材だった。

解説　詩の聖人「詩聖」などと呼ばれる杜甫への評価は，ただちになったものではない。李白とあわせて「李杜」と称されるのものちのことで，生前の彼は詩人として無名に近かった。今日に伝わる作品でとくに評価が高いのは緊密な構成，典雅な表現で知られる律詩である。ただ，多様な題材を含む全作品を一言で総括することは難しい。没後しばらくして，まず評価を得たのは，爛熟しきった社会が戦乱で混迷する様子に向けた風刺の気味が濃い作品であった。この方向から彼を賞賛した人物に，**白居易**などがいる。
→ P.117

理解が遅れた理由は，作品の革新性と大きくかかわる。古典詩人のつねだが杜甫は，過去の詩文をよく学んで，その知識を自作に利用した。しかし一方で，彼以前の詩に詠まれにくかった事柄（例えば自身の日常生活）や斬新な発想を作品に盛り込んだ。模倣者は唐代にもいたが，全体としては少数に留まる。

宋代に至って，事態は大きく動く。唐代，とくに盛唐の特徴とされる主情的な詩は，そのままではそれ以上の発展を望めない状態に立ち至った。中唐(766頃〜835頃)の詩人もこのことに気づいて新たな詩風の開拓に努めた。宋の詩人はこの努力を推し進め，より主知的な宋詩の世界が開かれていく。そこで新しい潮流の先駆者として，杜甫の存在が急速に脚光を浴び始める。**北宋**(960〜1127)中頃，11世紀後半に当時の一流文化人が，彼の評価を確立させた。これ以降，多数の版本・注釈が登場し，作詩の範例，詩歌批評の基準として，大詩人という声価が前近代をとおして揺らぐことはなかった。

　本国と同じく日本でも杜甫の受容は，白居易などと比べてかなり遅れる。本格的に注目されるのは室町時代，五山と総称される京都や鎌倉の禅宗寺院で，僧侶が14世紀後半から杜甫の詩集を出版したり，注釈書を著したりして以後のことである。唐詩の選集で杜甫の詩を51首もおさめる『唐詩選』が江戸時代に流行すると，その作品の影響が詩歌や俳諧にも広く見られ始めた。ただ一方で，中国では例えば妻子を詠む詩にさえ風刺の意図を見ようとするなど解釈の硬直化，作品の権威化も見られた。20世紀以降，作品全体を虚心に読み直す作業が，なお続けられている。

参考文献

鈴木虎雄訳註『杜甫全詩集』全4巻，日本図書センター，1978．
吉川幸次郎(興膳宏編)『杜甫詩注』第1期全10巻，岩波書店，2012〜2016．

キーワード

李白 字は太白。出自や経歴には不明な点が多い。祖先が移住した西域で生まれ，幼時に四川へ移ったという。杜甫より11歳年長で25歳頃に四川を離れて，**長江**中・下流域や北中国を十数年にわたって放浪する。この間，詩人としての名が上がったらしく，宮廷関係者の推薦で玄宗に仕えるが(742)，讒言で宮中を追われた(744)。ついで杜甫と河南・山東をともに旅する。のちに安史の乱平定に向かう官軍に加わるが，主将が反逆者として処断されたため，連座して流刑となる。まもなく罪を赦され，身を寄せた宣城(現安徽省)の地方官宅で没した。豪放，また超俗的な詩風で，「詩仙」の呼称で知られる。『李太白文集』30巻が伝わる。

関連年表

683	高宗が没し妻の則天武后が皇太后となる
690	皇太后だった則天武后が周を建国して皇帝となる
701	李白誕生
705	則天武后が退位させられて唐が復興する
712	玄宗即位。杜甫誕生
740	この頃，楊玉環(のちの楊貴妃)が玄宗の寵愛を受けるようになる
755	安史の乱勃発
756	安史の乱が続くなかで玄宗が退位
762	李白没
770	杜甫没
12世紀前半	現存する最も古い李白と杜甫の詩集がそれぞれ刊行される

(永田知之)

東アジアで最も読まれた詩集

白氏文集

白居易

作者 白居易
772～846

　字は楽天、新鄭県(現河南省新鄭市)で、地方官を歴任する程度の家系に生まれた。800年に**科挙**の進士科に及第して以来、さらに上級の試験も突破し、高官への道を歩み始める。815年、直言がもとで越権行為を咎められ、江州(現江西省九江市)に左遷された。数年で中央に呼び戻されるが、やがて地方での勤務を半ば自ら希望し、杭州(現浙江省杭州市)・蘇州(現江蘇省蘇州市)の刺史(知事)を務めて、治績を上げる。こののち、首都の**長安**に戻って昇進を続けるが、実権のある職は避けるようになった。842年に引退する前後から、多くの時を副都の洛陽で過ごすようになる。詩文集『白氏文集』75巻(71巻が現存)を最終的に完成させた翌年に同地で没した。

内容紹介 『白氏文集』
845

　増補を重ねたその詩文集を白居易は「文集」と呼び続けており、今でもそれは『白氏文集』と称される。左遷中に詩をまとめた際(815)、彼は作品を4種に区分した。なかでもまず人気を得たのは、**玄宗**(在位712～756)と楊貴妃(719～756)の情愛を詠う「長恨歌」を含む「感傷」詩、すなわち情感豊かな一群の作品だった。残る3種のうち詩型による分類の「雑律」(律詩・絶句など)を除くと、「諷諭」と「閑適」は対極の関係にある。長安で新進官僚だった時期、白居易は時世を風刺した前者に属する詩を多く著した。かつて玄宗の時代に徴兵を忌避して自らの片腕を使えなく

なるまで石で傷つけた老人に取材した「新豊の臂を折りし翁」は「辺功未だ立たざるに人の怨みを生ず，請う問え新豊の臂を折りし翁に（辺境征服の功を立てる前に民の怨みを買うとは，長安近郊新豊の腕を折った老人の話を聞かれよ）」の句で終わる。話を聞くように促された為政者が，愉快なはずもない。このような批判が当局者に忌まれたのも，左遷の一因だった。

対照的に，「閑適」の詩では私的生活の楽しみが詠われる。「遺愛寺の鐘は枕を欹てて聞き，香炉峰の雪は簾を撥げて看る（遺愛寺の鐘は枕を傾けて聞き，香炉峰の雪は簾を巻き上げて見る）」（重ねて題す 其の三）。『枕草子』（平安時代中期）での引用や菅原道真（845～903）が遺愛寺を大宰府の観音寺に置き換えた作品を詠んだことで著名なこの詩は，江州でつくられた。左遷されて自室で寝転がる生活に安息を見出すような「閑適」詩はこれ以降，「諷諭」詩を超えて量産され，白居易自身の官界生活も穏やかに終始する。理想に燃える官僚が挫折したかに見える経緯は，同時に平穏な日常が詩に詠まれる時代の到来を象徴するものでもあり，そこで彼が果たした役割は極めて大きかった。

> 如かず中隠と作りて，隠れて留司の官に在るに。出ずるに似て復た処るに似る，忙に非ずして亦た閑に非ず。
>
> 街中に隠れる「大隠」は喧噪に悩まされ，山野に隠れる「小隠」はもの寂しい。そう述べた白居易は副都洛陽勤務（留司）の官にあって隠棲する「中隠」がいちばんと続ける。「出仕するようで家居するような，忙しくはないが暇でもない」。ここに一部を引く，人を食ったような「中隠」と題する詩で，58歳の作者は理想の境地を詠った。

解説 『白氏文集』には，およそ2800首の詩がおさめられる。**唐代**（618～907）の詩人で次に現存作品が多い**杜甫**（約1400首）の2倍だから，圧倒的な数といえる。**李白**（1000首程度）を加えて，この3人の作品で，長短とり混ぜて5万首に達する唐詩の1割強を占める。かくも膨大な作品が残ったのは，白居易が唐代屈指の人気詩人で，また彼が自作の保存に熱心だったことによる。

親友の元稹（779～831）に宛てた手紙で，白居易は長安から任地の江州まで，3000～4000里（当時の1里は約530メートル）のあいだ，地元の学校・仏寺・旅宿・便船のなかにしばしば自らの詩が書きつけられていたと述べている。その元稹も通州（現四川省達州市）に左遷された際，建物の柱に書かれた白居易の作品を目にしている。江西に，四川に，作品の全国的な伝播がうかがわれる。広く流行した大きな要因の1つに，庶民にも受容されるほどの平易さがあった。

白居易は江州で自作の詩文を一度まとめたあと(815)，50巻の全集を編んでいる(823)。その後も新たな作品の補充を五度重ねて，最晩年には戦乱に遭っても残るようにと全集を寺院に奉納した。元来の詩風，時代の趨勢，自身の個性に加えて，生涯を賭した文学を後世に残す情熱が，この増補のあいだにも表現を平明な方向へとみがきあげさせた。

　同時代に**新羅**の商人が宰相の命令で白居易の詩1首を百金で唐に買いにきたという元稹の証言(『白氏文集』が最初にまとめられた際の序文に見える)が伝わるように，彼の名は早くから中国国外の東アジア全域で知られていた。この点は，日本も例外ではなかった。唐に赴いた僧の恵萼は滞在した蘇州の寺院で奉納されていた『白氏文集』を見出し，白居易の生前にそれを写して日本にもたらす。その流れを汲む古写本が，今も日本の各地に伝わっており，白居易の詩の古いかたちを留める資料として重視される。『枕草子』に「詩は文集」(漢詩を鑑賞するならば『白氏文集』を詠むべきだ)とあるとおり，平安時代の貴族による白居易の受容は本国にも劣らないものだった。

　「元軽白俗」(元稹の詩は軽薄，白居易の詩は俗っぽい)などと，後世その作品が批判を受けたこともある。しかし，彼の詩は変わらず読み継がれた。それは，日本人を含む漢字の使用者に共通の文化遺産といえよう。

参考文献
岡村繁『白氏文集』2(上・下)・3～6・7(上・下)・8・9・10・11・12(上)(新釈漢文大系)明治書院，1988～2015.

キーワード

安史の乱　8世紀前半，唐では農民からの徴兵制が崩壊し，常備軍が主流となる。各地の常備軍を率いる**節度使**(行政長官を兼任)のうち，玄宗の信任を得た**安禄山**(705～757)は中央に反発して本拠地の幽州(現北京市)で挙兵し，洛陽・長安を占拠する。彼はまもなく殺されたが，その地位は部下の**史思明**(？～761)が引き継いだ。ともに非漢族だった指導者の姓から安史の乱(755～763)と呼ばれる大戦乱を唐は反乱軍からの投降者や**ウイグル**の力を借りてようやく鎮圧した。ただ北中国の節度使に任じられた鎮圧の功労者は自立を志し，この乱を境に中央政府の勢力圏が狭まるなど，同じ唐でも支配の様相は大きく変質した。

関連年表

755	安史の乱が勃発
763	安史の乱が終息
772	白居易誕生
804	最澄と空海らが遣唐使船で唐に留学
846	白居易没
894	日本で遣唐使が廃止される
907	唐が滅亡，五代が始まる
960	北宋の建国
12世紀中頃	現存する最も古い白居易の詩文集が刊行される
1618	古い形式を残す白居易の詩文集の翻刻(那波本)が活字によって日本で出版される

(永田知之)

4 東アジア世界の形成

39 遥かなるインドへの道

大唐西域記

玄奘

作者 玄奘（げんじょう）
602〜664

　隋代（581〜618）に河南の緱氏（こうし）（現偃師市（えんしし））で生まれる（生年には598年，600年という説もある）。姓は陳，本名は禕（い）。知識人の家系だが，早くに父母を失い，十代で出家し，**玄奘**という法名を得る。郷里に近い洛陽の寺院で修業するが，隋末の戦乱で情勢が不穏となるなか，各地を回って，仏法を学んだ。**唐**（618〜907）の建国後，原典に基づいて**仏教**を究めるため，**天竺**（てんじく）（インド）への留学を志すが，朝廷の許可（私的な出国は禁じられていた）を得られず，629年（627年ともいう）に密出国を敢行した。苦難のすえ，北インドに着き，**ナーランダー**（現ビハール州）**僧院**で学ぶ。645年に帰国したのちは，持ち帰った**サンスクリット語**の経典を**長安**などで中国語に翻訳する事業に後半生を捧げた。

内容紹介 『大唐西域記』（だいとうさいいきき）
646

　帰国した玄奘は唐の第2代皇帝である**太宗**（在位626〜649）に謁見し，経典翻訳事業に対する許可を願い出た。太宗はこれを認めるとともに，唐・インド間の往復で見聞した事柄を詳しく報告するよう求めた。玄奘の事業には，翻訳など各分野の担当者となる僧侶10人をはじめ多人数が参画した。太宗の求めに応えるため，彼は経典を漢語（中国語）の自然な文章にまとめる役目を負った僧の1人である弁機に，報告書の編纂を任せた。こうして玄奘自身が提供した情報に基づき，646年に成立したのが『大唐西域記』全12巻である（656年には修訂版が完成）。主に記述の対

象となる地域で分けると，全書は次のような構成をとる。

　　巻1　序文・中央アジア（往路），巻2　インド総説，巻2・3・4　北インド，巻4～10　中インド，巻10　東インド，巻10・11　南インド，巻11　西インド，巻12　中央アジア（復路）。

　往路については長安を出て河西回廊を敦煌（現甘粛省）まで抜け，天山山脈（タクラマカン砂漠北側）を南から北へ越え，パミール高原よりガンジス川を渡ってインドに入る。十数年の研修とインド各地の周遊を終えたあと，復路はタクラマカン砂漠の南縁から敦煌に戻った。**シルクロード**のいわゆるオアシスの道にそって統一政権のない中央アジア，同様のインドで玄奘が訪れた国の数は110，伝聞したそれは28（別に16ヵ国を付記）におよぶ。これらについて具体的な城郭・地区・国情などが記される。住民が信仰する宗教（仏教ならば**大乗**・小乗など宗派の別を含めて）の記述が詳しいのは，玄奘の立場からして当然であろう。また，言葉に関しては現地の語彙を漢字で音訳するほか，別の言語との異同にふれるなどして，のちの大翻訳家の片鱗をうかがわせる。

> 王城の東北の北の隅に立仏の石像で高さ百四・五十尺のものがある。金色に輝き，宝飾がきらきらとしている。　　　　（巻1「梵衍那国」）
>
> 「梵衍那」ことバーミヤーン（現アフガニスタン中央部）は，シルクロード上の要衝だった。当該の仏像（西大仏）は高さ約53メートルで，6世紀中頃につくられた。玄奘が同地を通ったのち，イスラームの勢力伸長とともに，破壊と崩落が進み，顔面の上部を欠く状態となるが，2001年に地域紛争のなかで爆破された。

解説　玄奘が生涯に翻訳した仏典は，76部1347巻にもおよぶ。彼以前が「旧訳」，以降が「新訳」と称されるほど，正確さで名高いその翻訳は中国仏教史の時代を画するものだった。世界は認識のなかにしかないと見なす唯識説を仏教の根本と考え，インドでそれを学び，関連の経典を持ち帰った彼は，まず宗教者であり，探検家の類ではなかった。一方で，太宗は建国後の混乱をおさめた余勢を駆って，国外へ勢力を広げつつあった。この皇帝が朝鮮半島に遠征するため滞在していた洛陽に帰国早々の玄奘を召し出し，出国制限を犯した罪を赦して西方の情勢を尋ねたのには，そのような背景がかかわる。玄奘の側にも，翻訳事業への保護を得る必要があった。『大唐西域記』は，いわば彼と権力者双方の事情によって生み出された著述であった。

　ゆえに，同書は「いつ，どこに到着」という旅行記風の記述法をとら

ない（玄奘の行程が明瞭さを欠く理由の1つ）。国家に有益な情報として，各地の事情がそこには淡々と記される。「流沙」（ゴビ砂漠）を横断し，高昌国（トルファン盆地）や北インド・**ヴァルダナ朝**の王に保護され隊商とともに旅を進める過程は，慧立（えりゅう）・彦悰（げんそう）（玄奘の弟子）『大唐大慈恩寺三蔵法師伝』などの伝記に詳しい。

しかし，1日だけの滞在でもその土地の複雑な情勢を把握し，簡潔に記すといったように，玄奘の鋭い観察眼は『大唐西域記』のなかで遺憾なく発揮される。当時の西域（中国から見た西方地域の総称）に関しては同地域の人々自身による記録があまり伝わらず，またインドでは古くより文明が発達しながら，この頃まで歴史・地理についての文献はなお乏しかった。それだけに，外国人の目をとおしたという限界はあるにしても，この地域を扱う地理書として『大唐西域記』の価値は極めて高い。

『**西遊記**』（→P.207）の三蔵法師（本来は国家が高僧に与える称号だが，のちにはもっぱら玄奘を指す）が玄奘をモデルとしたことは，名高い。ただし，この虚像が増幅されるのとは裏腹に，『大唐西域記』自体はさほど読まれなかったらしい。**ムハンマド**（570頃～632）（→P.128）と同時代の玄奘による同書が，**イスラーム化**直前の中央アジアに関して得がたい記録とされるには，19世紀欧州の東洋学者による研究を待たねばならなかった。

参考文献

玄奘（桑山正進訳）「大唐西域記」（長尾雅人ほか監『大乗仏典――中国・日本篇　第9巻』中央公論社，1987）．

玄奘（桑山正進訳）『西域記――玄奘三蔵の旅』（地球人ライブラリー）小学館，1995．

玄奘（水谷真成訳注）『大唐西域記』全3巻（東洋文庫）平凡社，1999．

キーワード

長安　古来この都市には複数の王朝が都をおいたが，ここでは日本でも知られる唐代の事柄について記す。現在の陝西省（せい）西安市にあたる長安旧跡の発掘事業は，今でも続いている。一連の調査によって，およそ東西9700メートル，南北8600メートルの周りを城壁に囲まれたなかに，北側に位置する皇帝の居城や官府群，東市・西市（市場）などを除いて，東西各五四の坊（里ともいう）と称する街区があった。人口100万ともいう当時の世界で最大とされるこの都市の様子は，しだいに明らかにされてきた。ことに，シルクロードを通って中央アジアから碧眼（へきがん）の人々がくるかと思えば，空海（774～835）ら**遣唐使**船に乗ってきた日本人の姿もそこに見られ，その国際性豊かな文化は特筆に値する。

関連年表

581	隋の建国
602	玄奘誕生
607	日本が小野妹子ら遣隋使を派遣
618	隋の滅亡，唐の建国
626	太宗が即位
629	玄奘がインドに出発
630	第1回遣唐使の派遣
645	玄奘が帰国
646	『大唐西域記』の成立
649	太宗没
664	玄奘没

（永田知之）

イスラーム世界

40 超越的唯一神の言葉
コーラン

内容紹介 『コーラン』
al-Qurʾān 7世紀前半

　ムスリム（イスラーム教徒）にとって，『コーラン』は，唯一神**アッラー**が人々を導くために，**預言者ムハンマド**（570頃〜632）に**アラビア語**でくだした言葉（啓示）を集成した書物であり，最も重要な聖典である。ただし，アッラーは，『コーラン』を一括してくだしたわけではない。610年頃にムハンマドを預言者に召してから，ムハンマドが死去するまでの約23年にわたって，断続的に啓示をくだしたとされる。以下に，『コーラン』におさめられた啓示の一端を，便宜的に3つの類型に分けて紹介しよう。訳は，最も流通している井筒俊彦訳である。

　第1の類型は「警告的啓示」で，アッラーが唯一の神であると言明するとともに，やがてくる「最後の審判」の恐ろしさを警告し，改悛を勧める。「警告的啓示」は，アラビア語の韻律散文（サジュウ）を効果的に用いて，短く，時に不可思議な言葉でアッラーの偉大さや終末をイメージさせる。

　　　どんどんと戸を叩く，何事ぞ，戸を叩く。戸を叩く音，そも何事ぞ
　　　とはなんで知る。人々あたかも飛び散る蛾のごとく散らされる日。
　　　山々あたかも毟られた羊毛のごとく散らされる日。

（第101章第1〜4/5節）

　第2の類型である「逸話的啓示」は，やや冗長な文体で，聖書やアラブの伝説などの真実を説き明かす。例えば，**イスラーム**において，**イエス**（前7/前4？〜後30？）は神の子ではなく預言者とされるが，次のように説き明かされる。

するとイエスが口をきいて、「私はアッラーの僕(しもべ)です。アッラーは私に啓典を授け、私を預言者にして下さいました。(……)ああ祝福された我が身よ、私の生まれた日に、やがて死に逝く日に、そしてまた生き返って召される日に」と言った。これが、マリアの子イエス。みながいろいろ言っている事の真相はこうである。もともとアッラーにお子ができたりするわけがない。　　　（第19章第30/31～35/36節）

　第3の類型「指導的啓示」は、さらに説明的で、礼拝や巡礼などの信仰行為や、食事・結婚・商売・戦争といった人間の生活や共同体の諸事に関して、アッラーの指導を伝える。例えば、相続に関して、アッラーは次のような指導をくだしたという。

　　もし誰か男が死んで、子供がなく、姉か妹だけがある場合は、その遺産の半分が彼女の所有に帰す。逆に彼女の方が(先に死んで)これにもやはり子供がない場合には、男の方が彼女の遺産を相続する。また、姉妹が2人の場合は、彼の遺産の3分の2が2人のものとなり、兄弟・姉妹共にある場合には、男子1人の取り分は女子2人の取り分と同じとする。これはみんな、汝らが道を踏み迷わぬようにとて、アッラー御自ら説き明かし給う。アッラーはいかなることも全て知り給う。
　　　　　　　　　　　　　　　　　　　（第4章175/176節）

> **誦め、「創造主なる主の御名において。いとも小さい凝血から人間をば創りなし給う」**　（第96章第1～2節, 井筒俊彦訳）
> アッラーからムハンマドにくだされた最初の啓示。610年頃のラマダーン月27日の夜、大天使ガブリエル（マリアにイエスの処女懐胎を告げた大天使）が、メッカ郊外のヒラー山の洞窟で瞑想中のムハンマドにもたらしたと伝わる。最初の啓示を受けたムハンマドは、その圧倒的な体験に恐れおののいたという。

解説　以上のような内容と調子の相違は、ムハンマドが預言者として活動した約23年間に、彼と彼の仲間たちがいだいた疑問や直面した問題に対して、アッラーがその都度啓示をくだしたことによるとされる。また、『コーラン』には、アッラーの啓示のみが記録され、人間による補足や解説は加えられていないとされる。その一方で、啓示を書物にまとめたのは人間である。アッラーがムハンマドの口をとおしてくだした個々の啓示は、「アーヤ」(徴)と呼ばれて『コーラン』の「節」をなす。ムスリムたちは、啓示の時期や内容の共通性などによってアーヤをスー

ラ(囲われたもの)に集めた。このスーラが「章」に相当し,『コーラン』のテキストは114のスーラから成り立つ。

　アーヤをスーラにまとめて読み伝えることは,ムハンマドの存命中からおこなわれたが,構成や内容が統一されていなかった。ムハンマド死後の征服活動によって,ムスリムたちが北アフリカから西アジアの各地に拡散していくなかで,啓示が地域ごとに異なって伝えられることを危惧した第3代正統カリフ,ウスマーン(在位644〜656)は,各アーヤの文言,スーラの構成と配列を統一することを命じた。世界中に無数に存在する『コーラン』の写本・印刷本はすべて,そのウスマーンの命によって編纂されたテキストを正確に写し継いだものと信じられている。

　『コーラン』の継承においては,正確に文言を伝え,意味を解釈することと並んで,美しくアラビア語で音読することも重視されてきた。そもそも『コーラン』(原音に近いカナ表記では「クルアーン」)とは,アラビア語で「読誦されるもの」を意味し,そのアラビア語の超越的な美しさが,人智を超えたアッラーの啓示であることを示すと捉えられてきたからである。そのため,『コーラン』は,人の手による他言語への「翻訳」ではなく,アラビア語で読まなければならないといわれることにもなった。

　もちろん,内容の理解も重要である。ムスリムにとって,『コーラン』を理解することは,アッラーの導きを理解することである。しかし,それだけに,必ずしも明快ではない『コーラン』の文言をいかに理解すべきかをめぐって,多大な努力とさまざまな議論が積み重ねられてきた。

参考文献

井筒俊彦訳『コーラン』全3巻(岩波文庫)岩波書店,1964.(原典訳)
中田考監修『日亜対訳クルアーン――「付」訳解と正統十読誦注解』作品社,2014.(原典訳)
Le Saint Coran (Cheikh Abdel Basset Abdel Samad) 46 CDs, Club du disque arabe, Paris, 1992.(アラビア語原文の読誦)

キーワード

アッラー　ムスリムが信仰する永遠絶対の唯一神に対するアラビア語の名称の1つ。アッラーは,すべてを超越し,森羅万象を創造し,管理し,終わらせる。**ユダヤ教**と**キリスト教**も同じ唯一神を信仰するとされ,『コーラン』も,聖書の物語や登場人物に言及する。なお,アッラーという名称は,アラビア語で神を指す一般名詞「イラーフ」に定冠詞「アル」がついて「アッラー」となったという説と,もとから唯一神を指す固有名詞であったという説がある。

(森山央朗)

5 イスラーム世界

41 最上の人間の模範を伝える
ハディース

内容紹介 ハディース
Ḥadīth 7世紀中葉〜

　ハディースとは，**アラビア語**で「伝承」を意味する。ムスリム(イスラーム教徒)にとっては，何よりも，唯一神**アッラー**の**預言者**，**ムハンマド**(570頃〜632)の言行に関する伝承を指す。預言者ムハンマドの言行を伝えるハディースは，彼らが従うべきムハンマドの慣行(スンナ)の典拠として，アッラーの言葉(啓示)を集めた『**コーラン**(クルアーン)』に次いで重要だからである。

　とはいえ，アッラーの啓示が絶対的権威をもつのに対して，預言者とはいえ，人間であるムハンマドの言行を伝えるハディースの権威は相対的である。また，『コーラン』のテキストが早い時期に確定され，分量も限定されているのに対して，ハディースは，単一のテキストに確定・限定されていない。ハディースは，さまざまな場面におけるムハンマドの言行を伝える多様で断片的な伝承の集合であり，その総量を完全に把握することはできない。よく知られたハディースだけでも数万におよぶ。

　ハディースの伝達においては，書かれた記録が多用され，ハディースを集めた書物(ハディース集)も，8世紀頃から数多く編纂されてきた。その一方で，ムハンマドの言行を直接見聞きした人々から，代々口伝で伝達することが理想とされてきた。そのため，ハディースには，「イスナード」(根拠)と呼ばれる代々の伝達者を列挙した部分が，「マトン」(確固としたもの)と呼ばれる本文の前に付される。最も著名なハディース集の1つであるブハーリー(870没)の『正伝集』から，一例を引いてみよう。

　ムハンマド(預言者ムハンマドとは別人)が私(ブハーリー)に伝え，ムハ

ンマドにはアブダが伝え，アブダにはウバイド・アッラー・イブン・ウマルがナーフィウから伝え，ナーフィウにはイブン・ウマルが伝えた。イブン・ウマルは言った。（ここまでイスナード。以下マトン）神の使徒（預言者ムハンマド）は言った。「口ひげを短く刈り，あごひげを長く伸ばせ」。

　現在，ムスリムたちのなかで，厳格なスンナ遵奉者を自認する人々があごひげを伸ばしているのは，このハディースが伝える預言者ムハンマドの指示に従っているためである。

　1つのハディースの分量は，上掲のような短いものから，数頁にわたるものまでさまざまである。内容も，『コーラン』と同様に，礼拝・断食・食事・結婚・商売・戦争など，人間の信仰と生活，共同体の運営に関する諸事全般を網羅する。加えて，ムハンマドの容姿と人柄，ムハンマドによる啓示の解説，啓示とは別にムハンマドがアッラーと交わした会話の内容などもハディースとして伝えられている。

> イブン・マスウードは言った。「**預言者は，日々の説教において，我々が退屈しないように気を配ったものだ**」
> 預言者は言った。「**平易にして，難解にするな。良いことを伝えて，不満を抱かせるな**」
>
> ブハーリーの『正伝集』の知識に関するハディースを集めた章に，「預言者は，説教や教授において，人々が不満をいだかないように気を配っていた」ことに関して記載されたハディース。教える際の心得として含蓄があるとともに，ムハンマドの信徒に対する気遣いがうかがえる。

解説　ハディースの伝達は，預言者の死の直後に始まる。8世紀には，生活や共同体を預言者のスンナに則って営もうとする思潮が形成され，マーリク・イブン・アナス（795没）が，礼拝や断食，聖戦（ジハード）といった事項ごとに，関連するハディースや教友たちの言行に関する伝承を集めた『ムワッタア』（踏み固められた道）を編纂した。

　9世紀に入ると，**アッバース朝**（750〜1258）**カリフ**のマアムーン（在位813〜833）が，論証に基づく合理主義を公認し，異端審問（ミフナ）を導入して，異なる考えを圧迫した。この合理主義との論争をとおして，最上の人間，すなわち，預言者ムハンマドのスンナが，通常の人間の思弁に優越することを主張し，スンナを『コーラン』に次ぐ規範の源泉と位置づけ，スンナの唯一の典拠としてハディースを重視する思想が，シャーフィイー（820没）やイブン・ハンバル（855没）によって整備された。

この考えが多くの支持を得るにつれて，今度は，スンナの典拠として信頼に足るハディースをどのように選別するかが問題となった。預言者の死から200年あまりのあいだ，広範な地域でさまざまに伝えられたハディースには，誤伝や偽伝が混入していたからである。この問題に対して，ブハーリーとムスリム・イブン・アル゠ハッジャージュ（875没）は，各地に伝わるハディースの真正性を吟味し，正伝ハディースを精選した書物をそれぞれ編纂した。両『正伝集』（サヒーフ）と呼ばれるこの2編のハディース集は，11世紀にかけて権威化され，スンナ派にとっては『コーラン』に次ぐ書物となっていった。その過程で，多くの類書が編纂されるとともに，精緻な真正性判定理論を中心とした豊かな知識体系としてハディース学が発達し，**イスラーム**の社会と文化に大きな影響を与えた。現在では，インターネット上のデータベースなどによって，膨大なハディースに容易にアクセスできるようになっている。

参考文献

磯崎定基ほか訳『日訳サヒーフ・ムスリム』全3巻，宗教法人日本ムスリム協会，1987～89．（ムスリム・イブン・アル゠ハッジャージュの『正伝集』の原典訳）

牧野信也訳『ハディース──イスラーム伝承集成』全6巻（中公文庫）中央公論新社，2001．（ブハーリーの『正伝集』の原典訳）

イブン・イスハーク著，イブン・ヒシャーム編註（後藤明ほか訳）『預言者ムハンマド伝』全4巻（イスラーム原典叢書）岩波書店，2010～12．（原典訳）

キーワード
預言者ムハンマド　570年頃アラビア半島の都市**メッカ**に，クライシュ族の一員として生まれる。商人として活躍していた40歳の頃，アッラーの預言者と称して，アッラーへの絶対的服従（イスラーム）を説く。これに対して，多神教徒のクライシュ族が迫害を加えたため，622年に信徒（ムスリム）とともに**メディナ**に移住（「聖遷」〈**ヒジュラ**〉）し，ムスリムの共同体（**ウンマ**）を建設した。その後，ウンマを率いて多神教徒との「聖戦」（ジハード）を勝ち抜き，アラビア半島全域を服属させて632年に死去した。

関連年表	
632	預言者ムハンマド死去
767	現存最古の預言者ムハンマドの伝記を著したイブン・イスハーク死去
795	『ムワッタア』の編纂者，マーリク・イブン・アナス死去
820	スンナの典拠としてのハディースの重要性を確立したシャーフィイー死去
827	アッバース朝カリフ，マアムーンが合理主義を公認
833	ミフナにより伝承主義者を弾圧。マアムーン死去
855	スンナの優越とハディースの重要性を説いてミフナに抵抗したイブン・ハンバル死去
870	『正伝集』の編纂者，ブハーリー死去
875	『正伝集』の編纂者，ムスリム・イブン・アル゠ハッジャージュ死去
1014	両『正伝集』の権威化とハディースの真正性判定理論の発展に貢献したハーキム・アン゠ナイサーブーリー死去
1071	ハディース学の大成者，ハティーブ・アル゠バグダーディー死去

（森山央朗）

イスラーム世界 5

42 イスラーム文明の三角法
フワーリズミーの天文表
フワーリズミー

作者 フワーリズミー
Muḥammad ibn Mūsā al-Khwārizmī 800?〜847?

「フワーリズミー」とは「ホラズム出身の人」という意味の名前である。ホラズムはアラル海の南，現ウズベキスタン・トルクメニスタン両共和国にまたがる地域。彼自身というより，彼の祖先が同地の出身であったらしい。彼の生涯について詳細な情報は伝わっていないが，およそ9世紀前半を生き，バグダードで数学者・天文学者・地理学者として活躍した。**アッバース朝**(750〜1258)第7代**カリフ・マアムーン**(在位813〜833)に仕え，**知恵の館**にて研究活動に従事した。フワーリズミーの著作の多くは12世紀にラテン語へと翻訳されてヨーロッパに伝わり，数学や天文学の分野で大きな影響を与えた。
→ P.137

内容紹介 『フワーリズミーの天文表』(『スィンドヒンドの天文表』)
Zīj al-Khwārizmī (Zīj al-Sindhind) 9世紀前半

「ジージュ」(zīj)と呼ばれるイスラーム文明の天文学書は，8世紀から19世紀にかけて数多く著された。その主な内容は，太陽・月・肉眼で見える五惑星(水星・金星・火星・木星・土星)の経度や緯度を計算したり，太陽や月の高度から昼夜の時間を計算したりするための理論や表である。それらを応用することで，暦の確定に不可欠な新月の出現や日々の礼拝の方位(キブラといい，**メッカのカアバ聖殿**の方向)の計算なども可能であったが，ジージュが実際にどのように用いられていたかは明らかではない。フワーリズミーが著したジージュ『スィンドヒンドの天文表』の**アラビア語**原本は失われている。10世紀にコルドバで活動した天文学者マジュ
→ P.134

リーティーが同書に修正を加えて改訂し，この改訂版をもとにバースのアデラードがラテン語に翻訳した『フワーリズミーの天文表』が今日まで残る（別の訳者によるラテン語抄訳も存在する）。

『フワーリズミーの天文表』は全37章，116の表からなる。暦計算，太陽や月，五惑星の運行に関する計算のための諸表と，数に関しては，正弦表と余接（「影」と呼ばれ，ある太陽高度に対して，地面に立てた棒の影の長さを指す）表を含む。「正弦」はインド由来の概念であり，原題の「スィンドヒンド」も同書がインド系天文学に基づくことを示す。「スィンドヒンド」は**サンスクリット語**の「シッダーンタ」のアラビア語音写に相当し，→P.74
「シッダーンタ」とはインド系天文学書の一般的名称であった。しかし同時に，同書はインド系天文学だけではなく，**プトレマイオス**の天文学，ペルシア系天文学からもいくつかの要素と方法を取り入れている。まさに，支配領域の多様な文化を融合させて発展したイスラーム文明の混合的性格を体現した作品であるといえよう。

> 天文学の領域における技術を獲得したいと望む者は誰でも，その精神を集中させて，この〔正弦，逆正弦の値を導くための〕諸規則を理解しなければならない。
>
> ある近点離角について，正弦および逆正弦の値を導く方法を解説した章の結語より。半径60の単位円を用いて解説しているが，これはマジュリーティーによる改訂の1つである。半径60の単位円はヘレニズムの伝統であり，原本ではインド由来の半径150であったという。

解説　イスラーム文明の天文学は，インドおよびペルシア系天文学をもとに始まった。代表的な翻訳書としては，『スィンドヒンド』と『王の天文表』があげられる。前者は770年代初頭にインドからの使節団が伝え，その団員の協力のもと，サンスクリット語からアラビア語に翻訳された。後者は790年頃にペルシア語からアラビア語に翻訳された（「ジージュ」という語はペルシア語に由来する）。その後9世紀前半に入り，プトレマイオスの『アルマゲスト』『簡便表』が導入されると，プトレマイオス天文学の影響力が強まった。しかしフワーリズミーの著作に見られるように，インドおよびペルシア系天文学の要素はイスラーム文明の天文学から完全に排除されはしなかった。

フワーリズミーの時代には，今日「三角法」と規定される内容に関する事柄は，天文学で扱われていた。すべてのジージュが三角関数表を含み，正弦・余接（のちに正接が多用されるようになる）のほか，逆正弦（正矢，1か

らある角の余弦を減じた値のこと)などの概念が扱われた。各種の三角関数表をもとに太陽・月・惑星の運行や高度の計算を可能とする『フワーリズミーの天文表』がラテン語訳されると、ヨーロッパ世界に大きな影響を与えた。なお、フワーリズミーに関しては、代数学の分野における業績もよく知られたところである。彼が著し、やはり12世紀にラテン語訳された『整合と対合による算術の綱要の書』は、題名中の「整合」(al-jabr)の語がそのまま「アルジェブラ」(代数学)という学問分野を意味するようになった。また、彼のラテン名アルコアリズムスは、計算手順を意味する「アルゴリズム」の語源である。

▲フワーリズミーの天文表の写本（オクスフォード大学蔵）

参考文献

Neugebauar, Otto, The Astronomical Tables of al-Khwārizmī. Translation with Commentaries of Latin Version edited by H. Suter supplemented by Corpus Christi College MS 283, *Historisk-filosofiske Skrifter* 4-2, Copenhagen, Det Kongelige Danske Videnskabernes Selskab, 1962.(*The Tables of al-Khwārizmī and the Tabulae Toletanae: Texts and Studies,* collected and reprinted by F. Sezgin [Historiography and Classification of Science in Islam, Vol. 47], Frankfurt am Main, Institute for the History of Arabic-Islamic Science at the Johann Wolfgang Goethe University, 2007.に再録。図版はP. 333より)

伊東俊太郎『12世紀ルネサンス』(講談社学術文庫)講談社, 2006.(初版は岩波書店, 1993)

三村太郎『天文学の誕生──イスラーム文化の役割』(岩波科学ライブラリー)岩波書店, 2010.

キーワード

知恵の館 サーサーン朝ペルシア(224〜651)にあった研究所・図書館に倣って創設された研究機関であり、その呼称もサーサーン朝における図書館に由来する。図書館と天文台が付設された。ギリシアの学術文献の収集とアラビア語への翻訳のほか、天文学や数学、地理学に関する研究が進められた。文献収集と翻訳事業に関しては、ある夜、カリフ・マアムーンが夢のなかで**アリストテレス**と対話し、それをきっかけに推進されたという逸話も残る。翻訳官として**ネストリウス派**キリスト教徒が多く活躍し、フナイン・イブン・イスハークらが優れた翻訳を残した。同研究所は、アッバース朝第10代カリフ・ムタワッキルの時代に衰退した。

関連年表

750	アッバース朝成立
800?	フワーリズミー誕生
813	マアムーン即位(〜833)
847?	フワーリズミー没
10世紀後半	マジュリーティーによる『スィンドヒンドの天文表』改訂
1126	バースのアデラードによる『フワーリズミーの天文表』ラテン語訳

(加藤瑞絵)

5 イスラーム世界

43 イスラーム普遍史の金字塔
諸預言者と諸王の歴史
タバリー

作者　タバリー
Abū Ja'far Muḥammad ibn Jarīr ibn Yazīd al-Ṭabarī 839〜923

　839年，現在のイラン北部，カスピ海沿岸タバリスターン州のアームルで生まれた。その学問への道は早く，7歳までに**コーラン（クルアーン）**を暗唱し，8歳で**預言者ムハンマド**(570頃〜632)の伝承（**ハディース**）を学び始めたという。12歳で近隣の中心都市であるライ，17歳で**アッバース朝**(750〜1258)の首都であったバグダードに留学し，その後イラク・シリア・エジプトなどをめぐって各地で学問を深めた。そして33歳で再びバグダードに戻り，生涯公職には就かず，著作活動や弟子の教育に専念し，長年の学問の成果として『コーラン』注釈書である『コーラン注釈集成』と歴史書である『諸預言者と諸王の歴史』を完成させたのち，923年に85歳で死亡した。

内容紹介　『諸預言者と諸王の歴史』
Ta'rīkh al-Rusul wa al-Mulūk 915頃

　『諸預言者と諸王の歴史』は，**イスラーム**の世界観にそって，神による天地創造からタバリー自身が生きた時代までを年代順に記した歴史書であり，一神教的な世界観を反映したいわゆる普遍史と位置づけられる。扱っている内容は，大きくイスラーム勃興以前とイスラーム勃興以後に分かれる。イスラーム以前に関しては，世界の創造，最初の人類であるアダムとイブの物語，ノアやアブラハム，**モーセ**などの『**旧約聖書**』に見られる預言者たちの活動，**ダビデ**や**ソロモン**といったユダヤ教徒の諸王の物語，**ダレイオス大王**と**アレクサンドロス大王**の物語，**イエス**の活動，

ローマ帝国の支配，**サーサーン朝**ペルシアの諸王の治世，イスラーム以前の時代のアラブ諸部族の活動などが描かれている。これは，主に『旧約聖書』におけるこの世界の由来を記した部分と，タバリーの出身地域であるペルシア的な世界観に基づく古代認識や，アラブの伝承がミックスされたものである。

一方ムハンマドによってイスラームが創唱されて以降の歴史は，イスラーム共同体（ウンマ）の発展と分裂を中心に描かれている。その内容は，ムハンマド以前の**メッカ**の状況から始まり，ムハンマドが神の啓示を受けてイスラームという宗教を布教し，迫害を経て**メディナ**へ移住（聖遷〈**ヒジュラ**〉）するまでの過程，メディナでのイスラーム共同体の建設とメッカ征服までの戦い，ムハンマドの死とその後継者たる**カリフ**による大征服の開始，中東一帯への大征服の展開とイスラーム国家の形成，第1次内乱と**ウマイヤ朝**（661〜750）の成立，ウマイヤ朝時代史，アッバース朝革命，そしてタバリー自身が生きた915年までのアッバース朝史となっている。

そこでシリア軍の人々は槍の上に書物を掲げて言った。「これは私たちとあなたたちの間にある神の書である。シリア軍が死に絶えたら誰が外敵から境域を守るのか？　また，イラク軍が死に絶えたら誰がその境域を守るのか？」人々はクルアーンが掲げられるのを見て，言った。「私たちは神の書に応え，それに対して悔い改める。」

ムハンマドの死から25年後，イスラームの共同体が2つに分裂して相争うことになった第1次内乱では，イラクを本拠とするアリーとシリアを本拠とするムアーウィヤがスィッフィーンの戦いで激突した。戦いはアリー側に優勢のうちに進んだが，ムアーウィヤの側は聖典『コーラン』を持ち出すことによって戦いを回避し，調停に持ち込むことに成功した。そしてこれがのちのアリーの暗殺とウマイヤ朝成立の遠因となった。

|解説| タバリーの『諸預言者と諸王の歴史』は，7世紀に始まったイスラーム文明における歴史伝承の最初の集大成という位置づけがなされる歴史書である。イスラーム以前の歴史については，イスラームが継承する**ユダヤ教**的，**キリスト教**的な歴史観をベースとしながら，タバリーの出身地でありその文化的故郷ともいえるペルシアの伝統をそれと組み合わせることで，当時彼が知っていた世界のほとんどを歴史的に叙述することに成功している。また，彼のもう1つの主著である『コーラン注釈集成』からもうかがえるように，彼の主軸は正統なイスラーム伝承学の枠内にあった。そのため，『諸預言者と諸王の歴史』も

やはりハディース学の手法に則って、その伝承を伝えた人々の名前を各記事に逐一記している。このような手法のために、できごとや人物に対するタバリー自身の見解はほとんど示されていない。

『諸預言者と諸王の歴史』は、彼より一世代下の歴史学者・博物学者であるマスウーディー（896〜956）によって「その情報量の豊富さのために、他のすべての歴史家の著作に勝るものとなっている」と評されたように、イスラーム世界において、この時代についての歴史書のなかで最も重要なものであると評価され続けた。後世にこの時代を含む歴史書を著した歴史家たちは、『諸預言者と諸王の歴史』を参照・引用することで、この時代の叙述を終わらせることが多く、この書を超える歴史書はついにあらわれなかった。また、**アラビア語**で書かれたこの書物はのちにペルシア語やトルコ語など、イスラーム世界で用いられた他の言語にも多数の翻訳がおこなわれた。このことからも、この書物がもっていた影響力がうかがえる。

参考文献

The History of al-Ṭabarī: An Annotated Translation, 40 vols, Albany, State University of New York Press, 1985-2007.

高田康一「歴史家としてのタバリー」（『イスラム世界』47号, 1996）.

キーワード

アラビア語　タバリーのもつ文化的な背景はペルシアの伝統を受け継ぐものであったが、実際の著作はペルシア語ではなくアラビア語でおこなわれた。アラビア語はイスラームの聖典である『コーラン』の言語であり、また、支配者の多数を占めていたアラブが母語とする言語であった。当時、イスラームに関する言説はアラビア語でおこなわれ、また、ウマイヤ朝第5代カリフのアブド・アルマリク（在位685〜705）によって、行政に使用される言語もそれまでのペルシア語やギリシア語からアラビア語に変更されていた。科学や哲学に関する文献もアッバース朝期に次々とアラビア語へと翻訳されたため、イスラーム世界における「公用語」としてのアラビア語の地位は長く続いてゆくことになったのである。

関連年表

622	ムハンマドがメディナへと移住（ヒジュラ）
632	ムハンマド死去。正統カリフ時代が始まる
661	ウマイヤ朝の成立
749	アッバース朝の成立
839	タバリー誕生
855	学問のためにバグダードへと向かう
867	シリア・パレスティナ諸都市を経てエジプトに向かう
871	バグダードへと帰還
915頃	『諸預言者と諸王の歴史』の執筆を終える
923	バグダードにて死亡

（亀谷　学）

5 イスラーム世界

44 中東のおとぎ話
千夜一夜物語

作者 　879（イスラーム暦266）年の日付がある紙に，冒頭部分が記されていた。**アッバース朝**時代（750〜1258）に，原型となる物語のいくつかがつくられたとされている。これ以後，中東世界でどのようなかたちで物語が伝えられていったかについてはよくわかっていないが，徐々に話の数が増えていったようだ。16〜17世紀頃のエジプトで，現在に近いかたちに編集されたのではないかとされている。18世紀のフランス人東洋学者アントワーヌ・ガランがシリアに伝わっていた写本を翻訳したことにより，世界中の人々に知られるようになった。千一夜分の物語を含む**アラビア語**（→P.134）の印刷本が19世紀に刊行されると，これをもとにしたバートンによる英語訳やマルドリュスによるフランス語訳が出版され，広く読まれるようになった。

内容紹介 　『**千夜一夜物語**』（『アラビアン・ナイト』）
Alf Layla wa Layla 9世紀以降

　アラビア語の原題は「アルフ・ライラ・ワ・ライラ」であり，「千と一つの夜」の意味。冒頭の枠物語では「王妃の裏切りにあって女性を信じられなくなり，新しく迎えた王妃を翌朝には殺してしまう王」の話が語られる。不幸な娘たちを救おうと決心して王妃となったシェヘラザードが，毎晩，続きが気になるようなおもしろい話を語ることによって王の関心をつなぎとめ，延々と物語が続いていくという構成になっている。ガラン版を見てみよう（ディナールザードはシェヘラザードの妹姫）。

　　シェヘラザードは，ここで夜があけたのに気づきました。
　　「まあ，お姉さま」とディナールザードが言いました。「何とおも

しろいお話なのでしょう！」

「でもこのつづきはもっとおもしろいのよ」とシェヘラザードが答えました。

シャフリヤール王はシェヘラザードが語る話にひきこまれておりましたから，心の中でこう言いました。「明日まで待とう。その気になればいつでも死を命じることができるのだから，話を最後まで聞いてからにしよう」

……（中略）……

翌日も夜があける前にディナールザードが，姉に呼びかけました。

「お姉さま，もしお休みでないのでしたらお願いがございます。夜があけるまでのひととき，昨晩の話のつづきをお聞かせくださいな」

シャフリヤール王はシェヘラザードが許しを求めるよりも早く答えました。

「昨晩のつづきを語るように。最後にどうなるかを知りたいのだ」

こうしてシェヘラザードは命がけで話を語り続ける。シェヘラザードが語った話のなかには，魔人（ジン），空飛ぶ木馬，妖精の女王，口をきく鳥などが次々と登場し，聞く人を不思議と魔法の世界へといざなっていく。現在，よく読まれているかたちは，千一夜におよぶ話を聞くうちにシャフリヤール王が残酷な行いを改め，シェヘラザードと末永く幸せに暮らすという筋だてになっている。

> 男は，アリババにもはっきりと聞こえる声でこう言いました。「開け，ゴマ！」するとどうしたことでしょう，岩がぱっかりと口を開き，盗賊たちが洞窟の中に入っていきました。
>
> 『千夜一夜物語』中，最もよく知られた話の1つ「アリババ」は，アラビア語の写本が見つかっていない。「アラジン」と同じく，『千夜一夜物語』をフランス語に訳して紹介したガランが，中東出身のキリスト教修道僧から聞いた話ではないかとされている。

解説 『千夜一夜物語』の原作者はわかっていない。比較的初期に採録されたとされる話のなかには，インドやイランの影響を強く受けていると思われるものも多い。中東での記録は乏しく，歴史書などに断片的な記載が残っているにすぎない。ただし，物語集として伝承されていたことは確かであり，16〜17世紀に成立したと思われる写本がシリア近辺で大切に伝えられていた。この写本には二八一夜分の物語が含ま

れており，アントワーヌ・ガランがフランス語に翻訳してヨーロッパに紹介すると，またたく間にヨーロッパ各国語に訳されて人気を博した。また，子ども向けに書き直されて広く読まれるようになった。なお，ガランが翻訳に使用した写本には，アラジン，アリババ，シンドバード航海記などのよく知られた物語は入っていなかった。シンドバード航海記についてはアラビア語写本が現存するが，アラジンとアリババについては，いまだに出所が不明である。

　一方，**オスマン帝国**（1300頃～1922）支配下にあった近世のエジプトでも編集作業がおこなわれ，当時のエジプトで知られていた多くの物語が新たに付け加えられていったらしい。こうして17～18世紀頃，題名どおりに千一夜分の話を含む物語集が成立したとされる。19世紀になると，アラビア語による印刷本が相次いで出版された。海外に多くの植民地をもっていたイギリスは中東の物語集である『千夜一夜物語』に関心を示し，バートンらによる翻訳が次々と出版されたが，原典にはない官能的な表現を意図的に追加したりするなどの問題点が指摘されている。オリエンタリズムによって脚色された『千夜一夜物語』は，「好色にして残虐」という偏った中東観の源泉ともなり，いまだにその影響は続いている。

参考文献
大場正史訳『千夜一夜物語――バートン版』全10巻（ちくま文庫）筑摩書房，2003～04.
前嶋信次・池田修訳『アラビアン・ナイト』全18巻（東洋文庫）平凡社，1966～92.
西尾哲夫『アラビアンナイト――文明のはざまに生まれた物語』（岩波新書）岩波書店，2007.
西尾哲夫訳・再話，茨木啓子再話『子どもに語るアラビアンナイト』こぐま社，2011.

キーワード

アッバース朝 **イスラーム**の**預言者ムハンマド**（→P.128）の叔父の子孫であるアッバース家による革命運動が成功し，750年にアッバース朝が開かれた。第2代**カリフ**のマンスール（713頃～775）は，肥沃なイラク平原の中心に首都バグダードを建設。官僚制度が整備され，100万近い人々が暮らすバグダードでは国際的な文化が栄えた。**ハールーン・アッラシード**（在位786～809）の治世に黄金時代を迎えたが，10世紀以後はしだいに衰え，1258年に**モンゴル帝国**（1206～71）によって滅ぼされた。

関連年表

750	アッバース朝成立
879	『千夜一夜物語』冒頭部の物語が紙に記される（現存）
1258	アッバース朝滅亡
1704	ガラン版『千一夜物語』刊行開始
1798	ナポレオン率いるフランス軍がエジプトに侵攻
1835	エジプトでアラビア語による刊本（ブーラーク版）が出版される
1885	バートン訳の刊行開始
1966	前嶋信次訳『アラビアン・ナイト』刊行開始

（西尾哲夫）

5 イスラーム世界

45 ペルシア文学史上不朽の「英雄叙事詩」

シャー・ナーメ

フェルドウスィー

作者 フェルドウスィー
Abū al-Qāsim Manṣūr ibn al-Ḥasan al-Firdawsī al-Ṭūsī 934〜1025

ガズナ朝(977〜1187)期に活躍したペルシア詩人。934年(最近は940年頃という学説が有力)イラン高原北東部の町トゥースに生まれる。地方名士階層の出身。トゥースの領主の支援を受けながら980年頃『シャー・ナーメ』の執筆に着手し、994年に初版を完成させた。その後改訂を重ね最終的に完成したのは、執筆を始めてから30年後の1010年のことであった。ガズナ朝第3代君主マフムード(在位998〜1030)に献呈したが、十分な報奨を得られず、宮廷を離れることになった。その後、カスピ海南岸タバリスターンの地方政権の宮廷に身を寄せ、マフムードに対する風刺詩をつくったとも伝えられるが、真偽は不明。いずれにせよ、生前には高い評価を得られず、1025年(あるいは1020年)郷里で不遇のまま没した。

内容紹介 『シャー・ナーメ』
Shāh-nāma 1010

ペルシア語で「シャー」とは「王」を、「ナーメ」とは「書」を意味する言葉で、日本語では通例『王書』と呼ばれる。韻文形式で編まれた、**イスラーム**到来以前の古代イランの諸王の歴史で、ペルシア文学史上最高の「英雄叙事詩」と評価されてきた作品。序文には天地創造に関する説明があり、続く本文には、世界最初の王カユーマルスから**サーサーン朝**(224〜651)最後の君主ヤズデギルド3世に至る58人(一般に50人だと理解されているが、名前が列挙されているだけのアシュカーン朝の諸王を加えるとこの数になる)の王の事績が記録されている。天地創造後の文明の発達

（製鉄技術，灌漑技術，文字の発明など），社会階層や民族の分化の過程を説明した人類史の一種であり，作品の大枠では**タバリー**の『**諸預言者と諸王の歴史**』（→P.132）と同じである。
　初期の諸王のライバルは悪鬼や蛇王といった超人間的存在であったが，6代目のフェリードゥーンが，世界を「イラン」「トゥラン（中央アジア，中国）」「ルーム（小アジア）と西方」の3つに分割したのちは，イランの王とトゥランの王の対立が重要な主題の1つとなっていく。これらの連綿と続く諸王の系譜と戦闘以外にも，ロスタムに代表される勇者の冒険譚・英雄伝説，ビージャンとマニージェに代表される恋愛物語など多種多様な伝承が採録されている。また，作品に通底している思想は，どんなに優秀で栄華を極めた王であっても，一度傲慢（ごうまん）になり失政をおこなえば神の庇護（ひご）を失い没落してしまうという考え方で，箴言（しんげん）・鑑文学としての性格も兼ね備えている。このように，『シャー・ナーメ』は「英雄叙事詩」と一言で表現するのがはばかられるほどさまざまな顔をもった作品なのである。

> **知識持つ者は皆力強く**
> **老人の心は知識により若返る。**
> （序文第14句）
>
> しばしば「知は力なり」という言葉で説明されるこの句は，知の重要性を説くフェルドウスィーの金言のなかでも最も有名なもので，「知識持つ者は皆力強く」という句はパフラヴィー朝（1925〜79）期には国定教科書の表紙に記される標語となった。『シャー・ナーメ』の序文では，神への賞賛の次に知識と英知を讃える文句が並べられており，フェルドウスィーがいかに知を重要視していたのかがわかる。

解説　10世紀になると，**サーマーン朝**（873〜999）（→P.143）宮廷でペルシア語文芸活動が庇護・奨励された結果，イスラーム到来以前の古代イランを扱うペルシア語の作品が数多く編纂されるようになった。このような時代背景のもと編纂された『シャー・ナーメ』は，作者の死後に高い評価を受けるようになり，このあとめざましい発展を遂げるペルシア語文芸活動に大きな影響を与えることになった。また，1223年には**アイユーブ朝**（1169〜1250）の知識人ブンダーリーによる**アラビア語**訳（→P.134）が編纂されるなど，その影響はペルシア語圏に留まるものではなかった。
　『シャー・ナーメ』の詩句はさまざまな場面で引用されただけではなく，その様式・韻律や世界観を模倣した韻文史書という新しい歴史叙述のスタイルを生み出した。さらに14世紀以降には，挿絵を付した『シャー・ナーメ』の装飾写本が多く編纂されるようになる。そのなかでも，**ティ**

ころもある。『医学典範』は全5巻からなり、そのうちの第1巻はさらに4部で構成されるが、その第1部に見られる記述には哲学の概念があらわれ、それが医学理論のなかに組み込まれている。人体は土・水・空気・火という4種類の元素からなるとされている。人にはまた魂（心）も備わり、その体と魂を媒介するのが「ルーフ」（精気）という精妙な物質であるとされている。このルーフが魂の命令を体に伝え、逆に体が受けた感覚を魂に伝えるのである。

　こうした考え方の基礎にあるのは、古代ギリシアのアリストテレスの哲学と古代ローマのガレノスの医学である。古代のギリシアやローマの科学は9世紀以降にアラビア語への翻訳を通じてイスラーム科学の基礎　→P.134
となった。イブン・シーナーはその成果を利用しているのである。

　医学総論である第1巻に続き、第2巻では植物や鉱物、動物などからなる薬物の性質について論じられ、第3巻では人体各部の病気が扱われている。第4巻では熱・徴候・診断・毒などについて記され、最後の第5巻では薬物の調合法が論じられている。

> 生命の出発点は心臓とルーフであり、それらは極めて熱く、さらに過熱する傾向を持つ。
> 　　　　　（第1巻第1部第3教則第1章）
> イブン・シーナーの医学を理解するための重要な概念の1つがルーフ（精気）である。ルーフは非常に熱く、この熱によって生命が維持されているのである。また、心臓において血液の清澄な部分からつくられるルーフは動脈や神経を通じて体の各部にいきわたり、さまざまな機能を果たすとされている。

解説　イブン・シーナーの『医学典範』は古代ギリシア以来蓄積されてきた医学を体系的にまとめたものである。すべての医学知識を網羅して医学の基礎・基準を提供しようという意図がタイトルの「典範」という言葉にあらわれている。「典範」と訳されている元のアラビア語は「カーヌーン」（qānūn）だが、それには「規範」「原則」などの意味がある。

　この著作の意義は過去の理論を組み合わせて、1つの体系を整然とまとめあげているところにある。緊密な構成をもつ『医学典範』は、医学を学ぶ者にとって、また医療に携わる者にとって利用しやすい医学書であった。中核をなすのはガレノスの医学理論であり、その理論の枠組みのなかで議論が展開されている。このことから、現代のアラビア医学史研究では『医学典範』には独創性がないとの評価がなされている。

（製鉄技術，灌漑技術，文字の発明など），社会階層や民族の分化の過程を説明した人類史の一種であり，作品の大枠では**タバリー**の『**諸預言者と諸王の歴史**』と同じである。
→P.132

初期の諸王のライバルは悪鬼や蛇王といった超人間的存在であったが，6代目のフェリードゥーンが，世界を「イラン」「トゥラン（中央アジア，中国）」「ルーム（小アジア）と西方」の3つに分割したのちは，イランの王とトゥランの王の対立が重要な主題の1つとなっていく。これらの連綿と続く諸王の系譜と戦闘以外にも，ロスタムに代表される勇者の冒険譚・英雄伝説，ビージャンとマニージェに代表される恋愛物語など多種多様な伝承が採録されている。また，作品に通底している思想は，どんなに優秀で栄華を極めた王であっても，一度傲慢になり失政をおこなえば神の庇護を失い没落してしまうという考え方で，箴言・鑑文学としての性格も兼ね備えている。このように，『シャー・ナーメ』は「英雄叙事詩」と一言で表現するのがはばかられるほどさまざまな顔をもった作品なのである。

知識持つ者は皆力強く
老人の心は知識により若返る。

（序文第14句）

しばしば「知は力なり」という言葉で説明されるこの句は，知の重要性を説くフェルドウスィーの金言のなかでも最も有名なもので，「知識持つ者は皆力強く」という句はパフラヴィー朝（1925～79）期には国定教科書の表紙に記される標語となった。『シャー・ナーメ』の序文では，神への賞賛の次に知識と英知を讃える文句が並べられており，フェルドウスィーがいかに知を重要視していたのかがわかる。

【解説】10世紀になると，**サーマーン朝**（873～999）宮廷でペルシア語文芸活動が庇護・奨励された結果，イスラーム到来以前の古代イランを扱うペルシア語の作品が数多く編纂されるようになった。このような時代背景のもと編纂された『シャー・ナーメ』は，作者の死後に高い評価を受けるようになり，このあとめざましい発展を遂げるペルシア語文芸活動に大きな影響を与えることになった。また，1223年には**アイユーブ朝**（1169～1250）の知識人ブンダーリーによる**アラビア語訳**が編纂されるなど，その影響はペルシア語圏に留まるものではなかった。
→P.143
→P.134

『シャー・ナーメ』の詩句はさまざまな場面で引用されただけではなく，その様式・韻律や世界観を模倣した韻文史書という新しい歴史叙述のスタイルを生み出した。さらに14世紀以降には，挿絵を付した『シャー・ナーメ』の装飾写本が多く編纂されるようになる。そのなかでも，**ティ**

ムール朝(1370〜1507)の王子バーイスングルに
→P.224
献呈された写本と**サファヴィー朝**(1501〜1736)
第2代君主タフマースブに献呈された写本がと
くに有名である。時の有力者にとって、『シャー・
ナーメ』の装飾写本はステータスシンボルとし
ての意味合いももっていた。このように『シャ
ー・ナーメ』はさまざまな場面で利用されたため，
写本も数多く残されている。簡素な写本を含め
れば、現存する写本の数は1000点を超えるとも
いわれている(図版参照)。

さらに20世紀に入ると、国民国家イランの創
設を推し進めた**パフラヴィー朝**(1925〜79)では、
古代イランの諸王の歴史を扱う『シャー・ナーメ』

▲『シャー・ナーメ』現存最古の写本(フィレンツェ国立図書館蔵，1217年書写)

は、反アラブ，反イスラームの国家統合の象徴として利用されるように
なった。時に「民族叙事詩」と評価されるのはこのためである。このよ
うな国策もあり、1934年には生誕1000年祭が開催され、トゥースには新
しく巨大な廟が建設された。このように，『シャー・ナーメ』はさまざま
な場面で利用されながら、時を超えて読者を獲得してきたのである。

参考文献

Ferdowsi's Shahnameh: Facsimile Edition of Florence Ms. (*d. 614 A. H / 1217 A. C*),
　Tehran, Tehran University Publication, 1990. (図版はP. 1より)
フィルドゥスィー(黒柳恒男訳)『王書——ペルシア英雄叙事詩』(東洋文庫)平凡社、1969.
フェルドウスィー(岡田恵美子訳)『王書——古代ペルシャの神話・伝説』(岩波文庫)岩波書店、
　1999.

キーワード

ガズナ朝　トルコ系奴隷軍人により建国され
アフガニスタンのガズナを拠点に栄えた王朝。
第3代君主マフムードの治世に最盛期を迎え、
イラン高原北東部・中央アジアに加えインド北
西部を支配した。トルコ系の人々が軍事力を担
い、ペルシア系の人々が官僚を務めた。公用
語はペルシア語で、ウンスリー、ファッルヒー，
マヌーチフリーの三大詩人をはじめとする多く
のペルシア詩人が活躍し、ペルシア語の文章
語としての確立に大きな役割を果たした。

関連年表

934/940	フェルドウスィー誕生
994	『シャー・ナーメ』初版完成
998	ガズナ朝第3代君主マフムード即位
1010	『シャー・ナーメ』をマフムードに献呈
1020/1025	フェルドウスィー没
1223	ブンダーリーによるアラビア語訳完成
1430	バーイスングルのための『シャー・ナーメ』写本完成
16世紀前半	タフマースブのための『シャー・ナーメ』写本完成
1934	フェルドウスィー生誕1000年祭

(大塚　修)

イスラーム世界

46

体，心，そしてそれらをつなぐもの

医学典範

イブン・シーナー

作者 イブン・シーナー
Abū ʿAlī al-Ḥusayn ibn ʿAbd Allāh ibn Sīnā 980〜1037

　980年，現在のウズベキスタンの都市ブハラ近郊の町で生まれる。ラテン名はアヴィケンナ。**サーマーン朝**(875〜999)宮廷に仕えていた父をもち，あるとき，支配者の治療をする機会を得る。以降，宮廷付属の図書館を利用することを許され，多くの本を読むなかでガレノスの医学や**アリストテレス**(前384〜前322)の哲学に関する知識を身につけた。各勢力が興亡する時代に生きたイブン・シーナーは，敵勢力への内通が発覚して幽閉の憂き目に遭うこともあったが，いくつかの宮廷を渡り歩き，最後にはイラン西部のイスファハーンの比較的安定した環境のなかで著述に勤しんだ。1037年にハマダーンで没する。のちの**イスラーム**世界やヨーロッパの思想に多大な影響を与えた。

内容紹介 『医学典範（てんぱん）』
al-Qānūn fī al-Ṭibb 1024年以降完成

　イブン・シーナーが『医学典範』の執筆を始めたのは1013年頃，彼が33歳のときである。完成したのはイスファハーンに移り住んだ1024年以降と伝えられており，10年以上におよぶ長い年月をかけて執筆された。この期間，イラン地域では絶えず戦争がおこなわれていた。イブン・シーナーは仕える君主を変えながらいくつかの都市を渡り歩き，最後に行き着いたイスファハーンで『医学典範』を書きあげた。『医学典範』は念入りに組織化・体系化された医学書である。

　医学書とはいっても現代のわれわれがイメージする医学とは異なると

ころもある。『医学典範』は全5巻からなり、そのうちの第1巻はさらに4部で構成されるが、その第1部に見られる記述には哲学の概念があらわれ、それが医学理論のなかに組み込まれている。人体は土・水・空気・火という4種類の元素からなるとされている。人にはまた魂(心)も備わり、その体と魂を媒介するのが「ルーフ」(精気)という精妙な物質であるとされている。このルーフが魂の命令を体に伝え、逆に体が受けた感覚を魂に伝えるのである。

こうした考え方の基礎にあるのは、古代ギリシアのアリストテレスの哲学と古代ローマのガレノスの医学である。古代のギリシアやローマの科学は9世紀以降に**アラビア語**への翻訳を通じてイスラーム科学の基礎となった。イブン・シーナーはその成果を利用しているのである。

医学総論である第1巻に続き、第2巻では植物や鉱物、動物などからなる薬物の性質について論じられ、第3巻では人体各部の病気が扱われている。第4巻では熱・徴候・診断・毒などについて記され、最後の第5巻では薬物の調合法が論じられている。

> 生命の出発点は心臓とルーフであり、それらは極めて熱く、さらに過熱する傾向を持つ。
> (第1巻第1部第3教則第1章)
>
> イブン・シーナーの医学を理解するための重要な概念の1つがルーフ(精気)である。ルーフは非常に熱く、この熱によって生命が維持されているのである。また、心臓において血液の清澄な部分からつくられるルーフは動脈や神経を通じて体の各部にいきわたり、さまざまな機能を果たすとされている。

解説 イブン・シーナーの『医学典範』は古代ギリシア以来蓄積されてきた医学を体系的にまとめたものである。すべての医学知識を網羅して医学の基礎・基準を提供しようという意図がタイトルの「典範」という言葉にあらわれている。「典範」と訳されている元のアラビア語は「カーヌーン」(qānūn)だが、それには「規範」「原則」などの意味がある。

この著作の意義は過去の理論を組み合わせて、1つの体系を整然とまとめあげているところにある。緊密な構成をもつ『医学典範』は、医学を学ぶ者にとって、また医療に携わる者にとって利用しやすい医学書であった。中核をなすのはガレノスの医学理論であり、その理論の枠組みのなかで議論が展開されている。このことから、現代のアラビア医学史研究では『医学典範』には独創性がないとの評価がなされている。

しかし,『医学典範』のみでイブン・シーナーの医学全体を評価してはならない。イブン・シーナーは自説の開陳をほかの医学書でおこなっている。例えば,医学の小著『心臓の薬』においては,魂と体を結びつけるルーフを光り輝くものとし,またルーフには天体に似た性質があるとしている。これはガレノスには見られない考え方であり,イブン・シーナーの医学理論の興味深い側面を示している。

『医学典範』の影響はイスラーム世界に留まらずヨーロッパにもおよんだ。アラビア語で書かれたこの著作は12世紀にラテン語に翻訳された。ヨーロッパでは「**12世紀ルネサンス**」と呼ばれる活動のなかで大学が創設され,医学も教えられたが,その教科書として用いられたのが『医学典範』である。その後,近代に至るまで数世紀ものあいだ,医学の教育および実践の基礎文献となった。

なお,イブン・シーナーにはここで紹介した『医学典範』や『心臓の薬』といった医学書だけでなく,哲学・宗教・政治・音楽などに関する論考もあり,彼の学知の広さをうかがわせる。

参考文献
伊東俊太郎『近代科学の源流』(中公文庫)中央公論新社,2007.
伊東俊太郎編『イブン・スィーナー』(科学の名著)朝日出版社,1981.
イブン・シーナー(小林春夫訳)「救済の書」(上智大学中世思想研究所『中世思想原典集成11——イスラーム哲学』平凡社,2000).

キーワード

サーマーン朝 9世紀の末から約1世紀のあいだ,ブハラを都として中央アジアとイラン高原北東部を支配した王朝。サーマーン朝ではイラン的伝統が重んじられ,ペルシア語による文芸活動がさかんになった。この王朝下で「ペルシア語詩の父」と呼ばれるルーダキー(940没)があらわれた。この王朝が衰微していく時期に生まれたのがイブン・シーナーである。サーマーン朝の滅亡をきっかけとしてイブン・シーナーはこの地を去る。イブン・シーナーは『医学典範』や『治癒の書』などの主要な作品はアラビア語で著したが,ほかにペルシア語による著述も残している。

関連年表

873	サーマーン朝成立(〜999)
980	イブン・シーナー誕生
1013	『医学典範』の執筆を開始
1024	医学の小著『心臓の薬』を執筆,イスファハーンに移住,こののちに『医学典範』を完成させる
1027	論理学・自然学・数学・形而上学を含む大著『治癒の書』を完成
1030	ガズナ朝のマスウード,イスファハーンに侵攻
1037	イブン・シーナー死去
1058	ガザーリー誕生(〜1111)
1126	イブン・ルシュド誕生(〜98)
1187	『医学典範』をラテン語に翻訳したクレモナのジェラルドが死去

(俵　章浩)

5 イスラーム世界

47 世界最古のトルコ語・アラビア語辞典

トルコ語辞典

カーシュガリー

作者 カーシュガリー
Maḥmūd ibn al-Ḥusayn ibn Muḥammad al-Kāshgharī 生没不詳

11世紀に活躍した中央アジアのバルスガーン(あるいはカーシュガル)出身の知識人。生没年は不詳。**カラハン朝**(840～1212)の王族出身ともいわれる。カーシュガリーは長いあいだ,中央アジアのトルコ系の人々が居住する地域をくまなく訪れ,当時使用されていた言語の情報を収集していた。その後,バグダードの**アッバース朝**(750～1258)宮廷を訪れ,1072年に『トルコ語辞典』の編纂に着手,四度の改訂を経て書きあげた(完成年代については諸説あるが1077年説が有力)。完成後,アッバース朝第27代**カリフ**,ムクタディーに献呈された。カーシュガリーは,これ以外に『トルコ語文法の宝石』という題名のトルコ語文法書を編纂したとされるが,こちらの作品は現存していない。

内容紹介 『トルコ語辞典』
Dīwān Lughāt al-Turk 1077

トルコ語の語彙について**アラビア語**で説明した,現存する世界最古のトルコ語・アラビア語辞典。序文と本文からなる。序文は神と預言者一族への賞賛に始まり,そのあとに執筆の経緯,書の構成,トルコ語の文字(ウイグル文字),トルコ語の特徴,トルコ系諸部族,トルコ語の諸方言に関する説明が続く。概説書などでしばしば紹介される,中央アジアを中心とする円形の世界地図はこの序文に

▲『トルコ語辞典』現存唯一の写本(イスタンブル国立図書館蔵,1266年書写)

付されたものである。本文では、アラビア文字表記されたトルコ語の単語の項目が設けられ、その単語の意味が、時にトルコ語の格言や詩句などの用例をあげながら1つずつ説明される。ただし、各単語は単純にアルファベット順に配列されているわけではなく、アラビア語動詞の分類法に従ったかたちで配列されている。これは、既存のアラビア語辞典の編纂方法が参照されたためである。

実際に内容を見てみよう。例えば、カーシュガリーは郷里バルスガーンについて、次のように説明している。

> バルスガーン。アフラースィヤーブの息子の名前。バルスガーンを建設したのは彼である。マフムード（カーシュガリー）の父の出身地。また、とある馬丁の名前だとも言われている。ウイグルの王に仕えており、空気が良かったために当地で馬の群れの世話をしていた。そのために、この町の名は彼に関係付けられたのである。

アフラースィヤーブとは伝説上のトルコの王であり、現在では史実とは見なしがたい町の起源伝承ではあるが、当時のトルコ系の人々が共有していた世界観を知るための貴重な情報を提供してくれる。アフラースィヤーブ以外にもズー・アルカルナイン（アレクサンドロスのイメージが仮託された伝説の王）なども登場する。参考文献にあげた日本語部分訳の対象とする題材が

> オグズ。トルコの1部族。トルコマーンのことで、22の氏族より構成される。それぞれの家畜を他人の家畜と識別するための家畜用の目印がある。その中心はキニク氏族で、当代のスルターンたちはそれに属している。

トルコ系部族の1つオグズ部族に関する解説。オグズ部族に属する22の氏族の名前と家畜の目印の記号が記されており（左図参照）、当時バグダードを支配していたセルジューク朝（1038〜1194）の出身部族であるオグズ部族の情報がわかる貴重な記述。

多岐にわたっていることからも明らかなように、『トルコ語辞典』はトルコ語のみならず、11世紀中央アジアの社会、歴史、地理、農業などさまざまな分野に関する情報を含んだ貴重な史料であると評価できる。

解説 カーシュガリーがバグダードを訪れたとき、バグダードの知識人のあいだではトルコ系の人々や言語に対する関心が高まっていた。1055年にトルコ系の君主をいただく**セルジューク朝**（1038〜1194）
→P.152
がバグダードへの入城を果たし、アッバース朝カリフにより新しい支配

者として認められたばかりの時期だったからである。彼らの求めに応じて，カーシュガリーは『トルコ語辞典』を編纂したが，後世の知識人にはさほど高く評価されなかったようである。ムクタディーに献呈された原本は散逸し，現存しているのは，ダマスクスのムハンマド・ブン・アブー・バクルという写字生が1266年に著者直筆本から書写した写本1点にすぎない。写本が残っていないだけではなく，『トルコ語辞典』を参照した知識人の数も少ない。確認できる限り，**マムルーク朝**(1250～1517)の歴史家アイニー(1451没)と**オスマン朝**(1300頃～1922)の知識人キャーティプ・チェレビー(1657没)の2人が参照している程度で，カーシュガリーの郷里の中央アジアには1点の写本も伝わっていなかった可能性が高い。じつは，『トルコ語辞典』が高い評価を得るようになったのは，作品完成から800年以上が経過した20世紀初頭のことである。現存する唯一の写本がイスタンブルで発見されると，すぐにその校訂本が出版され(1914～16)，学界に広く紹介された。これにより，カーシュガリーの名前とその著作は「再発見」され，ついに中央アジアを含む世界中の学者に知られることとなったのである。

参考文献

Kâşgarlı Mahmud, *Dîvânü Lûgati't-Türk*, Ankara, Kültür Bakanlığı, 1990.（図版はP.40より）

小山皓一郎「マフムード・カシュガリー「トルコ・アラビア語辞典」に見えるチュルク称号」(『北方文化研究』11号，1977).

藤本勝次「マフムード・カシュガリー「トルコ・アラビア語辞典」の翻訳(地名篇)」(『東西学術研究所彙報』5号，1957).

間野英二「カーシュガリー『トルコ語辞典』に見える農業関係の語彙」(『中近東文化史論叢――藤本勝次，加藤一朗両先生古稀記念』同朋舎，1992).

キーワード

カラハン朝　中央アジアを中心に栄えたトルコ系遊牧民による王朝。その起源には不明な点が多い。改宗伝説で知られるサトゥク・ボグラ・ハン(955没)の治世に，多くのトルコ系の人々が**イスラーム**を受容した。999年にはブハラを拠点に栄えていた**サーマーン朝**(→P.143)を滅ぼし，以降，西トルキスタンのトルコ化を進めたことでも知られる。ムスリム(イスラーム教徒)となったトルコ系の人々はアラビア文字を用いてトルコ語で著作を著すようになり，現存最古のアラビア文字トルコ語作品『クタドゥグ・ビリグ』(1069/70)が編纂された。

関連年表

1055	セルジューク朝のバグダード入城
1069/70	現存最古のアラビア文字トルコ語作品『クタドゥグ・ビリグ』成立
1077	『トルコ語辞典』成立
1266	『トルコ語辞典』現存唯一の写本が書写される
1914～16	イスタンブルで発見された現存唯一の写本に基づく校訂本の出版

(大塚　修)

イスラーム世界

48

来世で神に会うための現世における準備の書

宗教諸学の再興

ガザーリー

作者 ガザーリー
Abū Ḥāmid al-Ghazālī 1058〜1111

　イスラーム思想史上，最も偉大な思想家の1人とされる。神学，法学，哲学といった多様な学問分野に精通した**ウラマー**(学者)であり，かつ**スーフィー**(イスラーム神秘主義者)であった。1058年，イラン北東部のトゥースで生まれ，ニーシャープールの**ニザーミーヤ学院**で学んだのち，**セルジューク朝**(1038〜1194)の宰相，ニザーム・アルムルクの庇護を受け，**スルタン**，マリク・シャーの宮廷に出仕した。バグダードのニザーミーヤ学院教授に抜擢され，学者として最高の地位にのぼりつめたが，自伝『誤りから救うもの』によると，一点の曇りもない信仰の確信を求めて，精神的危機に陥ったという。そして**スーフィズム**へ回心し，学院を辞してシリアに旅立ち，スーフィズムの修行をおこないながら執筆活動を続け，1111年，トゥースで没した。

内容紹介 『宗教諸学の再興』
Iḥyā' 'Ulūm al-Dīn 11世紀後半〜12世紀前半

　神学，法学，哲学，スーフィズム，倫理学などを含む，ガザーリーの思想の集大成である。教授職引退後，おそらく1095〜1101年のあいだに執筆された。それゆえ本書は，回心後の内的・精神的な発展を反映しているといえよう。四部からなり，それぞれが十の書からなっている。全四十書の内容は，以下のとおりである。

　〔第一部　儀礼的行為〕　この部では，礼拝，断食，巡礼などのムスリム(イスラーム教徒)の義務である**五行**の作法とその内的意味が論じられて

いる。(1)知識の書　(2)信仰箇条の書　(3)浄化の内的意味の書　(4)礼拝の内的意味の書　(5)喜捨(きしゃ)の内的意味の書　(6)断食の内的意味の書　(7)巡礼の内的意味の書　(8)『コーラン(クルアーン)』朗誦の形式の書　(9)ズィクル(唱名)とドゥアー(祈願)の書　(10)修行日課の順序の書

〔第二部　日常生活の規範〕　この部では，食事，結婚生活，生計の立て方などの日常生活にかかわる行為に秘められた意味が扱われている。(1)食事作法の書　(2)婚姻作法の書　(3)生計を立てる規則の書　(4)合法と非合法の書　(5)さまざまな性格の人との付き合いの作法の書　(6)隠遁(いんとん)の書　(7)旅行作法の書　(8)サマー(歌舞音曲)とファナー(神秘体験)の書　(9)勧善懲悪の書　(10)生活作法と預言者の性質の書

〔第三部　破滅への道〕　この部では，人間の心の悪しき側面が論じられている。(1)心の内的意味の説明の書　(2)魂の規律の書　(3)二つの欲望の撲滅の書　(4)言語の害の書　(5)怒り，恨み，妬(ねた)みへの非難の書　(6)現世への非難の書　(7)金銭と強欲への非難の書　(8)名誉と偽善への非難の書　(9)自負とうぬぼれへの非難の書　(10)欺(あざむ)くことへの非難の書

> 神の性質を模倣し，神に近づこうとする者は，神を愛する。神は愛の原因となるものをすべて持っており，完全性において並ぶ者はなく，人間の愛は神に向けられることこそがふさわしいのである。
> (『宗教諸学の再興』「愛，熱望，親密，満足の書」より)
> 人間の愛に値するものは神のみである。しかし，神と人間は隔絶している。ガザーリーのスーフィズムの議論では，神秘修行によって神を愛し，はるか遠くの神に近づこうとする努力に重点がおかれている。

〔第四部　救いへの道〕　この部では，来世で神に会うために，心を浄化し，神に近づく方法が述べられている。(1)悔悟(かいご)の書　(2)忍耐と感謝の書　(3)恐れと希望の書　(4)貧困と苦行の書　(5)神の唯一性と神への信頼の書　(6)愛，熱望，親密，満足の書　(7)意図，純真，誠実の書　(8)自省と自己審問の書　(9)瞑想(めいそう)の書　(10)死と死後の想起の書

解説　ガザーリーの時代，それまで権力と距離を保っていたウラマーが支配者と癒着するようになり，来世を忘れ，現世的利益を追求する者もあらわれたという。これに対しガザーリーは，ウラマーの堕落を批判し，日常生活を規定する**イスラーム法**を守って外面的な行為だけをとりつくろっても来世においては役に立たず，スーフィズムによって，

内面が神とつながっていなければいけないと考えた。

　一方，スーフィーの側においても，イスラーム法を軽視し，神秘体験（神と人間霊魂の合一体験）を重視する者もいたため，ウラマーとスーフィーの対立が生じていた。ガザーリーは，両者の対立関係を融和しようとした。そして，神秘体験によって信仰の確信が得られるとしながらも，イスラーム法をきちんと守って生活しなければならないとしたのである。

　『宗教諸学の再興』の構成を見ると，法学とスーフィズムのバランスがよくとれていることがわかる。イスラーム法に基づく日常生活を送りながら，心を浄化する方法が説かれているのである。修行によって神秘体験に至った者が，日常生活に戻ってくると，世界が今までの見え方とは違い，すべてが神に由来するものとして見えるようになる。こうしてスーフィズムによって，日常生活が再活性化するのである。ガザーリーは，スーフィー的な日常生活の送り方の方法論を確立し，のちにスーフィズムが民衆に受け入れられる下地をつくったといえよう。

参考文献

青柳かおる『ガザーリー——古典スンナ派思想の完成者』（世界史リブレット人）山川出版社，2014．

ガザーリー（中村廣治郎訳）『中庸の神学——中世イスラームの神学・哲学・神秘主義』（東洋文庫）平凡社，2013．（『中庸の神学』『誤りから救うもの』『光の壁龕』の原典訳）

ガザーリー（中村廣治郎訳）『哲学者の自己矛盾——イスラームの哲学批判』（東洋文庫）平凡社，2015．

中村廣治郎『イスラムの宗教思想——ガザーリーとその周辺』岩波書店，2002．

キーワード

スーフィズム　スーフィズムとは，内面を浄化することによって神に到達する道のことであり，イスラーム法を遵守するだけでは得られない，内面的な心の平安を獲得しようとする試みである。**預言者ムハンマド**(→P.128)死後の大征服時代に，ムスリムは富裕化して来世のことよりも現世的な幸福を求める傾向が強まった。そのような傾向を批判する質素な禁欲主義者があらわれ，やがて禁欲主義の流れの一部を汲み，9世紀半ば以降，神への愛による神秘体験を最終目的とするスーフィズムが成立した。ガザーリー以降，ウラマーとスーフィーの対立が解消されると，しだいにスーフィー集団はタリーカ（スーフィー教団）として発展していった。

関連年表

1058	ガザーリー誕生
1077頃	ニーシャープールのニザーミーヤ学院で学ぶ
1085	ニザーム・アルムルクの庇護を受け，マリク・シャーの宮廷に出仕
1091	バグダードのニザーミーヤ学院の教授に任命される
1095	精神的危機により衰弱，講義が困難に。回心後，バグダードからシリアへ
1095～1106	11年間の引退期間。『宗教諸学の再興』などの著作を執筆
1106	ニーシャープールのニザーミーヤ学院で再び教鞭をとる
1108頃	自伝『誤りから救うもの』完成
1111	トゥースで死去

（青柳かおる）

5 イスラーム世界

49 不条理と酒と

ルバーイヤート

ウマル・ハイヤーム

作者　ウマル・ハイヤーム
'Umar ibn Ibrāhīm al-Khayyāmī; 'Umar-i Khayyām 1048〜1123頃

　1048年にイラン高原北東部のニーシャープールに生まれ，1123年頃，あるいは1131〜32年に同地で没した。父祖がテント職人（ハイヤーム）であったことを示唆すると思われる「ハイヤーミー」という家系名にちなみ，一般にウマル・ハイヤーム，またはハイヤームと呼ばれる。学者として，とくに天文学者・数学者として高名をはせた。天文学者としては，**セルジューク朝**(1038〜1194)**スルタン**，マリク・シャー（在位1072〜92）の命令により，天文台の建設とジャラーリー暦という極めて正確な太陽暦の編纂に携わったとされる。また数学者としては三次方程式の解法を理論的に解明した著作を残している。ハイヤームにとって，詩作は個人的な慰め以上のものではなかったと考えられる。

内容紹介　『ルバーイヤート』
Rubā'iyāt 11世紀後半〜12世紀前半

　「ルバーイヤート」という語は，「四行詩」という短い詩形でつくられた詩一般を指す（「俳句」や「短歌」を想起されたい）。ハイヤームのルバーイヤートは，人生の儚（はか）さや運命の非情さを嘆く一方，人がそれに投げ入れられてしまった現世での生は，刹那（せつな）的にでも謳歌せねばならないとする。岡田恵美子のペルシア語原典からの訳に基づき，作品をいくつか味わってみよう。

　　わが心よ，神秘の謎を解くことはお前にはできず，
　　　すぐれた知者の境地にいたることもできはしない。

盃に酒をみたし，この世を天国にするがよい，
　　　あの世で天国に行けるかどうか分からないのだから。

死んだら酒で湯灌してくれ。
　　　美酒を供えて，死者の祈りをしてくれ。
最後の審判の日におれに会いたかったら，
　　　酒場の戸口で，土になっているおれを見つけてくれ。

天国には黒い瞳の美女がいて，
　　　酒，乳，蜜があふれていると人はいう。
ならば，この世で酒や恋人をえらんで，なんの恐れがあろう，
　　　あの世にも，それがあるのだから。

冴えた月の光が夜の衣の裾を裂いた。
　さあ，酒をのめ。今に勝る時があろうか。
思い悩まず，この生を楽しむがよい，
　　やがて月光は，われらの墓を一つ一つ
照らしていこう。
　　　　　　　　　　　　（岡田恵美子訳）

ハイヤームはしばしば酒をテーマに詩を詠むが，それは享楽的な酒の礼賛からはほど遠い。存在の不条理を呑み込み生きていくための一時の薬。彼にとっての酒とは，そのようなものであったように見える。

これらの例からもわかるように，ハイヤームの『ルバーイヤート』は，全体に**イスラーム**の教義に顧慮するところがなく，（少なくとも表面的には）神への冒瀆としか読めないような内容の作品も含んでいる。彼の作品に**スーフィズム**（イスラーム神秘主義）の思想の発露（→P.149）を見る論者もいるが，彼を宗教的な懐疑論者，あるいは無神論者ととる見解が優勢なのはそのためである。

解説　ハイヤームの『ルバーイヤート』は私的な手すさびとしてつくられたものと考えられる。またその内容がしばしばイスラームの教義や戒律に抵触することもあり，ペルシア語文学の伝統のなかで正統かつ模範的な作品として扱われることはなかった。したがって，彼の『ルバーイヤート』が今日まで伝えられてきた過程には問題が多い。多くの論者が真作と認める一群の作品によって，ハイヤームの作風については一定の共通理解がある。しかし，ハイヤームをまねた後世の詩人たちによってつくられ彼に仮託されるようになった多数の作品のなかから，

ハイヤームの真作を過不足なく抽出するのは不可能である。真作とされる作品の数も論者による隔たりが大きい。

ハイヤームの『ルバーイヤート』が広く世界文学中の名作と見なされるようになったのは，19世紀後半にイギリスのエドワード・フィッツジェラルドが出版した英語への自由訳（ないしは翻案）によるところが大きい。この自由訳が爆発的な人気を博したことにより原典の価値が見直されるようになったのである。皮肉にも，ハイヤームのルバーイヤートは**帝国主義**時代の東洋趣味（オリエンタリズム）によって新たな生命を与えられたことになる。日本では，フィッツジェラルド訳からの重訳によって初めて紹介されたのち，原典からの翻訳とフィッツジェラルドからの翻訳の双方がそれぞれ複数出版されている。

ハイヤームの故地イランにおける彼のルバーイヤートの評価は複雑である。世界にその名を轟かせたペルシア文学中の名作という評価があるのと同時に，昔からの異端視と警戒もいまだ消え去っているとはいえない。

参考文献
オマル・ハイヤーム（小川亮作訳）『ルバイヤート』（ワイド版岩波文庫）岩波書店，1993．（原典訳）
オマル・ハイヤーム（岡田恵美子編訳）『ルバーイヤート』（平凡社ライブラリー）平凡社，2009．（原典訳）
オーマー・カイヤム（森亮訳）『ルバイヤット』（クラテール叢書）国書刊行会，1986．（フィッツジェラルド自由訳からの訳）

キーワード	関連年表
セルジューク朝 トルコ系の王家をトルコ系の軍人とイラン系の官僚が支えた。軍人の扶養のために**ブワイフ朝**から受け継いだ**イクター制**を広く施行したことや，宰相ニザーム・アルムルクによる学院（マドラサ）建設などにより**スンナ派**の学問を奨励したことが知られる。当時の主たる学術言語は**アラビア語**（→P.134）であったが，宮廷詩人の活躍などによってペルシア文学も大きな発展を見せた。トルコ語は書き言葉としてはまだ未成熟であった。	1038　セルジューク朝成立 1048　ウマル・ハイヤーム誕生 1079　マリク・シャーによるジャラーリー暦の採用 1123頃/1131～32　ウマル・ハイヤーム没 1139以前　現在ハイヤームのルバーイヤートとされているもの（1篇）を記録する最初の文献成立（当の文献中でハイヤームに帰されているわけではない） 1203　ルバーイヤート（1篇）をハイヤームの作として引用する最初の文献成立 1460　ハイヤームのものとされる158篇のルバーイヤートを含み，その多くが真作であるとされる有名な古写本（オクスフォード本）成立 1859　フィッツジェラルドによる自由訳の初版刊行 1908　フィッツジェラルド訳に基づく日本への初の紹介 1920　ペルシア語原典からの初の日本語訳刊行

（森本一夫）

イスラーム世界 5

50 注解者アヴェロエス
形而上学大注解
イブン・ルシュド

作者 イブン・ルシュド
Abū al-Walīd Muḥammad ibn Aḥmad ibn Rushd 1126~98

　コルドバの名家出身の法学者・哲学者・医学者。ラテン名アヴェロエス。**ムワッヒド朝**(1130~1269)君主アブー・ヤアクーブ・ユースフにマラケシュで謁見し厚遇を得て，裁判官・宮廷医として仕えた。職務のかたわら著述活動を続け，『政治学』を除く**アリストテレス**(前384~前322)の全著作に注解を施した。当時，神学者らが哲学を批判したことに対しては哲学擁護の論考を執筆し，また，法学や医学の分野でも優れた著作を残した。次代君主が1197年に哲学を禁じる布告を出すと，コルドバ近郊のルセナへ追放された。同布告は翌年には撤回され，彼もマラケシュに呼び戻されたが，まもなく同地で没した。

内容紹介 『形而上学大注解』
Tafsīr Mā baʻd al-Ṭabīʻa 12世紀末

　イブン・ルシュドがアブー・ヤアクーブに謁見を果たした頃には，アリストテレスの『オルガノン』『自然学』『形而上学』に関する注解の数節ないし『小注解』(*Jawāmiʻ*)をすでに執筆していたといわれている。彼のアリストテレス注解書には，この『小注解』と呼ばれる要約的なものから，『中注解』(*Talkhīṣ*)，『大注解』(*Tafsīr*)と呼ばれるより詳細なものまで，3種類存在する(ただし，彼が取り上げた全著作に対し，3種類の注解が作成されたわけではない)。形而上学の注解書に関しては，イスラーム哲学の学徒の多くが簡便さゆえに『大注解』よりも『中注解』を利用したというが，前者が新プラトン主義に基づく流出論を否定しているのに対し，後者が

同説に多くの紙幅を割いている点など，いくつかの相違が見られる。イスラーム哲学には新プラトン主義的要素が多く入り込んでおり，アリストテレス哲学に関しても，新プラトン主義的な解釈がおこなわれていた。というのも，新プラトン主義の思想家に由来する書物が，アリストテレスの著作として流布していたからである。アリストテレス哲学から新プラトン主義的要素を排除し，より正確な理解を試みたのがイブン・ルシュドである。

アリストテレスの著作の**アラビア語訳**には，欠落や誤りもあった。そのためイブン・ルシュドは2，3の翻訳を併用したうえに，古代ギリシアのアリストテレス注解も参照しながら自らの注解書を著した。イブン・ルシュドの注解は，アリストテレスの学説を解説し，その真意を明らかにすることに留まらない。そのなかで自らの見解も示し，議論をさらに発展させた。注解は単なる言い換えや復元の作業ではない。時代や国を越えた他者との対話による，極めて創造的な営為なのである。

> 天体の欲求は理性に由来し，理性はそれ自体よりも美しいものを欲する。そのため天体はこの運動において，それら自体よりも美しいものを必然的に欲し（……）天体が欲するその美しきものは，最良の存在者である。
>
> 「愛される者が愛する者を動かす」というテーゼに関し，欲求という低次のものがいかにしてより高次の完成や善へと導くものとなるのか，アリストテレス以来の問題であった。ここでは感覚と理性，おのおのに由来する欲求とを区別することで解決を試みている。

解説 哲学をアラビア語で「ファルサファ」という。これがギリシア語の「フィロソフィア」の音写であることに端的に示されるように，イスラーム哲学は古代ギリシア哲学を継承した外来の学問である。**ガザーリー**のような著名な学者によって，哲学のいくつかの学説——例えば，死後の肉体の復活を否定したことや，神は個物を知らないとしたこと——は不信仰，異端的であるという厳しい批判もなされたが，その後も哲学の伝統は途絶えることなく，優れた哲学者があらわれて発展した。イブン・ルシュドもそのような哲学者の1人である。しかしながら，イブン・ルシュドの思想は**イスラーム**世界には後継者をもたず，その翻訳をとおしてユダヤ教徒やキリスト教徒のあいだに受け継がれた。そして13世紀後半のパリ大学を中心に，ラテン・アヴェロエス主義と呼ばれる思想潮流が形成されるなど，大きな影響をおよぼした。同派は，

イブン・ルシュドの注解を用いてアリストテレス思想を理解し，教授した人々をいう（ただし，同派については明確に存在したか疑わしいという見方もある）。知性単一論，世界の永遠性などの学説は，伝統的神学者や教会から**キリスト教**の教義に反するとして批判されたが，キリスト教神学のなかにアリストテレス哲学を統合しようとする動きは，**スコラ哲学**の代表的思想家，**トマス・アクィナス**において結実する。
→P.171

ルネサンス期の画家ラファエロの有名な壁画「アテネの学堂」の左隅に，頭にターバンを巻き，浅黒い肌色をした人物が描かれているのが見つかるだろう。それがイブン・ルシュドである。古代ギリシアの思想家たちに混ざり哲学の「殿堂入り」を果たしたことからも，キリスト教思想界における彼の地位をうかがい知ることができるだろう。

▲「アテネの学堂」に描かれたイブン・ルシュド（ローマ，ヴァチカン宮殿蔵）

参考文献

Genequand, Charles, *Ibn Rushd's Metaphysics: A Translation with Introduction of Ibn Rushd's Commentary on Aristotle's Metaphysics, Book Lām*, Leiden, E. J. Brill, 1984.
田中千里『イスラム文化と西欧――イブン・ルシド「アヴェロエス」研究』講談社，1991．
野元晋「イブン・ルシュド」（中川純男編『哲学の歴史3　神との対話――中世信仰と知の調和』中央公論新社，2008）．

キーワード

コルドバ　スペイン南部，グアダルキビル川北岸の都市。711年，**ウマイヤ朝**（661〜750）が**西ゴート王国**を滅ぼして同地を征服した。756年に**後ウマイヤ朝**の首都となって以降，西方イスラーム世界の中心的都市として繁栄を誇った。11世紀には後ウマイヤ朝の内乱と滅亡により，その政治的役割を失った。しかしその後も，北アフリカから進出したベルベル系王朝の**ムラービト朝**，**ムワッヒド朝**支配下で学術の伝統は保持され，イブン・ルシュドら優れた知識人があらわれた。キリスト教勢力による**レコンキスタ**(→P. 257)の高まりのなか，1236年に**カスティリャ王国**により征服された。

関連年表

- 711　ムスリムによるイベリア半島進出開始
- 1086　ムラービト朝によるイベリア半島進出開始
- 1126　イブン・ルシュド誕生
- 1145　ムワッヒド朝によるイベリア半島進出開始（〜1212）
- 1147　ムワッヒド朝がムラービト朝を倒し，マラケシュを首都とする
- 1198　イブン・ルシュド没

（加藤瑞絵）

5 イスラーム世界

51 モンゴル覇権と知のネットワーク

旅行記

イブン・バットゥータ

作者 **イブン・バットゥータ** Abū 'Abd Allāh Muḥammad ibn 'Abd Allāh al-Lawātī al-Ṭanjī ibn Baṭṭūṭa; Ibn Baṭṭūṭa 1304〜1368/69

1304年にモロッコのタンジャで法学者（ファキーフ）の家に生まれる。1325年，21歳にして**メッカ**（マッカ）への巡礼（ハッジ）に出かけ，足かけ3年間にわたる滞在中にさまざまな**ウラマー**（学者）→P.164のもとを訪れて教えを請うてまわった。知的追求心を刺激されたバットゥータは世界中のウラマーや聖者（アウリヤー）を求めて旅に出る決意を固め，故郷には戻らずにそのまま旅を続ける。インドやモルディブで法官として仕えたあと，中国から海路を引き返しておよそ30年ぶりに故郷に戻り，マリーン朝の宮廷で旅の報告をした。話を聞いた**スルタン**は宮廷書記イブン・ジュザイイに筆記を命じ，『旅行記（リフラ）』が誕生する。モロッコのラバト近郊で1368/69年に死去したという。

内容紹介 『旅行記』
Tuḥfat al-Nuẓẓār fī Gharāʾib al-Amṣār wa ʿAjāʾib al-Asfār (*Riḥlat Ibn Baṭṭūṭa*) 1356

通常『イブン・バットゥータの旅行記（リフラ）』と通称される『諸都市の新奇さと旅の驚異に関する観察者たちへの贈物』は前編と後編からなり，メッカ大巡礼への旅立ちから始まる。筆記人イブン・ジュザイイは序文に続いて次のように述べる。家島彦一のアラビア語原文からの訳文を引用してみたい。

　　シャイフ・アブー・アブド・アッラー〔・イブン・バットゥータ〕は，次のように語った。（……）その時，私には，親しく付き添ってくれる旅の仲間もなく，集団で行く〔メッカ巡礼の〕キャラバン隊に加わるのでもなく，ただ一人の旅立ちであったが，抑え難い心の強い衝動に

駆られ，またあの崇高なる約束の場所〔聖地メッカとメディナ〕を訪れたいという胸の奥深く秘めていた積年の想いがあったからである。そのために，私のすべての親愛なる女や男の人たちとも別れる決意をして，あたかも鳥たちが巣立ちをするが如く，わが故郷を後にした。

念願のメッカで巡礼を果たした彼は足かけ3年間滞在するが，そこは学問と情報の一大中心でもあった。世界中のウラマーや聖者を訪ね歩く大旅行が幕を開ける。エジプト・シリアを経由してアナトリア，南ロシア，中央アジアからインドに達するまでが旅の前半である。第二の旅と題される後編では，デリーのトゥグルク朝スルタン，アラーウッディーンに法官として仕え，宮廷や都市の様子を克明に伝えている。中国への使節を引き受けたものの船が座礁して出奔したり，異教徒に身ぐるみを剝がされ命からがら逃亡したりもしたが，モルディブまでたどり着き，法官として約1年間過ごすことになる。その後，中国に至るが，国内情勢の不穏のため再び海路メッカに戻り，次いで帰郷を果たす。しかし，これで彼の旅が終わったわけではなく，さらにアンダルスとサハラ砂漠への旅を果たし，ようやく旅行記は終わりを迎える。

> 彼は「もし神がお望み給うならば，そなたは必ずインドではわしの門弟ファリード・ウッディーンを，スィンドではわしの別の門弟ルクン・ウッディーン・ザカリーヤゥを，さらにシナでは同じくわしのもう一人の門弟ブルハーン・ウッディーンをお訪ねになられるに違いない。（……）」と言ったので，彼の言葉に私は驚いてしまった。そして，私はそうした国々に足を向けたい気持ちを抱くようになり，それ以来ずっと遍歴を続け，ついには彼があげたこれら三人に出会い（……）　　　（家島彦一訳）
>
> これはイブン・バットゥータがまだ旅に出た直後，アレキサンドリアで高名なイマーム・ブルハーン・ウッディーンに出会った際の記述である。ここには，彼の旅がウラマーを訪ね歩く旅であったと同時に，世界の方々までイスラームのウラマーのネットワークが広がっていたこと，そして，ムスリム（イスラーム教徒）の旅人がそれを利用することが可能であったことが示唆されている。

解説　イブン・バットゥータの旅は2つの点で特徴的である。1つは，マーリク派の法学者という立場を活かして**イスラーム**の学術ネットワークを最大限に活用した旅であったこと。もう1つは，モンゴル帝国の覇権下に生じた「**パクス・モンゴリカ**」という東西交通の安定を享受できたことである。彼がいわゆるウラマーの1人であったことは，アフ

ロ・ユーラシアにまたがる大旅行をなし得たことと決して無関係ではない。とくにイスラーム世界の外部では彼は法学者として行く先々で厚遇を受けた。また，モンゴル覇権の影響も旅の随所に見られる。例えば，イラン南部とイラクからメッカに戻るとき，彼はイルハン朝の巡礼キャラバンに随行している。また，デリーから中国へ出使したのもトゥグルク朝と**元**朝の外交上でのことである。船が座礁して任務が果たされなかった
→ P.194
が，結局，元朝と通交していたジャワ（実際はサムドラ王国）の**ジャンク船**で中国に至ることになる。

イブン・バットゥータが自ら述べたすべての地に実際に赴いたのか疑問視する向きもある。また，記録の一部には先人の旅行記からの引用も含まれている。しかし，それらを差し引いてもなおその記録の価値は色褪せることはない。ただし，ほら吹きと称された**マルコ・ポーロ**同様に，
       イル ミリオーネ   → P.192
彼の旅行記もその信憑性が疑問視されなかったわけではない。『**歴史序説**』で知られる**イブン・ハルドゥーン**のように肯定的な評価をくだした
→ P.162   → P.162
ウラマーもいたものの，その記録のなかには誰も聞いたことのない異国の情報も含まれていた。18世紀以後，その記録がイスラーム世界の外に知られるようになって，ようやく彼の旅行記の重要性が再認識されるようになる。なお，イブン・バットゥータ研究で知られる家島彦一はその書がたんなる巡礼記ではなく，イスラーム世界の外部にまでおよぶ聖者・ウラマーとの邂逅や旧跡・聖廟などでの霊験の紹介をも含む驚異譚的な
        かいこう
性格もあわせもっていることから，その題名を『大旅行記』と訳している。

参考文献
イブン・バットゥータ，イブン・ジュザイイ編（家島彦一訳注）『大旅行記』全8巻（東洋文庫）平凡社，1996〜2002.（原典訳）
イブン・バットゥータ（前嶋信次訳）『三大陸周遊記』（角川文庫）角川書店，1961.（抄訳）

> **キーワード**
>
> **パクス・モンゴリカ** 「モンゴルの平和」を意味する造語で，**ローマ帝国**期の「**パクス・ロマーナ**」を踏まえたもの。モンゴル帝国がユーラシア規模の覇権を確立したことにより，東西交通の安定を実現したことを指す。実際に平和が訪れたわけではないが，ユーラシアの東西で人・モノ・文化の交流がさかんになったことは事実である。モンゴル帝国が分裂したあとにもゆるやかな連帯は維持され，直接の戦乱が起こらない限りは人種や宗教を問わず安全な通行ができたといわれている。元朝の使節としての待遇で父・叔父とともにユーラシアを往来したマルコ・ポーロはパクス・モンゴリカを享受した代表的な人物であるが，イブン・バットゥータも例外ではない。

（四日市康博）

イスラーム世界 5

52 古今東西の「知」の統合

集史

ラシード・アッディーン

作者 ラシード・アッディーン
Rashīd al-Dīn Faẓl-Allāh Hamadānī 1249/50〜1318

　ユダヤの高名な医学者の家系に生まれ，**イル・ハン国**(1258〜1353)第2代君主アバカ(在位1265〜82)の侍医となって以降，オルジェイトゥ(在位1304〜16)毒殺の容疑で処刑されるまで歴代カン(＝ハン)に仕え，財務官僚として手腕を発揮した。外交面でも活躍，ローマ教皇**ボニファティウス8世**(在位1294〜1303)に宛てた1302年の国書の裏には，文案作成・奏上者として彼の名が見える。改宗してムスリム(イスラーム教徒)となり神秘主義(**スーフィー**)教団に帰依，神学の著作を複数遺した。多額の資金を寄進して首都タブリーズに開設した学術特区には，多国籍の学者，古今東西の書物・情報が集まった。自身も多言語に通じ，インド・中国の知識を含む農業技術書を著したほか，中国の医薬書や政書をペルシア語に翻訳する叢書『珍奇の書(タンスーク・ナーメ)』の編纂も取り仕切った。

内容紹介 『集史』
Jāmiʻ al-Tavārīkh 1300〜10

　第1部モンゴル史から「**パクス・モンゴリカ**」への道程を少したどってみよう。
　イル・ハン国の創始者**フレグ**(1218〜65)が身罷ると，長子アバカが後継として選出された。しかし，彼はあえて正統性の保証に「凡そ人の住める地域の君主で，チンギス・カンの子孫全ての兄たる皇帝(カアンは"カンのなかのカン"の意)」**クビライ**(在位1260〜94)の勅命を求め，1265年6月19日開催の即位式は仮のものとし，返事を待つあいだ，宝座(たかみくら)ならぬただ

の交床に坐して政務を執った。ところが，①キプチャク草原を版図とするジョチ家当主のベルケとの戦闘，②クビライに叛旗を翻したチャガタイ家のバラク，オゴデイ家のカイドゥ，ベルケの後継モンケ・テムルの三者による，いわゆる「タラス会盟」，③その後の中央アジアの動乱，と大事が続いたため，正式な即位まで5年を要した。アバカは一方で，義父のビザンツ皇帝ミカエル8世を介し，アラゴン王国ジャウメ1世や教皇クレメンス4世に書簡を送っており，ヨーロッパとの外交にも怠りなかった。

〔アバカは〕669年イスラーム暦3月1日(1270年10月18日)マラーガの城市に，同月20日の木曜にはジャアガトゥに到り，后妃たちの諸宮帳と合流した。その日付の下に，皇帝の御前より使臣たちが到着，「自身の美好なる父の位，イラン地域(アム河からシリア・エジプトまで)のカンを以て在れ。祖宗の道・諸の体例に依って去け」とて，アバカ・カンのため聖旨・王冠・賞賜を将ち来ており，669年4月10日の水曜(午年某月に相当)，ジャアガトゥの地にて再び，

王子ガザンは八歳だったが，そこで黄羊を射止めた。初めての獲物だったので，彼の手の塗脂〔yaγlamıšı〕のため，(アバカは)三日間，ダームガーンに駐屯を命じ，かれらは宴会〔toy〕・歓楽〔jirqa〕に興じた。多能〔mergen〕すなわち獲物を善く射止めていた箭筒士〔qorči〕のブカが王子ガザンを塗脂した。

『集史』に頻出するアラビア文字音写のテュルク・モンゴル語(〔　〕内)は，遊牧民にとってとくに重要な語彙・概念であった。

皇帝の聖旨の命令に従って君主の宝位に坐したのだった。通例のごとく祝賀・慶喜・交歓の儀式が奉納された。その数日間には，〔ジョチ家の〕モンケ・テムルの方面からも，使臣たちが対バラクの戦勝祝いに鷹・海青・隼からなる各種の贈物・礼品を連れて来到した。

解説　『集史』の編纂は，ヒジュラ暦700(1300〜01)年，**チンギス・カン**(在位1206〜27)に比肩せんとする意気込みのガザン(アバカの孫，在位1295〜1304)の令旨を奉じ，ラシード・アッディーンを総裁官として始まった。関すること約10年，膨大な原稿に何度も手を入れながら，次のオルジェイトゥ(ガザンの弟)の代に完成の運びとなった。建国50周年記念にふさわしい事業であった。ご進講にも使うため，重要場面には，

言葉以上に雄弁さを発揮する美麗な**細密画**(ミニアチュール)を挿入した。より多くの読者を獲得すべく，ペルシア語版に加え**アラビア語**版も作成された。
→P.134

第1部は，テュルク・モンゴル諸部族史とモンゴル史(チンギス・カンの祖先からガザンに至る黄金の一族の歴史)。ガザン自身の口述，各モンゴル王室に頒布・秘蔵されていた金冊(アルタン・デブテル)(国史『蒙古脱卜赤顔(モンゴル トブ チ ヤン)』)，即位式に朗誦されるチンギス・カンの『聖訓』(クタトゥク・ビリク)(『太祖金匱宝訓』)，歴代カアンの『制誥録』などを基本に，多言語にわたる関連資料を参照しながら執筆された。フレグ以降の重大記事は，『授時暦』と連動する『イル・ハン天文表』の成果を取り入れ，ヒジュラ暦と

▲アバカ第1次即位式(*Jāmiʻ al-Tavārīkh*，フランス国立図書館蔵)

テュルク暦の年月日を併記。地名や人物，特殊用語について註を施す際には，大元ウルス(ダイオン)(通称：元，ウルスはモンゴル語で「国」の意)から派遣され
→P.194
イル・ハン国でも高官となっていたボロト丞相の協力を仰いだ。ラシード自身もモンゴル語は一通り読めた。原文に忠実な翻訳を意図したため，以前のペルシア語史書に比し，平易な文体となっている。

第2部は，オルジェイトゥの一代記とイラン古代・イスラーム・オグズ・中国・イスラエル・フランク(ローマ教皇庁も含む)・インドなどの諸史からなる天地創造以来の世界史で，ラシードの部下のアブー・アル＝カースィム・カーシャーニーの著述によるところが大きい。

第3部の系譜集，第4部の世界地理志・地図は見つかっていないが，前者の姿を推測させるものとして『五分枝(シュアビ・パンジュガーナ)』がある。

参考文献
ドーソン(佐口透訳注)『モンゴル帝国史』全6巻(東洋文庫)平凡社，1968〜79.

キーワード

イル・ハン国 キプチャク・ハン国(ジョチ・ウルス)と同様，ヨーロッパでの通称。1260年，**マムルーク朝**(1250〜1517)およびヨーロッパをめざして進軍中だったフレグは，長兄モンケ皇帝の急死と後継争いの混乱に乗じ，一族で開催する大聚会(イェケ・クリルタ)にはからず，西征で得た領土をすべて己の版図──フレグ・ウルスとなした。そして，やはり強大な軍事力をもって非合法に皇帝となった兄クビライにつくことを選んだ。かくて，フレグ家の歴代カンは，宗主国たる大元ウルスと陸・海両路を通じて頻繁に外交使節団を派遣し合い，暦・度量衡・行政用語などにおけるユーラシア東西の統一基準の確定，芸術・科学諸分野における融合・革新をはかった。

(宮 紀子)

5 イスラーム世界

53 歴史と人間社会の仕組みを探究する

歴史序説

イブン・ハルドゥーン

作者　イブン・ハルドゥーン
Abū Zayd 'Abd al-Raḥmān ibn Muḥammad ibn Khaldūn al-Ḥaḍramī 1332〜1406

　イブン・ハルドゥーンは，1332年に北アフリカ地中海沿岸，ハフス朝治下のチュニスで生まれた。幼い頃から**ウラマー**（学者）としての教育を受けて育ち，1347年マリーン朝がチュニスを征服したことにより，モロッコからやってきた学者にも大きな影響を受けた。1351年以降，ハフス朝・マリーン朝・**ナスル朝**・ザイヤーン朝など，北アフリカ・イベリア半島のイスラーム諸王朝に仕えたが，数々の政争によって転々としたのち，1375年にアルジェリア西部のイブン・サラーマ城塞へと隠棲し，そこで執筆活動に専念して『歴史序説』を書きあげた。また，1378年には故郷であるチュニスに戻って著作活動を続けて，世界史である『省察すべき実例の書』を完成させた。1382年にはチュニスを離れ**マムルーク朝**（1250〜1517）の支配するエジプトに向かい，カイロにおいてマドラサの教授やマーリク派の大法官を務めた。その後，遠征してきた**ティムール**（1336〜1405）とダマスクス郊外で会見し，『マグリブ事情』を献呈してもいる。1406年3月7日にカイロにて死去。
→ P.224

内容紹介　『歴史序説』
al-Muqaddima 1377

　『歴史序説』はイブン・ハルドゥーンが書こうと考えた「歴史」の書のための「序論」として構想されたものであるが，その執筆をとおして彼の思索が深まり，この社会がどのようにしてできているのか，という一種の文明論を，歴史学・国家理論・経済理論・学問論・教育論などのさ

まざまな側面から考察した書物として完成した。そしてこの書は最終的に完成した彼の世界史書である『省察すべき実例の書』の第1部となった。

『歴史序説』では，文明の興亡が，都市的生活を基盤とする「都会」と遊牧的生活を基盤とする「田舎」という2つの社会の相互作用によって説明されている。すなわち，より厳しい環境におかれている「田舎」の人々のなかで相互に協力を可能とする連帯意識（アサビーヤ）が強化されてゆき，厳しい環境を脱し，「都会」の豊かな生活を獲得しようとしてそれに成功すると，王権が生まれることになる。そしてそのようにして形成された国家は，強い連帯意識に支えられている第一世代，奢侈と安逸から連帯意識が弱化する第二世代，完全に連帯意識を喪失した第三世代，の三世代約120年を経て滅亡すると考えた。

> まさに歴史は，人間社会──それこそ世界の文明である──についての報告である。歴史は文明の本質に係わる諸状態，たとえば野蛮性と社交性，連帯意識，人間のある集団が他の集団を支配するためのさまざまな方法，それから生ずる王権・王朝，それに係わる各種の身分，さらに人間が自らの活動と努力によって追求する所得・生計・学問・技術，その他のこの文明の中に本質的に生ずるすべての状態を取り扱う。
> （森本公誠訳）
>
> 『歴史序説』冒頭の一文であり，イブン・ハルドゥーンが歴史というものをどのように考えていたかが鮮明にあらわれている。

また彼は「田舎」と「都会」の違いを考察する際に，富の問題も分析している。彼によると，人間は1人では生計に必要なものを得ることはできず，互いに協同作業をしなければならないが，そのような協同によって得られる必需物資は，各人が持ち寄って得られるものと比べて，数倍の需要をみたすことができる。つまり，人々の協業によって生じた余剰労働力が社会の富の源泉であるとする。また学問や教育について，それが，人間がもつ思考力から導かれるもので，人間の相互協力や社会組織を生み出すものとして，とくに余剰労働力が多い都会において発達すると位置づけている。これらの考察は経済理論や教育論の先駆けとなるものであると見なされている。

解説 イブン・ハルドゥーンが生きた時代は，北アフリカ地域全体が，たび重なる戦乱や**黒死病**の流行などにより危機と混乱に陥って
→P.179

いた時期であった。そのような時代のなかで政治的世界に身を投じて何度も失脚，亡命の憂き目にあったという経験が，彼が歴史に目を向け，その仕組み，原因について考究した理由の1つであろうと思われる。

『歴史序説』に見られるこうした考察は，同時代のアラブ社会では完全には理解されなかったようである。マムルーク朝期の学者たちのなかにはその感化を受けた者も少なくなかったが，彼の社会思想，歴史思想を直接的に継承，発展させる動きは結局生まれなかった。

19世紀に入り，ヨーロッパでイブン・ハルドゥーンの思想が紹介され，著作やその翻訳が刊行されるようになると，ヨーロッパの人々は自分たちが「発見」したと考えていた歴史哲学や社会学・経済学に関する思想が，すでに14世紀の**イスラーム**世界に生きたイブン・ハルドゥーンによって論じられていたことに対して驚き，これを高く評価したのである。このようなヨーロッパにおける評価は，アラブ世界にも影響を与え，近代のイスラーム主義の運動家のなかにはイブン・ハルドゥーンの著作を分析し，それを利用しながら自らの思想を展開していった者もいた。

参考文献
森本公誠『イブン゠ハルドゥーン』(講談社学術文庫)講談社，2011．
イブン・ハルドゥーン(森本公誠訳)『歴史序説』全4巻(岩波文庫)岩波書店，2001．
イブン・ハルドゥーン(佐藤健太郎他訳注)「イブン・ハルドゥーン自伝」(1)～(8)(『イスラーム地域研究ジャーナル』1～8，2009～16)．

キーワード

ウラマー　「ウラマー」とはアラビア語の「知っている者」の複数形であり，広くイスラームに関する専門知識を学んだ人々のことを指す。その多くは子どもの頃に『**コーラン（クルアーン）**』(→P.123)の暗誦や読み書きの習得を終え，できるだけ早い段階で**ムハンマド**(→P.128)の言行を伝える**ハディース**(→P.126)の習得を開始し，家族や自分の住む都市の学者から始めて，近隣の大都市やカイロやダマスクスといった学問の中心地へと遊学して学問を修めた。そのなかで優秀な者は国家に文官として仕えたり，各都市の法官やマドラサと呼ばれる高等教育機関で教授となる者がいたほか，そうでない者は寺子屋で子どもに教える教師になったり，公証人として契約文書の作成などに携わった。このようにしてウラマーはその学問的知識を背景に，社会をイスラーム的に正しく運営してゆく役割を担ったのである。

関連年表

1332	イブン・ハルドゥーンがチュニスに誕生
1348	黒死病流行。両親や恩師がそれにより死亡
1351	ハフス朝の国璽書記官となる
1354	マリーン朝の宮廷に迎えられ書記官となる。このあと20年ほど北アフリカ各王朝を転々とする
1375	イブン・サラーマ城塞に隠棲する
1377	『歴史序説』を書きあげる
1378	故郷のチュニスに帰る
1380頃	『省察すべき実例の書』の完成
1382	エジプトのカイロへ向かう
1406	カイロにて死亡

(亀谷　学)

中世ヨーロッパ

54

キリスト教徒と異教徒, フランスと異国

ローランの歌

作者　集団伝承のなかでの漸次的形成と, 特定の有能な詩人による創作との2つの可能性を軸に議論があり, 研究者の見解は一致していない。『ローランの歌』(以下『歌』)のモチーフは778年の**フランク国王カール大帝**(シャルルマーニュ, 在位768～814)によるイベリア半島北部への遠征だが, 『歌』を伝える最古の手稿本はおそらく11世紀末に作成されたものである。現在オクスフォードにあるこの手稿本で『歌』の最終節は「テュロルドの作れる歌ここに終わる」と述べるが, 彼に帰されるのはこのオクスフォードの手稿本に含まれるテキストの成立にすぎないと考えられている。この手稿本の成立に先立つ1066年, ヘイスティングズの戦いの際, ノルマンディー公側野営地で吟遊詩人タイユフェールが『歌』を歌い戦士たちを鼓舞したという記録もある。いずれにせよ11世紀後半における『歌』とノルマンディー地方との強いつながりが指摘されている。

内容紹介　『ローランの歌』
La Chanson de Roland 11世紀後半？

「シャンソン・ド・ジェスト」(事績の歌, 武勲詩)と呼ばれる中世フランス文学の一ジャンルがあるが, 『歌』はその最初期のものにして最高傑作とも評される。オクスフォードの手稿本に見られるテクストは4002行におよぶが, 間奏も含めて歌いきるには約5時間20分が必要との試算もある。天候や客層など上演ごとに異なる条件に応じて詩人がテクストを変更することもしばしばで, 実際, 伝来する手稿本群にはいくつものバージョンを見出せるが, 核となるあらすじは以下のとおりである。

カール大帝はサラセン人（ムスリム〈イスラーム教徒〉）の住むイスパニア（スペイン）平定を順調に進め，残すところはサラゴサのみとなった。サラゴサの王マルシルから和議の申し出を受けたカールは，甥ローランの推薦を受け，ガヌロンを使者に立てる。危険な役目を負わされたことを恨みに思ったガヌロンはサラセン人と内通し，ローランを陥れようとする。和議が成立したというガヌロンの報告を受けたカールはフランスへの帰途に着くが，その際ガヌロンの進言でローランに殿軍を任せた。ひそかに迫っていたサラセン人の大軍に襲撃された殿軍は，ロンセスバージェスでローラン，オリヴィエ，テュルパンらを中心に奮戦する。全滅間近になってローランの吹いた角笛の音を聞き，カールは軍勢を率い引き返す。

　フランス軍の到来を知ったサラセン人たちは退却を始めるが，カールの到着を待つことなく殿軍最後の1人ローランも力つきる。カールは退却するサラセン軍，さらにカイロの大守バリガンの援軍をも打ち破り，サラゴサを占拠した。フランスへと帰ったカールは裏切り者ガヌロンを八つ裂き刑に処する。

> 「（……）死せば殉教の聖となって／いとも尊き天国に御座を得ん。」／フランス勢は馬を降り，大地の上にひれ臥せば／大僧正は神の御名において将士を祝福し／罪障の償いのため，敵陣への殺到を命ず
>
> （佐藤輝夫訳）
>
> 『歌』に特徴的なのは，イスラーム教（徒）に対する誤解・曲解（多神教や偶像崇拝のレッテル，悪意を含む架空の人名など）をともなった，異教徒に対する聖戦の思想である。これは『歌』が謡われた11世紀末〜12世紀にはイベリア半島でレコンキスタの動きが加速しており，フランスなどでも十字軍遠征に対する熱気が見られたという状況に対応していよう。

解説　『歌』は史実に着想を得つつも，そこからかなり飛躍している。そもそも778年の遠征は，**後ウマイヤ朝**（756〜1031）に対立するムスリムの一派からの援軍要請がきっかけであり，またピレネー山中で**フランク人**の殿軍を襲撃したのはバスク人であった。しかもロンセスバージェスでの悲劇を最初に記録した『フランク王国編年誌』（789年頃？）はローランに言及していない。戦死者として彼の名をあげる最古の史料は廷臣エインハルドゥスの『カール大帝伝』（825/828頃？）だが，執筆後まもなくルートヴィヒ敬虔帝（カールの息子）に献呈されたバージョンではローランの名が見られない。つまり事件からまもないうちは必ずしも英雄譚として政治的エリートたちの注目を集めてはいなかったローランの戦死が，約300年の経過にとも

なう社会情勢・価値観の変化のなか，傑物として誉れ高き武臣の忠死と人々に見なされるようになっていたのである。

また「フランス」という共同体の形成とのかかわりに注目する研究者たちもいる。「うまし国フランス」の「フランス勢」の名誉や勇猛さに『歌』がたびたび言及するのは，異教徒と対置されるキリスト教徒たるフランス人の称揚に止まらない。「ドイツ」や「フランス」はカール大帝時代の「フランク人」の「フランク王国」から分かれ生じてきた。**カペー朝**(987〜1328)王権は，正統性確立のためカールの家系との血縁を求めるなど，理想的な**キリスト教**的皇帝カールからの連続性を強く意識していた。こうした背景を踏まえると，『歌』による「カールの治めたフランス」の理想化・喧伝は，政治的な役割をも果たしたと考えられる。

参考文献
佐藤輝夫ほか訳『ローランの歌・狐物語──中世文学集』(ちくま文庫)筑摩書房，1986.
原野昇『フランス中世の文学』広島大学出版会，2005.
原野昇編『フランス中世文学を学ぶ人のために』世界思想社，2007.
渡辺節夫編『近代国家の形成とエスニシティ：比較史的研究』勁草書房，2014.

キーワード

フランク人　「勇猛果敢な人々」を意味したフランク人は，4世紀半ばにライン川下流・ベルギー北西部に定着し，**ローマ帝国の政治・軍事**にもかかわった。**西ローマ帝国**の消滅後，**クローヴィス**(在位481〜511)がフランク人の統合とローマ人居住地域・他民族支配地域への進出に成功し，彼の家系(**メロヴィング家**)が世襲的に支配するフランク王国が成立する(481〜751)。同王朝末期には**カロリング家**が宮宰職を世襲的に担い政治を主導した。732年の**トゥール・ポワティエ間の戦い**などでムスリムの軍勢に勝利した宮宰**カール・マルテル**(在任718〜741)の息子ピピン(在位751〜768)は国王に即位，新たに**カロリング朝**(751〜888/911/987)が始まる。その最盛期であるカール大帝の治世までにフランク王国は西欧の大半を覆う多民族国家となっていた。なお数百年後，ムスリムは西欧からの十字軍士たちを「フランク人」と呼んだ。

関連年表

711	ムスリムの軍勢が西ゴート王国を滅ぼし，まもなくイベリア半島のほぼ全域を征服
751	フランク人や教皇が同意しピピンが国王に
756	イベリア半島に後ウマイヤ朝が成立
772 ?	エルスタル(ベルギー)の王宮での国王裁判に伯トランドゥス(ローラン)が臨席
777	後ウマイヤ朝に対抗するムスリムの一派がフランク王国を訪れ，カール大帝に支援要請
778	フランク軍の北スペイン遠征。撤退時，ロンセスバージェスでバスク人に襲撃され，ブルターニュ辺境伯ローランが戦死(8月15日)
800年12月25日	ローマにおいてカールは教皇レオ3世の手により皇帝として戴冠
843	ヴェルダン条約により，フランク王国が西フランク，中部フランク，東フランクの三王国に分裂。以後，カロリング家内の後継者事情などに応じて統合・分裂をともなう国境線の再編が繰り返される
987	ユーグ・カペーの国王即位。以降カペー家が西フランク(フランス)王国の王位を世襲
1095	教皇ウルバヌス2世がクレルモン(フランス)で聖地イェルサレム奪還を呼びかける演説。翌年，第1回十字軍遠征の開始

(菊地重仁)

6 中世ヨーロッパ

55

古えの英雄伝説と騎士道文学の融合

ニーベルンゲンの歌

作者　『ニーベルンゲンの歌』というこの作品については、2つの事情から、近現代的な意味での「作者」を同定することは難しい。1つ目は、古代末期の4世紀に**ブルグンド人**が建国したブルグンド王国の一時滅亡をめぐる諸伝承が、それから7世紀以上の時を経てはじめて、現存するテキストのかたちにまである程度固定された、という作品の成立事情とかかわる。そして2つ目は、単純に作者の名が伝わっていない、という理由だ。ただし、近現代の研究者は、諸伝承を整理したのは単独の人物(以下「詩人」)であり、南ドイツからオーストリアのウィーン付近に至るドナウ川流域に詳しいことから、その地方の出身である可能性が高いと推定している。さらに、中世から30数点(断片含む)伝わる作品の写本は3系統に大まかに分かれ、各系統のあいだで細部にかなりの異同が見られる。ザンクト・ガレン修道院(スイス)図書館が現在保管するB写本の系統が現存するなかで最古、「詩人」による原典に最も忠実とされるが、その他2系統も中世ヨーロッパ文学の作品としてそれぞれ独自の特徴、価値をもっている。日本語訳は相良訳(岩波文庫)がB写本、石川訳(ちくま文庫)がC写本をそれぞれ底本としたものだ。また、同時代に成立した同様の**騎士道物語**と類似の表現が見られ、とりわけ「アーサー王物語」の聖杯伝承を題材としたヴォルフラムの『パルチヴァール』とのあいだでは相互に借用関係が見られることから、単に作品を知っていただけでなく、作者のあいだにも相互に交流が存在した可能性が高い。

内容紹介 『ニーベルンゲンの歌』
Niebelungenlied 1200頃

　『ニーベルンゲンの歌』は，一般に前編・後編に区分される。前編は，竜の血を浴びてほぼ不死身となり，ニーベルンゲンの財宝を手にした英雄ジークフリート（ジーフリト）が立てた数々の武勲と結婚，そして裏切りによる死を題材としたものだ。財宝は殺害の下手人であるハーゲン（ハゲネ）の管理下におかれ，ライン川に沈められることになる。一方，後半はフン人の君主エッツェル（アッティラ〈在位433～453〉と一般に同定）と再婚したジークフリートの未亡人，クリームヒルト（クリエムヒルト）が，前夫を裏切り死に追いやったハーゲン，そして実の兄グンター（グンナル）を含む数多くの勇者を戦いに巻き込み，復讐を果たすも，自らも死を迎えることとなった顛末が描かれる。

> 「ではおん身は私に償いをしないことになる。それならばせめてジーフリト殿の剣を貰っておきましょう。これは私がいとしい人の見納めの日に，あの人の携えたもの。私の心痛はおん身のために生じたものです。」 （2372行，相良守峯訳）
>
> クリームヒルトが，物語の最後に捕えられた仇ハーゲンと対面した際の言葉である。そこには，今はエッツェルの妻となりながらも，彼女が最初の夫，ジークフリートへの愛とその死への復讐を最優先して行動しており，自らの出身であるブルグンド人や再婚相手との息子を復讐のために死に追いやることにためらいをもたぬ姿勢が端的にあらわれている。

> 「宝のありかを知るものは，神々とこのわしとのほかは一人としてござらぬ。鬼女よ，あなたには宝は永久に隠されたままと相成り申そう。」 （2371行，相良守峯訳）
>
> 上であげたクリームヒルトと対峙して，虜囚の身でありながらも傲然とした態度を崩さないハーゲンがいい放った言葉がこちらとなる。この作品で彼がその身に負った，陰謀家と誇り高き武人という二面性を象徴するものといえるだろう。ある意味では，クリームヒルトは彼を完全に打ち負かすことはできなかったことになる。争いの発端となったニーベルンゲンの財宝は，彼の死で誰も知る者がないまま失われたのだから。

解説　ニーベルンゲンの財宝と男女の愛憎という2つを軸に展開するこの「ニーベルンゲンの災い」にまつわる諸伝承は，中世前半の北ヨーロッパでかなりの広がりをもって知られていたようだ。アイスランドで記された『詩エッダ』を紐解くなら，より古いかたちの伝承を伝える一連の古歌が見つかるだろう。どちらかといえばこのアイスランド側の伝承を土台に，神々の運命までを巻き込むかたちで伝承を翻案したものが，

ワーグナー (1813〜83) による有名な楽劇『ニーベルングの指環』四部作である。

しかし，「詩人」は前・後編の両伝承をつなげ，再編集するにあたり，同時代の宮廷に舞台設定を移し替えた。これを受け，当時の騎士道物語で見られる理念が作品の諸処に登場する。例えば，ジークフリートが求めたのは「位たかき乙女の愛」であり，彼はこの愛を勝ち得るために試練を潜り抜け，愛ゆえに心を痛めることとなる。クリームヒルトの手をとり宴に歩を進めることへの喜びに胸を高鳴らせ，「こうして私がお伝えいたすのも，姫を妻としたいからなのです (388行，相良訳)」と告白するジークフリート，そしてクリームヒルトの感覚と思考様式は，それまでの伝承とは明らかに異質なものだ。「詩人」は，後者，クリームヒルトの愛と愛ゆえの復讐を作品の統合軸として採用，ジークフリートではなく，彼女を前・後編を通じた作品全体の真の主人公に昇格させた。

しかし，騎士と貴婦人が繰り広げる華やかな宮廷文化は，人間関係や権力闘争といった暗い側面がそのなかに潜んでいる。再編集の過程で，ハーゲンがこの影の側面を担うこととなった。アイスランドに伝わる古伝承では，グンター，そしてワーグナーの『指環』での主人公格であり，ハーゲンの妻となったブリュンヒルドこそがジークフリートの死を望んだ張本人であり，ハーゲンはむしろそれを押しとどめようとする立場にあった。だが，本作品のハーゲンは，引用した最期のような毅然とした側面を残しつつ，とくに財宝と権力への渇望ゆえに陰謀をめぐらせ，暗殺というかたちで悲劇の引き金を引くこととなる。

このようにして，古えの英雄・勇士像と当代の騎士道理念が複雑な融合を果たした作品が，この『ニーベルンゲンの歌』なのである。

参考文献
相良守峯訳『ニーベルンゲンの歌』前・後 (岩波文庫) 岩波書店, 1955.
石川栄作訳『ニーベルンゲンの歌』前・後 (ちくま文庫) 筑摩書房, 2011.
石川栄作『「ニーベルンゲンの歌」を読む』(講談社学術文庫) 講談社, 2001.

キーワード

騎士道物語　中世ヨーロッパ中期に花開いた，騎士とそれを理想化する理念を扱った俗語文芸の一ジャンル。初期には叙事詩的色彩の強い武勲詩が主流であったが，のちに特定の貴婦人に愛を捧げ，その成就のために試練を乗り越える騎士，という「宮廷風恋愛」を物語の軸にすえた作品群へと発展した。

(成川岳大)

中世ヨーロッパ 6

56

スコラ学の大成者

神学大全

トマス・アクィナス

作者 トマス・アクィナス
Thomas Aquinas 1225頃～74

　1225年頃，ローマとナポリのあいだに位置するアクィーノで生誕。父はフリードリヒ2世(在位1220～50)に与(くみ)する騎士であったが，トマスは5歳のとき，縁者が修道院長であったモンテ・カッシーノ修道院に預けられた。その後，ナポリ大学で**アリストテレス**(前384～前322)の哲学とドミニコ会に出会い，信仰と思索の基盤を築く。やがて正式にドミニコ会に入会し，パリ大学にてアルベルトゥス・マグヌスに師事。ケルンにおけるドミニコ会の神学大学の創設にもかかわりつつ，1256年にはパリ大学神学教授に就任。生涯を通じて**神学**・哲学・聖書注解などに関する膨大な著作をなし，『神学大全』において中世初期から連綿と受け継がれてきた神学の伝統を**スコラ学**として集大成した。第2リヨン公会議へ赴く途上，死去。1323年に列聖された。

内容紹介 『神学大全(しんがくたいぜん)』
Summa Theologiae 1266～73

　トマスの『神学大全』が何を目的とし，具体的に何を述べているかは，必ずしも広くは知られていないだろう。この書の狙いは，その序ではっきりと述べられているように，「キリスト教に属する諸般のことがらを，初学者の教導に適応するところに従って伝える」ことであった。このため，一つ一つ知見を積み重ねていかなければならない学習者の便宜をはかるべく，例えば神の存在，**三位一体**，人間の至福，悪徳，観想の実践，秘蹟など，全3部512におよぶ論題が順序よく配置されている。さらにそこ

で展開される議論の作法も，問答形式による探求的かつ論理的なものである。

例えば第1部第2項に見られるように「聖教は学であるか」という問いに対しては，まず「学ではない」という意見を提示し（異論），次いで「学である」と反駁(はんばく)したうえで（反対異論），「神による知から明らかにした命題から発する学である」とトマス自らの意見を付加し（主文），よって異論は正しくないと述べるかたちで結論が提示される（異論解答）。

トマスの神学は，このようなアリストテレス的弁証法により，**キリスト教**信仰を理知で捉えようとするものであった。そして「神学」の源泉である神がはたして存在するのかという問いに対し，トマスは人間の神認識には不可知論にも似た限界があるとしながらも，人間は本来知的探究心をもっていて，それを完全に充足させる神とそれが人として受肉したキリストを知ったときにこそ，幸福な生が到来すると主張する。全体を構成する3部は，このような神学的思想に基づいて神・人間・キリストにあてられている。

> 神が存在するということの認識が本性的に我々に植えつけられているのは(……)神が人間の至福であるというかぎりにおいてである。（高田三郎訳）
>
> 第2問題第1項「神が存在することは自明的なことがらであるか」の結論より抜粋。神の実在と認識をめぐるトマスの言説は複雑であるが，その根底には「神を認識することは人間にもともと備わった本性である」という一貫した主張がある。トマスは神を無条件に善きものとして肯定する者のみが，神の実在や本質を問うことができるとした。ここには信仰と理性を完全に切り離した近代的知性と相反するものがある。

解説 トマスはナポリ・パリ・ケルン・ローマといくつもの**大学**や神学大学で学び，また教鞭を執りながら学問を深化させ，大成したが，中世中期以降のヨーロッパの知的雰囲気を語るうえで大学の存在は欠くことができない。

初期に出現したパリやボローニャ，オクスフォードがそうであったように，大学はまず教師と生徒が自然発生的に集う相互扶助的な団体として成立した。その成長には，いわゆる「**12世紀ルネサンス**」においてギリシアの哲学と科学が再発見され，**ローマ法**以来の法学の伝統が復活し，医学や天文学をはじめとするイスラーム諸学が**ラテン語**で紹介されたことが大きく寄与している。このような知的刺激に加え，11世紀以降勃興しつつあった中世都市において，従来の教会付属学校に代わる新たな実

践的専門教育機関が求められたことが大学のさらなる発展を促した。

やがて13世紀に入ると、大学は法的に保証された特権的な組織となり、学位を得た知的エリートの輩出する最高教育機関、また膨大な写本を作成し保存する知の宝庫として存在感を増した。こうして聖俗の宮廷では、大学で法学をおさめた多くの人材が実務能力を備えた役人として重用されるようになり、14世紀の大学は王権を補佐する官僚の供給に大きな役割を果たした。神学研究においては、13世紀初頭に設立されたドミニコ会の修道士たちが活躍した。

▲トマス・アクィナス（フィレンツェ、サンタ・マリア・ノヴェッラ教会蔵）

トマス自身が大学人であったことは、『神学大全』の叙述形式からも如実にうかがえる。浩瀚な著作を貫く問答形式の叙述は、当時の大学において「講義」と並ぶ主要な授業形式であった「討論」と同一の形態だからである。したがって、その思想と著作を理解するためには、宗教者としてのみならず教育者として生きたトマスを念頭におく必要もある。

参考文献

トマス・アクィナス（高田三郎・山田晶・稲垣良典ほか訳）『神学大全』全45巻、創文社、1960〜2012.

稲垣良典『トマス・アクィナス』（講談社学術文庫）講談社、1999.

稲垣良典『トマス・アクィナス『神学大全』』（講談社選書メチエ）講談社、2009.

キーワード

スコラ学 「スコラ」（schola）とは、元来「学校」を意味するラテン語であるが、この語を中世の中心的学問であった神学と、それを源流として発展した中世哲学を称するものとして適用したのは、歴史学において中世とそれ以後の思想体系を画然と分別した19世紀のことである。12世紀ルネサンスによってもたらされたアリストテレス的弁証法を用いながら、聖書と**教父**（→P.62）神学を最大の権威としつつ、最終的には護教的な結論をめざしたのがスコラ学である。中世末期、オッカムに代表される唯名論が信仰と理性の分離を提示するとスコラ学は衰退していくが、このことは近代的知が生起する契機でもあった。

関連年表

- 12世紀半ば　パリ大学成立
- 1216　教皇ホノリウス3世、ドミニコ会を認可
- 1220　神聖ローマ皇帝フリードリヒ2世即位（〜50）
- 1224　フリードリヒ2世、ナポリ大学設立
- 1225頃　トマス・アクィナス誕生
- 1254　大空位時代（〜73）
　　　　トマス、パリ大学教授に就任
- 1274　第2リヨン公会議。トマス・アクィナス没
- 1323　教皇ヨハネス22世により列聖

（藤崎　衛）

6 中世ヨーロッパ

57 「イタリア語」の父
神曲
ダンテ

作者 ダンテ・アリギエーリ
Dante Alighieri 1265〜1321

1265年，フィレンツェの小貴族の家に生まれる。この「花の都」で，少年ダンテは理想の女性ビーチェ（ベアトリーチェのモデル）と邂逅し，**ラテン語**や修辞学を学び，壮年期以降は市政に積極的にかかわった。ダンテは**ウェルギリウス**をはじめとする**ラテン文学**に傾倒し，愛を尊び内面描写を重視する清新体派に属して多くの詩作をなし，若き日からその文才を認められた。しかし1302年，政争に敗れて死刑宣告を受けたのち故郷を追放され，長く厳しい流浪の生活を余儀なくされる。その苦闘のなかで著した『神曲』こそがダンテの文名を不朽のものとし，彼が「イタリア語の父」と称される所以となった。1321年，故国フィレンツェの土を踏むことなく，ラヴェンナにて客死。

内容紹介 『神曲』
La Divina Commedia 1306〜21頃

『神曲』は後年の名称であり，ダンテ自身はこの作品を「commedia」すなわち最後には明るく円満な結末を迎える「喜劇」と呼んでいた。「神がかった」「神聖な」という意味をもつ「divina」という語が刊本の題名に加えられたのは16世紀半ばのことである。作品の構想自体はビーチェの早逝を契機とする『新生』（1294頃）を完成させた頃に芽生えたといわれるが，執筆はフィレンツェ追放後の苦難多い時期におこなわれた。

全1万4233行，それぞれ33歌の三行詩からなる「地獄篇」「煉獄篇」「天国篇」に序歌1篇を加えた計100歌によって構成されるこの長編叙事詩の

主人公は、「ひとの世の旅路のなかば（……）ますぐな道を見失い、暗い森に迷い込んでいた」ダンテ自身であり、彼はその曖昧模糊とした闇のなかから、やがて三界をめぐる壮大な遍路へと向かってゆく。その旅の端緒、地獄の入り口において「世の詩人たちの誉、また光」と敬慕するウェルギリウスに出会い、煉獄の頂上までを理性の象徴たる彼の案内に励まされながら昇りゆく。煉獄山の頂上で理想の女人ベアトリーチェに遭遇したダンテは、彼女に導かれてついに天界にたどり着き、「一筋の光閃」く神の姿を目撃し、魂の浄化を得るのである。

本書では、**神学やスコラ哲学**、イスラーム科学など該博な知識に支え
→P.173
られた世界が華麗で比喩の多い俗語文によって描出されるため、作風は一見難解である。しかし読者はダンテとともに旅をする過程で、人間がどれほど醜悪になれるか、あるいは、どれほど純粋な愛を欲することができるかを目のあたりにするだろう。また、故国を想うからこそ生まれる、政治に対するダンテの痛烈な批判に胸を痛め、国家と教会の正しい関係とは何かと思いをめぐらす機会を得るだろう。『神曲』が傑作とされるゆえんはここにある。つまり本書は、作者自身の魂の遍歴であるだけでなく、読者自身の人生を映す鏡でもあるといえる。

> 君は見てきた、わが子よ。そして今、これからさき私にもまったく不案内の地点に、君は着いた。（……）私は冠とミトラを君に与え、自主のしるしとする。　（寿岳文章訳）
>
> 煉獄の頂上でウェルギリウスがダンテに加冠する場面。その言には師の情があふれ麗しい。天国と地獄のあいだに「煉獄」があり、そこでは死者が罪を贖うために一定期間業火に晒されるという思想が誕生したのは12世紀頃である。こうした思想は中世後期、執りなしの祈りや死者ミサなどの典礼を発達させ、そのための相互扶助団体である兄弟会を生み出した。他方、教会は典礼の謝金として多額の喜捨を得るようになり、16世紀にはより露骨な「贖宥状の販売」をおこなうようになって、ルター（→P.249）に激しく攻撃された。

解説　12世紀以降のイタリアは、**教皇**を支持する**ゲルフ**（ゲェルフィ）と神聖ローマ皇帝を支持する**ギベリン**（ギベッリーニ）の派閥によって二分され、各自治都市の政治のあり方を大きく左右してきたが、13世紀半ば以降はこれらの名称は本来の意味を弱め、単に都市内部で対立する党派を指し示す語句にもなった。ダンテが市政に関与していた頃のフィレンツェも党派争いの渦中にあり、政権を掌握していたのはゲルフであった。しかしゲルフはさらに、都市の自立をめざす白派と教皇支持の黒派に分かれており、1300年、白派であったダンテが市の有力者とな

った頃，教皇**ボニファティウス8世**（在位1294〜1303）と黒派は手を結び，白派をフィレンツェから追放するというクーデタを断行する。これによってダンテはあらゆる社会的地位と故国とを失い，亡命生活を強いられた。

『神曲』の「地獄篇」においてダンテが黒派に属する政敵を痛罵し，ボニファティウスもやがて地獄へと堕とされるだろうと決めつけているのは，こうした事情が背景にある。このように「地獄篇」は，世の不正を正そうとする意気に充満しつつもダンテの抑え難い私怨が書き連ねられており，見苦しいとさえ感じる向きもあるかもしれない。しかしダンテの私怨から発した苦悩が浄化され，愛と聖性にたどり着くまでの遍歴を描く物語性は，**キリスト教**的世界観に基づいた中世を総決算するものとしてこの作品に価値を与えている。

この叙事詩が当時の文章語であるラテン語ではなく，俗語の**トスカーナ語**で書かれたことは，本作品がのちのイタリア国民文学の端緒となったという点において重要である。

▲ダンテ 故郷フィレンツェの前で代表作『神曲』をかざす詩人ダンテ。絵の左側には地獄が，中央には煉獄の山が描かれている（フィレンツェ，サンタ・マリア・デル・フィオーレ大聖堂蔵）。

参考文献
ダンテ（山川丙三郎訳）『神曲』全3巻（岩波文庫）岩波書店，1952〜58.
ダンテ・アリギエーリ（寿岳文章訳）『神曲』全3巻（集英社文庫）集英社，2003.
ダンテ・アリギエリ（原基晶訳）『神曲』全3巻（講談社学術文庫）講談社，2014.

キーワード
トスカーナ語 イタリアは政治的な面だけでなく，言語の面でも分裂していた。その痕跡は現在もはっきりと残っており，例えばヴェネツィアを中心とする地方ではヴェネト語も用いられ，その語彙のなかには現代イタリア語に取り込まれたものもある。しかし現代イタリア語の源流は明白に，14世紀にダンテ，ペトラルカ（1304〜74），**ボッカチオ**（→P.177）が用いたトスカーナ地方の俗語（トスカーナ語）である。とくにダンテは『神曲』のなかで，低俗か高貴かを問わず，トスカーナ語によるあらゆる表現の可能性を追求し，その後近現代のイタリアにおいて展開された言語運動に大きな影響を与えたため「イタリア語の父」と呼ばれている。

関連年表
1250	神聖ローマ皇帝フリードリヒ2世没
1265	ダンテ誕生
1282	シチリアの晩祷事件，フランス勢がシチリアから追放される
1294	教皇ボニファティウス8世即位（〜1303）
1300	ダンテ，フィレンツェ市の最高委員となる
1302	ダンテ，フィレンツェより永久追放
1303	アナーニ事件，ボニファティウス8世の憤死
1309	教皇庁，アヴィニョンに移転（〜77）
1321	ダンテ没

（藤崎 衛）

6 中世ヨーロッパ

58 ルネサンスを告げる物語文学の傑作

デカメロン

ボッカチオ

作者 ジョヴァンニ・ボッカチオ
Giovanni Boccaccio 1313～75

　ボッカチオは1313年初夏，フィレンツェの金融業者を父として生まれた。生地はフィレンツェ周辺，あるいはパリともいわれているが，その生母同様にはっきりしない。いずれにせよボッカチオは父に引き取られてフィレンツェやナポリに学び，**ダンテ**やペトラルカ（1304～74）という先達を知りつつ，自らも習作を試みて文学的素養を涵養した。そして1348年，フィレンツェを襲った**黒死病**は，不朽の名作『デカメロン』を執筆する大きな契機となった。その執筆意欲は，フィレンツェ大使として当時の教皇庁所在地アヴィニョンをはじめとする全ヨーロッパを往来していた多忙な生活のなかでも衰えることがなく，1375年，フィレンツェ近郊の町チェルタルドで没する直前まで，新たな作品を発表し続けた。

内容紹介 『デカメロン』
Decameron 1349～51

　「十日物語」を意味する『デカメロン』は，14世紀半ば，黒死病が猖獗を極め，凄惨な死の町へと変貌しつつあったフィレンツェを逃れた7人の貴婦人と3人の貴公子とが，美しい森の館で10日間，おのおの順繰りに10の話を披露する，というのが大筋となっている。作者序文において「新奇な短編物語(ノヴェッラ)」と呼ばれるこれらのストーリーは，平民や貧民，聖職者や教皇，王侯貴族などあらゆる階層の人々を主人公とし，ユーモアや機知，含蓄にあふれた小話となって作中にちりばめられている。しかもそれらの小話は登場人物によって語られるという「枠物語」の体裁

をとることによって，単なる羅列に終わらず，話し手と聞き手による講評を受けて客観化されつつ，人生のおもしろさや不思議さを謳いあげた1つの大きな世界をつくりあげている。

ボッカチオは緒言に，この100話を惨禍のただ中にいる「恋する女性の皆さまを助け，慰めてさしあげたい」として執筆したと語り，またこの物語集によって苦しみが軽減されたなら愛の神「アモーレ」に感謝を捧げるようにと請うているが，こうした点は『デカメロン』の文学的意図とボッカチオの真意を理解するうえで見逃せない。すなわちここには，同じく100歌構成をとる『**神曲**』とその著者ダンテに対する限りない崇敬の念が込められると同時に，**キリスト教**的な唯一神とは異なる人間的な神を登場させることによって，この物語の本質が「人間賛歌」であることを示唆しているのである。

また，『デカメロン』における題材の豊富さは注目に値する。とりわけ，イタリアをはじめとするヨーロッパ各地はもちろん，イスラーム圏であるエジプトや東地中海，果てはカッタイオ（中国）という非キリスト教圏までもが舞台として組み込まれ，読者に広大な世界観と新たな価値観とを提供していることは，ボッカチオが企図した「新奇さ」を端的に示している。

> イタリアのいかなる都市に比べてもこよなく高貴な都市国家フィレンツェにあのペストという黒死病が発生いたしました。　　（平川祐弘訳）
>
> 1861年にイタリア王国が成立するまで，1000年以上にわたってイタリア半島には都市国家や教皇領など多くの勢力が割拠し，政治的には分裂，錯綜した状態が続いていた。ボッカチオの表現からは，当時「イタリア」というまとまりが意識されつつも，その内部では各都市が競合していたことが理解できる。

このように『デカメロン』における「枠」という発想，『神曲』に対比して『人曲』と称される現世的人間至上主義，そして洋々と広がるその地理的世界は，近代へ飛翔しようとする新たな文学の訪れを示しているのである。

解説　『デカメロン』は14世紀においてもなお文章語として優位にあった**ラテン語**ではなく，フィレンツェ周辺で使用されていた俗語で記述されている。しかし，ボッカチオが単に珍奇さやわかりやすさを狙ってそうしたわけではないことは，「第一日まえがき」に描かれた黒死病のありさまと，ほかの物語での庶民たちの会話とを対比することによって理解することができる。

「第一日まえがき」における黒死病の描写は，日本語訳を一読しても圧倒的である。「法の権威は，人間の法であろうと神の法であろうと，地を掃(はら)った。もう掟は何もないも同然です」と，状況がじつに抜き差しならぬものへと追い込まれていったことを決然と叙述する。これをボッカチオはラテン語ではなく俗語を駆使し，大胆かつ難解で洗練された言い回しに昇華させながら表現した。

　他方，庶民同士の会話で用いられている俗語は，現代イタリア語を学んだ者であればそう苦労せず読むことのできる平易なものであり，活気と猥雑さに満ちあふれた市井の生活や，庶民たちの滑稽なやりとりを活写する。

　こうした手法はボッカチオがどれだけ優れたストーリーテラーであったかを示すものであり，俗語作品の可能性を大きく切り拓いて，その後の散文作品に長く影響を与え続けることとなった。『デカメロン』には艶笑譚(えんしょうたん)や聖職者の堕落話も含まれているため，その後教皇庁によって禁書にされたが，**チョーサー**(1340頃〜1400)の『カンタベリ物語』をはじめとする後世の作品にも，その精神は受け継がれた。

参考文献
ボッカチオ（野上素一訳）『デカメロン——十日物語』全6巻（岩波文庫）岩波書店，1948〜59．
ボッカッチョ（平川祐弘訳）『デカメロン』河出書房新社，2012．

キーワード

黒死病（ペスト）　原発地は不詳だが，複数の年代記が1347年には黒海沿岸に黒死病が到達していたことを記録している。その後東地中海（レヴァント）貿易に従事するイタリア商人がジェノヴァやマルセイユなどに持ち込み，1350年までにはほぼ全欧に拡大した。死者数は推定の域を出ないが，少なくとも全人口の3分の1を喪失したと見積もられ，背景として同世紀初頭からの寒冷化による飢饉，稠密(ちゅうみつ)な都市構造，未熟な医療技術などが指摘できる。その社会的影響は絶大で，廃村現象や小作化の進展による封建領主制の弱体化を引き起こし，「死の舞踏」や鞭打ち苦行運動などに見られる新たな心性をもたらした。

関連年表

1309	教皇庁，アヴィニョンに移転（〜77）
1313	ボッカチオ誕生
1321	ダンテ没
1339	イギリス・フランス百年戦争始まる（〜1453）
1341	友人ペトラルカ，桂冠詩人となる
1348	黒死病（ペスト），ヨーロッパで流行
1349	『デカメロン』執筆
1351	フィレンツェ市の外交官に就任
1375	ボッカチオ没
1378	西方教会の大分裂（〜1417）

（藤崎　衛）

7 宋・モンゴル時代

59 往事に鑑み，治道に資する
資治通鑑
司馬光

作者 司馬光
1019〜86

北宋(960〜1127)の文人・政治家。字は君実。20歳で**科挙**に合格。中央官・地方官を歴任したあと，同年代の**王安石**(1021〜86)・呂公著・韓維とともに「嘉祐四友」と称えられ，将来を嘱望された。英宗(在位1063〜67)が即位し，濮議という典礼問題が発生すると，若手官僚を代表して，当時の宰相らと対立した。英宗が急逝して神宗(在位1067〜85)が即位し，王安石によって**新法**改革が実施されると，これに強く反対。自ら地方官を望み，洛陽に移り住んで，かねてより取りかかっていた歴史書の編纂に傾注し，『資治通鑑』を完成させた。神宗が崩御すると宰相に迎えられ，王安石の新法を相次いで廃止していく。しかしわずか半年後，68歳で息を引き取った。温国公に封ぜられ，文正と諡された。

内容紹介 『資治通鑑』294巻
1084

孔子の編んだ『春秋』を継ぐかたちで，前403年(周の威烈王)の**戦国時代**の始まりから959年**五代後周**の世宗(在位954〜959)までの16王朝1362年間の歴史を記した**編年体**の通史。はじめ司馬光が『通志』8巻を英宗に献じたところ，宮中図書や必要経費など国家の全面的援助を受けて，その続編である『歴代君臣事迹』の編纂を命ぜられた。翌年，神宗から『資治通鑑』(以下『通鑑』と略記)の書名と序文を賜わる。その後編纂局もろとも洛陽に移り，18年かかって『通鑑』を完成させた。

その編纂は分担しておこなわれ，戦国時代から**秦・漢**までを劉攽が，

三国時代から隋までを劉恕が，唐・五代を范祖禹が担当した。その作成はまず膨大な史料を収集し，それを事項ごとにまとめたあと，見出しを暦順に並べた「叢目」をつくり，次いで重複・異同を整理して「長編」がつくられた。この「長編」に検討を加え，事実の選択・文章の添削などをおこなって決定稿とした。その際の史実吟味の経過は『資治通鑑考異』30巻にまとめられ，『通鑑』本体とともに皇帝に献上されている。また本文中には210条あまりの「論賛」が挿入され，史実に対する批評がなされており，その半数以上は司馬光自身の意見であった。

『通鑑』の文章は，多種多様な史料，分担者間の差異があったにもかかわらず司馬光によって整えられた。文体は北宋の**欧陽脩**により定着した古文によるもので，「四六駢儷文」のような装飾性を排して，事実を簡潔に記すものとなっている。また『春秋』を継ぐとはいっても，大義名分などの問題には深く立ち入らず，むしろ『左伝』の事実主義を受け継ぎ，史学の立場を堅持して，事実を事実として伝える客観性に努めている。いずれも総編纂者たる司馬光の方針であり，本書が知識人の必読書たり得ゆえんであった。

> 研精極慮し，有つ所を窮竭し，日に力足らざれば，之を継ぐに夜を以てす。臣の精力，此の書に尽きたり。
>
> 臣は精密な検討や徹底的な考察をおこない，もてる能力の限りをつくし，日中に力が足りなければ，夜分にわたって（編纂を）続けました。臣の精力はこの書につき果てました。

解説　『通鑑』は北宋時代にすでに整版出版され，現存するものとして1132（南宋・紹興2）年刊本が伝わっている。またその最も重要な注釈は，**南宋**（1127～1276）末から**元**（1271～1368）にかけての人である胡三省のもので，「胡注」と称される。地名の異同などの地理的なものから，行政沿革・軍事外交・訓詁字義などにおよび，高く評価されている。そのためこれがなくては『通鑑』が読めないといっても過言ではなく，以降はこれと『考異』とを本文にはさみ込んだ『通鑑』が出版されることになった。このかたちは現在に至るまでスタンダードとなっている。

また『通鑑』の副産物として，分担執筆者たちの著した歴史書が世に送り出された。劉恕の『通鑑外紀』10巻と范祖禹の『唐鑑』12巻がそれであり，前者は『通鑑』が扱う以前の西周の歴史を，後者は唐の歴史を独自の史論で書き直したもので，後世よく読まれた。

次に『通鑑』そのものを再構成した書物があらわれた。南宋の袁枢が『通鑑紀事本末』42巻をつくり，『通鑑』本文を239篇の事項ごとに分解し，それぞれの顛末がわかりやすいよう再編成した。南宋の朱熹は『資治通鑑綱目』59巻をつくり，歴史事件の要項を大文字の「綱」で書き，その詳細を小文字の「目」とすることで，歴史の流れを読み取るのに便とした。その際に『通鑑』が避けていた正統論などの問題を取り入れ，三国では蜀漢を正統とするなど，いわゆる「春秋の筆法」が用いられ，朱子学の重要文献となっていく。

さらに『通鑑』に倣って書かれた多くの歴史書があった。北宋一代の歴史を記した李燾『続資治通鑑長編』520巻，南宋初期のことを記す李心伝『建炎以来繋年要録』200巻，朱子学の観点から古代史を記した金履祥『通鑑前編』18巻，そのほか，陳桱『通鑑続編』24巻，徐乾学『資治通鑑後編』184巻，畢沅『続資治通鑑』220巻，果てはわが国の林羅山ら『本朝通鑑』310巻など，『通鑑』の名を組み込んだ書物は枚挙に遑がない。

このように『通鑑』の登場は，内外の学界に歴史への関心を惹起し，歴史著作の活発化をもたらした。

参考文献
司馬光（頼惟勤・石川忠久編，新田大作ほか訳）『資治通鑑選』（中国古典文学大系）平凡社，1970．
竹内照夫『資治通鑑』（中国古典新書）明徳出版社，1971．
田中謙二『資治通鑑』（中国文明選）朝日新聞社，1974．

キーワード

編年体　『春秋』や『資治通鑑』に代表される中国の歴史叙述方法の1つ。**司馬遷**の『**史記**』(→P.96)の「**紀伝体**」(→P.98)に対し，歴史上のできごとを年代順に並べていくのが「編年体」で，いわば非常に詳細な年表である。さまざまな事柄がどのような順序で発生したのか，同時期にどのようなことが起こっていたかを見るには便利だが，一方で1つの事件が時期によって別々の箇所に分けて書かれるため，その事件の経過が追いにくいという欠点をもつ。これを解消しようとしたのが「紀事本末体」だが，いずれの方法にも一長一短がある。

関連年表

1038	司馬光が科挙及第
1066	「歴代君臣事迹」編纂開始
1067	神宗即位し，『資治通鑑』の書名と御製序を賜る
1068	王安石が新法改革を開始
1071	司馬光が洛陽に移る
1084	『資治通鑑』完成
1085	神宗崩御
1086	王安石・司馬光死去

（藤本　猛）

60 闊達なる一代の文豪

蘇文忠公詩 など

蘇軾

作者 蘇軾
1036〜1101

北宋(960〜1127)の大文人。字は子瞻，東坡居士と号した。父の蘇洵，弟の蘇轍とともに文名高く，あわせて「三蘇」と呼ばれる。**蜀**(四川地方)の出身。21歳のとき**科挙**を第2位で突破し，26歳でさらに難易度の高い制科にも合格した。**王安石**(1021〜86)による**新法**改革に強く反対して地方に出たが，45歳のとき新法を風刺した詩文によって逮捕され，黄州に流罪となる(烏台詩案)。元祐時代(1086〜94)に都に戻ったが，今度は新法の全廃に反対し，蜀党とされて**旧法党**内部での派閥争い(洛蜀党議)に巻き込まれたため，また地方に出，杭州では西湖に蘇堤を築いた。紹聖時代(1094〜98)になると再び左遷され，海南島にまで流された。のち許されて故郷に戻る途中，66歳で死去。**南宋**(1127〜1276)に入って名誉が回復し，文忠と諡された。

内容紹介 『蘇文忠公詩』など
11世紀

蘇軾の詩は一般に活力にあふれ，自由奔放・豪壮勇気であったと表現される。これはとくに王安石の新法改革に反対して黄州に流されていた壮年期以降に見られ，この時期に彼の芸術は完全に成熟したといわれる。黄州での流謫の日々は，自由を奪われた生活だったが，そのなかで人生の真理についての静かな思索に耽ることができた。とくに**仏教**への接近は，彼の創作に深みを与えた。その1つのあらわれに風景詩に対する擬人法の増加がある。自然が人に向かってほほえみかける，などの表現が

多用されるようになる。

　むろん蘇軾の詩の特徴はそればかりではない。政治詩や抒情詩も多く，それらはユーモアに富み，俗語や卑俗(ひぞく)な表現の活用による「詩格の解放」が見られる。また議論が多く，含蓄がないなどといわれるが，軽快で流れるような文体は読者に快さを与える。蘇軾自ら「わが文は行く雲，流れる水の如く定まれる質はない」と述べるがごとくである。

　また蘇軾は詩以外にも，散文・詞・書・画など多方面に秀でていた。散文では「**唐宋八大家**」に数えられる古文作家であり，詞では豪放派と称される新生面の創始者であった。書家としては宋の四大家に数えられ，画家としては水墨画の文人画家として知られている。政治面での不遇に対して，文化面では全能の作家として豊富な業績を残している。

　蘇軾の詩については，その生前から整版出版されており，非常に多くの版本が存在した。彼の死後，新法党政権によって一時禁書処分とされ，版木も焼却処分にされたが，人々はひそかに所持して愛好したという。南宋に入ると処分は解け，蘇軾の文集はますます広く読まれて，その文名は異国にまで届いたという。

> 人生 字を識るは憂患の始め，姓名 粗(ほ)ぼ記すれば以て休む可(べ)し。
> （「石蒼舒の酔墨堂」）
> 文字を覚えることから人間の憂き目は始まる。自分の姓名をおおかた書けたらほかはいらぬことじゃあるまいか。

解説　宋代の詩の担い手は，当時新興の**士大夫(したいふ)**らであった。彼らは伝統的家柄に依拠する**唐代**までの貴族とは異なり，**儒学**を背景に文学・芸術・歴史の教養を身につけた知識人で，大土地所有者・科挙官僚・商業資本家を兼ねる存在であった。

　彼らは唐代に文学の中心たる地位を確立した詩の形式「古詩」「近体詩」（「律詩」「絶句」）を継承しつつも，その詩人の数は唐と比して多数にのぼり，『全唐詩』の作者が2200人あまりであるのに対して，『宋詩紀事』の作者数は南北宋あわせて3812人にのぼる。また往々にして1人の詩人が莫大な量の詩を伝えている。

　そんな宋詩には「唐詩は酒のごとく，宋詩は茶のごとく」というような特徴がある。それは宋詩の叙述性を指摘した言葉で，特殊な詩人的才能のみが抱き得る特殊な感情を詠む唐詩に対して，だれもが抱き得る感情，ふれ得べき題材を詩にするのが宋詩の特徴である。従来は散文によ

って表現されるべきものを詩に詠むため「文を以て詩と為す」と表現されるが，その背景には詩を単なる抒情の場，感情表出の場とせず，同時に理知表出の場ともする士大夫の心性があった。そのため宋詩は従来よりも生活との密着度が高い。日常の素材に対する微細な描写は宋詩に至ってはじめて登場する。

人間の現実に対して従来よりもきめ細かな目を向けることは，人間とは何であるか，いかに生きるべきかをより切実に考えるに至り，そのような哲学の叙述のためにも，論理的な言葉が連ねられるようになる。「議論(理)を以て詩と為す」といわれるように宋詩は哲学性・論理性をも兼ね備えていた。

また悲哀の止揚や平静さの表現など，宋人の詩はそれまでの詩にはなかった新境地に立っており，多角的な視線をもった文学であった。

これらの特徴をもつ宋詩の大詩人が蘇軾であった。彼の門下「蘇門四学士」の1人である黄庭堅(号は山谷)も師と並称される著名な詩人であり，2人をあわせて「蘇黄」と呼ぶこともあった。黄庭堅は陳師道とともに「江西詩派」の祖とされ，北宋末から南宋初期にかけての詩壇に多大な影響をおよぼした。

南宋中期になると，「愛国詩人」として有名な陸游(号は放翁)が登場し，楊万里・范成大らと活躍した。

参考文献
吉川幸次郎・小川環樹編『宋詩概説』(中国詩人選集)岩波書店，1962．
吉川幸次郎・小川環樹編『蘇軾上』(中国詩人選集)岩波書店，1962．
吉川幸次郎・小川環樹編『蘇軾下』(中国詩人選集)岩波書店，1962．
蘇軾(小川環樹・山本和義選訳)『蘇東坡詩選』(岩波文庫)岩波書店，1975．

キーワード

唐宋八大家 唐から北宋にかけての古文復興運動に寄与した8人の名文家。先駆けとなった中唐の**韓愈**(768～824)・**柳宗元**(773～819)と，古文復興を確立した北宋の**欧陽脩**(1007～72)，それに欧陽脩の弟子筋にあたる**蘇洵・蘇軾・蘇轍・曽鞏・王安石**を加えて八大家とする。六朝以来の「四六駢儷文」が空疎な修辞主義に傾斜していたのに対し，自由な文体で意を伝えることを主眼としたため，平易自然・流暢婉然を特色とし，理を説き，事を叙し，情を抒べるのに適していた。

関連年表

1036	蘇軾生まれる
1057	科挙に合格
1061	制科に合格
1068	王安石が新法改革を開始
1079	烏台詩案，黄州に流罪
1085	元祐更化，都に復帰
1093	宣仁太后死去，新法党が復帰
1097	海南島に流罪
1101	帰郷途中に死去

(藤本 猛)

7 宋・モンゴル時代

61 聖人の道統を継ぐ

四書集注

朱熹

作者 朱熹(朱子)
1130〜1200

　南宋(1127〜1276)の大思想家。**朱子学**の祖。字は元晦,号は晦庵など。新安(現安徽省黄山市)の人といわれるが,実際は南剣州(現福建省三明市)の生まれで,父は学者の朱松。19歳で**科挙**に合格。孝宗朝(1162〜89)では**金**(1115〜1234)との講和に反対し,以降は実務のない官位で過ごした。李侗に師事して**儒学**に励み,1175年には呂祖謙・陸九淵らと直接対面して学論を戦わせた(鵞湖の会)。のち実務に復帰して廬山の白鹿洞書院を復興させ,唐仲友の不正を弾劾したが,また実務のない官位に戻った。寧宗朝(1194〜1224)に皇帝の教育係となったが,わずか45日で罷免され,韓侂冑に憎まれて,門弟とともに公職追放される(慶元偽学の禁)。最期まで著述に努め,1200年に死去。のち名誉回復されて文公と諡された。

内容紹介 『四書集注』
12世紀

　「**四書**」とは単独の書ではなく,『**大学**』『**中庸**』『**論語**』『**孟子**』をまとめた呼び方で,とくにそれら「四書」を重視したのが朱熹であった。それぞれ『礼記』の一篇であった『大学』と『中庸』を取り出して独立した経典とし,これに**孔子**自身の言行録たる『論語』と,その道統を継承したと考える『孟子』をあわせて,従来最上の古典とされてきた「**五経**」よりも重視した。そしてそれまで権威とされてきた漢魏人の注釈ではなく,道学・理学によってあらためて「四書」を解釈し直し,『大学章句』『中庸章句』『論語集注』『孟子集注』を著した。その総称が『四書章句集注』あ

るいは『四書集注』である。

　そもそも朱熹は朱子学を大成したとはいっても，自己の学問体系を体系的に叙述したことはなく，注釈学的方法によってそれを表現した。そのため朱子学の諸概念は，多くこの『四書集注』中にあらわれている。例えば有名な「性即理」の説についても『中庸章句』のなかで，「未発の"性"のあらわれである已発の"情"の表出が，"理"であるところの"性"に即してなされるべきであり，そのためにはつねに心を"理"＝"性"に純粋な状態に保つ準備をせねばならない」として「敬」の重要性を説くという具合である。

　なかでも最も特徴的なのは，『大学章句』に経伝本文としていわゆる「格物補伝」を創作・増補したことである。朱熹が『大学』の要点だとする3綱領8条目，その8条目の第一段階である「格物」は，『大学』中には明示的に説明をする文言がなかった。そこで朱熹は該当箇所が亡失したものとし，二程（程顥と程頤）の意を汲んでこの亡失部分を自ら復元したのだった。

> 性は即ち理なり。天は陰陽五行を以て万物を化生す。気は以て形を成し，理も亦た焉に賦す。猶お命令のごときなり。
> （『中庸章句』首章）
> （天がくだした命令である）「性」は，（万物は理と気とよりなるという）「理」である。万物の形すなわち物質的な方面を形成するのは陰陽・五行，要するに「気」にほかならない。「気」の集まり・凝集によって物が物質的・肉体的に存在しており，そこには（そのようにあらしめている）「理」もまた割り付けられているということで，それはあたかも命令をくだされたかのようなさまである。

　このように朱熹は経書本文の構成などに手を加えて『四書集注』を著した。これにより唐以前は「五経」中心だった**儒教**が，南宋以降は「四書」を中心におこなわれるようになった。これがすなわち朱子学である。

解説　朱子学が興ったその素地には，宋代に**士大夫**と呼ばれる階層の人々が登場したことがあった。唐以前の貴族とは違い，自らの実力で科挙に合格したのが士大夫であり，家柄ではなく個人として彼らは存在した。そのため進取の気概に富み，范仲淹（989〜1052）の「先憂後楽」に代表されるような，自らが率先して万世のために太平を開くことを理念とした。彼らによって担われたのが**宋学**であり，その主流となったのが朱子学であった。

　朱子学が主流派となるに至った最大の特徴は，当時の最新技術である

出版印刷術をうまく利用したことにあった。二程の語録などを編纂・出版して道統（古代から聖人の教えが伝授されてきた系統）を強調し，自説を宣伝することで，やがて他学派を追って主流派の地位を手に入れたのである。

したがってその精髄は，朱熹によって出版された書籍中にあり，本項で取り上げた『四書集注』はその主著であった。そのほかにも初学者の教科書である『近思録』『小学』，朱子学の源流史である『伊洛淵源録』，宋代士大夫らの記録である『宋名臣言行録』，大義名分論を示した歴史書『資治通鑑綱目』，新時代の冠婚葬祭儀式書としての『家礼』（朱熹の真作ではないという説もあり）などがあった。また朱熹の死後にも朱熹の文集『朱文公文集』や言行録『朱子語類』などが編まれた。これら種々の書籍をもとに，その学統は受け継がれていった。

朱子学は南宋後期にその道統論が朝廷に認められ，加速度的に普及した。続く元（1271～1368）・明代（1368～1644）に体制教学としての朱子学利用が進むと，朱熹の教説には無上の権威が与えられ，それを墨守する傾向が強まる。もともと旧来のさまざまな思想流派に対する異議申し立てとして革新的な意義を担ってきた朱子学が，逆に体制護持の役割を果たすようになり，思想統制をする側にまわってしまう。そんな朱子学の批判言説として，明代に**陽明学**が登場することになる。

参考文献
島田虔次『朱子学と陽明学』（岩波新書）岩波書店，1967．
島田虔次『大学・中庸』全2巻（中国古典選）朝日新聞社，1978．
小島毅『朱子学と陽明学』（ちくま学芸文庫）筑摩書房，2013．

キーワード

宋学 主に**訓詁学**（経書の字句解釈に関する学問）が中心であった隋唐代までの儒教に対し，北宋時代に定着した理気世界観に基づく新たな儒学の潮流。理学ともいう。朱子学以外にも北宋では**王安石**の新学・**蘇軾**（→P.183）の蜀学が，南宋では呂祖謙・張栻・陸九淵・陳亮らの学派があったが，結果的には朱子学が主流となったため，その道統とされた北宋の周敦頤（濂溪）・張載（横渠）・程顥（明道）・程頤（伊川）らのいわゆる「濂洛関閩の学」・程朱学・道学のみを指すこともある。

関連年表

1130	朱熹誕生
1148	科挙に合格
1175	鵝湖の会
1177	『論孟（論語・孟子）集注』成立
1179	白鹿洞書院を再建
1187	陸九淵との無極太極論争
1189	『大学章句』『中庸章句』序文成立
1197	慶元党禁（朱子学弾圧）
1200	朱熹死去

（藤本　猛）

宋・モンゴル時代

62 東西文化の邂逅
長春真人西遊記
李志常

作者 **李志常**
1193〜1256

　字は浩然。**全真教**の丘処機（長春真人, 1148〜1227）に師事。西征中の**チンギス・カン**（在位1206〜27）からの招聘に際し，高齢の師に付き添う18人に選ばれ，往復3年間（1221〜24）のユーラシア旅行を体験した。道中は，見聞を広めつつ，最高位の文官チンカイや**駅伝**（ジャムチ）の宿場で出会った諸部族の王・官僚とのコネづくり，テュルク・モンゴル語の習得にも励んだ。1228年に当時の日誌を整理して刊行。**オゴデイ**（在位1229〜41），モンケ（在位1251〜59）の治世には，「仙孔八合識（バクシ）（道教・儒教の師傅）」「真常真人」の称号を拝し，全真教のみならず華北のすべての道教教団を統括，モンゴル・漢人（女真・契丹（キタイ）を含む）の高官の子弟に語学・武芸・科学技術などを教える国立宿衛学校（ケシク）の総監や，王子たちへのご進講も務めた。

内容紹介 **『長春真人西遊記』**
1228

　丘処機一行が長い旅程を快適に過ごせるよう，チンギス・カンは駅伝用の金牌（きんぱい）を賜与，護衛軍・通訳をつけ最良の宿も準備させていた。この稀有な機会に，若い李志常は「西域」を貪欲に吸収しようと意気込んだ。9月27日，阿里馬（アルマリク）の城（まち）に到った。鋪速満（ムスルマーン）（イスラーム教徒）の国王が蒙古（モンゴル）の答剌忽赤（ダルガチ）（鎮守官）とともに諸部族の人々を率い出迎えてくれた。西の林檎園に宿泊した。土地の者は林檎を阿里馬（アルマ）と呼ぶ。林檎の実がたくさん生（な）るので城の名にしたのだろう。当地では禿鹿麻（トゥルマ）という布地を産するが，世間がいう「植生の羊毛」（木綿）の織物に該当する

ものか。七疋入手し防寒着にした。その毛は中国の柳絮(りゅうじょ)に似て真白で細くて柔らかい。糸にも縄にも布にも真綿にもなる。農家はやはり溝渠(こうきょ)を掘って田畑を灌漑するが，土地の者は瓶(かめ)で水を汲み頭に載せて帰ってくるだけだ。華北の水汲みの天秤桶を見て「桃花石(タヴガシュ)は何につけても器用だな」と愛(め)でた。桃花石とは漢人のことである（北魏〜唐の拓跋(たくばつ)国家に由来する呼称）。

サマルカンドではイスラームを次のように紹介する。

この国には大石馬(ダシュマン)と称する者がいて，アラビア文字を操り帳簿を一手に掌る。陰暦12月には一ヶ月間の斎戒を設け，日暮れ時，長老自らが羊肉を切り分け食事に供し，列席者と日没から日の出まで楽しむ。他の月には計6回の斎戒を設ける。高殿の上に「飛檐(ひえん)」の如き長さ・幅が一丈以上の大きな板を張り出し，物見の亭(あずまや)を構え，四隅に玉飾りを垂らす。朝夕毎(ごと)に長老が登り西に向い礼拝する。これを「告天」という。仏教も道教も奉らず，上から抑揚をつけて大呼する。成年男女はこれを聞くと全員足早に集まり下で礼拝する。国を挙げて皆然り，でなければ公開処刑になる。衣服は一般人と同じだが，頭に長さ三丈二尺余りの薄い廲斯(ムス)産木綿——モサッラ（ターバン），骨組みは竹——を捲く。

> アム河を遡って東南に三十里行くと水が無いので，夜間に進む。班里(バルフ)の城(まち)を通過，非常に大きい。ここの人々は最近，叛亡したばかりで，いまなお犬の咆哮が聞えている。黎明に食事を済ませ，東に数十里進むと，北流する川があって，馬でしか渡れなかった。東岸に泊り，疲れを癒した。22日に田鎮海(チンカイ)が出迎えに来て行宮(あんぐう)に辿り着いた。
>
> 当時，チンギス・カンは，ホラズム・シャー国の残党を追って，ヒンドゥークシュ山麓に駐屯していた。

解説　1219年の暮れ，チンギス・カンからの使節団を，全真教の代表者丘処機は，教団の拠点の1つ山東の萊州(らいしゅう)にて満を持して迎える。直前に**金**(1115〜1234)と**南宋**(1127〜1276)の誘いを蹴って「大蒙古国(イェケモンゴルウルス)を選ぶ」姿勢を恩着せがましく示したが，もとより教団拡大のチャンスと見ていた。1221年陰暦2月に出立，北上して居庸関(きょようかん)を抜け，モンゴル高原へ出て西進，天山北路を通ってサマルカンドに至り，そこからヒンド

ゥークシュ山麓の軍営をめざした。じつはほぼ同時期、金・南宋・東真の各国も国使を当地に派遣したが、モンゴルが破竹の勢いで西方世界を切り開いてゆくさまを見せつけられただけだった。

丘処機招聘の目的は、長寿の薬の入手であったが、「禁欲・節制が肝心」という当たり前の回答しか得られなかった。かたや丘処機側の目的は、教団に課される賦役を免除してもらい財産・教徒を増やすことにあった。会見の内容は、チンカイによってモンゴル語で記録されたが現存せず、『玄風慶会録』と題する漢文版のみ伝わる（筆録を命じられた耶律楚材自身も『西遊録』なる旅行記を著しているが、半分は丘処機への罵詈雑言）。西征からの帰途、チンギス・カンはサイラム近郊での巻き狩りの最中に落馬した。体力の衰え、「死」は確かに意識されていたのだろう。そして2人は奇しくも同じ1227年に他界する。

李志常たちは、1周忌の事業として本書を刊行するかたわら、中都（現北京）の白雲観に師を記念する堂を建て、壁に西遊の有様を描いた。それらを合体した史志経『長春大宗師玄風慶会図説文』（天理大学附属図書館蔵）は、**クビライ**（在位1260〜94）以降のご進講にも使用された精緻な絵本だが、肝心の西遊を描いた巻が欠落しており、発見が望まれる。

参考文献
岩村忍・中野美代子訳『長春真人西遊記・耶律楚材西遊録』（世界ノンフィクション全集）筑摩書房、1961.

キーワード

全真教　金朝後期に王嚞（道号は重陽）が創設した道教教団。儒・道・仏三教の基本書『孝経』『老子道徳経』『般若心経』の読誦を奨励、妻帯・肉食を禁じて厳しい修行を課す。自身は侠客・乞食も経験、「害風」と称されたが、弟子の馬鈺・丘処機などの布教により、華北の名門・大族の子弟——科挙の挫折者、医薬・卜筮に長けた者を多く取り込んだ。丘処機の西遊を機に、各地の儒学校や祠廟を修復し次々に占拠、質店・宿屋などを多角経営。寺利にも食指を伸ばし長期にわたり仏教界と争った。自分たちの活動やモンゴル朝廷・諸王の庇護を誇示する記録を石碑・版木にさかんに刻したのも特徴。山西省の永楽宮の道観と壁画は、現存する中国建築・美術の最高峰。

関連年表

1206	チンギス・カン即位
1214	金の朝廷は河南の開封に南遷
1218	西遼滅亡
1219	ホラズム遠征の開始
1227	チンギス・カン崩御、西夏滅亡
1234	金朝滅亡
1256	高麗降伏
1258	アッバース朝滅亡
1260	クビライ即位
1276	南宋接収

（宮　紀子）

7 宋・モンゴル時代

63

コロンブスをも魅了した東方の驚異

世界の記述

マルコ・ポーロ

作者 マルコ・ポーロ
Marco Polo 1254 ? ~1324

　ヴェネツィアとコンスタンティノープルを拠点とした商家の出身で，父ニコロ，叔父マッフェオに従い，モンゴル諸王の庇護下に駅伝(ジャムチ)を利用してユーラシアを横断，大元大蒙古国(ダイオンイェケモンゴルウルス)(1271～1368)へ赴いた。**クビライ**(在位1260～94)の寵を受け，17年間，官僚として滞在。1290年に暇乞いし，フレグ・ウルスへの使節団とともに海路を利用して帰国の途につく。その見聞を，敵対勢力ジェノヴァの牢獄で同房となったピサ出身の作家ルスティケッロ(『アーサー王と円卓の騎士』の編者)が筆録・整理した，とされる。完成は1298年よりあと。胡乱(うろん)な記事も多いが，ヴェネツィアに伝来する「ポーロ家」の遺産文書に駅伝用の金牌(きんぱい)や中国の品が見えるため，実話説も根強い。

内容紹介　『世界の記述』(『百万の書』)
Le Deuisement dou Monde/Il libro ditto Milione 1298以降

　全編を通じて，マルコがとりわけ熱心かつ事細かに報告するのは，当時のヨーロッパ世界の王侯・教皇とは桁(けた)違いのクビライの富と権力・贅(ぜい)の限りをつくした宮殿の装飾・設備，頻繁に開催される大宴会や巻き狩りの一部始終。それを支える君主の城(まち)の経済活動である。

　このカン・バルクの都には，世界のどの城市にもない最も貴重で高額の品々が運ばれてくること，呑み込まれよ。何よりも先に申し上げるが，インド産の高額の品々――宝石・真珠・そのたの貴重品は全てこの都に将来される。そして，華北の地およびその他あらゆる

地方の，高級な品々・貴重なありとあらゆるものもまた，同様にここに将来される。ここに住む諸王・妃たち・貴族たち・ものすごい数にのぼる住民や軍隊・そのた大君(カアン)が設営する宮帳へ所用で到来する人々の故にだ(……)さらに，日ごとに絹絲を積んだ千台以上の車輛がこの都に入ってくることも，呑み込まれたい。金箔・絹絲の錦がたくさん織られているのだ。また，この都の周辺には二百以上の城市があり，遠近問わずそれら諸城の人々がこの都にたくさんの品物を買いにやってきて，かれらにとって必要な品々を入手している(……)このカン・バルクの都には，大君の造幣局がある。そして，大君が完璧な錬金術を手にしているといってよい体制である。

> Cipanguは東方の島で陸から海洋へ1500マイルの距離にある。ばかでかい島だ(……)そしてお伝えしよう，彼処には途方もなく大量の黄金があることを。
> パスパ字の漢字音記対照表『蒙古字韻』によれば，「日本国」は当時Žibunguuと発音した。『集史』「クビライ・カアン紀」でも，鉱物を産出する大きな島JMNKW>Jibangūとして紹介される。

カン・バルクは，厳密には金朝の首都中都(チョンドゥ)。クビライは，これも利用しつつ北側に大都(ダイドゥ)の城郭を一から立ち上げ，中心部の湖と河川・東シナ海を運河で繋ぎ，物資を運び込めるようにした。もとより世界の富を集中させる計画だった。その膨大な資金の運用を担った**ムスリム商人**・ウイグル商人は，小額紙幣の**交鈔**よりも，高額の塩引や税収を担保に振り出される為替を利用した。だが，銀立て経済のもと大量に印刷，公印を押され流通し，破損すれば一定の手数料で取り替えてくれる交鈔のシステムは，ヨーロッパには衝撃だったのだろう。15世紀末，本書の愛読者**コロンブス**(1451〜1506)がめざした地もカン・バルクであった。

解説　ニコロ兄弟の隊商は，1262年頃ジョチ家当主のベルケのもとを出立，チャガタイ家統治下のブハラに滞在していた1266年頃，大元ウルス(**元**)に向かうフレグ家の使節団に遭遇し同行。「ラテン人を見たことがない」クビライに拝謁後，ローマ**教皇**クレメンス4世への使節団副使に任じられ帰途についたが，病にかかった正使が離脱，駅伝を利用したにもかかわらず3年を要し，1268〜71年の教皇空位に直面した。グレゴリウス10世の選出後，マルコを連れ3年半をかけクビライのもとに戻り，さまざまな官職を任された。1290年，フレグ家当主アルグン(アバ

カの子でガザンの父,在位1285〜91)の后としてコガチン姫を送り届ける使節団に加わり,教皇・フランク国王などへの書簡も託されて,泉州(ザイトゥン)より船出した。故郷に戻ったのは1295年のことだった。

歴史背景の設定に齟齬(そご)はないが,他の使節と異なり,ポーロ一家の

▲紙幣での支払い(*Le Livre des Merveilles*, フランス国立図書館蔵)

実在を裏付ける公的記録が同時代の東西文献(教皇庁やヨーロッパ諸国の年代記・外交文書,膨大なペルシア語・漢文の史資料など)にいっさいないのが問題である。そもそもマルコ自体,最大の任務を忘れ故郷へ直帰している。自分たちを偉く見せるための嘘もつく。クビライは1254年にルイ9世が派遣した修道士**ルブルク**(1220頃〜93頃)と対面しているはずで,1261年にも**フランク王国**から黒海とカスピ海を越えてきた金髪碧眼の使節を接見していた。対**南宋**(1127〜1276)の襄陽戦(マンジャニーク)で投石機を製作・献上したのも,本当はフレグ家からの特派技師イスマーイールたちだった。また,3年間務めたという「揚州路長官」の一覧にマルコの名はない。盧溝橋を石の橋pul-i sangī,南宋皇帝をfaghfūr,金歯国をzar dandānと呼ぶこと,『**集史**』や『ヴァッサーフ史』との類似などから,ペルシア語の地理書や
→ P.159
使節団の筆記を種本にした疑惑が浮かぶ。

参考文献

愛宕松男訳注『完訳 東方見聞録』全2巻(平凡社ライブラリー)平凡社,2000.

月村辰雄・久保田勝一訳『全訳 マルコ・ポーロ東方見聞録——『驚異の書』fr. 2810写本』岩波書店,2002.

マルコ・ポーロ,ルスティケッロ・ダ・ピーサ(高田英樹訳)『世界の記——「東方見聞録」対校訳』名古屋大学出版会,2014.

キーワード

元 クビライは,『周易』の「大いなる哉乾元(かな)」「至る哉坤元」に基づき,従来の国号大蒙古国に「大元」を冠し,元号を「至元」とした。駅伝の基点を,モンゴル高原のカラコルムから大都(冬の首都。現北京)に変更し,上都(夏の首都)とのあいだを移動しながら国政を執った。徹底した商業主義で,紙幣・為替の流通を支える銀や塩の生産に力を入れ,公共事業による雇用創出もはかった。**南宋**接収やジャワ遠征で確保した運河・港湾を整備し,ユーラシアの水陸交通網を完全に連結,宗主国として諸ウルスをゆるやかに統合。結果,イベリア半島から日本まで外交使節や隊商が頻繁に行き交い,多言語による旅行記・辞書・百科事典が編まれることとなった。

(宮 紀子)

64 諧謔の旋律

元曲

関漢卿ほか

宋・モンゴル時代 7

作者 **関漢卿**(かんかんけい)
13世紀

漢卿は字(あざな)で，号は一斎もしくは已斎。現在の河北省の出身。生没年は不明だが，作品の1つ『拝月亭』は，1214年，**金**(1115〜1234)の朝廷が**大蒙古国**(イェケモンゴルウルス) →P.200 の侵攻を受けて南の開封に逃げ込んだ混乱期を描く。その一方，**南宋**(1127〜1276)が**大元**に接収された1276年には確実に，おそらくは →P.194 1297年頃まで存命していた。モンゴル朝廷お抱えの医師集団——太医院の官でありながら，質量ともに突出した元曲作家としてその名をとどろかせた。ちなみに滑稽・洒脱を競った親友の王和卿は，1260年の時点でクビライ政府の書類保管庫の管理官だった。

解説 「元曲」とは，漢文・唐詩・宋詞と同様，「その王朝を代表する文学ジャンル」との評価による後世の呼称にすぎず，「散曲」なる歌謡とそれを用いた「雑劇」と呼ばれる歌劇のこと。13世紀，華北に割拠する諸軍閥の食客，さまざまな人種からなる中央・地方の貴族・官僚たちが，宮廷の歌舞練場や官営妓院(ちゃくいん)での豪勢な接待や濃密な交流をもった結果，革新的な展開・隆盛を見せた。

散曲は，まず宮調と呼ばれる10種の音階と旋律ありきで，それらに歌詞を付してゆく。脚韻を踏むが，詩詞ほどの厳格な規則はなく，字あまりの場合は早口で唱えればよいので，口語や擬音・擬態語が多用される。結果，個人の観察眼・機智を存分に発揮できるようになり，従来と異なる視点の活力・ユーモアあふれる作品が次々と生み出された。代金を前払いしたのにあつらえの靴を寄こさない皮匠への罵詈雑言(ばりぞうごん)，友人に貸し

た愛馬が返却されるまでのヤキモキ，芸妓たちの醜悪な容貌・振舞いと官憲の手入れの実況中継，デブ夫婦の交歓の暑苦しさなど，いささか下世話なものも含め，現実とホンネが赤裸々に描出された。その人間臭い世界，皮肉な眼差しは，今日でもまったく古びていない。

　雑劇は，4幕構成で主役1人しか歌えず，幕ごとに宮調と韻の種類を変更するため，製作には文才が要求される。有名な歴史故事や冤罪を晴らす裁判物，死者を哭すあるいは亡霊が語る演目がめだつが（能や歌舞伎にも影響），これは各地に残る当時の舞台や壁画，石碑から証明されるように，雑劇がしばしば寺観や伝説の神々・歴代の名臣などを祭る祠廟での鎮魂祈禱・祝祭行事に付随して演じられたことと無縁ではない。事実，国家祭祀の一翼を担った**全真教**（→P.191）も雑劇と深くかかわっていた。当時，世界に輸出された青花磁器（染付）の壺や華北の磁州窯で焼かれた陶磁の枕には，雑劇の場面や散曲の一節が描出されている。こうした高価な調度品の使用者が元曲の愛好家であったことがよくわかる。

> ♪笠は目深に被れば両肩隠れ，頭巾は眉の際までシッカリ結ぶ。そろそろと笠のひさしを擡げてみれば，慌てふためき「君子は人の頭面を見ず」♪
> ♪醜きこと驢馬の如く，小さきこと豚の如し。『山海経』（怪物百科）を隈なく捲ってみても該当項目みつからず。徹頭徹尾全身毛だらけ。「お前ときたら何かの精だよ，そうそう，人に嚙みつく竹箒」♪
> 王和卿の散曲より。ハゲをからかう戯れ唄と長毛種の飼犬への愛情あふれる一曲。

内容紹介　『竇娥冤』13世紀

　関漢卿の代表作『竇娥冤』雑劇は，漢代の故事――若くして寡婦となった女が再婚せず姑につくすので，姑は嫁の将来を案じ自殺。恨んだじつの娘が女を誣告，女は刑死。3年間，当地は大旱魃となった――の翻案。竇娥は，幼少期に父の借金のカタとして高利貸しの蔡婆の家に嫁いだ。夫の死後も姑の蔡婆を支えて慎ましく暮らしていた。ある日，蔡婆がヤブの賽盧医（「古の扁鵲と張り合う名医」の意。賽は**ムハンマド**（→P.128）の聖裔もあらわす）に返済を督促して殺されかける。張という姓の父子に助けられ，2人を婿として迎える破目になるが，竇娥は拒絶。息子が蔡婆を邪魔者と考え，賽盧医からせしめた毒薬を羊の腸の湯に盛ったところ，父親が食べて死んでしまう。示談を拒否した竇娥は姑をかばい死刑に。3年後，粛

政廉訪使(巡察官)となった竇娥の父が冤罪を晴らす。モンゴルという時代が濃厚に投影された設定である。ハイライトは,刑場での竇娥の絶唱,無実の証として彼女の言葉通り6月に降る雪だが,ここ

▲雑劇図(『中国出土壁画全集②山西』科学出版社,2012)

では,年甲斐もなく爺と新婚気分でいちゃつく六十過ぎの姑に対し,「新郎を賀す」の旋律(これは痛烈な皮肉)にのせぶちまけた不満を紹介しよう。

🎵こっちが「お前さん,どうぞ食べなされ」とくりゃ,そっちは「婆さんや,先におあがり」。聴くに耐えぬわ,このやりとり。あたしゃ,どうにも腹に据えかねる。彼奴の家とはあってたまるか,親戚縁故。なぜに想い出してくだされぬ,在りし日の夫婦の情愛,何につけても夫唱婦随だったのを。おばば様,まさか思いめさるか,諺の「黄金は浮世の宝,白髪たれば故人は稀なり」にかこつけて(「故人は日々に疎し」とばかりに),旧き恩愛も新たな契りにゃ敵わぬと,ただひたすらに願うのは,百年の後このカレと同じお墓に入ること,誰が操を貫いて千里の彼方の亡き夫にわざわざ冬着の御支度届けるもんか,なんてね。🎵

参考文献

倉石武四郎編『宋代詞集』(中国古典文学大系)平凡社,1970.
田中謙二編『戯曲集』全2巻(中国古典文学大系)平凡社,1970・71.
赤松紀彦ほか編『元刊雑劇の研究』全3巻,汲古書院,2007〜14.

キーワード

金 女真族完顔部の首長阿骨打(ワンヤン)(アクダ)(在位1115〜23)が興した大金国(ダイキムグルン)は,**遼**(916〜1125)・**北宋**(960〜1127)の両朝をマンチュリア・華北から駆逐,約120年間にわたり,残留した契丹・漢人を統治した。テュルク・モンゴル諸部族は,金朝歴代君主に「アルタン・カン」の称号を奉ったが,真に主と仰ぐのは中央アジアの**西遼**(カラキタイ)(1132〜1211)であった。金は,軍事・行政に**猛安・謀克**(ミンガン)(ムケ)制を敷く一方,文化事業にも熱心で,宋の文芸・美術をより洗練されたものに変えていった。12世紀末より天災が頻発し,モンゴリアの諸部族の脅威が深刻になってゆくと,古典や詩賦を極めつつ医・薬・農・数・天文などの分野にも兼通する技術主義の人材が次々とあらわれた。元曲の根底をなす諷諭の精神も彼らによって育まれた。

(宮 紀子)

7 宋・モンゴル時代

65 チンギス・カン讃歌——モンゴル版『古事記』

元朝秘史

作者 奥書に「大聚会(イェケクリルタ)が聚っ着(あつまて),鼠児年(ねずみ)七月に,ケルレン河のキョデエ=アラルの七孤山に,スィルギンチェクと某地[欠落]の両(ふた)つの間に宮を下ろし着有(オルド)る時(てい),写い着畢(おわ)っ了(た)」とあり,本書269節の聚会(通称クリルタイ)開催時——**オゴデイ**の即位を決めた1228年の執筆説が有力。徴証として①**チンギス・カン**(在位1206〜27)の死後,次兄チャガタイと父の事跡・聖訓(クタトゥク・ビリク)をあまねく収集させていた事実,②長兄ジョチをメルキト族の種(たね)とそしる,などがある。ただ,ロシア遠征・**金朝**(1115〜1234)→P.197 滅亡・末弟トルイの死などの記事,オゴデイ自身の生涯総括の言から,1252年説——長期内紛を経てトルイの長子モンケ(在位1251〜59)がカアンに選出された——も根強い。いずれにせよ,261・274節の内容より**クビライ**(在位1260〜94)以降の増改訂は確実である。

内容紹介 『元朝秘史』
13〜14世紀

原書はウイグル文字モンゴル語で記され,**大元ウルス**(ダイオン)(**元**)朝廷および→P.194 モンゴル諸王の秘蔵するところであったが,大都陥落ののち,『十三朝実録』などとともに**明**(1368〜1644)の**洪武帝**(在位1368〜98)の手に渡った。1380年代,翻訳官・通訳養成のための教科書『華夷訳語』(対訳辞書・外交文書文範例集)を編纂した際,副読本としてこの書が選ばれた。モンゴル語の発音を厳密に指示すべく,原文に代えて大元ウルスで構築された万葉仮名のごとき漢字音訳による表記を用い,口語漢語による逐語訳を施すほか,節ごとに大意要約を付す。面妖な漢字の並びとは裏腹に,声に出して読めば,頭韻・脚韻を自在に踏み,対句を駆使した格調高い,

血沸き肉躍る語り物であることがわかる。おそらくは、『集史』の細密画(ミ
→P.159
ニアチュール)に見られるように、王族・譜代の御家人・大官たちが集合
するクリルタや宴会の場で楽器の伴奏下に謳われ、大蒙古国の成り立
ちやテュルク・モンゴル族の結束を再確認し合ったのだろう。時系列が
しばしば無視されるのは仕方ない。ここでは、ナイマンとの戦いを描く
第195節、かつて義兄弟の契りを交わすも敵方となったジャムカの口を
借りて謳われる英雄チンギス・カンの姿を見てみよう。

　　這の来たる的こそ我的テムジン・アンダ。他的全身は
　♬生銅を教て錬え来る šilemü-er širekde=ksen
　　錐子を刺すにも空隙無き šibüge-de qatqu=quy-a čölo ügey'ü
　　鉄を教て畳み到る temür-yier dabta=qsan
　　大針を刺すにも空隙無き tebene-de qatqu=quy-a čölo ügey'ü♬
　我的テムジン・アンダ、貪り食らう的鷹の般、這般に涎を垂らし来
　て有るぞ

成吉思合罕の根源は、上天より命有り的生まれ了的蒼色の狼で有る。他的妻は惨白き色の鹿で有っ来。

狼祖伝説はテュルク系諸部族に広く見られ、オゴデイが名乗ったカンのなかのカンを意味する「カアン」の称号も鮮卑・突厥のそれを復活したもの。モンゴルは軍事や文化・農業振興において北魏(386〜534)を模範とすることが多かった。しかも北魏は、王族の系譜・史伝を『金冊』『秘録』と呼び、そこには歴代君主の遺訓も収録されていたのだった。

解説　国史たる『蒙古脱卜赤顔』の編纂は『聖訓』とともに、太祖チンギス・カン、太宗オゴデイの御世に留まらず、以後の歴代カアンについても継続された。

憲宗モンケの死後、弟アリク・ブケとカアンの座を争っていたクビライは、自身の正統性を主張する手段として、1262年頃から遼・金史とあわせ太祖以降の実録の編纂を企画。宿衛の日記に基づいた先帝たち(カアンになれなかった父トルイも加える)の言行を補充する資料を収集させた。1286年に漢文・モンゴル語版が一応完成、そこから2年かけて文体に意匠を凝らしたウイグル文字モンゴル語の簡約版が編集され、クビライ自身の検閲を受けた(慣例としてジャライル部族の総裁官が全編朗読)。所詮歴史は勝者のもの、中傷・改竄何でもあり——のちの文宗トク・テムルは、自身の子を後継にするため、ウイグル官僚に命じて兄明宗コシラの『脱卜赤顔』に甥の出生疑惑を特記させた——。太宗・定宗グユクの部分の改稿に2年、モンケに

ついてはさらに手間を要した。次の成宗テムルも，世祖クビライの『脱卜赤顔』簡約版の完成時に再度総ざらいした。結局，太祖から世祖まですべて出揃ったのは1304年。このように修訂を重ね，そのつど金字で清書し金匱（きんひつ）におさめて諸藩に頒布したので，複数のヴァージョンの『脱卜赤顔』が蔵されることと

▲『元朝秘史』巻一第1葉（『四部叢刊』所収）

なった。これらが『集史』のいう 金 冊（アルタン・デプテル）で，『集史』の構成が実録と同じ「本紀」「事目」「聖訓／制誥録」なのも当然であった。

『脱卜赤顔』は部外者に見せないのが通例だったが，1311〜20年，チンギス・カンの西征で制圧されたバルクの名族の出で多言語を操るチャガンが仁宗アユルバルワダの聖旨を奉じ，最初の部分だけ漢文に訳した。その『聖武開天紀』は，『皇元聖武親征録』や『太祖実録』に依拠する『元史』「太祖本紀」と極めて近いもので，巷間にも流布した。**編年体**（→ P.182）のこれらは，『集史』「チンギス・カン紀」とよく一致する。ちなみに，チャガンの一家は大元ウルス治下に設定されたフレグ家の所領の財産管理者でもあり，**イル・ハン国**（1258〜1353）の最新の情報に接する機会も多かっただろう。

参考文献
那珂通世訳注『成吉思汗実録』大日本図書，1907.
村上正二訳注『モンゴル秘史――チンギス・カン物語』全3巻（東洋文庫）平凡社，1970〜76.

キーワード

大蒙古国（イェケモンゴルウルス）　オノン河畔より頭角をあらわしたテムジンは，諸部族を次々に統合，ケレイト，ナイマンを打破してモンゴル高原の覇者となり，1206年，**西遼**（1132〜1211）（カラキタイ）の君主を凌ぐ称号「チンギス・カン」を名乗った。金朝と**西夏**（1038〜1227）を叩いてから西遼，ホラズム・シャー国遠征を実施，滅ぼした。さらに，キプチャク草原を嫡長子ジョチに委ね，自身は他の三子とともに中央アジア・アフガニスタン制圧へ邁進，帝国の礎を築いた。西夏はチンギス・カンの遺言通り，死後まもなく征服された。オゴデイ時代に金朝を滅ぼし，ジョチ家の**バトゥ**（1207〜55）率いる軍団はロシア・東欧を席捲。バトゥの支持下に即位したモンケは，同腹弟のクビライ，フレグに東西遠征を振り分け，結果，モンゴルは人類史上最大の版図を手中にする。

（宮　紀子）

7 宋・モンゴル時代

66 中国史入門のベストセラー

十八史略

曽先之

作者 曽先之（そうせんし）
13～14世紀

　字（あざな）は孟参（もうしん）。号は立斎。**科挙**の合格者を多く輩出した江西の廬陵（ろりょう）（吉州路）出身。彼自身も1265年の会試において進士に及第。広東は恵州の製塩場の監督官にはじまり，湖南の衡陽（こうよう）・醴陵（れいりょう）2県の長，検察庁支部や国家専売の茶・塩を扱う役所の実務官を歴任。**南宋**（1127～1276）最後の宰相となった文天祥（ぶんてんしょう）とは同郷ということもあり，親しく交流していたらしい。南宋滅亡ののちは，劉辰翁（りゅうしんおう）（**杜甫**をはじめとする**唐**・**宋**の詩集を，評註・圏
→P.114
点を付すなどの工夫を施して解説したことで知られる）などとともに，地元にて教育・執筆・出版活動に勤しみ，92歳で亡くなった。

内容紹介 『十八史略』（じゅうはちしりゃく）
1297～1320

　『**史記**』から『五代史』に至る17種の正史を編年体にまとめ直した**司**
→P.96
馬光『**資治通鑑**』は全294巻，通読するにも相当の根性と時間が必要で
→P.180　→P.180
ある。そもそも，よほどの金満家でなければ個人購入は不可能で，おまけに上古と宋・**遼**・金については別の書物で補わねばならない。簡便で
→P.197
覚えやすい中国通史が求められた所以である。伝説の三皇五帝の時代から南宋滅亡まで描ききる曽先之の『十八史略』は，上・下2巻というお手軽さ，読み物としてのおもしろさもちゃんと考慮されている。一例を見てみよう。

　　北周の太祖皇帝は，姓は郭，名は威，本籍は山西太原の人である。
　　後唐の荘宗皇帝の大奥に姓を柴という腰元がおり，暇が出て実家に

帰り嫁ぎ先を探していた。ある日，屋敷の外門からのぞき見していると，男が一人，疾風のごとく駆けていった。柴氏は心騒ぐことひとかたならず，「あれはどなたなの」と周りに問い質すと，「従馬軍使——駅伝馬を牽く兵卒の郭雀児でござりまする（うなじに雀の刺青があったので，こう呼ばれていた）」と教えてくれた。柴氏はこの郭威のお嫁さんになりたいわとねだったが，両親が「お前は帝の傍付きだったのだから節度使に嫁いでもよいのに，なんでこんな男にくれてやらねばならんのだ」と許さない。柴氏も頑としてほかの人にはかたづこうとせず，結局は思い通り郭威に嫁いだ。

寒賤から身を起こした郭威が，動乱に乗じて瞬く間に帝王にのぼりつめることができたのはなぜなのか，この逸話1つで十分に推測できる仕掛けになっている。真面目一辺倒の『資治通鑑』には収録されておらず，曽先之は，わざわざ**北宋**(960〜1127)の蘇轍(蘇軾の父, 1039〜1112)の『龍川別志』から拾ってきて，適度に鋏を入れ編集し直したのだった。

> 己卯(1279)の正月に大元の軍勢が厓山に攻め到り，二月，連戦するも全敗。張世傑は幼君(衛王)，楊太后等を擁し脱出せんとしたが，陸秀夫が幼君等の御船に乗り込み「国事はかような仕儀となり果てぬ。陛下は国のために死なれませ，再び辱めを受けてはなりませぬ」と啓上し，幼君を懐に妻子も駆り立て，水中に身を躍らせ死んだ。
>
> 曽先之は，南宋の首都開城で擱筆せず，泉州・広州・安南へと落ちゆく王室・残党の姿まで描いた。

解説 現存最古の刊本は延祐年間(1314〜20)のものだが，より早く1297年の周天驥(号は耐軒, 吉州路の長官)の序文を掲げる刊本も存在する。書肆の偽造と見るむきもあるが，劉辰翁の息子の劉将孫によると，曽先之と周天驥が一緒に序文を寄せた書物も存在した。**大元ウルス(元)** →P.194 は，初等教育をはじめ文化事業に熱心で，全国各地の有用な書籍原稿に対して出版助成金を出し，著者を教職や文官に採用する体制を整えていたので，周天驥が推薦した可能性もある。ただ，携帯に便利な2巻本は，1頁に文字を詰め込みすぎていたうえ，地元の後輩で進士となった王礼や羅大己が漢字の発音や意味，固有名詞の解説などの割注を増修してゆき，老人の眼には辛いとの苦情が出た。かくて1342年，美しく大きな文字のワイド版(10巻本)を全額国費で製作，各地の官立学

校に頒布した。国家公認の歴史教科書となっていたのだ。

高麗(918〜1392)・日本からの留学僧・外交使節団は，この重宝する中国通史を競って買い求め，『古文真宝』『三体詩』などとともに本国に持ち帰った。そして朝廷での御進講，寺院の

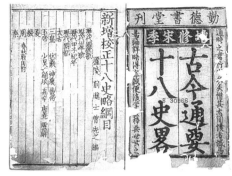

▲『**古今歴代十八史略**』封面（東京大学総合図書館所蔵，南葵文庫〈旧紀州藩蔵書〉）

授業などに用い，覆刻本までつくった。われわれが高校漢文の授業や大学入試の過去問で『十八史略』の記事に一度はお目にかかるのは，室町時代の足利学校，江戸時代の寺子屋教育の伝統を汲んでいるからだ。

　ところが，本家本元の中国ではこの書は消滅してしまった。**明代**(1368〜1644)は，宮中でも村塾でも読まれていた。2巻本の価格は雌鶏1羽分だったらしい。1372年に陳殷（ちんいん）が7巻仕立ての校訂本を出し，これを土台に1430年以降，劉剡（りゅうえん）・王逢（おうほう）・余進（よしん）といったガチガチの朱子学者たちが，大義名分論・**華夷思想**を振りかざして内容を大幅に改変した（元代を補ったので『十九史略』ともいう）。**女真**とモンゴルの連合政権である**清朝**(1616〈36〉〜1912)には癇に障るもので，低俗極まりないとのレッテルを貼られた挙句，『**四庫全書**』にも入れてもらえなかった。

参考文献
今西凱夫訳『十八史略』全2巻（中国の古典）学習研究社，1983・85.
林秀一編訳『十八史略』全2巻（新釈漢文大系）明治書院，1987.
竹内弘行編訳『十八史略』上・中（タチバナ教養文庫）たちばな出版，1999・2010.

キーワード

高麗　918年に王建が朝鮮半島に建てた，**高句麗**を範とする王国で，935〜936年に**新羅**・後百済を滅ぼし，北は鴨緑江まで版図を広げた。文官中心の統治体制を敷き，巧みな外交術で遼・宋・金と共存したが，1170年のクーデタで成立した武人政権は，モンゴルの侵攻に際し，40年あまり徹底抗戦，半島は焦土と化した。これを見た高麗王家は，ウイグル・カルルク・オングトなどの名門王族と同様，世継ぎを質子としてモンゴル帝室の宿衛（ケシク）に入れ，かつモンゴルの公主を正后に迎える駙馬（むこどの）の国となることで，国内での権力を取り戻し，既存の版図を維持することを選択。結果，行政・軍事のみならず言語や思想，衣食などの文化面でも大きな影響を受けた。

（宮　紀子）

明・清とアジア諸地域

67 天に代わって義をおこなう盗賊たち

水滸伝

施耐庵，羅貫中

作者 **施耐庵**
生没不詳

古い記録には，「施耐庵のテキストを**羅貫中**が編集した」と書かれているが，施耐庵の経歴はまったくわからない。解放後の中国で施耐庵の墓誌が発見されたが，偽物であった。一方，羅貫中は『**三国志演義**』の作者とされる人物である。この両者の関係について，施耐庵の原稿を羅貫中が整理したとする説，前の70回は施耐庵，後の30回は羅貫中の作とする説などさまざまな説があるが，どれも推測にすぎない。近代以前の中国では，小説はまともな文学とは見なされていなかったので，作者がわからないことは多い。12世紀の実在の盗賊であった主人公の宋江たちの話が，都市の盛り場でおこなわれていた講談や演劇のなかで雪だるま式に膨らみ，16世紀頃，現在の小説のかたちにまとめられたと考えられる。

内容紹介 『水滸伝』
16世紀頃成立

物語は，北宋（960〜1127）の仁宗皇帝の御代，1058（嘉祐3）年，疫病の流行により，太尉の洪信が**道教**の総本山，竜虎山の張天師を祈禱のため呼びに行くところから始まる。洪太尉が，開けてはいけないといわれる伏魔殿を開けたため，なかに閉ざされていた36の天罡星と72の地煞星が外に飛び出してしまう。これがのちに梁山泊に集う108人の盗賊である。それから約60年後の徽宗皇帝（在位1100〜25）のとき，ゴロツキで蹴鞠が上手な高俅は，皇帝に気に入られ太尉に出世する。その高俅ににらまれた近衛軍の棒術師範，王進は都を離れ，途中で史進に武術を伝授する。

史進は山賊との付き合いが露見し、故郷を出奔、軍人の魯達と出会う。魯達は誤って肉屋の鎮関西を殺し、五台山で出家し魯智深と名乗るが、素行がおさまらず、都に出て近衛軍の槍棒術師範の林冲と出会う。高俅の息子が林冲の妻に横恋慕したため、林冲は罠にはめられ流罪となり、護送役人に命を狙われるが、魯智深に救われ、流罪先で富豪の柴進の保護を受ける。しかしそこでも高俅の手下に殺されそうになり、ついに柴進の世話で梁山泊の盗賊となる。以下、多くの豪傑が連鎖式に登場し、紆余曲折を経て梁山泊に入り、ついに頭目の宋江のもと108人の豪傑が勢ぞろいする（ここまで71回）。梁山泊の平定にてこずった朝廷は、彼らを招安（降伏して官軍になるよう勧誘すること）し、官軍となった梁山泊の軍団は、北方の**契丹族**の王朝、**遼**（916～1125）との戦争で活躍する（ここまで90回）。次いで南方で反乱を起こした方臘を鎮圧するが、この戦闘で多くの戦死者・離脱者を出し、朝廷内の奸臣の陰謀もあり、最後は宋江も毒を飲んで死ぬ（ここまで100回）。このほか、方臘の乱鎮圧の前に、田虎および王慶の反乱軍と戦う内容、各10回を増加した120回本もある。

> 薛霸、水火棍をふりかざし、林冲の脳天めがけて打ちおろします。憐れむべし、豪傑のなほざりに赴くは鬼門関、惜しい哉、英雄もここに到っては却って南柯の夢となる。（……）はてさて林冲の命、いかがなりませうやまづは次回の講釈にて。
> （第8回、吉川幸次郎・清水茂訳）
>
> 流刑地への道中、護送役人の薛霸に棍棒で殺されかける林冲、さてその運命やいかに、でこの回は終わり、あとは次回のお楽しみ。次の第9回冒頭、魯智深が助っ人にあらわれ、やれやれと胸をなでおろす趣向。『水滸伝』はこの調子でストーリーを運ぶ。

解説 宋江は北宋末の**宣和**年間（1118～25）に実在した盗賊であり、**元代**（1271～1368）に編纂された『宋史』に3カ所名前が見えるが、詳しい事跡は不明である。次の**南宋**時代（1127～1276）、宋江とその仲間の話は、講談師によってしきりに語られたようで、現在の小説『水滸伝』が、講談師の語り口をまね、かつ1回ごとに最後の部分で次回のストーリーの展開を期待させる講談形式になっているのは、その名残であると考えられる。このような形式を章回小説といい、『三国志演義』や『**西遊記**』もみなこの形式によっている。南宋末、元初の『大宋宣和遺事』には、宋江以下36人の盗賊の物語が見えており、これが『水滸伝』の原型である。また元代に流行した雑劇という芝居には梁山泊の豪傑を描いた作品があ

るが，内容は小説と必ずしも一致しない。次の**明代**(1368〜1644)に物語はさらに膨らみ，16世紀前半に，盗賊の数が108人となった現在の『水滸伝』が成立したと考えられる。

この時期，人間の自由を強調する**陽明学**が流行したが，なかでも異端の思想家，李卓吾(1527〜1602)が『水滸伝』を高く評価し，その批評を書いた（李卓吾評の真偽については疑問もある）ことで，広く読まれるようになる。次の**清代**(1616〈1636〉〜1912)，文芸批評家の金聖嘆(1610 ?〜61)は，それまで地位の低かった戯曲と小説を古典文学と同等の価値をもつものとして積極的に評価し，戯曲『西廂記』，『水滸伝』と古典の『荘子』，『離騒』，『**史記**』，杜甫の詩を六才子書と称した（『水滸伝』は第五才子書）。ただし彼は，招安以後の内容は原作ではないとして切り捨て，梁山泊に108人が集うところで結末とし，批評を書いた。以後，中国で読まれたのは，この金聖嘆批評70回本(71回だが，第1回は前書きとした)である。日本には江戸時代にもたらされ，岡島冠山の部分訳(1728)，建部綾足の翻案『本朝水滸伝』(1773)が出たほか，滝沢馬琴の『南総里見八犬伝』などに取り入れられた。なお現代中国では，1975年に，宋江を裏切り者とする『水滸伝』批判が**毛沢東**の名によっておこなわれ，**文化大革命**中，修正主義者に対する攻撃に用いられたが，これは**四人組**による**周恩来**(1898〜1976)批判であったとされる。

参考文献
吉川幸次郎・清水茂訳『完訳　水滸伝』1〜6(岩波文庫)岩波書店，1998〜99．(100回本の全訳)
駒田信二訳『水滸伝』全3巻(中国古典文学大系)平凡社，1967〜68．(120回本の全訳)
高島俊男『水滸伝と日本人——江戸から昭和まで』大修館書店，1991．

キーワード

梁山泊　「水滸」とは水のほとりという意味として**儒教**の経典の1つ『**詩経**』(→P.93)に見える。具体的には山東半島中部にあった梁山泊一帯の沼沢地をいう。このあたりでは黄河がしばしば決壊し，北宋時代には一大湖沼地帯が形成され，盗賊の巣窟となっていた。元代，南北を貫通する大運河がこの近くを通過し，全国に知られるようになったことが『水滸伝』成立の1つの背景となる。現在では黄河河道の変化により，すでに干上がって往昔の面影はない。日本では手塚治虫，赤塚不二夫などが住んだトキワ荘を「漫画家の梁山泊」というように，優れた人材の自発的集まりを指す場合があるが，これは日本独自の用法である。

関連年表

12世紀前半	実在の盗賊，宋江が活動
13世紀後半	『大宋宣和遺事』成立
14世紀後半	作者とされる施耐庵，羅貫中が活動
16世紀前半	現在のかたちの『水滸伝』がこの頃までに成立
16世紀後半	李卓吾の批評により流行
17世紀前半	金聖嘆批評70回本成立

（金　文京）

明・清とアジア諸地域

68
お経を求めてインドへの珍道中

西遊記

呉承恩

作者 呉承恩(ごしょうおん)
1506〜82

『西遊記』の作者は、**魯迅**の『中国小説史略』以来、一般には呉承恩とされている。呉承恩は、江蘇省淮安府(現淮安市)出身の文人で、詩文に巧みであったが、**科挙**の試験には受からず、一時下級官吏となったほかは売文生活をしていた。『禹鼎集(うていしゅう)』という志怪小説(しかい)(怪談)集を編集したとされるが、現在は伝わらない。彼が『西遊記』の作者とされるのは、その著作のなかに『西遊記』という書物があるからだが、現在ではこの『西遊記』は題名が同じだが、小説の『西遊記』ではないとする説が有力である。『**水滸伝**』など、この時代の多くの小説と同じく、長いあいだに複数の作者によって書き継がれ、現在のかたちになったと考えるのが妥当であろう。

内容紹介 『西遊記』
16世紀成立

東勝神州の傲来国花果山の石から生まれた猿が、群れを従えて美猴王(びこうおう)となり、さらに須菩提祖師(すぼだいそし)から孫悟空の名前と法術を授かり、また竜宮の如意棒を手に入れる。やがて天界にのぼって、玉帝により弼馬温(ひつばおん)の官職に任じられるが、それがただの馬飼いと知って激怒し、自ら斉天大聖(せいてんたいせい)と名乗り大暴れするものの、最後はお釈迦さまによって五行山の下に閉じ込められる。一方、**唐**(618〜907)の**太宗**(在位626〜649)は地獄巡りから帰って、死者の供養のため、釈迦の弟子、金禅子の生まれ変わりである**玄奘法師**に法会を開かせる。そこへ釈迦如来から経典をとりにくる僧

を見つけるよう依頼された観音菩薩の化身があらわれ，玄奘に取経のためインドへ行くよう勧め，玄奘は太宗の命を受けインドへの旅に出る（この前に玄奘の出自を語る江流和尚説話を述べるテキストもある）。

玄奘は，まず五行山で孫悟空を助け出して弟子とする。次いで鷹愁澗で玉竜を乗馬とし，さらに高老荘では天界の天蓬元帥であったが罪を犯して地上に追放となった猪八戒，流沙河では同じく天界の捲簾大将であった沙悟浄を得て弟子とする。一行は観音菩薩や天界と土地の神々の庇護を受けながら，各地で出会った妖怪たち（その多くは孫悟空，猪八戒と同じく，天界の神や菩薩と何らかの関係があり，そこから逃れてきた者である）と戦い，ついに81の法難を克服し，紆余曲折を経てお釈迦さまから経典を授けられる。唐に帰り，玄奘は栴檀功徳仏，孫悟空は闘戦勝仏，猪八戒は浄檀使者，沙悟浄は金身羅漢となる。

> 「ほんとのことを言わせてもらいますぜ。この孫さま，もしその気になれば，この広い天下万国，どこへ行ったって国王ぐらいにはなれるんです。しかしね，おれさまも坊主の暮らしが身についちまって，ごらんのとおりの風来坊だ。これで国王にでもなった日にゃ，まるめたあたまは伸ばさなきゃならん，早寝はできず寝坊もできん，辺境に異変があれば心配だし，飢饉だ，災害だ，となれば心痛の種，ということになる。おれさまには，ちょっと辛抱できないね。だから，あんたはあんたで国王暮らし，こっちはこっちで坊さん暮らし，功徳を積みながらの旅がらす，でいきましょうや。」
> （第40回，中野美代子訳）

これは烏鶏国の国王から王位を譲られたときの孫悟空の返事である。最高権力者に対する痛烈な皮肉であろう。日本では『西遊記』は子どもの読み物になっているが，本当は決してそうではない。

解説 玄奘は，インドから多数の経典を持ち帰り，その多くを翻訳した名僧である。その旅行記である『**大唐西域記**』(646)は，当時の中国とインドを結ぶシルクロードの歴史と地理を知るうえでの貴重な資料であり，むろん小説『西遊記』のような空想の産物ではない。しかし玄奘の偉業は，早くから伝説化して広く語られていた。例えば玄奘の伝記『大慈恩寺三蔵法師伝』には，玄奘が砂漠で喉の渇きに苦しんだとき，夢に長身の神があらわれ，玄奘を励ましたとあるが，日本の僧，常暁が唐から持ち帰った「深沙神像」では，この神は毘沙門天の化身である深沙神とされている。これが沙悟

浄の原型である。また京都の高山寺に伝わった，**南宋**時代(1127〜1276)，都の杭州で出版された『大唐三蔵取経詩話』は『西遊記』の原型とされる作品だが，猴行者(こうぎょうじゃ)が弟子として従うほか，道中で深沙神に出会う場面もある。猴行者は孫悟空の原型で，起源は古代インドの猿神ハヌマーンであるとの説もある。次いで**元**時代(1271〜1368)，朝鮮半島の**高麗**でつくられた中国語の教科書『朴通事』には，大都(現北京)の本屋で『唐三蔵西遊記』を買う場面があり，車遅国の部分が引用されている。さらにその15世紀の註釈に『西遊記』の梗概(こうがい)が記されており，そこに朱八戒の名前が見える。これがのちの猪八戒である。明初には戯曲『西遊記雑劇』もつくられ，また民間宗教の経典である『鎖釈真空宝巻(しょうしゃくしんくうほうかん)』にも『西遊記』の梗概が記されているほか，『永楽大典』には，魏徴が夢で竜を斬る話が見える。そして16世紀に現在のかたちの小説が成立したと考えられる。小説では，玄奘と3人の弟子，竜馬を宇宙の生成原理である木火土金水の五行に配当するなど，中国固有の宗教である**道教**の影響もあり，複雑な構成になっている。

参考文献

太田辰夫・鳥居久靖訳『西遊記』(中国古典文学大系)平凡社，1971〜72.
中野美代子訳『西遊記』全10巻(岩波文庫)岩波書店，2005.
中野美代子著『西遊記の秘密——タオと煉丹術のシンボリズム』(岩波現代文庫)岩波書店，2003.
磯部彰著『旅行く孫悟空——東アジアの西遊記』塙書房，2011.

キーワード

三蔵法師玄奘　玄奘(602〜664)の本名は陳禕で，縦氏(今の河南省偃師市)の人。早くに父を亡くし，僧となった兄に従って出家し，各地で修行を積み，21歳(622)で戒律を受け正式の僧侶となった。629年，インド行きを志し，国禁を犯して出国，数々の困難を乗り越えインドに至り，各地で勉学に励むとともに仏跡を巡礼して，16年後の645年，多くの仏典を携えて帰国し，時の皇帝，太宗の歓迎を受けた。インド旅行の詳細は，玄奘が太宗の命によって撰述し，弟子の弁機が編集した『大唐西域記』に記録されている。帰国後は長安で仏典の翻訳に専念し，『般若心経』『大般若経』『維摩経』など多くの経典を原文に忠実に訳し，その功績により三蔵法師の称号を与えられた。宗派では法相宗の祖とされる。彼は偉大な宗教者にして大冒険家であったが，小説では女性的で頼りない人物として描かれてしまった。

関連年表

602	玄奘出生
629	玄奘，インドに旅立つ
645	インドから帰国，仏典翻訳開始
664	玄奘死亡
12〜13世紀	『大唐三蔵取経詩話』出版
14世紀後半	『朴通事』に『唐三蔵西遊記』が登場
16世紀	小説『西遊記』成立

(金　文京)

8 明・清とアジア諸地域

69 東アジアのロングベストセラー

三国志演義

羅貫中

作者 羅貫中（らかんちゅう）
?～1364以降

　羅貫中は**元代**(1271～1368)末，**明代初**(14世紀後半)の文人で，その略歴は当時の戯曲作者のリストである『録鬼簿続編』に見える。それによると彼は太原(山西省)の人で，号は湖海散人，戦乱に遭い各地を放浪しながら戯曲を創作した。元末の1364年には確実に生存していたが，その後のことはわからない。戯曲作品には『風雲会』『連環諫（れんかんかん）』『蜚虎子（ひこし）』があったとされるが，『風雲会』以外は現存しない。出身地について，明清代に刊行された『三国志演義』のテキストでは，東原(山東省東平市)としており，また名前は本，貫中は字(あざな)とするものもある。さらには杭州(浙江省)の人とする明代の記録もあるが，これは彼が各地を放浪したためで，北方の太原から東原を経て南方の杭州に移住したと考えればよいであろう。そのほか『**水滸伝**』『平妖伝』『隋唐両朝志伝』などの小説も彼の名前を冠するが，その真偽は不明である。

内容紹介 『三国志演義』
14世紀後半

　後漢末期(2世紀後半)，**宦官**が権力を握り，政治が乱れ，**黄巾賊の乱**(184)が起きる。乱を平定するため軍に志願した**劉備**，関羽，張飛は義兄弟の契りを結び軍功をたて，乱後，劉備は安喜県の県尉，次いで平原県令となる。宦官に代わって権力者となった**董卓（とうたく）**の横暴ぶりに，関東の諸侯は袁紹を盟主とし連合して対決，そこで曹操，孫堅が頭角をあらわす。董卓が部下の呂布に殺されたあと，曹操は皇帝(献帝)を迎えて中原（ちゅうげん）を掌握，

北方は袁紹が支配し，南方では孫堅の子の孫策，**孫権**が台頭する。劉備は曹操のもとに身を寄せていたが，曹操暗殺の陰謀に加担したため，袁紹のもとに逃れ，曹操と袁紹が対決した官渡の戦い(200)で曹操が勝利すると，さらに荊州の劉表を頼り，そこで諸葛孔明に出会って天下三分の計を授けられる。

　劉表の死後，曹操が荊州を征服，さらに南下するが，赤壁の戦い(208)で孫権，劉備の連合軍に敗れた。赤壁の戦い後，劉備は荊州を根拠地とし，さらに益州の劉璋を滅ぼし勢力を拡大する。曹操の死後，長男の**曹丕**(文帝)が献帝から禅譲を受けて即位し，**魏**(220〜265)を建国すると，劉備も**蜀**(221〜263)の皇帝となり，やがて孫権も**呉**(222〜280)を建てる。しかし荊州にいた関羽が呉の呂蒙に殺されたため，劉備はその弔い合戦をおこなうが，張飛が部下に暗殺され，劉備も夷陵の戦いで呉の陸遜に敗れ，失意のうちに白帝城で死ぬ。劉備の死後，孔明は呉と講和，南方を平定したのち，6回にわたり北伐をおこない，魏の**司馬懿**と対決するが，ついに成功せず五丈原で死ぬ。魏では司馬懿が権力を握り，その子の司馬昭のときに蜀を滅ぼし，孫の司馬炎(武帝)が魏から禅譲を受けて**晋**(265〜316)を建て，やがて呉を滅ぼし，三国を統一する(280)。

> ここに劉備・関羽・張飛の三人，姓は同じくしないけれども，すでに兄弟のちぎりを結ぶからは，心を一つにし力を合わせ，苦難にあい危険にのぞむものを救いたすけて，上は国家の恩にむくい，下は民草を安らかにしたい。同年同月同日に生まれなかったのは是非もない，ねがわくは同年同月同日に死にたい。皇天后土の神も照覧あれ，もし義にそむき恩をわすれることあらば，天の罰をこうむるであろう。
> （第1回，小川環樹・金田純一郎訳）

おなじみの桃園結義でのせりふであるが，3人が義兄弟になったのは，フィクションで史実ではない。しかし劉備と張飛が関羽の弔い合戦のために死んだのは事実であり，同年同月同日には死ねなかったものの，義に殉じたといえるであろう。小説はこのように史実の奥にある真実に基づいてフィクションを組み立てている。そこに『三国志演義』の魅力があるといえよう。

解説 **三国時代**には多くの英雄が活躍したため，当時からさまざまな伝説，フィクションが生まれ，やがてそれらが芸能化された。**宋代**(960〜1276)には，講談や影絵芝居にもなり，「説三分」(三国物語)を得意とする霍四究という講談師の名前も伝わっている。次の元代に流行

した演劇である雑劇には，三国物語に取材した作品が多く残されている。また至治年間(1321～23)，南方の建安(現福建省建甌市)で出版された挿絵入りの小説『三国志平話』では，漢の高祖，劉邦(前247～前195)の功臣で，のちに劉邦に殺された韓信，彭越，英布の3人が，冥界の裁判により，復讐のためそれぞれ曹操，劉備，孫権に，また劉邦は献帝に転生するところから物語が始まっており，荒唐無稽な内容もあるが，のちの演義小説のひな形となった。この『三国志平話』に基づき，正史の**『三国志』**や通史の**『資治通鑑』**→P.180などの歴史書を利用して，荒唐無稽な筋をより合理的なものに改め，史実とフィクションを巧みに織り交ぜ，文章も読みやすく書き換えたのが，羅貫中の『三国志演義』である。現存する最古のテキストは1522年刊行のものだが，のち**清代**初めの毛宗崗(1632～1709)がさらに内容を整理し批評を加えた。現在通行しているテキストは，この毛宗崗評本である。なお1650年には満州語訳が出版されたほか，日本には江戸時代初期に伝わり，湖南文山訳の『通俗三国志』(1689～92)，葛飾戴斗の挿絵を配した『絵本通俗三国志』(1836)など多くの翻訳，翻案が生まれ，朝鮮半島でも銅活字本が出版されるなど，古くから東アジアの漢字文化圏において多くの人々に愛読されてきた。

参考文献
小川環樹・金田純一郎訳『完訳　三国志』(全8巻)岩波書店，1983．
井波律子訳『三国志演義』全7巻(ちくま文庫)筑摩書房，2002～03．
井波律子訳『三国志演義』全4巻(講談社学術文庫)講談社，2014．
金文京『三国志演義の世界』(東方選書)東方書店，2010．

キーワード

『三国志』　普通，小説『三国志演義』は『三国志』と呼ばれているが，本来の『三国志』は小説ではない。『三国志』は三国時代が終わってまもなく，陳寿(233～297)が書いた歴史書であり，「魏志」「蜀志」「呉志」からなっている。「魏志」には**邪馬台国**の記事がある「東夷伝」が含まれる。小説と歴史書の違いは，歴史書が史実に忠実なのはむろんのこと，『三国志』は魏を中心に書かれているのに対して，『三国志演義』では蜀が正統な王朝と見なされている点である。陳寿は蜀の出身であるが，魏を受け継ぎ三国を統一した晋の時代に生きたため，魏を中心としたが，小説は後漢王朝復興を旗印とした蜀に正義があるという**朱子学**の影響を受けている。

関連年表

220～280	三国時代
290頃	陳寿『三国志』完成
5世紀前半	裴松之が『三国志』の註釈を作成
1321～23	『三国志平話』刊行
14世紀後半	羅貫中が『三国志演義』を編纂
1522	現存最古の『三国志演義』刊行
17世紀後半	毛宗崗評本成立
1689～92	日本の湖南文山訳『通俗三国志』刊行
1836	『絵本通俗三国志』刊行

(金　文京)

明・清とアジア諸地域

70 戦う道教の神仙たち

封神演義

許仲琳

作者 　**許仲琳**（きょちゅうりん）
生没不詳

　『封神演義』の作者については，数人の人物が想定されており，許仲琳はその1人にすぎない。実際には『封神演義』の最も古い版に許仲琳の名があるだけで，本当に作者かどうかは不明である。許仲琳は，また鍾山逸叟（しょうざんいつそう）と称し，南京近辺に住んでいたと考えられている。ただ生没年を含め，その事績についてはいっさい不明である。現在と異なり，当時は小説や戯曲を執筆する人間の地位は低く見られていたので，多くの小説家の事績は不明確である。

　『封神演義』の作者としては，このほかにも**明代**（1368〜1644）の著名な道士である陸西星（りくせいせい）や政治家の王世貞（おうせいてい）をあてることもある。ただ，いずれも根拠に乏しい説である。これとは別に，許仲琳と李雲翔（りうんしょう）の2人が共同で『封神演義』をつくりあげたという説もある。

内容紹介　**『封神演義』**（ほうしんえんぎ）
16世紀後半〜17世紀前半成立

　この「封」というのは「任命される」という意味で，「神々が任命される物語」とでも訳すのがよいかと思われる。神々に任命される者たちの名は「封神榜」（ほうしんぼう）という名簿に載せられている。そのため『封神演義』自体が『封神榜』と呼ばれることもある。

　舞台となるのは，**殷王朝**（前17〜前11世紀）と**周王朝**（前11世紀〜前256）が交代する時期である。そのあらすじは次のとおり。

　殷の紂王（ちゅうおう）は，当初は英明な君主であったが，妃となった妲己（だっき）（狐狸（こり）の妖

怪)のために暴虐をおこなう暗君となっていく。殷に代わって天命を受けることになったのは周の姫昌(周の文王)である。崑崙山には**道教**の一派である闡教の本拠があったが，そこで40年修行した姜子牙(太公望呂尚)は，師の元始天尊から突然下界して「封神」をおこなうことを命じられる。殷と周との争いに応じて，闡教ともう1つの派である截教の道士，それに人間界の多くの者を戦わせ，亡くなった者たちから365人の神々を任命するというものであった。姜子牙は周の姫昌に見出され，周国の宰相となる。姫昌は没し，そのあとを姫発(武王)が継ぐ。殷は討伐の兵を次々と送る。その軍勢には不思議な能力をもつ道士などが加勢し，また周の国も闡教から多くの道士たちが防御にあたり，法術や妖術を駆使しての戦いとなっていく。その後姜子牙は兵を進め，数百の諸侯たちが武王に味方するため孟津に集まった。紂王は敗れて自害する。武王は諸侯に推戴されて天子となり，天下を安定させる。姜子牙は陣没した者たちの魂を集め，封神台において神々に任命する儀式をおこなう。かくて天界も仙界も人間界も，平和を取り戻すこととなった。

> 哪吒は混天綾を水中に放つと，水が赤くなった。そして揺らすにつれて，河の水が波たち，天地を揺るがすほどになった。それは東海の龍王の住む水晶宮まで影響を及ぼし，さしもの龍宮も揺れ始める(……)。

7歳の童子にすぎない哪吒が洗っただけで，東海龍王の宮殿を揺るがすほどの威力をもつ混天綾。『封神演義』ではこういった法器の数々が，物語において重要な役割を果たす。

解説 前11世紀に起こった殷周革命を題材とした小説であるが，殷と周の歴史的な経緯はあまり重視されず，登場する仙人や道士，異人や妖怪などの戦いに主眼がおかれている。登場する道士や異人たちは，多様な法器(宝貝)をもっており，その力で相手を倒す。仙人たちも法器を使って戦う。神話的な物語であり，歴史的事実はほとんど無視されている。そもそも，殷周の頃は道教が成立するはるかに以前の時代であり，道士がいるわけはない。この時期の小説すべてにいえることであるが，時代考証はまったくなされていない。

こういった神々や仙人，仏菩薩や妖怪などが活躍する物語は，**元**(1271〜1368)の時代から徐々に出始めており，明代には数多く出版される。そのなかでも『**西遊記**』と『封神演義』が最もよく知られている。その背景となるのは，嘉靖帝の有名な道教への耽溺である。嘉靖帝はあまりに

も道教に入れ込みすぎて，政治は乱れたとされる。また厳嵩（げんすう）などは，道教の祭文である「青詞（せいし）」を書くのが上手なので出世し，「青詞宰相」と称されたほどである。陶仲文（とうちゅうぶん）などの怪しげな道士も，嘉靖帝のもとでは非常に重んじられた。『封神演義』に登場する聞仲のモデルは，この陶仲文であるともいわれている。

明末はまた経済が発展した時代でもあった。このときに，道教以外の宗教も大きく発展し，また**イエズス会**宣教師**マテオ・リッチ**(1552～1610)が中国に来て布教を始めた。庶民経済の勃興を背景に，民間信仰も大いに発展し，関帝（かんてい）や媽祖（まそ）などの廟があちこちに建てられた。『封神演義』が書かれた背景には，こういった明末の経済と宗教文化の発展がある。

『封神演義』は，小説自体はそれほど読まれず，むしろ演劇や講談の材料となって，庶民のあいだに広まっていった。仙人や道士が入り乱れて戦うという奇想天外な物語であるため，民間では大きな人気を得た。現代においても，映画やテレビドラマ，漫画やアニメーションの題材となり，その物語は再生産されている。

清(1616〈1636〉～1912)の時代になると，道教はやや軽んじられていく。そのため，道教をベースにした小説は少なくなる。

参考文献
八木原一恵『封神演義』(集英社文庫)集英社，1999．
許仲琳編『完訳封神演義』全3巻，光栄，1995．
二階堂善弘『封神演義の世界——中国の戦う神々』(あじあブックス)大修館書店，1998．

キーワード

明王朝と道教　経済が発展し，庶民文化が発達した明代の末期は，**陽明学**が興ったり，**キリスト教**の布教がおこなわれていた一方で，道教の信仰が盛んであった。明の皇帝の多くは，道教を過信して，不老不死の薬を求めたり，道教の寺院を建て直したりした。同時にまた民間信仰も発達した。関帝や媽祖など，いま中国やアジアの各地で拝まれている神々は，この時代に信仰が発達したものが多い。こういった神々は，民間の文学作品や芸能のなかにもたくさん登場する。なかでも有名なのは『封神演義』と『西遊記』で，この2つの作品は，後世の宗教文化に大きな影響を与えることとなった。

関連年表

1521	明の嘉靖帝即位，道教を好んだために政治が乱れる
1539	陶仲文が嘉靖帝の南巡に従い，高い位を与えられる
1541	嘉靖帝が政治を顧みなくなり，厳嵩が政治を壟断する
1566	隆慶帝即位，いったんは道教尊崇の動きは止まる
1572	万暦帝即位，明の経済や文化は爛熟するものの，政治は停滞
1598	マテオ・リッチ北京に来たる
1620	泰昌帝・天啓帝相次いで即位，宦官魏忠賢の専横
1628	崇禎帝即位するも，国勢は衰える一方となる
1644	李自成の軍が北京を包囲，崇禎帝は自殺し明が滅ぶ

(二階堂善弘)

8　明・清とアジア諸地域

71

中国古典小説の金字塔

紅楼夢

曹雪芹

作者　曹雪芹（そうせっきん）
?～1763?

中国，**清代**（1616〈1636〉～1912）の小説家。名は霑（てん），字（あざな）は雪芹。生年は1715年から24年のあいだ，没年は1763年前後とされる。曹家は**康熙帝**（こうきてい）（在位1661～1722）と特別なつながりをもち，曹雪芹の曾祖父から父の世代まで，60年の長きにわたって南京で江寧織造処（こうねいしょくぞうしょ）の長官を務め，江南地方の社会情勢を内々に報告する義務を負い，民政の安定にも寄与したが，1727年，**雍正帝**（ようせいてい）（在位1722～35）の時代に家産没収の憂き目に遭った。北京に引き揚げたというその後の状況は不明であり，曹雪芹の伝記も謎に包まれているが，貧困のなかで創作活動に取り組んでいたとおぼしい。世俗に迎合せず，おおいに酒を愛したことから**三国時代**の阮籍（げんせき）に比せられた彼は，愛児が病死したことに衝撃を受けて亡くなったといわれる。

内容紹介　『紅楼夢』（こうろうむ）
1791

天上世界のユートピア太虚幻境（たいきょげんきょう）の仙草である絳珠草（こうじゅそう）は，神瑛侍者（しんえいじしゃ）の手で甘露の恵みを受け，草木の姿を脱して仙女となる。恩返しをしたいと願う彼女は，神瑛侍者が人間世界へ降りることを知るや，自分の流す涙で旧恩に報いようと決心してあとに続き，そのほかの仙女たちも人間世界へ降る。神瑛侍者は建国以来の名門である賈（か）家に生まれ落ち，賈宝玉（かほうぎょく）となる。絳珠草は宝玉の父方の従妹林黛玉（りんたいぎょく）となる。そのほかの仙女たちも，宝玉の母方の従姉の薛宝釵（せつほうさ）など，宝玉の姉妹や親戚あるいは賈家の侍女となって集まる。宝玉や少女たちが暮らす大観園（たいかんえん）は太虚幻境を再現した

地上の楽園であり，折にふれて詩才を競い合うなど，優雅で華やかな生活が繰り広げられる。絶えず涙を流す黛玉，彼女を優しくいたわる宝玉，さらにその2人を取り巻く少女たちが見せる喜怒哀楽の情は純粋で美しい。互いの感情が微妙にもつれたとき，宝玉と黛玉の思いはかえって深まっていく。しかし，すでに回復不能となっていた賈家の財政破綻と一族の堕落ぶりは，やがて大観園をも蝕み始める。大多数の少女たちは俗世の利害に通じて大人になることを余儀なくされ，「女の子は水，男は泥」からできたと信じ，少女たちが思いのままに暮らす大観園に理想郷を見た宝玉も，精神的に打ちのめされていく。宝玉はペテンにかけられて宝釵と結婚させられる一方，時を同じくして黛玉は寂しく病死する。なおも続く少女たちの離散と賈家の没落を目の当たりにした宝玉は，ついに俗縁を断ち切っていずこともなく出奔し，物語は完結する。

> 仮が真となる時には真もまた仮であり，無が有となる所では有もまた無である。
> 第1回より引用。快楽や繁栄を絶えず追い求める人間の欲望それ自体のなかに，それらを無に帰し，空虚なものにしてしまう反作用的な力が必ず含まれているのだという。この小説の透徹した世界観を凝縮した言葉。

解説 『紅楼夢』は全120回のうち，前80回がほぼ曹雪芹の手になる。『石頭記』の名を冠した80回本は，遅くとも1754年頃から作者周辺の人々によって写本のかたちで伝えられたらしい。1791年，はじめて120回の木活字本『紅楼夢』が出版され，以後それに倣った各種の版本があらわれて広く読まれるようになった。なかには禁書による取り締まりを避けて『金玉縁』と題されたものもある。旧説では高鶚を後40回の補作者と見なすが，必ずしも定論とはなっていない。少女たちがつくりだした美の世界とその悲惨な結末は，抗しがたい魔力によって「紅迷」(紅楼夢フリーク)と呼ばれる熱狂的読者を数多く生み出してきた。アヘンの流入に対する報復として『紅楼夢』を輸出せよという意見もでたほどである。しかし，そのような大反響とは裏腹に，作品の成立事情や作者の伝記にはほとんど関心が払われなかった。旧中国では，小説はあくまで暇つぶしの娯楽読物にすぎなかったため，小説を詩文と同じくまっとうな文章・文学として扱う意識は極めて薄かったのである。本格的な研究が始まったのは20世紀に入ってからであり，胡適(1891～1962)の『紅楼夢考証』(1920)と兪平伯の『紅楼夢弁』(1923)がその代表である。前者

は曹雪芹を作者と断定し,『紅楼夢』はその自伝であると唱えたこと,後者は後40回を続作と立証したことにより,それぞれ決定的な影響力をもった。また王国維の『紅楼夢評論』(1904)は,『紅楼夢』を通じて「文学とはなにか」という根本的な課題に挑んだ論考として特筆に値する。今日では『紅楼夢』を中国文化の結晶として捉える著作も数多く刊行されている。

物語に描かれた建物や衣装,調度や料理などをイメージするうえで,テレビドラマの『紅楼夢』を鑑賞することもお勧めしたい(DVDなどで日本でも入手可能)。

▲林黛玉の「葬花」の場面(著者提供)

参考文献

曹雪芹(高鶚補,井波陵一訳)『新訳 紅楼夢』全7巻,岩波書店,2013〜14.
曹雪芹(高鶚補,伊藤漱平訳)『紅楼夢』全12巻(平凡社ライブラリー)平凡社,1996〜97.
曹雪芹(高蘭墅補,松枝茂夫訳)『紅楼夢』全12巻(岩波文庫)岩波書店,1972〜85.

キーワード

紅迷 『紅楼夢』に取り憑かれた人々を指す言葉。「迷」は夢中になる意。『紅楼夢』に登場する少女たちがつくりだした美の世界とその悲惨な結末は,「林黛玉の位牌を設けて,日夜それを祭った。黛玉が絶食し詩稿を焚く数回まで読み進むと,嗚咽して声を失った。夜中にいつも忍び泣きし,とうとう精神に異常をきたしてしまった」という読者を生み出すほど,当時の中国社会に強烈な影響を与えた。作家の茅盾(1896〜1981)が30分以上暗誦したと伝えられるように,『紅楼夢』の文章は読者の血肉と化している。『紅楼夢』に関する知識を競うテレビのクイズ番組が企画されるなど,現代の中国においても群を抜いて人気が高い。

関連年表

1663	曹雪芹の曾祖父曹璽が江寧織造となる
1690	祖父曹寅が江寧織造となる
1712	曹寅死去
1715	この頃曹雪芹誕生(一説に1724)
1722	康熙帝死去
1727	曹家没落
1763	この頃曹雪芹死去
1791	120回本『紅楼夢』出版

(井波陵一)

明・清とアジア諸地域

72 科挙をめぐる中国社会百態

儒林外史

呉敬梓

作者 **呉敬梓（ごけいし）**
1701～54

1701年，南京の東約50km に位置する安徽省全椒県に生まれた。曾祖父は1658年に好成績で**科挙**に合格したのち，官僚として栄達した。祖父の世代も進士を輩出し，呉家は「書香の門」（学問によって身を立てる一族）となった。14歳で父が教諭として任官していた江蘇省北部の贛楡県に移った。父は一人息子の勉学を監督するために遠い任地に呼び寄せ

たのだった。23歳の頃「**生員**（せいいん）」の資格を得て故郷に戻ったが，1733年，南京の秦淮河畔に居を定めてからは，大都会の市井の人々のなかで生活した。これが『儒林外史』という型破りの作品を生み出す基盤となった。放蕩に近い生活を支えたのは遺産であり，それがつきると売文や友人の援助に頼った。1754年冬，揚州で知友と痛飲した直後に急死した。

内容紹介 **『儒林外史（じゅりんがいし）』**
1749

「儒林」とは学問者・知識人として身を立てた人々のこと。明清時代の

中国では，知識人の多くは科挙試験を通じて官僚となることをめざした。辛い受験勉強，激烈な競争，試験をめぐる運命のあや，人格陶冶の理想と現実との乖離，これらによって「儒林」には成功と落魄の人生劇が繰り広げられた。王朝が編纂する「正史」には「儒林伝」があり，官僚としてよりもむしろ詩文や史学，哲学において名声を博した人物の伝が立てられる。『儒林外史』はこれと異なり，官僚の地位をめぐる競争社会を，ときには批判し，ときには滑稽な筆致で風刺する通俗小説である。

作者は16世紀の『水滸伝』や『金瓶梅』が確立した物語連鎖の章回小説の構成を套襲する。各章で語りは完結するのだが，前章で脇役として登場した人物が次の章の主役となるなどして，物語が紡がれていく。受験生が『儒林外史』をひもとけば，その人物描写は自らの立場や運命について自省を促したであろうし，庶民が読めば，権威と権力を握る官僚や偉そうな「挙人」や「進士」など資格保有者の真面目がさらされることに痛快を覚えただろう。

同時代に書かれた『紅楼夢』と比べるとその人気は1歩も2歩も譲るものの，1920年代の「新文化運動」のなかで清代文学の双璧とし評価されたのは，『儒林外史』が風刺による社会批判という独特の作風を切り開いたからである。作者自らの化身を登場させたり，科挙による「功名」追求と無関係の市井の人々の徳義や生きざまを描いたりすることによって，生き方の理想を主張した作品として読むこともできる。

> 功名と富貴と，憑據なし。
> 心情を費やし尽くすも，総に流光を誤る。
> 濁れる酒の三杯もて酔に沈み去かば，水は流れ，花は謝むとも何処なるやを知らず。
>
> 中国の章回小説や戯曲は，各篇のはじめに説き起こしの「楔子」をおいて主題や展開を暗示する。上は第1回の「楔子」の詞句の一節。落魄の「秀才」が酒に慰めを得るという心情の吐露である。しかし，浮き雲のごとき「功名と富貴」の追求を超えたところに，あるべき知識人の，またすべての人にとっての普遍的な価値があることを反語的に語る。

解説 中国社会の活力と洗練された文化を支えたのは教育と競争だった。科挙の第1の関門は生員（俗称は秀才）の資格を得ることである。州・県ごとに生員の定数があったが，定員内の給費生たる「廩生」のほか，「増広生」「附生」など枠外の合格者をとったため，生員の過多が問題となっていた。生員は3年ごとの「郷試」を受験する。各省都には「貢院」という大規模な試験会場が常設されていた。「郷試」を突破して

「挙人」となる。「郷試」の翌年春に都でおこなわれるのが「会試」，上京する「挙人」には官府から旅費が支給された。「会試」合格者は，順位をつけるために皇帝が紫禁城内で主催する「殿試」に応じた。進士は「第一甲」3名（状元，榜眼，探花）から第三甲まで成績順に分けられて任官のコースが決まる。

　生員どまりだと難しいが，挙人であれば官界に進む機会がある。進士ともなれば一級の名士，官途にいやけがさして下野帰郷しても食いっぱぐれはない。開かれた試験の競争は激烈だった。「郷試」は80倍，「会試」は20倍ほど。生員のうち，挙人や進士となって「治める者」に上昇できるのは1％に満たなかった。残りは，資産で食えなければ別の生業を営むしかないが，子どもや受験生に教育を授ける教師も科挙のなかから再生産された。競争は本人や家族にストレスを与えるほか，めぐりあわせによる悲喜劇を生み出す。縁故や金品による不正も横行した。

　このように科挙は中国の統治制度を支えるだけでなく，社会や家庭における教育，社会身分の構成から文化や思想にまで方向づけを与えるものだった。

参考文献
呉敬梓（稲田孝訳）『儒林外史』（中国古典文学体系）平凡社，1968.
須藤洋一『儒林外史論――権力の肖像，または十八世紀中国のパロディ』汲古書院，1999.
宮崎市定『科挙――中国の試験地獄』（中公新書）中央公論新社，1963.

キーワード

学校制度と生員　明清時代の州や県には学校と文廟とがおかれた。文廟は孔子（→P.78）を祀る宗教施設である。府学・州学・県学には「教授」「学正」「教諭」「訓導」など教官が配置されたが，彼らは教師ではなく文教政策を担当し，学校に属する生員たちの管理者だった。生員の採用試験たる院試を主催するのは，提督学政という皇帝が特派する官僚であり，3年の任期中に省内の州県を2度巡回して院試をおこなう。学校では授業はおこなわれず，定期的に試験をして生員の勉学を点検するだけだった。京師には「国子監」がおかれた。生員から優秀者を「貢生」に選抜して「国子監」で勉学させることになっていたが，金で官位を買う捐納制度がおこなわれると，監生の資格はその対象となり，生員に合格しない者でも監生になることができた。

関連年表

1644	明の滅亡，清の入関
1673	三藩の乱（～81）
1683	台湾の鄭氏，清に帰順
1722	康熙帝没，雍正帝即位
1749	『儒林外史』が完成
1755	清軍がジュンガル王国を討滅，版図が最大となる
1799	乾隆帝没
1920	胡適『呉敬梓伝』
1923	魯迅が『儒林外史』を中国初の風刺小説として評価

（岩井茂樹）

8　明・清とアジア諸地域

73

波乱の人生を送った君主の「自伝」

バーブル・ナーマ

バーブル

作者 バーブル
Ẓahīr al-Dīn Muḥammad Bābur 1483〜1530

　1483年，中央アジアのフェルガナ地方で**ティムール朝**(1370〜1507)の王子として生まれた。父は同朝フェルガナ領の君主であったが，事故により急死。バーブルは11歳で父の地位を継ぐと，やがてティムール朝末期の混乱期に二度も**サマルカンド**の支配権を握るなど，軍事的能力を発揮して活躍した。しかし，新興の遊牧**ウズベク**の戦力に抗しきれず，中央アジアから南方のアフガニスタンへと転進し，同地を拠点にインドへの遠征を繰り返した。1526年にはインドの支配権を獲得して，のちに**ムガル朝**(1526〜1858)と呼ばれる王朝の創始者となった。優れた武人，君主であると同時に，いくつかの著作を残した文人でもあり，文武両道に秀でた人物といえる。

内容紹介 『バーブル・ナーマ』
Bābur-nāma(*Waqāyiʻ*)

　本書はバーブルがインド征服を果たしたあと，日記や詳細なメモをもとに自らの体験・見聞を年代順に記述した回想録である。正式な書名は『ワカーイー(事蹟録)』であるが，おそらくは17世紀以降『バーブル・ナーマ』(バーブルの書)の名で知られるようになった。記述対象となるのは，バーブルが父の跡を継いでフェルガナ地方の君主となった1494年から，死の前年1529年までの36年間であるが，自筆原本は残っておらず，現存する諸写本ではそのうち約16年分の記事が欠落している。全体の構成としては「フェルガナ(中央アジア)」「カーブル(アフガニスタン)」「ヒン

ドゥスターン（インド）」の三部に分けられ，各部ではそれぞれの地域を中心としたバーブルの活動が年を追って叙述されている。

　バーブルは，自らかかわった歴史的事件を中心にティムール朝末期からムガル朝創設へと至る激動の人生を折々の心情や心境を交えて振り返るだけでなく，ティムール朝宮廷における宴会の様子，遊牧民社会の儀礼や慣習，彼自身が直接知っていた王族やその臣下たちの外見や性格，自らの活動の舞台となったさまざまな地域の自然や気候，風習などについても詳細な記録を残している。本書はほかからは得ることのできない貴重な情報を数多く含んでおり，15〜16世紀の中央アジア，アフガニスタン，インドに関する第一級の史料といえる。

> これらのミールザー（ティムール朝王族に付される称号）たちは，おしゃべりとか宴席や宴席の設営，さらに社交や交際においてはすばらしかった。しかし彼らは戦士としてのかけひきや策略からはほど遠く，勇敢さとか戦闘や戦争とは縁が薄かった。（……）〔ウズベクの襲撃隊による攻撃の知らせが入っても〕全てのミールザーたちがそこに居ながら，何やかやといってこの襲撃隊に向け急襲隊を分遣する事ができなかった。
> 　　　　　　　　　　　　（間野英二訳）

1506年侵攻してきた北方の遊牧集団ウズベクを迎え撃つため，バーブルを含めたティムール朝王族が集結したときの様子である。この記述からは，貴族趣味に走り歓楽を追い求めてきた結果，かつて祖先がもっていた武人としての質実剛健な精神をすっかり失ってしまった王族の姿が鮮やかに浮かび上がるとともに，当時すでに幾多の戦場をくぐり抜けてきたバーブルが彼らにいだいた嫌悪と失望が伝わってくる。

解説　本書は，バーブルの簡潔明瞭な文体，諸状況の的確な描写，鋭い人物批評，率直で気どりのない心境の告白などによってもたらされる文学作品としての魅力と，内陸アジア出身の君主自身が自らの言語で叙述した「歴史の当事者による同時代史料」という歴史史料としての価値をあわせもつ。さらに，自己の内面を率直に綴った記述が少ない**イスラーム**世界において，ムスリム（イスラーム教徒）が残した自伝としても稀有な作品といえる。

　当時中央アジアでは，歴史書などほとんどの散文作品は通常ペルシア語で書かれていたのに対し，バーブルは本書を母語ともいえるチャガタイ・トルコ語（15世紀末から20世紀初頭にかけて主として中央アジアで用いられたトルコ語の文章語）で執筆した。トルコ語散文学史上，最高傑作の1つに数えられる本書は，歴史学のみならず，言語学においても重要な研

究対象とされている。

　バーブル没後，彼の親族や子孫によって本書を手本とした回想録がいくつか執筆されただけでなく，ティムール朝やムガル朝に関するさまざまな歴史書において典拠として利用されたことからも，その影響力の大きさをうかがい知ることができる。ムガル朝治下のインドでは政治や軍事をおこなううえで最高の手引書と考えられ，16世紀後半にはバーブルの孫にあたる**アクバル**(在位1556〜1605)の命により，当時ムガル宮廷の公用語であったペルシア語による訳本が作成された。19世紀以降，各国で英・仏・独・露語などさまざまな言語に翻訳され，わが国でも間野英二による優れた日本語訳が出版されている。

▲バーブル(ロンドン，大英博物館蔵)

参考文献

間野英二『バーブル・ナーマの研究』全4巻，松香堂，1995〜2001.(絶版，第3巻が『バーブル・ナーマ』の訳注)

間野英二『バーブル——ムガル帝国の創始者』(世界史リブレット人)山川出版社，2013.

バーブル(間野英二訳注)『バーブル・ナーマ——ムガル朝創設者の回想録』全3巻(東洋文庫)平凡社，2014〜15.

キーワード

ティムール朝　チャガタイ族(トルコ化したモンゴル人)出身の**ティムール**(1336〜1405)は中央アジアを統一したのち，イランをはじめ西はトルコ，東はインドにまで至る大規模な遠征をおこない，広大な地域を支配下におさめた。彼の死後，周辺の諸勢力に押されて支配領域は縮小し，国内では遊牧民的伝統に基づく王位継承制や分封制によりしばしば分裂状態に陥るなど，軍事・政治面では弱体化していった。その一方，諸君主はティムールに倣ってさまざまな都市で活発な建築活動をおこない，各地で宮廷を中心としたイスラーム文化が発展した。とくに，王朝末期のヘラートでは王族や有力者の学芸保護によって，細密画・書道・歴史学・文学などさまざまな分野で優れた作品が生まれた。

関連年表

1370	ティムールによる中央アジア統一。ティムール朝成立
1405	ティムール没
1483	バーブル誕生
1494	父の急死により，フェルガーナ地方の支配者となる
1504	アフガニスタンのカーブル征服
1507	ウズベクによりティムール朝滅亡
1526	パーニーパトの戦い。ムガル朝成立
1530	インドのアーグラで病死

(杉山雅樹)

明・清とアジア諸地域

74 タイ史の最重要史料
ラームカムヘーン王碑文
ラームカムヘーン王

作者 ラームカムヘーン王
Pho Khun Ramkhamhaeng 在位1279 ?～98 ?

　1980年代後半，この碑文の制作者について疑義が表明され，以来議論が続いているが，いわゆる定説では**スコータイ朝**(13～15世紀)のラームカムヘーン王の作とされる。碑文によれば，ラームカムヘーン王は，シーインタラーティット王とナーン・スアン妃の息子で，19歳のときに，父王とともにタークを攻撃したチョート国の支配者サームチョンと戦い，軍功をあげ，父によりプラ・ラームカムヘーン（勇猛なるラーマ）という名を授与された。父母を同じくする兄弟・姉妹は合わせて5人(男3人，女2人)いたが，長兄は幼くして亡くなったため，次兄が父王の跡を継ぎ，次兄が亡くなると国王に即位した。王の統治のもと，王国は繁栄した。「ポークン」という王の称号に示されるラームカムヘーン王の温情主義的かつ専制的な父親のような人物像は，タイにおける統治者の1つの理念的モデルとして，のちにサリット政権における国家指導者像の正当性の根拠となったと指摘される。

内容紹介 『ラームカムヘーン王碑文』
Charuk Pho Khun Ramkhamhaeng 1292

　ラームカムヘーン王碑文（別称スコータイ第一碑文）は，高さ111センチ，幅35センチの四角い石柱の四面に記された124行からなる刻文で，1292年に作製されたとされる。文中にラームカムヘーン自身がタイ文字を考案したことが記され，現存する最古のタイ文字史料として，タイ史上最も重要な刻文史料と見なされている。

即位前に父王に仕えたさまを詳述し，続いて即位後の王国の繁栄を記す。豊かな自然の恵みを享受した王国は「水には魚あり，田には稲あり」と謳(うた)われる。国中至るところにビンロウやベテル（タイ語でプルー，キンマとも称される）が植えられ，種々の椰子(やし)やタマリンドも数多く見られると述べられる。象，馬，金銀の自由な交易に加え，公正な裁判や国王への直訴制度の設置，戦時捕虜に対する人道的な扱いなど，繁栄するスコータイの様子と名君ラームカムヘーン王の善政が示される。

加えて，国王をはじめスコータイの人々が敬虔(けいけん)な仏教徒であることも強調されている。僧侶の雨季こもり明けのカチナ衣献上儀礼の様子が詳述され，スコータイには黄金の仏像が安置される寺など大小多数の寺院が存在していたさまも描かれる。また王は三蔵に通じた僧侶をナコーンシータンマラートから招いたと述べられる。同時に，神聖なる山の精霊にも供物を供え，その庇護を得たことも記される。

最後に，ラームカムヘーン王が1283年にタイ文字を創出したことに続き，王の統治のもとに繁栄するスコータイが，ウィエンチャン，ルアンパバーン，ペグー，ナコーンシータンマラートに至る周辺に広く勢力を拡張していった様子も示されている。なおこの最後の部分はラームカムヘーン王の死後に記されたとされる。

> 王は道行く人民から税金（chakob）を徴収しない。人々は牛を追い，馬にまたがって商いをする。象を売りたい者は〔象を〕売り，馬を売りたい者は〔馬を〕売り，銀，金を売りたい者は〔金銀を〕売る。
>
> （Prasert and Griswold〈1992:268〉に基づく石井米雄訳〈石井2009:6〉）
>
> クメールの制度を取り入れた専制的なアユタヤー王権との比較において，スコータイの王権は温情主義的であったとされる。またアユタヤーでは貿易が王室の独占下におかれたのに対して，スコータイにおいては自由な交易が実施されていたと考えられている。

解説 1833年，当時出家中であったモンクット親王がピサヌローク，スコータイ周辺を訪れた際に石の玉座とともに発見し，バンコクに持ち帰ったといわれる。モンクットは1851年に国王（バンコク朝4世王）として即位したあと，条約締結のためバンコクを訪れたイギリス全権ジョン・バウリングにもこの碑文を紹介し，著作『The Kingdom and People of Siam』(1857)の第1巻第10章「言語と文化」には，冒頭部分の図版が挿入され，現存する最初のシャム文字の例として国王モンクット

から教示されたという説明が付されている。

　その後も解読の努力が続けられ，1914年には，チュラーロンコーン王の異母弟でシャム歴史学の父と尊称されるダムロン親王が，スコータイを王都とする時代について言及し，このラームカムヘーン王碑文を，この時代に関する史料11点の筆頭にあげた。さらにダムロンによって招かれたフランスの刻文学者ジョルジュ・セデスにより研究が深められ，その成果『スコータイ刻文集成』(1924)に「スコータイ第一碑文」としておさめられるに至り，その後もA. B. グリスウォルドとプラスート・ナ・ナコーンなどにより検討が続けられた。しかし1980年代後半に，同時代の他の刻文や建築・美術関係の考古学資料と突き合わせ，碑文の信憑性に疑義を呈する研究があらわれた。タイ史の根幹を覆しかねないこの説は大きな反響を呼び，以来あらためてさまざまな側面から検討が加えられ，論争はいまだに続いている。

参考文献

石井米雄「スコータイを通過する「東西回廊」に関する覚え書き」(『東南アジア──歴史と文化』38号，2009).

タック・チャルームティアロン(玉田芳史訳)『タイ──独裁的温情主義の政治』(東南アジアブックス)井村文化事業社，1989.

James R. Chamberlain ed., *The Ram Khamhaeng Controversy*, *Collected Papers*, Bangkok, The Siam Society, 1991.

Prasert Na Nagara and A. B. Griswold, *Epigraphic and Historical Studies*, Bangkok, The Historical Society under the Royal Patronage of H. R. H. Princess Maha Chakri Sirindhorn, 1992.

Barend Jan Terwiel, *The Ram Khamhaeng Inscription: The Fake that Did Not Come True*, Gossenberg, Ostasien Verlag, 2010.

キーワード

スコータイ朝　スコータイ朝(王国)は，13世紀中葉にスコータイ・シーサッチャナーライを核心域として成立し，1438年に**アユタヤー王国**(1351〜1767)に併合されたといわれる。今日，タイ史の時代区分は，スコータイ以前，スコータイ時代，アユタヤー時代，トンブリー時代，そしてバンコク(ラッタナコーシン)時代を定説とするが，このように1つの王国がスコータイ王朝時代に遡って存在したことを所与として王都の変遷を軸にタイ史を描く単線史観は，20世紀初頭，西洋植民地勢力に対抗してバンコクを中心に国家統合を進めるなかで示されるようになった。

関連年表

13世紀半ば	スコータイ朝(王国)の成立
1279 ?	ラームカムヘーン王の即位
1283	ラームカムヘーン王によるタイ文字の考案
1292	ラームカムヘーン王碑文の制作
1298 ?	ラームカムヘーン王の死去
1438	アユタヤー王国によるスコータイ王国の併合
1833	ラームカムヘーン王碑文の発見

(小泉順子)

8 明・清とアジア諸地域

75

繁栄するジャワの王国の記録

デーシャワルナナ

プラパンチャ

作者 プラパンチャ
Prapañca 生没不詳

　プラパンチャは14世紀中葉に活躍した**マジャパヒト王国**(1293～1520頃)の宮廷詩人である。生没年は不詳。複数あった著作のなかでは『デーシャワルナナ』しか残されていない。プラパンチャという筆名は「困惑した」という意味で、詩人としての謙遜をあらわしている。敬虔(けいけん)な仏教徒であり、宮廷においては王国内の仏教寺院の監督官という要職にあった。この役職は、同様に詩人でもあった父親から受け継いだものであるが、親族が王都の外に慎(つつ)ましく暮らすという記述から高い身分の出身ではなかったことがうかがわれる。若い頃から王に仕えて宮廷の動静に通じており、このことが『デーシャワルナナ』に貴重な同時代の記録としての価値をもたらすことになった。

内容紹介 『デーシャワルナナ』
Deśawarṇana 1365

　古ジャワ語の韻律詩であるカカウィンのジャンルに属する作品であり、98詩章384詩節からなる。通常のカカウィン作品がインドの『**ラーマーヤナ**』や『**マハーバーラタ**』に題材を求め、古代のインドを舞台とする叙事詩であるのに対して、この作品は作者自身の見聞に基づいて、同時代のジャワを題材に描く点で、カカウィンの慣例を破ったユニークな作品である。

　本文の記述から、「地方の記述」を意味する本作品の題名と1365年という成立年が確認できる。『ナーガラクルターガマ』(Nāgarakṛtāgama)と

いう別名でも知られるが，これは後代の写本作成者がつけた名称である。

　作品は，ラージャサナガラ王を神として賛美し，王の治世下，宰相ガジャマダの補佐のもとで勢力拡大が進んだマジャパヒト王国の繁栄を称えるために，作者であるプラパンチャ自身が語るという形式をとっている。時期的には1353年から1365年までの宮廷のできごとを中心に描いている。幼名ハヤム・ウルク（「若き雄鶏」の意）で知られるラージャサナガラ王は1334年頃の生まれであるから，本作品で描かれるその姿は20代の青年であり，作品に眩（まぶ）い輝きをもたらしている。

　具体的には，王以下の王族の紹介，王都マジャパヒトの記述，王国各地への数次の巡幸の様子，老僧の口から語られるシンガサリ王国に始まるマジャパヒト王国の王統，挿話的に語られる森の動物たちの寓話，王の祖母の12回忌の儀礼，宰相ガジャマダの死，宮廷の恒例儀礼，各地の**ヒンドゥー教**および**大乗仏教**の宗教施設の列挙，ジャワ島外の勢力圏の記述，外交または交易の関係にあった東・東南・南アジアの諸地域の列挙などからなる。

> 王が娯楽のために用意した余興はさまざまだった。村人たちを喜ばせるものは何でも設けられた。種々の演武に王が心を奪われるたびに，それを見る者たちは声も出せない有様だった。まさしく，神が降り立ち，地上を歩き回っているのだ。　（27詩章2節）
>
> これは1359年の巡幸中にジャワ島北岸を訪れたときの情景である。王を神として描くところは，神格化された王への賛辞であるが，他方，余興で村人を楽しませ自らも演武の観覧に興じる様子には，民衆との親近性が描かれている。

解説　本作品の重要な点は，マジャパヒト王国に関する貴重な同時代の現地語史料だということにある。宮廷詩人の作品という性格上，神格化された王への賛辞という点で偏りがあることは確かであるが，刻文や漢籍の記述とも内容がよく一致しており，史料としての重要性は動かない。

　なかでも，シンガサリに始まるマジャパヒトの王統，宰相ガジャマダのもとでの勢力拡大，巡幸にともなう王国各地の記述，宮廷の宗教儀礼，ジャワ島外に広がる勢力圏，さらに東・東南アジア・南アジア諸地域との関係など，重要な情報が含まれている。

　ジャワ島が**イスラーム**化したのちも，マジャパヒトの文化遺産の多くはバリ島に残されたが，現存が確認される本作品の写本は2点の貝葉（ばいよう）写

本（ヤシの葉に文字を刻んだもの）のみである。そのうち古くから研究対象とされてきたのは，1894年にバリ島の勢力下にあったロンボック島にオランダ軍が侵攻したときに発見され，オランダに持ち帰られた貝葉写本である。

オランダによるこの写本の研究によって，スマトラ島からニューギニア島におよんだオランダ領東インドにほぼ一致する版図をもつ栄光のマジャパヒトというイメージが生まれ，さらに，このイメージが，独立後のインドネシアによってその領域を継承する正当性の根拠とされた。また，ガジャマダはインドネシアの民族英雄として称えられている。

▲マジャパヒトの王都があったトロウラン遺跡に残るレンガ造りのバジャン・ラトゥ門（著者提供）

インドネシアにとって国宝的な価値をもつこの写本は，1973年にオランダから返還された。2013年には，14世紀において社会正義，宗教の自由，個人の安全，国民の福利厚生といった理念が尊重され，王が民主的かつ開放的な姿勢で人民に臨んでいたことの記録としてインドネシアからの推薦に基づきユネスコ記憶遺産に登録されている。

参考文献

青山亨「シンガサリ＝マジャパヒト王国」（石澤良昭責任編集『岩波講座東南アジア史（第2巻）』岩波書店，2001）.

Pigeaud, Th. G. Th. *Java in the fourteenth century: A study in cultural history; The Nāgarakĕrtāgama by Rakawi Prapañca of Majapahit, 1365 AD.* 5 vols. The Hague, Martinus Nijhoff, 1960-63.

Robson, S. O. *Deśawarṇana: Nāgarakṛtāgama by Mpu Prapañca.* Leiden, KITLV Press, 1978.

キーワード

マジャパヒト王国　ジャワ島東部に都をおく東南アジア史最後の強大なインド的王国。シンガサリ王国滅亡後，元寇を退けて1293年に建国された。豊かな農業生産と海上交易の支配を結びつけて繁栄し，最盛期にはジャワ島中・東部やバリ島を直接支配し，現在のインドネシアにほぼ重なる領域を勢力下におき，アジアの諸地域と関係を結んだ。15世紀半ばまで栄えたが，海上交易の支配を**マラッカ**に奪われ，ジャワ島のイスラーム勢力によって1527年頃に滅ぼされた。

関連年表

1293	元軍がジャワを侵攻。マジャパヒト王国が建国
1350	ラージャサナガラ王が即位
1364	宰相ガジャマダの死去
1365	『デーシャワルナナ』が完成
1527頃	イスラーム勢力によりマジャパヒト王国が滅亡
1894	ロンボック島に侵攻したオランダが写本を入手
1919	オランダ語訳が刊行
1953	テキストとインドネシア語訳が刊行
1960〜63	テキストと英語訳が刊行
1978	バリ島発見写本に基づく新しい英語訳が刊行

（青山　亨）

明・清とアジア諸地域

76 ポルトガル人の見たアジア地誌
東方諸国記
トメ・ピレス

作者 トメ・ピレス
Tomé Pires 1466頃〜1524 ?

ヴァスコ・ダ・ガマ(1469頃〜1524)によるリスボン＝インド航路開拓後まもなく，インドへ渡った薬剤師・薬種商。最初カナノールのポルトガル商館に勤務し，1512年から1515年まで**ムラカ**(マラッカ)に滞在して商館書記を務めた。同書の大半は，ムラカ滞在中に記されたものと考えられる。その後，ポルトガルの重要拠点コチン(マラバール海岸)に滞在中，旧知の新任インド総督アルベルガリアによって**明朝**(1368〜1644)への使節大使に抜擢され，ムラカを経て1517年に広州港外屯門澳(タマウ)に到着した。1520年，北京滞在中に別のポルトガル人グループが広州付近でおこなった掠奪，無許可の要塞建造などの知らせが皇帝の元へ届き，**ムラカ(マラッカ)王国**(1400頃〜1511)の使節もポルトガル人の侵略行為を訴えたため，ピレス一行は広州へ送還，投獄された。ピレスは広州で亡くなったといわれるが，死亡の様相は定かではない。中国人の妻女をあてがわれ，1540年まで生きていたという説もある。

内容紹介 『**東方諸国記**』
Suma Orientall que trata do Maar Roxo athee os Chijs 1514頃

『東方諸国記』の地理・風土情報は，①エジプトからカンバヤ(インドのグジャラート地方)，②デカンからセイロンまでの諸国，③ベンガル(インド東岸)からインドシナまでの諸国，④シナからボルネオに至る諸国，⑤スマトラからモルッカ諸島までの諸島の5つの章に分けられている。さらに**アルブケルケ**(1453〜1515)が占領してまもないムラカ王国で，ピレ

スが商館書記として在任した期間に見聞した王国の歴史や風土を記した章がある。

　ピレスは元々王宮おかかえの薬剤師で，大航海時代，栄華を極めたリスボンの貿易商たちの店が軒を連ねる港に面した中心部に店を構える薬種商として成功した人物でもあった。すでに壮年であった1511年，インドへ向けて出港した。香辛料を中心とするインド貿易が活況を迎えるなか，薬種商として実際に香辛料がアジアで栽培・取引される様子を実見し，また実際に商売にかかわる利益を上げようとしたものと考えられる。そのためか，ピレスのアジア諸地域の風土観察は，商品取引・価格・産物に関するものがめだつ。とりわけムラカ王国に関する記述は豊かで精彩を放っている。『東方諸国記』は，1514年1月，ムラカ王国のブンダハラ（宰相）の死に関する記述で終わる。このブンダハラは，「ケリン人」と呼ばれるインドのコロマンデル海岸の出身者で，ニナ・シャトゥという人物であった。ケリン人は，グジャラート商人と並ぶムラカ王国の重要な取引相手で，ニナ・シャトゥは王国内の要職に就いていたが，ポルトガル人の襲来以前からポルトガル側に内通し，占領後も現地の最重要職を得た。しかし，ポルトガル人のムラカ長官の交代にともなう現地官吏の交代劇のなかで，ブンダハラの職を解かれたニナ・シャトゥは憤慨して，自死したのであった。ピレスはニナ・シャトゥの死に関し「国王陛下は，ブンダハラの死によって，陛下自身の息子を失ったよりも多くのものを失った」と記し，ポルトガル王国にその死が与える損失を痛烈に訴えた。

> **商人の国籍に応じた長官がいれば，ポルトガル人のマラッカ司令官は，彼らを支配し統治するのに十分である。**
>
> ピレスは主に交易を中心とした各地域の風土観察に努め，官僚として私見を述べた記述はほとんど見られない。しかし同書の最終箇所で，ムラカの行政は間接支配に徹するべしと提言している。これは来航・滞留する諸民族の集団を，彼ら自身の長（シャバンダールなど）におさめさせることで，ムラカ王国の港市機能がうまく機能していた事実を強く意識したものであったろう。

解説　ピレス自身による手稿本は存在しない。原本に忠実と思しき完全な写本はフランスの国民議会図書館が所蔵する。この写本は通称『ロドリゲスの書』と呼ばれるフランシスコ・ロドリゲスの航海記の後半部分に合綴される。ピレスとロドリゲスはインドにおいて知己の間柄であった可能性が高いため，ピレスの手稿から書写されたと考えら

▲『ロドリゲスの書』中のマレー半島とスマトラ島北部（José Manuel Garcia, *O Livro de Francisco Rodrigues O primeiro Atlas do Mundo Moderno*, Editora da Universidade do Porto, 2008.）

れるが、ロドリゲス自筆の航海記部分とは筆跡が異なることから、書写作業は第三者によると考えられる。『東方諸国記』が合綴された『ロドリゲスの書』は、内容的に見て、バロスやコウトなどのポルトガルのアジア年代記作者に参照された可能性が高い。16世紀中頃には、ポルトガル国王ジョアン3世の継嗣ルイス皇太子の学術指南役であった人文学者のジェロニモ・オゾーリオの蔵書であったことが明らかである。その後フランスへ渡り、**ルイ16世**（在位1774〜92）執政下で海軍大臣を務めたこともある探検家シャルル・ピエール・クラレ（通称フルリュウ伯爵）の蔵書を経て、国民議会図書館の所蔵となった。ポルトガル内戦（ミゲリスタ戦争）で、絶対王政派として同国を追われ、パリへ亡命した元外務大臣のマヌエル・バロス・デ・カルヴァリョーザ（通称サンタレン子爵）が19世紀中頃、議会図書館で同書を発見し、付属地図の模写画を刊行したが、その後図書館内において同書は行方不明であった。1937年にポルトガルの地図学者アルマンド・コルテザンが同図書館内で再発見し、『ロドリゲスの書』『東方諸国記』の英訳を刊行したことから、16世紀初頭のアジアに関する地理・歴史書として、その価値が広く知られることとなった。

参考文献

トメ・ピレス（生田滋・池上岑夫ほか訳注）『東方諸国記』（大航海時代叢書）岩波書店、1966.

中島楽章「フランシスコ・ロドリゲスの地図——ポルトガルの海域アジア進出と世界図」（早稲田大学史学会『史観』第170冊、2014）.

キーワード

アフォンソ・デ・アルブケルケ 大航海時代の礎を築いたジョアン2世の麾下（きか）。北アフリカの攻略で武勲をあげ、頭角をあらわした。**イスラーム**勢力のインド洋交易からの駆逐を画策し、重要な港町を攻撃する一方で、現地勢力間の争いを巧みに利用して親ポルトガル派の増強をはかり、ポルトガルの勢力を拡張した。インド副王領の首都となるゴアと東西貿易の要所ムラカの攻略は、ポルトガルのアジアにおけるプレゼンスの確立に極めて重要な意味をもった。アルブケルケ没後（1515）は、大規模な遠征や攻略は影をひそめ、もっぱらすでに建造された要塞や交易ネットワークの維持が後継インド総督たちの主な任務となった。

（岡　美穂子）

8 明・清とアジア諸地域

77 オランダのアジア進出
デ・ハウトマンの東インド諸島航海記
ウィレム・ローデウェイクスゾーン

作者 ウィレム・ローデウェイクスゾーン
Willem Lodewyckszoon ?～1604

　南部ネーデルラント出身。オランダ初の東インド航海に成功したデ・ハウトマン（1565～99）の船団に乗り組んだ下級商務員の1人であった。1595年，オランダを4隻の船が出発した。船団司令官のデ・ハウトマンの指揮下，アフリカ大陸南端の喜望峰やインド洋に浮かぶマダガスカルを経て，インドネシア諸島に向かった。当時の国際商業の一大拠点であり，胡椒の集荷地でもあったジャワ島のバンテン（バンタン）では，さまざまな苦労を余儀なくされ，彼も一時はバンテン王国側に捕らえられたが，最終的にはバンテンでの取引に成功して本国に帰還し，1598年に本書を出版した。1603年には再びアジアへの航海船団に乗り組んだが，翌年，航海の途上で病死した。

内容紹介 『デ・ハウトマンの東インド諸島航海記』
Historie van Indien, waer inne verhaelt is de avontueren die de Hollandtsche schepen bejeghent zijn 1598

　直訳すれば『オランダ船団が遭遇した冒険譚を含むインド誌』ともいうべき書物だが，通常は，『デ・ハウトマンの東インド諸島航海記』，あるいは略して『ハウトマンの旅行記』として知られる書である。もっとも，船団司令官のデ・ハウトマンが自ら記した著作ではなく，このオランダ船団に乗り組んでいた下級商務員ウィレム・ローデウェイクスゾーンの手になる作である。

　本書の注目すべき点は2つある。1つは，オランダ人が自ら船隊を仕立て，

はじめてアジアに航海したことを記した航海記であるということである。また、もう1つは、アジア・アフリカ各地におよぶ寄港地の情景が丹念に記されていることであり、これも見逃すことはできない。マダガスカル島、ジャワ島北東海岸、マドゥラ島、バリ島などの記述はもとより、当時の東南アジアの**港市国家**の代表格であるバンテン王国に関する描写は優れている。国王や貴族、現地商人のほか、商業目的でバンテンに出入りする中国人商人やポルトガル人商人の動きも詳細に記されており、当時、国際商業で繁栄を謳歌していたバンテンの様子を詳細に知ることができる。現地語史料が不足するなか、本書は歴史家にとって有用性が高いといえよう。

> 日に三つの市が立ち、(……)ポルトガル人、アラビア人、トルコ人、シナ人、キリン人、ペグー人、マラヨ人、ベンガル人、グザラテ人、マラバル人、アベシン人などさまざまな民族の、またインディエのあらゆる地域の商人が、そこに集まって来て取引する。（渋谷元則訳）
>
> バンテンの市場を描いた一節。本書は取引商品や取引制度などにも言及する。東西の商人が集い、国際商業の中心たる東南アジアの港市国家バンテンの状況を物語る。

ちなみに、このあと、船団帰国後しばらくして、1602年に設立された**オランダ東インド会社**は、当初はバンテンをアジアでの主要拠点としていたが、1619年にアジア内での最高拠点として、バンテンに隣接するバタヴィア（現ジャカルタ）を定める。バタヴィアを要として、ヨーロッパとの貿易やアジア各地との貿易を展開した。1684年にはバンテン王国の内乱に介入し、バンテン王国をオランダ東インド会社の実質的な保護下におき、イギリスはバンテンでの取引から撤退する。

解説

いわゆる**大航海時代**の開始とされる15世紀末から、ポルトガル人、スペイン人が自ら船を仕立てて世界中を航海した。とくに海域アジアでは16世紀にポルトガル人が各地に拠点を築き、ヨーロッパ本国へ胡椒などの**香辛料**をもたらしたほか、アジア域内を結ぶ海上貿易にも従事していた。一方、16世紀にスペイン帝国からの独立をはかっていたオランダは、経済的にも自立することをめざしていた。経済的独立の基盤の1つとして着目されたのがアジアとの貿易を自らおこなうということであった。

旧来は、ポルトガル人がアフリカ大陸南端の喜望峰を経由してアジア

との貿易をおこなっていたが，彼らによる喜望峰経由でのアジア貿易の独占にオランダが割って入ろうとしたのである。オランダにとってのアジア進出の第一歩となったのが，このデ・ハウトマンの船団なのであった。実際に本書を読めば，ポルトガルが各地にすでに構築していた貿易網と貿易利権のもとで，小さい存在ながらもアジアとの貿易を成功させようとするオランダ船団の強い意志が感じられる。それゆえに，1597年，この船団がオランダに帰国するや，オランダの人々はアジアとの貿易を自分たちでおこなえるという強い確信をいだくことになった。

このデ・ハウトマンの船団は，オランダ商人が出資した遠方会社という名のアジア貿易を専門とする会社が派遣したものであった。デ・ハウトマンの船団派遣後，オランダ各地に類似のアジア貿易を目的とした会社が設立され，それらのアジア貿易を専門とする諸会社のあいだで競争が激化した。過当競争といった乱立による弊害を取り除くため，1602年，オランダ連邦議会はこれらのアジア貿易の諸会社を統合させ，オランダ東インド会社とし，アジアとの独占的な貿易権を与えた。通常，オランダ東インド会社と呼ばれるが，正式には（オランダ）連合東インド会社と称するのは，この統合のためであった。

参考文献

ハウトマン，ファン・ネック（渋沢元則訳）『東インド諸島への航海』（大航海時代叢書）岩波書店，1981．
永積昭『オランダ東インド会社』（講談社学術文庫）講談社，2000．
羽田正『東インド会社とアジアの海』（興亡の世界史）講談社，2007．

キーワード

オランダ東インド会社　アジアとの貿易を目的に1602年に設立された。株式発行で出資者を募り，それまで航海ごとに清算していたのとは異なり，永続性をもった企業であった。取締役も出資者も有限責任とされ，最初の株式会社と見なすこともある。アジアで軍隊をもち，敵対する勢力と戦争をおこない，貨幣も発行するなど，国家のような権限も付与されていた。オランダでは，アジアとの海上貿易を唯一認められた独占会社でもあった。18世紀半ばまではヨーロッパ各国の東インド会社のなかで最大の勢力を誇り，ヨーロッパとアジアとのあいだの遠距離貿易だけでなく，海域アジア各地の域内貿易にも従事し，莫大な利益を得たが，しだいに遅れをとって財政難に陥り，1799年に解散した。

関連年表

- 1595　デ・ハウトマンらオランダ本国を出発
- 1596　バンテンへ到着
- 1597　デ・ハウトマンらオランダに帰国
- 1602　オランダ東インド会社設立
- 1684　オランダがバンテン王国を実質的保護下におく
- 1799　オランダ東インド会社解散

（島田竜登）

明・清とアジア諸地域

78 東南アジアのイスラーム世界の叙事詩
スジャラ・ムラユ

内容紹介 『スジャラ・ムラユ』
Sejarah Melayu 1612

　作者はよくわかっていない。もとのテキストは，1612年にマレー半島のジョホール王国（1530頃～1718）の宮廷において編纂されたと見られる。『スジャラ・ムラユ』（『マレー王統記』）は少なくとも32の版が現存し，内容にも多少の違いがある。これは，マレー・インドネシア世界の各地で書写が繰り返されてきたためである。ただし，現在残されている版は，すべて19世紀以降に書写されたものである。このうち，最も原本に近いと見られるテキストがシンガポールの建設者のラッフルズ（1781～1826）のもとで収集された「ラッフルズ18」版である。ラッフルズは，**イギリス東インド会社**の植民地行政官であると同時に，ムラユ（マレー）語の歴史史料の収集者・研究者でもあった。

　「ラッフルズ18」版では31章からなっており，物語の中核は**ムラカ（マラッカ）王国**（1400頃～1511）の盛衰である。

　物語は，ムラユ人の王権の起源から始まる。ラジャ・イスカンダル（アレクサンドロス）を始祖とし，インドのチョーラ王と海の国の王女とのあいだの子孫である3人の王子がスマトラ島パレンバンのシグンタンの丘に降臨し，その三男はトゥマセク（シンガポール）に町を建設する。その子孫イスカンダル・シャー（パラメスワラ）はジャワの**マジャパヒト王国**（1293～1520頃）の圧力によりシンガポールを逃れ，ムラカ海峡の海上民（オラン・ラウト）の協力を得てムラカに王国を建国する。

　その孫ラジャ・トゥンガはある夜**預言者ムハンマド**の夢を見る。彼はジェッダからやってきたサイイド（ムハンマドの子孫）に師事して**イスラー**

ムへと改宗し，**スルタン・ムハンマド・シャー**となった（ただし，この王の存在は史実としては確認できない）。

その後，ムザッファル・シャー，マンスル・シャーと続く歴代スルタンの治世，ムラカはシャム（**アユタヤ**）の攻撃を撃退し，スマトラ島東海岸のシアク，パサイなどに遠征を繰り返して勢力を拡大する。マジャパヒトや中国皇帝の王女を娶って婚姻関係を結び，ベトナムに攻められ逃れてきた**チャンパ**の王子を迎え入れてイスラームに改宗させるなど，幅広い外交関係をもった。

しかし，専制的なスルタン・マフムド・シャーのもとで重臣が処刑されるなど，ムラカの秩序は乱れる。そこに，ムラカの人々が「白いベンガル人」と驚いたポルトガル人が来訪する。**アルブケルケ**率いる艦隊による攻撃によりムラカは占領され，マフムド・シャーは逃れて再起をはかった。こうして，ムラカ王国は滅亡したが，王の息子が近隣のジョホールに王権を打ち立て，ムラカ王家の系譜は受け継がれていった。

> ある夜ワン・ウンポックとワン・マリニは家からシグンタンの丘に炎のようなきらめきを見た。（……）二人はシグンタンの丘へと登ると，稲穂は黄金となり，葉は銀となり，茎は合金となった。（……）そこでワン・ウンポックとワン・マリニはとても美しい三人の若者を見た。三人とも王のように着飾っており，宝石をちりばめた王冠をかぶり，白い象に乗っていた。
>
> パレンバンのシグンタンの丘において，2人の寡婦が3人の王子が降臨したのを目撃した場面。金銀の稲や白い象は王のもつ超自然的な権威を象徴している。

解説 『スジャラ・ムラユ』は，ムラユ語古典文学の最高峰とされる作品である。アラビア文字表記のムラユ語（ジャウィ）で書かれ，書名も**アラビア語**で『諸王の系譜』と呼ばれていたが，後世ムラユ語の『スジャラ・ムラユ』という呼称が定着した。ムラユ王権の源流であるムラカ王国の歴史を核に，史実と神話が絡み合ったスケールの大きな叙事詩的作品となっている。

ムラカは，海上交易により東西を結ぶことで繁栄した国家であった。その性格を反映して，物語には東西のさまざまな要素が散りばめられている。冒頭に語られる王権の起源には西方のインド洋世界の影響が色濃い。王権の始祖とされる**アレクサンドロス大王**はイスラーム世界の伝説的英雄でもあり，西方からの指導者を通じてイスラームに改宗する。同

時に，王族の称号「ラジャ」が示すように，イスラーム以前のインド・ヒンドゥー文化も埋め込まれている。他方，物語の中盤以降では，中国との婚姻関係をはじめ，アユタヤ，チャンパといった東方の南シナ海沿いの国々も登場してくる。

中盤以降の物語の主な舞台は，海の東南アジア世界である。ムラカの繁栄以降，ムラユ人の本拠であるムラカ海峡両岸（マレー半島，スマトラ島）を中心として，東南アジア島嶼部の沿岸一帯にはムラユ語，イスラームを共有する交易空間が生まれた。この空間において，ムラユに加えて，イスラーム・インド・中国・ジャワなど，多様な要素が混然一体となって1つの物語が紡がれているのである。

外来者を積極的に受け入れる開放的な海の世界にあって，多様な人々，文化をまとめる求心力となったのが王権であった。王はイスラームという世界的宗教とムラユ文化に根ざした超自然的な権威をもって君臨した。諸王やその物語は史実として確認できない部分も多いが，『スジャラ・ムラユ』はムラユ人とそれを取り巻く東南アジアの海の世界の政治文化や世界観を活写している。

参考文献

C. C. Brown (tr.), *Sejarah Melayu or Malay Annals*, Kuala Lumpur, Oxford University Press, 1970.

弘末雅士『東南アジアの建国神話』山川出版社，2003.

キーワード

ムラカ ムラカ海峡を望むマレー半島の港町。ムラカ王国は港を基盤に交易を支配する港市国家の典型であり，84の言語が話されていたと記録されるほど，多方面から外来商人が集まった。**鄭和**の南海遠征の拠点となり中国（**明朝**）の後ろ盾を得て台頭すると，マルク（モルッカ）諸島産の**香辛料**の積出港としてインド洋の**ムスリム商人**の寄港地となって繁栄した。王権もイスラームを受容し，東南アジア海域のイスラーム化を先導する存在となった。しかし，香辛料を求めてやってきたポルトガルにより占領され，以降オランダ，イギリスとヨーロッパ勢力の支配を受けた。

関連年表

1400頃	ムラカ王国が建国される
1511	ポルトガルがムラカを占領する（ムラカ王国の滅亡）
1530頃	ムラカの王族によりジョホール王国が建国される
1612	ジョホール宮廷において現存するかたちでの物語として編纂される
1819	イギリス東インド会社のラッフルズがシンガポール島を獲得する
1821	「ラッフルズ18」版の最初の英訳が出版される

（坪井祐司）

8 明・清とアジア諸地域

79

中国文学のベトナム化

キム・ヴァン・キエウ

グエン・ズー

作者 グエン・ズー
Nguyễn Du（阮攸）1765/66〜1820

　グエン・ズーは，**黎朝**(1428〜1527, 1532〜1789)末期にエリートの家系に生まれ，北部ベトナムの文人文化のなかでその文才を育んだ。彼の生きた時代は東南アジア大陸部の大変動の時代であり，ベトナムでも短期間に王朝が次々に交替した。彼の人生はその時代に翻弄された。黎朝が**西山朝**(1778〜1802)に滅ぼされたのち，西山朝に仕えることを肯んじなかった彼は地方に隠遁したが，新開地である南部から全国を統一した**阮朝**(1802〜1945)の初代ザーロン帝に新王朝への仕官を強いられた。**清朝**への朝貢使節の正使など大役を果たすが，黎朝とその文化的伝統への追慕を断ち切れず，新興の南部勢力に自負（北部の伝統）と引け目（敗者）のないまぜの感情をいだく北部知識人の彼は，新王朝の都フエでは「逡巡萎縮」（『大南正編列伝初集』）していたと伝えられる。1820年インドに始まったコレラ・パンデミー（世界的流行）がベトナムにおよび，ベトナムでも数万の死者を出したその疫病に罹患してこの世を去った。

内容紹介 『**キム・ヴァン・キエウ**』（『金雲翹』）
Kim Vân Kiều

　『キム・ヴァン・キエウ』は，六八体と呼ばれる定型の韻文で書かれたベトナム語の長編詩である。ベトナム語の表記には**チューノム**（字喃）が用いられた。中国の通俗**白話小説**『金雲翹伝』を原作とし，基本的な筋はそのまま踏襲しており，舞台も中国のままである（実在の倭寇の頭目徐海も登場する）。なお，この小説には日本の滝沢馬琴の翻案もある。主な登

場人物は，翠翹(トゥイキエウ)と翠雲(トゥイヴァン)の姉妹，そして翹の許婚者(いいなずけ)である金重(キムチョン)である。この3人の名前をとって，作品のタイトルとしている。

　清明節の墓参りのおりに，翠翹と翠雲の美人姉妹は金重に出会い，翠翹と金重は恋に落ち，その後2人は結婚の約束を交わす。翠翹は薄幸の遊女淡仙の幽霊より，前世の因縁で薄命を定められた人のリストである断腸簿に自分の名のあることを知らされる。果たして冤罪で拷問される父を救うため翠翹は身を売ることになる。さらに，配偶者として売られたはずが，じつはそこは遊郭で，翠翹は遊女として客をとらされる。客の1人に身請けされるが，嫉妬深いその妻に苛(いじ)め抜かれ，それを逃れて寺に入るも束(つか)の間(ま)，またもだまされて別の遊郭に売られ客に身を売る日々に戻る。

　ついに傑物たる徐海に身請けされ，福建沿海一帯を支配下においた頭目の妻として，自分を苦しめた悪党たちに報復するが，自分の軽率な判断で徐海は官軍に討伐される。徐海を

> 生き長らえて百歳の　此の限りある人生に
> 　我らが才と運命の　郤けあうが慣習(ならい)とは
> 過ぎ逝く時に滄海も　桑田となる世の無常
> 　移ろい易き此の世こそ　人の心惱(いじ)ましむ
> 　　　　　　　　　　　　　　　　　（川本邦衛訳）
>
> 作品の主題を端的に示した冒頭部分である。定型の韻文を訳すことは極めて難しい。漢詩もそうなのであるが，漢詩には書き下し文で鑑賞する伝統があり，それは日本文学の一ジャンルとして成立している。ベトナム語の韻文については，もちろんそのような伝統的な翻訳法はない。上記の訳は川本邦衛の苦心の訳である。六言と八言が繰り返される長編詩の味わいを最大限に日本語に移すべく腐心されたものであるが，残念ながら部分訳しかない。

討った胡宗憲から地方の豪族との望まぬ結婚を強いられそうになり，絶望した彼女は銭塘江に身を投げる。そこで再び淡仙の霊に出会い，断腸簿から名前が削られたことを知らされる。こののち翠翹は家族と再会を果たす。翠翹が身を売ったあと，姉の願いに従い翠雲が金重と結婚していたが，金重と翠翹は愛情を確認し婚礼をあげる。しかし，夫婦生活は営まず，翠翹は草庵で香を炊いて余生を過ごす。

解説　『キム・ヴァン・キエウ』がベトナムを代表する文学となったのは，その詩的表現の巧みさによる。ベトナム語の韻文は韻や平仄に関する複雑な規則をもつ。韻や平仄の規則を守りつつ六言と八言を繰り返してゆく，ベトナム独特のスタイルでつくられるのが六八体の詩である。ベトナム固有の口承文芸であり，声に出して吟じるもので，吟唱に耳を

傾ける人は韻律に酔い，心を揺さぶられる。『キム・ヴァン・キエウ』は知的でかつ民衆的な作品である。グエン・ズーなどベトナムの伝統的知識人の教養の基盤は中国の古典である。この作品には，原作にはない中国の古典や故事の引喩が無数に散りばめられている一方，多くのベトナム語のことわざ・慣用句も盛り込まれている。

　しかし，やはりこの作品の主題が多くのベトナム人の共感を呼んだことは間違いあるまい。自分の力ではどうすることもできない運命に翻弄される人生，才能や美貌に恵まれた人こそその運命に弄ばれる，しかし艱難辛苦のなかの心がけしだいで現世においても限定的ではあれ幸せを得られる。そのような内容の中国の小説にふれたグエン・ズーは，その話に自分の境遇を重ね合わせ，それをもとに同じく激動の時代を生き抜かざるを得ないベトナムの人々のために詩的な創造をおこなったのであろう。

　この作品は同時代から広く読まれていたようであるが，ベトナムがフランスによって植民地化されたのち，20世紀前半にその評価をめぐって論争が起きる。国民文学であるという評価と中国の卑俗な小説に素材をとった非道徳的な文人の手すさびにすぎないという評価である。前者の主張の代表であるファム・クインがフランス当局と協力的な知識人であったために，それに反対する人が過剰に反応した側面もあるようである。ファム・クインは，「キエウの物語があればベトナム語は残る，ベトナム語が残ればベトナム人は残る」という有名な言葉を残している。

参考文献
川本邦衛『ベトナムの詩と歴史』文芸春秋，1967.
阮攸（竹内与之助訳）『金雲翹』講談社，1975.
Nguyen Du（Huynh Sanh Thong tr.），*The Tale of Kieu: a Bilingual Edition of Truyen Kieu*, New Haven, Yale Univ Press, 1983.

キーワード

チューノム（字喃）　ベトナム語を表記するために漢字の構成要素を用いて会意（意味をあらわす要素の組み合わせ），形声（音をあらわす要素と意味をあらわす要素の組み合わせ），仮借（漢字をそのまま転用）といった方法でつくられた文字。主に韻文の文学や漢文のベトナム語訳の表記で用いられた。王朝の公文書では漢字漢文が用いられた。フランスの植民地化以降，声調符号付きのローマ字が普及し，漢字もチューノムも使われなくなった。

関連年表

1771	西山の乱起こる
1788	西山朝成立
1789	黎朝滅亡
1802	阮朝成立
1804	国号を「越南」とする

（嶋尾　稔）

近世ヨーロッパ

80
理想郷か，全体主義の管理社会か
ユートピア
モア

作者 **トマス・モア**
Thomas More 1478～1535

ルネサンスを代表する人文主義者。ロンドンで法律家の家に生まれ，オクスフォード大学で古典文芸に親しんだ。1499年，ネーデルラントの人文主義者**エラスムス**（1466～1536）が訪英したおりに知りあい，生涯の友人となった。エラスムスはのちにモア家に寄留して『愚神礼賛』を書くことになる。モアは判事として働き始めたが，1504年には下院議員に選ばれ，通商・外交交渉でも活躍して**ヘンリ8世**（在位1509～47）に重用された。1529年には官職の最高位である大法官に任ぜられたが，国王の離婚問題に端を発する**教皇**とヘンリ8世の対立において後者に与せず，辞任を余儀なくされた。さらに，ヘンリ8世の教会首長権を認めなかったため，1534年にロンドン塔に投獄され，反逆罪の咎で斬首された。

内容紹介 『**ユートピア**』
Utopia 1516

1515年に通商交渉委員としてネーデルラントに派遣されたモアは，同地で『ユートピア』の執筆を開始し，帰国後に完成させた。同書はラテン語で書かれ，2巻からなる。第1巻はモアが派遣先のネーデルラントで，ポルトガル人の船乗りラファエルに出会うところから始まる。ラファエルは**アメリゴ・ヴェスプッチ**（1454～1512）の新大陸航海に同行した人で，ヴェスプッチが帰途についたあとも航海を続け，熱帯地方にあるユートピア人の島にたどりついたのだった。ラファエルは当時のイギリスの政治に対する批判を一通り開陳したあと，モアの求めに応じてユートピア

人の社会の様子を物語り始める。

　第2巻はユートピア島の社会と制度に関する叙述である。ユートピア島には54の都市があるが，そのいずれも広大で，言語・生活風習・制度・法を同じくし，その見かけもできる限り統一されている。市民が交代で農村に居住して農業にあたるほか，毛織業や石工職や鍛冶職など種々の職能がある。選挙制の都市統領や長老会議など，一種の賢人支配が敷かれている。衣服は性別や既婚未婚の別がわかるようになっており，あらゆる年齢層にわたり同じ形をしている。結婚以前に肉体関係をもった男女は厳しく処罰される。旅行も許可制で，集団でなされ，勝手に市の境界外に出た者はやはり厳しく罰せられる。同じことをもう一度繰り返せば，奴隷身分に格下げされる。奴隷として使役されているのはそういった種々の犯罪者，それに他国で死刑の宣告を受けた者である。戦争に際してユートピア人は，敵の内訌を誘うなどの謀略により，極力流血を少なくする。宗教はさまざまであり，安楽死も許容されている。ただし，長老会議が認めない理由で自殺した者は，葬られることなく泥沼に捨てられる。

> 「羊は（……）人間さえも食らい，畑，住居，町を荒廃，破壊するほどです。」
> （沢田昭夫訳）
>
> 16世紀のイギリスではマニュファクチュア（工場制手工業）による羊毛業が発達し，ヘンリ8世もネーデルラントへの毛織物輸出を推進した。1515年にモアが同地に派遣されたのも，毛織物交易に関する交渉が目的の1つであった。少なからぬ地主が収益のよい牧羊を好み，耕作地を囲い込んで牧草地とした（第1次囲い込み）。このため多くの小作人が浮浪者となり，救貧法（1601）の成立を促した。

　共同生活制と貨幣流通皆無の生活物資共有制が，ユートピア人の社会の根幹をなしている。物資は倉庫に集められ，家父長が必要なものを無料で受け取る。食事も子どもの養育も共同である。男女の扱いは同等ではなく，女性は成熟すると結婚させられ配偶者の住居に入る。料理も女性の役目である。

解説　ユートピアとは，ギリシア語の「ウ（ない）」と「トポス（場所）」からモアがつくった造語であり，「どこにもないところ」という意味である。『ユートピア』執筆の意図は，まずは当時の社会批判であったといえる。とりわけラファエルがイギリスの現状について語る第1巻では，貴族がかかえている大量の供者に生活能力がなく，犯罪予備軍となっていること，王におもねる参議会員たちが，旧法を引っ張り出して罰

金を取り立てるなどのよこしまな企図にふけっていること等々，直截（ちょくせつ）な批評が続く。耕作地が牧草地として囲い込まれた結果，小作人が追い立てられている，「羊が人を食う」という有名な言葉もラファエルのものである。

　ユートピア島について語る第2巻（こちらが先に書かれた）も，理想社会の像によって照らし出す現状批判である。ただし，そこで描かれている社会の姿は，なかなか評価が難しいものである。合理的に組織された社会であるともいえるし，個々人の自由が制約された極度の管理社会であるともいえるし，農業的生活への回帰に基づく保守的な理想郷であるともいえる。モア自身，ユートピア島のすべての制度を自らの理想として描いたというよりは，富と貧困，政治，戦争などの根本的な問題について，人々の根底的な思索を促すために問いを発したのだといえる。

　いずれにせよ，共同生活制と生活物資共有制という原始共産主義的な理想社会像は，強力な魅力をもっていた。その影響はカンパネッラの『太陽の都』(1623)やベーコン(1561～1626)の『ニュー・アトランティス』(1627)などにも明らかであり，ギリシア・ローマ時代のものからも含め，「ユートピア文学」というジャンル名を生み出すことにもなった。また，**ユートピア的社会主義**という言葉がのちにつくられたことからもうかがえるように，近代社会主義思想の1つの重要な発想の源ともなった。

参考文献
渡辺一夫編『エラスムス　トマス・モア』(世界の名著)中央公論社，1969．
トマス・モア(沢田昭夫訳)『ユートピア』(中公文庫)中央公論社，1978．
和田春樹『歴史としての社会主義』(岩波新書)岩波書店，1992．

キーワード

ユートピア的社会主義　**エンゲルス**(→P.312)が『ユートピアから科学へ』(1880)のなかで，**マルクス**(→P.312)の社会主義思想は科学的であるのに対して，ロバート・オーウェン(1771～1858)やサン・シモン(1760～1825)やフーリエ(1772～1837)などの従来の社会主義思想はユートピア的であったと対置して，この言葉を使った。「空想的社会主義」と訳されることが多かったが，正確ではない。また，マルクスにしても，未来像を語ることは自制していたけれども，「各人は能力に応じて働き，必要に応じて受け取る」というその共産主義社会像は，十分にユートピア的であった。

関連年表

1509	ヘンリ8世即位，エラスムス『愚神礼賛』
1534	首長法（イギリスの教会は国王を唯一最高の首長とすると定めた）
1538	ヘンリ8世，ローマ教皇により破閉される
1547	ヘンリ8世没
1558	エリザベス1世即位
1601	救貧法

（池田嘉郎）

9 近世ヨーロッパ

81 近代政治学の祖
君主論
マキァヴェリ

作者 ニッコロ・マキァヴェリ
Niccolò Machiavelli 1469～1527

　マキァヴェリは1469年，法律家の長男としてフィレンツェに生まれた。父の手による備忘録などからそれほど裕福ではない家で育ち，7歳から**ラテン語**を習ったことが判明している。しかしその伝記が詳(つまび)らかとなるのは，ドミニコ会修道士サヴォナローラが処刑された1498年，フィレンツェ共和国の書記官・外交官に就任して以降である。以後1512年，**メディチ家**の復権にともない公職を追放されるまで要職にあり，フィレンツェの独立を保持するため**神聖ローマ帝国**（962～1806），ボルジア家，**教皇**らとの折衝に奔走した。『君主論』以外にも歴史叙述や戯曲の分野で多数の著作をなし，一流の人文主義者であったことがうかがえる。しかし本格的な復権は果たせず，1527年，フィレンツェにて死去。
→ P.296

内容紹介 『君主論』
Il Principe 1513～16

　『君主論』は全26章で構成されるコンパクトな著作であり，多少飛躍した表現はあるものの，それを著者一流の力強い文章作法であると理解すれば，さほど困難を覚えずに読み進められる。
　近代政治学の確立に連なるともいわれるこの歴史的著作を，マキァヴェリは公職追放後，フィレンツェ近郊に隠棲していた時期に書きあげた。まずこの書の目的は，「君主国家とは何か，そして君主とはいかにあるべきか」を論じることであった。それはメディチ家が新たな政体を構築しようとするなか，その正しき道を指し示すと同時に，自分自身の政治的

復権を賭けた試みでもあった。

　しかし『君主論』の白眉は「政治」なるものをどう捉えるかという点にある。マキァヴェリの意識はまず当時のイタリアがおかれていた諸問題に向けられている。最終章では祖国の現状を「この野蛮な外敵の支配下で，誰もがその悪臭に耐えている」と述べ，長期にわたるイタリアの政治的分断を収拾し，フランスや神聖ローマ帝国など諸外国の介入を斥(しりぞ)けるべき君主の到来を期待した。そしてその新たな君主は，彼がそれに先立つ章で述べてきたように，巧妙に政敵を克服し，支配地を維持し続け，軍備を整え，側近をコントロールしなければならなかった。彼はこうした思想を古今の例を引きながら極めて合理的かつ客観的に述べており，「神」あるいは「キリスト教」，そしてそれに基づく倫理的な観点から論じられている章は1つもない。すなわち本書においてはじめて政治は実践となり，形而上的な論理から切り離されて自立したといえる。この点こそが『君主論』を名著たらしめているのである。

> **悪徳にまつわる悪評のなかへ入り込むのを恐れてはならない。**　　　　　　（河島英昭訳）
>
> 第15章「人間が，とりわけ君主が，褒められたり貶(けな)されたりすることについて」の一節であるが，そのあとには「美徳であるかに思われたものでも（……）破滅へ到ることがある」と述べられている。すなわち政治の場で君主がその政権を保持しようとする場合には，ほかでは善なる美徳と見なされるものでも悪徳に転倒しうるという主張である。マキァヴェリの独特の印象的な表現手法が際立つとともに，内容理解のためには前後の通読が必要であるということを実感させる一節である。

　解説　マキァヴェリが政治家・文筆家として活動していた時期のイタリアは，文化的には**ルネサンス**が爛熟し，**レオナルド・ダ・ヴィンチ**(1452～1519)をはじめ錚々(そうそう)たる顔ぶれが同時代に名前を連ねている。しかし政治的に見るなら，それは混乱の極致であった。遡れば476年，**西ローマ帝国**の崩壊以後，イタリア半島を長期的にまた包括的に統治し得た政治的権力は存在しなかった。そして中世を通じて，イタリア半島は**ロンバルディア同盟**に代表される北イタリア諸都市と，ナポリ・シチリアを中心とした南イタリアの南北に分断され，さらにローマを中核とする**教皇領**が半島をモザイクのように埋めつくすようになったのである。

　こうした分裂状態はマキァヴェリの生涯にも多大な影響をもたらした。彼は公職時代の最初を，フランス勢力によってメディチ家が追放され，サヴォナローラが統治する共和国政府の最末期に過ごし，錯綜した国際

情勢に関する情報を祖国フィレンツェに送り続けつつ，幾度も軍事上の建言をおこなった。これらの経験は彼がその政治理論を醸成していくなかで糧となったに違いなく，例えばサヴォナローラの神権政治に対して，マキァヴェリは『君主論』のなかで「みずから導入した新しい制度のなかで彼は滅亡した」と語るように冷淡である。

またマキァヴェリ失脚の原因となるメディチ家復活の背後には，イタリア半島からフランス勢力を掃討しようとするスペインの助力があったし，1527年には神聖ローマ皇帝がメディチ家を再度追放し，同調者と見なされたマキァヴェリも公職を解かれて失意のうちに亡くなるというように，当時の複雑な政治情勢が控えていた。

こうした乱世に生きたマキァヴェリが祖国を意識したのは当然の成り行きであろう。『君主論』からもその痛ましいほどの愛国心を読み取ることができる。

▲マキァヴェリ（フィレンツェ，ヴェッキオ宮殿蔵）

参考文献

マキアヴェッリ（河島英昭訳）『君主論』（岩波文庫）岩波書店，1998．
ニッコロ・マキァヴェッリ（永井三明・藤沢道郎ほか編）『マキァヴェッリ全集』全7巻，筑摩書房，1998〜2002．
ロベルト・リドルフィ（須藤祐孝訳注）『マキァヴェッリの生涯』岩波書店，2009．
北田葉子『マキァヴェッリ』（世界史リブレット人）山川出版社，2015．

キーワード

マキァヴェリズム　一般的にマキァヴェリズムの語は「目的達成のためなら手段を選ばず，陰湿な権謀術数を駆使してもよい」という意味で用いられる。そしてその端緒はマキァヴェリの『君主論』にあるという誤解が流布している。たしかに彼は君主の範を狐の狡猾さや獅子の暴力に求め，君主は冷酷であるべきだともいっている。しかしながらその背景には祖国フィレンツェの厳しい政治的状況があり，そうした状況下でもなお耐えうる強固な政権を維持発展させるために，実践的手段を提示することが『君主論』の目的であった。したがって「マキァヴェリズム」の語は，著者の本意とかけ離れたところにあるということを理解しておく必要がある。

関連年表

1469	マキァヴェリ誕生
1492	教皇アレクサンデル6世即位（〜1503）
1494	サヴォナローラ，フィレンツェで神権政治（〜98）
1498	メディチ家，フィレンツェから追放され共和制開始
1503	教皇ユリウス2世即位（〜13）。チェーザレ・ボルジア失脚
1512	メディチ家復権し，マキァヴェリ失脚
1513	教皇レオ10世即位（〜21）。『君主論』執筆（〜16）
1517	ルター，「九十五カ条の論題」を発表し，宗教改革開始
1527	メディチ家，フィレンツェから再度追放。マキァヴェリ没

（藤崎　衛）

近世ヨーロッパ

82

中世的秩序に激震をもたらす

九十五カ条の論題

ルター

作者 マルティン・ルター
Martin Luther 1483〜1546

宗教改革の先駆的指導者。ドイツのアイスレーベンで坑夫の次男として生まれ，エアフルト大学在学中に落雷に遭う体験を経て修道士となった。信仰義認論などを確立させ，1517年に教会の**贖宥状**(免罪符)販売を批判して『九十五カ条の論題』を発表した。その後事態を収束させようとする**ローマ・カトリック教会**に妥協せず，1520年には『キリスト者の自由について』などを著した。翌年ヴォルムス帝国議会で**カール5世**(在位1519〜56)の面前で自説撤回を拒否，1年あまりの幽閉生活を余儀なくされ，その間に『**新約聖書**』のドイツ語訳をおこなった。**ドイツ農民戦争**(1524〜25)に対しては当初同情的だったが，急進化するにつれその鎮圧を支持するようになり，暴力ではなく平和的手段による改革を訴えた。晩年は各地をめぐって領邦教会制確立に尽力しつつ，ヴィッテンベルク大学で聖書講義を続けた。

内容紹介 『九十五カ条の論題』
Disputatis pro declaratione virtutis indulgentiarum 1517

本書の原題を直訳すると「贖宥の効力を明らかにするための討論」となる。そこでは一貫して，**教皇**を筆頭とするローマ・カトリック教会が贖宥状で信徒の死後の救済を約束し，それを大量に売りさばくことで大きな金銭的利益を得ていることを批判する。

まず痛烈な批判を展開する大前提として，「**イエス・キリスト**が(……)信じる者の全生涯が悔い改めであることをお望みになった」(第1条)との

確信から，ルターは生涯にわたる信仰，すなわち悔い改めによってのみ救済されると考える。そしてそのうえで，「教皇は，自分自身または教会法が定めるところによって科した罰を除いては，どのような罰も赦免することを欲しないし，またできもしない」(第5条)と，教皇批判を開始するのである。信徒を完全赦免するのはあくまで神であって，教皇ではない。ルターは，贖宥状を売りさばくのではなく，「執りなしの祈りという方法によって魂に赦免を与えることが，教皇として至当なこと」(第26条)という。こうして，中世を通じて無制限に拡大していった教皇の権限を制約し，教皇の権力に疑問を投げかけるのである。

　ルターの書く文章の特徴として，しばしば繰り返される言い回しに着目するのもおもしろい。そこには，自らの教説を教皇も当然理解していて，それをあらためてキリスト者に教えねばならない，というニュアンスがある。それだけに教皇に対する挑発の度合いが増しているとも考えられるし，しかしその一方で，この時点でルターにはローマ・カトリック教会と袂を分かつ意図がなかったことも読み取れよう。

> 困窮している者を見て，彼を無視して贖宥に金銭を払う人は，教皇の贖宥ではなく，神の怒りを自分に招いているのだと，キリスト者は教えられねばならない。　(第45条，徳善義和ほか訳)

これに代表されるように，ルターは贖宥状を購入して安易な平安を求めることで愛のわざから離れてしまうことをよしとしない。教会は，本来救貧活動を積極的におこなうべきであるのに，なぜ逆に富を蓄えているのか。そうした強い問題意識がこの文面にあらわれている。

解説　ルターは，修道士としての生活を送るなかで聖書研究に没頭し，キリスト者は神の恩寵，信仰，そして聖書によってのみ救済されるという確信をいだくようになった。当時，ドイツ各地で贖宥状販売がさかんにおこなわれていた。そしてこれを積極的に後押ししていたのが，**サン・ピエトロ大聖堂**の再建のため多額の資金を必要とするローマ教皇**レオ10世**(在位1513～21)や，国内の聖俗諸侯たちであった。こうした状況に，教区民の魂の救いに心を配るルターは激怒していた。

　1517年10月31日は，ザクセン選帝侯フリードリヒが贖宥状を売り出す日の前日にあたる。この日，ルターは当時の習慣に従ってヴィッテンベルク城付属教会の扉にこの『論題』を高々と貼り出し，宗教改革の口火を切ったといわれている。実際にこの日に貼り出したのかどうかは立

証できず論争は決着を見ないのだが、少なくともこの日に出されたマインツ大司教宛の書簡に『論題』が添付されたことは確かで、これがすぐに大きな反響を得ることになった。以後、ルターはカトリック教会と断絶する。**ラテン語**ミサに代わってドイツ語ミサを始め、説教や会衆の賛美歌を導入し、国内の有力な諸侯や都市、そしてさらには北欧諸国をルター派に引き入れることに成功した。なお、『論題』はラテン語で書かれたが、ドイツ語に翻訳され印刷物として普及した。このようにして、ルターら宗教改革者の思想は**グーテンベルク**(1400頃〜68)の**活版印刷技術**により、パンフレットや風刺画などのメディアをとおして迅速かつ広範に伝播したのである。宗教改革の成功の背景として、こういったメディア戦略は欠かせなかったといえよう。その成果は、ルターの死後1555年の**アウクスブルクの和議**で結実し、ルター派は公的に承認されることになる。現在、『論題』が発表されたとされる10月31日は宗教改革記念日として世界中のルター派教会の祝日となっている。

▲マルティン・ルター(1529、ルーカス・クラナッハ画。ウフィツィ美術館蔵)

参考文献

マルティン・ルター(徳善義和ほか訳)『ルター著作選集』教文館、2012.
徳善義和『マルティン・ルター——ことばに生きた改革者』(岩波新書)岩波書店、2012.
トーマス・カウフマン(宮谷尚美訳)『ルター——異端から改革者へ』教文館、2010.

キーワード

アウクスブルクの和議 ルターやその支持者の活動はドイツ社会によって受け入れられ、新旧両派は激しく対立した。そのため1555年2月に国王フェルディナントは帝国議会を招集し、同年9月に宗教平和令を公布した。これによって諸侯はカトリック派かルター派かを選ぶことができ、それを臣下に強制したことで、「1人の支配者のいるところ、1つの宗教」の原則が確立した。そのため、個人の信教の自由についてはフランスの**ナントの王令**(1598)を待たねばならない。一方、帝国都市のなかには両派が共存したところもあった。

関連年表

1483　ルター誕生
1517　『九十五カ条の論題』
1524〜25　ドイツ農民戦争
1545　トリエント公会議
1546　ルター死去
1555　アウクスブルクの和議

(大貫俊夫)

9 近世ヨーロッパ

83 イギリス・ルネサンス演劇
ハムレット
シェイクスピア

作者 ウイリアム・シェイクスピア
William Shakespeare 1564〜1616

　イングランドの劇作家，詩人。**イギリス・ルネサンス演劇**を代表する人物である。1564年にイングランド中部のストラスフォード・アポン・エイヴォンに生まれる。同地のグラマースクール，キング・エドワード6世校に入学したとされる。1582年，8歳年上のアン・ハサウェイと結婚し，一男二女をもうけた。1585年から92年頃までのあいだにロンドンに出て，劇作家および俳優として活躍した。内大臣一座の幹部座員として経済的にも成功した。1613年頃引退して故郷に戻り，16年に52歳で亡くなる。

　代表的な作品は，『リチャード三世』『ヘンリー五世』『夏の夜の夢』『お気に召すまま』『ベニスの商人』『ロミオとジュリエット』『ハムレット』『オセロ』『リア王』『マクベス』『テンペスト』などがあげられる。シェイクスピアはイギリス文学史上最も偉大な劇作家と称され，彼が生み出した名言は現在でも頻繁に引用されている。

内容紹介 『ハムレット』
The Tragedy of Hamlet, Prince of Denmark 1599〜1602

　正式な題名は，『デンマーク王子ハムレットの悲劇』。

　『ハムレット』はデンマーク王国を舞台に，王であった父の亡霊から，王弟クローディアスが，王を毒殺し，王妃ガートルードと結婚し王座に就いたことを聞かされた王子ハムレットの，クローディアスに対する復讐を描いた悲劇である。

　1599年から1602年頃に書かれたとされる『ハムレット』は，シェイク

スピアの作品のなかでは最も長編で，かつ上演回数の多い作品である。また，イギリス文学のなかで最も影響力のある悲劇でもある。劇の構成や役の設定が複雑であるため，これまで多くの解釈がなされてきた。

『ハムレット』の物語は，13世紀の年代記録者によって伝えられ，その後16世紀に学者によって再び取り上げられた，スカンディナビアの伝説の人物アムレートに由来するとされる。また，原型となった劇（『原ハムレット』）の存在が知られるが，シェイクスピアこそがその作者であり，のちに現行の『ハムレット』に書き直したとする説もある。『ハムレット』には，2つの四折版（クォート）Q1とQ2（それぞれ1603，04），そして二折版（フォリオ）F1（1623）の3つの異なる刊本が存在する。Q1は「海賊版」であり，Q2は作者による生原稿を，F1はシェイクスピアの劇団の上映用の台本をもとにしていると考えられている。現在一般的に用いられているのはこれらの3つを統合したかたちであるが，Q1を『ハムレット』創作過程の初期段階と見なす説も出ている。『ハムレット』は上演当初からさまざまな文学的批評家に注目されてきたが，その評価や分析は時を経て変化している。また使用される言語は機知に富み，比喩や首句反復が効果的に使われている。

> To be or not to be, that is the question.
> 「生きるべきか，死ぬべきか，それが問題だ」
>
> 『ハムレット』第3幕第1場の「女修道院」のシーンにおける独白の始まりである。ハムレットの憂鬱をあらわす，代表的で最も有名なセリフである。落胆し狂気を装うハムレットは，生きることの苦しみや不条理を嘆きつつ，しかし死へも思い切ることができず堂々めぐりをする。このセリフは，ハムレットが，王であった父を殺害し王座に就いた叔父，そして今や義父となったクローディアスに対する復讐へのためらいとして読み解くことができ，ハムレットの矛盾に満ちた性格を象徴している。

解説　『ハムレット』は，イングランドの黄金期とされる**エリザベス朝**（1558〜1603）後期に書かれた作品である。この時代，イングランドはスペインの**無敵艦隊**を破るなど外交的にも勝利をおさめ，また国内の宗教対立もようやく安定へと向かい，比較的落ち着いた状況であった。さらにこの頃は，芸術や文芸も栄え発達しイギリス・ルネサンスの最盛期であった。

しかし，作中では16世紀の宗教改革によってもたらされた，道徳観や死後の世界観における変化といった宗教的な混乱や不安が色濃く反映されている。父王の亡霊が，自分は突然に毒殺されたため煉獄にいると訴

える場面や，恋人オフィーリアの悲惨な葬儀の場面などにカトリック的な要素が見られる。一方で，舞台となるデンマークや，ハムレットが卒業したとされるヴィッテンベルク大学は**マルティン・ルター**が『**九十五**
→P.249
カ条の論題』を掲げて宗教改革の始まりとなった場所であり，プロテス
→P.249
タンティズムを想起させる。この両者の混在に当時のイングランドの宗教状況をうかがうこともできる。

ハムレットは，フロイト（1856～1939）の提唱したオイディプス・コンプレックスを体現する人物像として現代の心理学にも影響をおよぼしている。ハムレットがクローディアスの殺害をためらう場面では，正義と罪という，相反する2つの要素をもつ「復讐」に対する，ハムレットの葛藤が生き生きと描かれている。近年では，ハムレットの無意識的な欲望が**精神分析**の観点から検証され，またさらにオフィーリアとガートルードの役割については，ジェンダーとセクシャリティの視点から**フェミニズム**の立場での再解釈がなされている。そのような複雑で多様な分析や解釈が可能なことが『ハムレット』の魅力であり，この劇が人々の心を惹きつけて止まない理由の1つだろう。

参考文献
シェイクスピア（河合祥一郎訳）『新訳　ハムレット』（角川文庫）角川書店，2003．
シェイクスピア（安西徹雄訳）『ハムレットQ1』（光文社古典新訳文庫）光文社，2010．
※そのほか，『ハムレット』の翻訳は多数ある。

キーワード

イギリス・ルネサンス演劇　1562年から1642年までのイングランドの演劇。「エリザベス朝演劇」と呼ばれることもある。イングランドの演劇史で，最も評価が高い時代である。シェイクスピアのほかに，クリストファー・マーロウやベン・ジョンソンが代表的な劇作家である。**エリザベス1世**や貴族たちが演劇を保護したため，この時代多くの劇場がロンドンに建設された。エリザベスの統治下では，宮廷人と一般市民といった異なる社会的階級の人々が同じ演劇を見ていたが，プライベートな劇場が増えるにしたがい，演劇はしだいに富裕層の嗜好に合ったものへと変化していった。

関連年表

1558	エリザベス1世即位
1564	ストラスフォード・アポン・エイヴォンで生まれる
1582	18歳でアン・ハサウェイと結婚
1583	長女スザンナ誕生
1585	双子のハムネット（男）とジュディス（女）誕生
1585～92	ロンドンに進出，劇場で活躍し始める
1588	スペイン無敵艦隊の襲来
1599～1602	『ハムレット』上演
1603	エリザベス1世死去，ジェイムズ1世の即位
1616	52歳で死去
1623	シェイクスピアの最初の全集（ファースト・フォリオ）刊行

（長谷川直子）

近世ヨーロッパ

84 レコンキスタ後のスペインを舞台として
ドン・キホーテ
セルバンテス

作者 ミゲル・デ・セルバンテス・サアベドラ
Miguel de Cervantes Saavedra 1547〜1616

　1547年にスペイン・カスティーリャ地方で生まれたセルバンテスは詩の勉強をしながら成長したが，当時**フェリペ2世**（在位1556〜98）の領地があったイタリアに渡ってその軍隊の兵士となり，1571年の**レパントの海戦**では左手を負傷しながら勇敢に戦った。しかし1575年に海賊に捕まり，**オスマン帝国**（1299〜1922）領のアルジェで捕虜(ほりょ)生活を5年間送ることになった。帰国後は**無敵艦隊**の食糧調達官をしたり，インディアスの官職を求めたりするが，1605年に出版した『ドン・キホーテ 前編』によって文筆家として脚光をあびた。ただ，版権を手放していたため生活は終生苦しかった。晩年には『ドン・キホーテ 後編』を含むいくつもの作品を発表し，1616年に世を去った。

内容紹介 『ドン・キホーテ』
El ingenioso hidalgo don Quijote de la Mancha 前編1605・後編1615

　原題は，『機知に富んだ郷士ドン・キホーテ・デ・ラ・マンチャ』。スペイン中央部のラ・マンチャの村で時代遅れの**騎士道小説**（→P.170）を読みふけり，自分も遍歴の騎士になろうと考えた貧乏な初老の下級貴族アロンソ・キハーノは，騎士ドン・キホーテと名乗り，農民サンチョ・パンサを従士として旅に出る。家族や友人たちはドン・キホーテを正気に戻そうと手をつくすが，彼は行く先々で「冒険」を繰り返す。しかし，彼が巨人と思ったものは風車であり，大軍勢と思い込んだのは羊の群れであり，騎士に欠かせない想い姫として慕うのはただの農民の娘であった。この主

従の前には胸躍る非日常の世界はほとんどあらわれず，ドン・キホーテの頭のなかで冒険をつくりだしているのは彼の狂気であった。むしろ非日常は，主従が出会った人たちが語る長い身の上話（作者自身をモデルとしている，レパントの海戦で捕虜になった男が**キリスト教**への改宗を望む女性に助けられてアルジェを脱出し，スペインにまでたどりつく『捕虜の話』など）のなかにこそあった。

前編は友人たちに騙されて主従が村に連れ戻されて終わるが，後編では，作中の登場人物たちが出版された『ドン・キホーテ 前編』を読んでいるため2人を知っているという奇妙な設定で話が進んでいく。もう一度旅に出た主従は，アラゴンの公爵夫妻のように時代錯誤の騎士道に狂ったドン・キホーテをからかおうとする人たちと出会いながら，大都市バルセロナへ向かっていく。そこで同郷の青年との決闘に敗れたドン・キホーテは，冒険の旅をやめて故郷で静かに暮らすことを誓わされる。村に帰る道中，少しずつドン・キホーテは理性を回復していき，帰郷したときにはすっかり元のアロンソ・キハーノに戻っていたのだが……。

> 「わしらはどこにいても，スペイン恋しさに泣いていたさ。なんといっても，わしらが生まれたのはこの地であり，スペインこそわしらの生まれ故郷なんだから。」
>
> （牛島信明訳）
>
> リコーテがサンチョに語った台詞であり，祖国を追われた同情すべきキリスト教徒として描かれている。モリスコは，ルイ14世（在位1643～1715）に追放されたユグノーなどとともに，宗教・宗派によるディアスポラ（離散）をもたらしたヨーロッパ近世史の側面を問いかける存在である。

解説 小説『ドン・キホーテ』には，ムスリム（イスラーム教徒）を意味する「モーロ人」という言葉が頻出する。場面によって，ドン・キホーテの空想が生み出す架空の魔法使いであったり，作者自身が見たであろうアルジェのムスリムであったり，バルセロナを襲撃する海賊であったりするが，**対抗宗教改革**期の**カトリック**世界の盟主スペインを舞台とした小説でムスリムが頻出する演出は，中世の**レコンキスタ**とそれが残した影響を踏まえると，より深く理解できる。

レコンキスタ自体は1492年に**ナスル朝**（1232～1492）降伏によって終わったが，スペインには多くのムスリムが残留した。しかし，16世紀前半にはムスリムに国外追放または改宗が命じられ，さらに1609年には改宗

したはずの元ムスリム（モリスコと呼ばれた）にも追放令が出され，約30万人がスペインを追われることになった。セルバンテス自身はレパントの海戦とその後の捕虜生活によってオスマン帝国のムスリムと接したことがあったが，そのような劇的な人生を

▲ドン・キホーテとサンチョ・パンサの銅像（マドリッド，スペイン広場）

送らなくても，当時のスペインでは**アラビア語**を解し，装束も異なるモリスコが自分の町や村にいることはめずらしくなかったのである。
→ P.134

　作中でもドン・キホーテとサンチョが暮らしていた村にモリスコの友人リコーテがいたのだが，1614年が舞台になっている後編では，追放されたはずのリコーテがスペインに潜入し，サンチョと再会するシーンがある。リコーテは敬虔なカトリックとして描かれているが，彼をはじめとして作中にたびたび登場するイスラームにかかわる諸要素は，中世のレコンキスタがセルバンテスの生きた時代のスペインに残していた影響を物語っているのである。

参考文献

セルバンテス（牛島信明訳）『ドン・キホーテ』全6巻（岩波文庫）岩波書店，2001．
セルバンテス（岩根圀和訳）『新訳　ドン・キホーテ』全2巻，彩流社，2012．
牛島信明『ドン・キホーテの旅——神に抗う遍歴の騎士』（中公新書）中央公論新社，2002．

キーワード

レコンキスタ　西ゴート王国滅亡（711）後のコバドンガの戦い（722頃）からグラナダ降伏（1492）に至る，イベリア半島でのキリスト教徒とムスリムの戦いのこと。ただし，「レコンキスタ」（再征服）という言葉自体は近代歴史学の造語であり，スペインという国民国家の枠組みを前提とした歴史観を反映している。また，絶え間なく戦闘が続いていたわけではなく，貢納金支払いにより安全保障が約束されたり，キリスト教国でもムスリムの残留が許可されるなど，イベリア中世史の実態は複雑であった。しかし，レコンキスタが完了するとユダヤ教徒とムスリムは国外追放か改宗かを迫られ，スペインはカトリックを統合理念とする近世国家に変貌していく。

関連年表

722頃	コバドンガの戦い（レコンキスタの始まり）
1492	ナスル朝の降伏（レコンキスタの終わり），ユダヤ教徒に国外追放か改宗かが命じられる
1502・26	イスラーム教徒に国外追放か改宗かが命じられる
1547	セルバンテス誕生
1571	レパントの海戦（セルバンテスも兵士として参加）
1575	セルバンテスがアルジェで捕虜生活を始める
1605	『ドン・キホーテ 前編』の出版
1609	モリスコに国外追放が命じられる
1615	『ドン・キホーテ 後編』の出版

（内村俊太）

9 近世ヨーロッパ

85 諸学を再構築する

方法序説

デカルト

作者 ルネ・デカルト
René Descartes 1596〜1650

　1596年3月31日，フランスのラ・エー（現在は彼の名からデカルト）で医師の家系に生まれた（法服貴族の出身というのは誤りである）。哲学者・自然哲学者・数学者。近世哲学の祖といわれる。「私は考える，ゆえに私はある」という命題を哲学の第一の原理におく。彼の研究は認識論や形而上学のみならず，数学や自然学，生理学などにまでおよび，彼の合理主義哲学（**大陸合理論**）や機械論的自然観は後世に大きな影響を与えた。解析幾何学の創始者でもある。ラ・フレーシュ学院卒業後は志願兵となり，**三十年戦争**（1618〜48）にも参加。1628年からオランダに隠棲し，研究および著作活動に専念した。1650年スウェーデンにて客死。生前公刊された著書に『方法序説および三試論』(1637)，『省察』(1641)，『哲学原理』(1644)，『情念論』(1649)がある。

内容紹介 『方法序説』
Discours de la méthode 1637

　全6部からなる本書は次の有名な一文から始まる。「良識(bon sens)はこの世でもっとも公平に配分されているものである」。良識あるいは理性は，「よく判断し，真なるものを偽なるものから分かつ」能力である。そのうえで重要なのは「精神をよく用いること」，つまり良識(理性)を自分で開発し，活用することである。平等と自己責任という，近代において重要な概念が冒頭で示されているのである。

　最初の3部で学院時代からオランダ隠棲までの時期が語られる。既存

の諸学問(数学・道徳・神学・哲学など)への不満により(第1部),「自分の信念に受け入れてきたすべての意見を,一度きっぱりと,とり除いて」,諸学を再構築することが企てられる(第2部)。この仕事において,「ただひとり暗闇のなかを歩む者のように」細心の注意を払うためにデカルトが求めたのが,「自分の精神が達しうるあらゆる事物の認識に至るための,真の方法」である。かくして,方法の4つの規則が提示される。論理学・解析・代数の手法を方法論的に考察し,その核心を取り出して立てられたものであり,それぞれ「明証の規則」「分析」「総合」「枚挙」と略称される。方法を定めたあと,諸学の再構築に必要な理性を開発するあいだの,暫定的な人生の方針として定められるのが,第3部の「仮の道徳」である。

第4部ではデカルトの形而上学の基礎が示される。「私は考える,ゆえに私はある」という有名な命題が示されるのもここである。精神としての「私」(心身二分),神の存在証明などが簡潔に語られる。第5部,第6部では自然学の構想やその方法論が述べられる。自然全体を機械と見なす機械論的自然観を示し,また同じ原理で人間身体全体も理解できるとするのである。

> **私は考える,ゆえに私はある〔われ思う,ゆえにわれあり〕。**
> (Je pense, donc je suis./Cogito ergo sum.)
> 感覚,身体,あらゆる論証を疑う,方法的懐疑という否定的作業を経て到達する,哲学の第一原理。この懐疑の矛先は自分の存在にまで向けられるが,「私」がすべてを偽と考えているあいだ,考えている「私」自身は必然的に何ものかでなければならないのである。この命題は『方法序説』にしかあらわれない。数学的真理や神の全能にまで懐疑を拡げる主著『省察』では,「私はある,私は存在する」(Ego sum, ego existo)と表明される。

解説 デカルトが自分の方法について述べた著書は,本書以外にない。著者みずから半生を回顧している点とあわせて,他の著書には見られない特徴である。本書の正確な題は『理性をよく導き,諸学問において真理を探究するための方法についての序説,および,この方法の試論である屈折光学,気象学,幾何学』である。『屈折光学』『気象学』『幾何学』(まとめて『三試論』)の「序文」として最後に執筆された本書は,学術書がラテン語で書かれた当時では珍しく,一般の人々も読めるようにフランス語で書かれた。しかしこの知的自叙伝は,理性を導く方法を読者に教えるというより,「いわば1枚の画として」示すだけであり,その是非を判断するのは読者自身の仕事である。

この方法の規則のうち,「明証の規則」には最終的な認識論の核となる

考えがあらわれる。すなわち，明証的に真であるもののみを真とし，それ以外は判断に含まないことである。残りの3つは，問題を単純かつ容易なものへと分割し（「分析」），順序（ordre）に従って複合し（「総合」），分割・複合された知識の連結を全体として把握する（「枚挙」）ことである。きわめて平明だが，これはいかなる学問領域でも柔軟に活用できることを意味する。デカルトによれば，知識や学問は連鎖しており，あるものからほかのものを演繹する順序を守りさえすれば，われわれはどんな遠い（複雑な）ものにでも到達できる。形式的な規則に縛られる必要はないのである。

▲デカルト（1649，フランス・ハルツ画。パリ，ルーヴル美術館蔵）

著者の形而上学がはじめて示された第4部では，少しでも疑いうるものを「絶対的に偽なるもの」と見なす方法的懐疑を経て，「私は考える，ゆえに私はある」という真理が見出される。また，この真理を立脚点に「無限で最高に完全な」神の存在が証明される。これにより，デカルトは神を頂点とする形而上学を構築し，懐疑論や独我論を斥けることになるのである（形而上学の本格的な展開は主著『省察』において見られる）。

参考文献
デカルト（野田又夫訳）『方法序説・情念論』（中公文庫）中央公論新社，1974.
デカルト（谷川多佳子訳）『方法序説』（岩波文庫）岩波書店，1997.
小林道夫『デカルト入門』（ちくま新書）筑摩書房，2006.
ジュヌヴィエーヴ・ロディス＝レヴィス（飯塚勝久訳）『デカルト伝』未來社，1998.

キーワード

大陸合理論 デカルトに始まり，マールブランシュ（1638〜1715），スピノザ（1632〜77），ライプニッツ（1646〜1716）らにより展開されていく思想的立場である。生得観念を否定し，観念や知識は経験により得られるとする**イギリス経験論**と対比される。とくに，**科学革命**（→P.269）の真っただ中を生きたデカルトは，自然を数学的に記述する近代科学を，思想的に基礎づけるという役割を果たしている。彼らは，感覚や経験に由来する認識を混乱していて不確実なものとして斥け，生得的に与えられた理性や観念により明証的な原理の認識に至ることができると考えた。さらに，数学的な確実性に保証される直観と演繹により，その原理に連鎖するほかの事物を認識し，最後には真理を発見できるとするのである。

関連年表

1598	ナントの王令発布
1618	三十年戦争（〜48）
1633	ガリレオ裁判（デカルト，これにより『世界論』の出版を断念。死後出版）
1643	ルイ13世崩御，ルイ14世即位
1648	フロンドの乱（〜53）
1648	ヴェストファーレン（ウェストファリア）条約締結

（川﨑倫史）

近世ヨーロッパ

86
国家主権の絶対性
リヴァイアサン
ホッブズ

作者 トマス・ホッブズ
Thomas Hobbes 1588〜1679

　トマス・ホッブズは，**主権国家**理論を創始したイギリスの哲学者である。オクスフォード大学で学んだのち，開明的貴族キャヴェンディッシュ家の家庭教師になったことにより，**フランシス・ベーコン**（1561〜1626）やガリレオ・ガリレイ（1564〜1642）といった近代自然哲学を代表する人々との交流の機会を得た。

　ホッブズの初期の著述活動は，国王と議会のあいだが緊張状態にあるなかでなされたものであり，**イギリス革命**（1640〜60）が起こる1640年に『法の原理』を発表すると，彼はフランスに亡命した。本書『リヴァイアサン』が出版されたのは，この11年間の亡命生活においてである。しかしこの著作は，教会から内容が無神論的であると非難されたため，今度は亡命中に**共和政**となっていたイングランドに帰国する。

　ホッブズは**王党派**と見なされていたため，不安定な立場におかれたが，1660年の**王政復古**が彼に平穏をもたらしたわけではなかった。その学説には無神論的であるという非難がつきまとっていたからである。それでも**チャールズ2世**（在位1660〜85）に宮廷への出入りを認められ，身の安全は保証されていたホッブズは，1679年に91歳でこの世を去るまで精力的な執筆活動を続けた。

内容紹介 『リヴァイアサン』
Leviathan 1651

　本書は**社会契約**説による主権国家理論を体系的に論じたものであるが，
→ P.284

人間にとって主権国家がなにゆえ必要であるかを論じた人間論の著作でもある。

　ホッブズは，人間とは本質的には他の動物と異なることのない動物の一種であると主張する。これは，人間とは神により特別の地位を与えられた存在であるとする『旧約聖書』の立場とは根本的に異なる人間観であった。人間が動物の一種であるならば，その存在原理とは自己保存である。それゆえ，自然状態において人間が有する権利（自然権）とは生命であることが明らかとなる。

　ただし人間は，他の動物とは異なり，予見能力と比較能力をもつ。予見能力があるために，人間は未来への不安をいだき，現在必要とする以上の資源を求める。また，比較能力をもつことにより，人間は自分以外の人間が保持する資源と，自分が現在保持する資源との差異に嫉妬心をいだく。もし世界の資源が無限にあるならば問題はないが，ホッブズによれば，世界の資源は限られていて，それゆえ人間は戦いに駆り立てられるのだと

> 人間の状態とは，万人の万人に対する戦争の状態なのであり，この場合にすべての人間は，彼自身の理性に従うのであり，そして彼の敵に対して彼の生命を保全するために使われるもので，彼の思い通りにならないものは何もない。
>
> ホッブズによれば，自然状態においては，すべての人間は自分の生命を保全するためにあらゆることをなすのであって，自然権を各人に委ねる限り，戦争状態が終わることはないと論じている。

いう。生命という自然権を各人が保持することを望む限り，**自然法**は侵害され続けるのである。自然状態とは，「万人の万人に対する戦争」の場であり，そこを支配する原則は「死の恐怖」である。

　ホッブズは，こうした自然状態における戦争状態を停止するには，理性の力により，すべての人間に戦争の停止と自然権の放棄を命じる強制権力を樹立すべきであると論じる。平和の規則を確立するためには，この人為的に創設された強制権力に，すべての人間の自然権は単一不可分に統合されなければならない。これが国家主権であり，その絶対性を強制するのがホッブズにおける社会契約である。

解説　本書のタイトルとなっているリヴァイアサンとは『旧約聖書』に登場する海の怪物の名称だが，それがホッブズにおいていか

なる意味で使われているかは，その扉絵に雄弁に示されている。人間の顔をもつ全身を鱗(国民)に覆われた巨大な怪物が，王冠を頭上に乗せ，右手に剣，左手に牧杖を掲げている。これは，世俗的権力と宗教的権威を王権のもとに統合する国家主権の絶対性を象徴的に表現したものである。

▲『リヴァイアサン』の扉絵

ホッブズが生きた時代は，いつ終わるともわからない宗教戦争の時代であり，暗く陰惨な内戦の時代であった。内戦とは，主権の所在をめぐる戦争状態であり，そのなかで人々はつねに生命の危機にさらされていた。ホッブズが，すべての人間に自然権を放棄させ，自分自身をも滅ぼすような強大な権力を創設する必要性を説いたのは，当時のイングランドの永続的な戦争状態を終結させたいと痛切に願ったからであろう。

ホッブズは，後年，自分はスペイン艦隊の襲来の噂を聞いておびえた母が早産して生まれたので，いわば恐怖とともに生まれた，それゆえ平和を求めるのだと記している。海の怪物に象徴される絶対的な国家主権を構想し，無神論者と非難されてでも著述活動を続けたホッブズの原動力はここにあったのだろう。

参考文献

ホッブズ(水田洋訳)『リヴァイアサン』全4巻(岩波文庫)岩波書店，1954〜85．
廣松渉ほか編『岩波哲学・思想事典』岩波書店，1998．

キーワード

自然法 自然法とは，国家や法および社会システムが成立するに先立って，人間が人間であるがゆえに普遍的に有すると考えられる自然権の意味内容を示した法概念である。これはあくまでも「書かれざる法」であって，自然状態においては，その解釈は各人に委ねられる。それゆえ，社会契約とは，自然法の解釈と執行，違反者への処罰を独占的におこなう国家主権の存在を確認する概念である。

関連年表

1588	ホッブズ誕生(4月)，スペイン無敵艦隊の襲来(7月)
1640	ホッブズがフランスに亡命，イギリス革命が始まる
1649	チャールズ1世が処刑され，共和政となる
1651	『リヴァイアサン』をロンドンで出版，ホッブズはイギリスへ帰国
1660	チャールズ2世がロンドンに入り，王政復古
1679	ホッブズ死去

(石川敬史)

9 近世ヨーロッパ

87 不定形の古典

パンセ

パスカル

作者 ブレーズ・パスカル
Blaise Pascal 1623〜62

17世紀フランスの科学者・思想家。1623年、フランス中部の都市クレルモンに生まれる。新興貴族の家系であり、比較的高い家柄であった。学校には通わず、裁判所の役人で幅広い教養を備えた父の教育を受ける。16歳で幾何学における「**パスカルの定理**」を発見、19歳で計算機を発明、20代前半で真空の存在や大気の重さを実験により証明。同時に、敬虔なカトリック教徒でもあり、23歳で最初の回心を経験したのち、パリの社交生活でその熱意を減退させたものの、31歳で決定的に回心。妹が寄宿していた**ポール・ロワイヤル**修道院の重要な支持者として、教会内のさまざまな宗教論争に関与し、文筆活動をおこなった。1662年、39歳の若さで病没。

内容紹介 『パンセ』
Pensées 1670

パスカルは晩年、不信仰者に**キリスト教**の正しさを証明する著作（キリスト教護教論）も準備していたが、生前に完成させることはできなかった。『パンセ』は、そのために書きためていたノートを中心とした著者の遺稿集である。1670年に親族や知人の手ではじめて出版され、題名もそのときにつけられた。「パンセ」とは、フランス語で「思想」のことだが、「箴言」をも意味する。遺稿の多くは短い断章だったのである。

パスカルのいだいていた構想は、ある程度知られている。神を信じない人間のむなしさや矛盾を描写したのち、それを説明するのがキリスト

教だけであることを論証する筋道である。しかし，作品は未完に終わったため，残された断章群がそこで果たしたであろう役割は必ずしも明らかではない。そもそも，構想におさまらない文章も存在する。したがって，この遺稿集のあり方は1つに固定されるものではなく，断章の配列しだいで相貌を一変させる。そしてわれわれは，それをどこからでも読むことができる。書物としてのあるべきかたちをもたない『パンセ』は，こうした生来の柔軟さに著者の類まれな洞察力と表現力が結びつくことで，これまで多くの読者を集め，さまざまな版を生み出してきた，いわば不定形の古典なのである。

これまで邦訳として広く読まれてきたのは，編者の判断で断章をテーマごとに分類したブランシュヴィック版である。その前半には，人間や社会や信仰の本質についての鋭い指摘が散りばめられ，『パンセ』への入り口として，大きな魅力を放っている。だが，この版を『パンセ』の唯一のかたちと考えることはできない。その全体像や歴史的背景を知りたいと願う読者は，やはり「護教論」に立ち戻ることになる。

> 私たちは，他人の頭のなかで想像上の人生を送ろうとして，そのために必死で外見を取り繕う。想像上の自分を美しく飾り，それを維持することばかり考えて，本当の自分は顧みない。　（ブランシュヴィック版147番）
> 他人の評価に依存して自分を見失う人間の性向を指摘する文章である。発想の源泉には，モンテーニュ（1533～92）の『エセー』やキリスト教思想における優越欲の考えがある。パスカルは，これを「護教論」でどのように利用するつもりだったのだろうか。

解説　古来よりキリスト教神学の一部門であった護教論は，**ルネサンスの人文主義**や**科学革命**（→P.269）の合理主義が宗教戦争の混乱と相まってキリスト教への疑念を高めていた近世ヨーロッパにおいて，大きな隆盛を見せた。しかし，パスカルはそうした護教論をあまりよく知らず，教義の正しさや神の存在を前提とするその方法も採用しなかった。『パンセ』の背景を知るうえでむしろ重要なのは，同時期の教会史的な文脈である。

宗教改革を受けて，**カトリック教会**は内部改革を大幅に前進させた。そこで大きな役割を担ったのが**イエズス会**であり，この**対抗宗教改革**の成果が**トリエント公会議**（1545～63）である。しかし，イタリアやスペイ

ンで進められた刷新運動がフランスで開花するのは17世紀になってからである。パスカルが生きた時代のフランスは，自由思想の台頭を脇目に，カトリックの宗教生活に活力を与え返そうとする熱意にあふれた時代だったのである。そして，『パンセ』の土壌を形作るのは，こうしたカトリック改革の一翼を担ったポール・ロワイヤルの精神である。この修道院に集った一団は，新たに国内に創設されたオラトリオ会をはじめとする霊性のフランス学派に影響を受けながら，教父**アウグスティヌス**の伝統的な神学思想に傾倒することで，人間の自由を前面に出す近代的なイエズス会とはまったく異なる立場から改革に参与した。『パンセ』に見られる悲観的ともいえる人間観は，恩寵の役割に重きをおくアウグスティヌス主義のあらわれである。パスカルの独自性は，それを護教論の思想的土台に援用したうえで，読者にキリスト教の正しさを説得する方法と理論について思索を重ね，それを入念な推敲を重ねた文章に移し変えたところにある。

→ P.60

参考文献

パスカル（塩川徹也訳）『パンセ』全3巻（岩波文庫）岩波書店，2015〜16.
パスカル（前田陽一・由木康訳）『パンセ』全2巻（中公クラシックス）中央公論社，2001.
塩川徹也『パスカル『パンセ』を読む』（岩波人文書セレクション）岩波書店，2014.
ジャン・メナール（安井源治訳）『パスカル』みすず書房，1971.

キーワード

ポール・ロワイヤル　もともと中世に起源をもつパリ郊外の女子修道院の名称だが，17世紀に入ってその規律が改革されると，やがてパリに本拠を移した修道院，郊外に残った別院，およびその周辺に集った男性隠遁者集団，さらには彼らが運営した「小さな学校」からなる，ゆるやかな共同体を指すようになる。厳格で復古的な精神により，多くの支持者を獲得し，「ジャンセニスム」（神学者ジャンセニウスの名に由来するキリスト教の異端思想）の牙城と見なされ18世紀に閉鎖されるまでの約1世紀にわたり，知的・文化的・宗教的な発信源として，極めて大きな影響力をもった。日本ではなじみのない名前だが，その思想と運動は，パスカルの作品理解の鍵であるだけでなく，彼の生きた17世紀フランスの社会と文化の理解にも不可欠である。

関連年表

1517	宗教改革開始
1540	イエズス会創設
1545〜1563	トリエント公会議
1609	ポール・ロワイヤル修道院の改革
1623	パスカル誕生
1656	パスカル，決定的に回心
1657〜1659	『パンセ』の多くを執筆
1662	パスカル死去
1670	ポール・ロワイヤル版『パンセ』刊行
1710	パリ郊外のポール・ロワイヤル，ルイ14世の命で破壊
1897	ブランシュヴィック版『パンセ』刊行

（御園敬介）

近世ヨーロッパ

88 科学革命の時代
プリンキピア
ニュートン

作者 アイザック・ニュートン
Isaac Newton 1642〜1727

　イングランドの片田舎，ウールスソープに生まれる。学力を認められてケンブリッジ大学トリニティ・カレッジに入り，卒業後，ルーカス講座の数学教授となる。後年には，大学代表の国会議員に推されたのを皮切りとして政治・行政にかかわり，造幣局監事（のち長官）に就任。また学術面ではロイヤル・ソサエティ（王立協会）の総裁として君臨した。研究をおこなった分野は，数学・力学・天文学・光学・化学＝錬金術・聖書年代学など多岐にわたる。科学上の主著としては『プリンキピア』(1687)に加えて『光学』(1703)があり，ほかに微積分法（本人は「流率法」と呼んだ）や反射望遠鏡の発明といった業績でも知られている。

内容紹介 『プリンキピア』
Philosophiae Naturalis Principia Mathematica 1687

　『プリンキピア』というのは通称で，正式な表題は『自然哲学の数学的諸原理』である（「原理」を意味するラテン語の複数形が「プリンキピア」）。自然について探求するという，今日ならば「自然科学」と呼ばれるような営みは，当時は「哲学」の一部とされていた。

　書名にある「数学的」という形容詞からは，本文が数式で埋めつくされているイメージが浮かんでくる。しかし実際には，現代の物理学の専門書と異なり，『プリンキピア』には数式が1つも登場しない。ニュートンの使う数学はむしろ，高度な幾何学である。「辺ABと辺CDの比は……」といった議論が，作図を交えつつ，言葉でなされている（図参照）。

西洋において、この種の幾何学には古代ギリシア以来の長い伝統があった。

幾何学的という特徴は、『プリンキピア』の構成についてもいえる。例えば、本論の前には「定義」と「公理」という節がある。「定義」では同書に出てくる基本的な概念・用語が説明され（質量、「力」、時間・空間など）、「公理」ではいわゆるニュートンの運動の3法則が述べられる。さらに本論に進むと、まず「命題」として「定理」や「問題」が提示され、それらの証明や解法が延々と記述されていく。『プリンキピア』には全部で200題近くの「命題」があり、読みとおすには恐ろしい忍耐力が必要である。

このような幾何学的論述を通じて、ニュートンはまず、さまざまな力により物体がどのように運動するのかを抽象的に論じた（本論第1篇・第2篇）。そのうえで、天体観測などの具体的データを吟味して、自らの理論の正しさを立証しようと試みた（第3篇）。これによって示されたのが、いわゆる万有引力の法則である。『プリンキピア』の究極的な目標は、あらゆる物体間に作用する力の存在とその法則性を示し、それに基づいて、神のつくりたもうたこの世界の成り立ちを理解することにあった。数学的な議論はこうして、自然の「哲学」となったのである。

▲幾何学による議論の例（第1篇命題11より）
Isaac Newton, *'Philosophiae naturalis principia mathematica'*, Bruxelles, Culture et Civilisation, 1965.（復刻版）

私は仮説を捏造しない。
『プリンキピア』の最後にある「一般注解」（1713年の第2版で追加された）の一節で、具体的にはデカルトの渦動説を念頭において述べられた言葉である。あらゆる物体のあいだに引力が働いているというのが『プリンキピア』の中心的主張だったが、そうした力の原因が何であるのかについては、ニュートンはあえて立ち入らなかった。経験的裏付けのない憶測を展開することは、ニュートンの考える哲学（科学）の方法ではなかった。

解説 『プリンキピア』は、**アリストテレス**（前384〜前322）に代表される古代ギリシア以来の宇宙像と、17世紀に新しく登場した**デカルト**の学説の両方に対して、新しい世界観を主張する著作であった。デカルトによれば、宇宙は微細な物質で満たされており、その運動が天体を動かしている（渦動説）。ニュートンはこれに対し、物質のあいだで作用する「力」によって惑星の運動が説明できることを示した。もっとも、

この考え方がすぐに広く受け入れられたわけではなく，多くの学者による論争が長年にわたって続いた。

形式の面からみると，物体の運動を数学（幾何学）によって論じることは，ガリレイ（1564～1642）やホイヘンスの研究を通じて，17世紀のあいだに大きく進展していた。『プリンキピア』もその系譜に位置づけられるが，ニュートンの場合には，そこに自分の発明した微積分の考え方を取り入れた点が特色といえる。なお，微積分はニュートンとほぼ同じ時期に，ライプニッツ（1646～1716）も考案していた。18世紀にはむしろ後者の影響のもとで，『プリンキピア』に出てくる問題を数式を使って解くことが本格化していった。

一方で，『プリンキピア』には命題を検証するための実験・観測も多数登場する。徹底的にデータを集めて考察しようとする態度は，ニュートンのもう1つの主著『光学』などにも顕著であり，イギリスの実験家ボイル（1626～91）などが推し進めようとした「実験哲学」との親和性が高い。

やがて18世紀になると，「ニュートン主義」と呼ばれる思潮が流行する。だが，『プリンキピア』の難解な数学を理解できた人間は実際にはごく一部であり，その内容は多くの場合，一般向け解説書を通じて広まった。フランスでは文筆家の**ヴォルテール**（1694～1778）などが，ニュートンの紹介者として有名になった。イギリスの天文学者キールの著した入門書は，オランダ語訳のかたちで江戸時代の日本にも伝わった。長崎の蘭学者，志筑忠雄が，万有引力説を検討した最初の人物として知られている。

参考文献
河辺六男編『ニュートン』（世界の名著）中央公論社，1971.
Cohen, I. Bernard and Anne Whitman trans., *'The Principia'*, Berkeley, University of California Press, 1999.

■ キーワード

科学革命 16世紀から18世紀にかけて，ヨーロッパでは，自然を探求する営みと自然の基本的な理解に大きな変化が生じた。それが近代以降の科学に直接繋がっているという意味で，この一連の変化は「科学革命」と呼ばれる。その中身についてはさまざまな見解が存在するが，1つには，実験や数学が自然の研究方法として正統的な地位を得たことがあげられる。また自然観の面では，アリストテレス流に天上の世界と地上の世界を区別するのでなく，宇宙全体が同じ法則に従っていると考えるようになったことなどが指摘できる。さらには，知識を有用なものと捉えて科学を振興しようとする協会・組織が設立されたり，学術雑誌が出現したりするなど，社会的な面での変化も見過ごせない。

（有賀暢迪）

9 近世ヨーロッパ

89

人民の権利

統治二論

ロック

作者 ジョン・ロック
John Locke 1632〜1704

ジョン・ロックは，**経験論**哲学の創始者として知られるイギリスの哲学者である。イングランド西南部リントンで生まれ，オクスフォード大学で**スコラ学**を学んだのち，自然科学および医学を研究した。シャフツベリ伯の知遇を得て，侍医・顧問役などを務めるが，伯の失脚後はオランダに亡命し，ヨーロッパ各地の哲学者と交友し研究を重ね，1689年までには，『人間知性論』(1689)・『統治二論』を完成させ，『寛容についての書簡』(1689)の執筆も進めていた。ロックは，スコラ哲学を批判する立場から人間の知性における生得観念を否定し，経験論的な認識論を創始するとともに，その哲学が導く**啓蒙思想**は，**アメリカ独立革命**(1775〜83)や**フランス革命**(1789〜99)に多大なる影響を与えた。

内容紹介 『統治二論』
Two Treatises of Government 1690

本書は，表題の示すとおり2つの論文から成り立っている。第一論文は，神学的に規定された家父長権から国王権力の神授性を説く，フィルマー(1588頃〜1653)の『父権論』に対する反駁であり，第二論文は**ホッブズ**に示された自然権・自然状態・**自然法**・**社会契約**説などの概念を大胆に改変し，市民社会と統治体(政府)の関係を論じる明確な基礎を提示した。

ロックによれば，自然状態において，人間は生命・自由・財産という自然権を有している。人間は自然法を遵守する理性を備えており，労働をとおして社会を形成するので，統治が絶対的に必要なものではない。

しかし，現実には個人の自然権はしばしば他者による侵害を受ける場合があり，かつそれは個人で解決するには多大な労力を必要とする。そこで，諸個人はその自然権を擁護する警護者を創設するために，社会契約を結び，統治体を構成する。

本書で注目すべきは，統治に先立って，すでに自然状態において，人間は社会を形成しうるとロックが論じていることにある。統治契約は，あくまで社会を構成する理性ある人間が，自立的におこなうものであり，征服者の専制やそれを継承した権力者を追認するものではない。

本書におけるロックの理性的人間観と社会契約説は，政治学的には決して穏健なものではない。統治体は，あくまで自然権（生命・自由・財産）を擁護するために，市民社会が社会契約によって創設したものであるとすると，その統治体が警護者としてふさわしくない場合は，これを改廃し，新たな社会契約によって，自然権をよりよく擁護する統治体を構成できるということである。これは革命権として，不法な統治への人民の抵抗を理論的に正当化したものである。本書は，**名誉革命**（1688〜89）直後に出版されたが，その主張内容は，イギリスを超えて，アメリカおよびフランスの革命を正当化する理論的枠組みとなったのである。

> すでに述べたように，人間はすべて，生来的に自由で平等で独立した存在であるから，誰も，自分自身の同意なしに，この状態を脱して，他者のもつ政治権力に服することはできない。（第二論文第8章）
> 統治の解体ということについて何らかの明確さをもって語ろうとする者は，まず第一に，社会の解体と統治の解体とを区別しなければならない。（第二論文第19章）
> ロックは，自然状態における人間の自立性と，政治社会に先立つ市民社会の存在を明確に論じている。

解説 本書は，1688年の名誉革命直後に発表された著作であるため，しばしば名誉革命後のイギリス政治を正当化したものであるとされてきたが，現在では本書が遅くとも1683年までに執筆されたことが明らかとなっているので，この解釈には無理があるだろう。事実，本書で展開されるロックの政治理論は，『人間知性論』に示された彼の認識論および彼が創始した経験論哲学を背景にもつより豊かなものである。

ロック以前のヨーロッパにおいては，既存の統治権力を暴力と区別し，

かつそれを正統化してきたのは，支配期間の長さと，複雑な神学理論であった。前者は封建法によって規定され，後者は教会法によって規定されていた。しかし，本書の第一論文によって，封建法と教会法が反駁され，第二論文によって，それらに対する代替案が提示された。それが自立的な市民社会による，理性的な社会契約説である。

また，ロックの『統治二論』が，『人間知性論』および『寛容についての書簡』と並んで，宗教内乱の終結を企図して執筆されたという観点も見落とすべきではない。彼は『人間知性論』において，人間の理性が，第一原因である神を正確に捉えられないことを認識論的に明らかにしたうえで，その一方で人間の知性は，世俗で展開されるすべての事象を正確に認識できることをも明らかにした。また，『寛容についての書簡』では，こうした人間の知性の性質を踏まえ，さまざまな宗教信条をもつ人々が共存するための原理として，寛容という言葉を再定義している。それまでのヨーロッパでは，寛容とは悪を容認する人間精神の悪徳と考えられていた。それに対してロックは，寛容を人々が共存するための美徳とすべきだと主張した。

以上の考察は，宗教信条の違いを超えて国民が共存するための原理を模索したものであり，本書が提示する統治権力の構成原理が**政教分離**となるのはこのためである。本書が提示する政治理論が近代立憲主義の礎となったのである。

▲ロック

参考文献
ジョン・ロック（加藤節訳）『統治二論』岩波書店，2007.
廣松渉ほか編『岩波哲学・思想事典』岩波書店，1998.

キーワード

政教分離 ジョン・ロックの哲学を論拠とする政教分離原則は，イギリスおよびアメリカにおける政教分離原則の基礎になっている。それは，信仰の問題を統治の問題と分離することによって，個人の信仰の自由と，公共哲学の相克を回避する枠組みである。その具体例としてあげられるのは，個人の信仰を表現することの自由と，公定宗教の設立を禁止した**アメリカ合衆国憲法**修正第1条である。

関連年表

1632	ジョン・ロック誕生
1683	ライ・ハウス陰謀発覚，ロックはオランダに亡命
1690	『人間知性論』および『統治二論』を発表
1700	ロックはエセックスに隠退
1701	王位継承法制定
1704	ロック死去

（石川敬史）

近世ヨーロッパ

90 近代小説とピューリタン
ロビンソン・クルーソー
デフォー

作者 ダニエル・デフォー
Daniel Defoe 1660～1731

　1660年にロンドンで生まれる。**ピューリタン**(**長老派**の非国教徒)の家庭に育ち、非国教徒学院で教育を受ける。卒業後は商人となり、生涯を通じて何らかの企業活動を続けた。1685年には**モンマス公**(**ジェームズ2世**の甥)の反乱に加わり、かろうじて赦免される。**名誉革命**(1689)後の1690年代からジャーナリズムの世界で活躍を始め、多数の小冊子や新聞・評論誌を発行することで同時代の論争の大半にかかわる。とくに1707年の**大ブリテン王国**成立に際しては合同推進の論客として健筆をふるった。時事へのたゆまぬ応答を続けるなかで培われた洞察力は、晩年の、小説を含めた大冊の著述においてもいかんなく発揮される。1731年にロンドンで没した。

内容紹介 『ロビンソン・クルーソー』
Robinson Crusoe 1719

　正確には1719年から翌年にかけて刊行された3部作である。だが通例は1719年4月刊行の第1部『ロビンソン・クルーソーの生涯と冒険』を指す。
　ロビンソン・クルーソーとはヨーク出身の架空のイングランド人で、彼がこの小説の主人公である。時代は17世紀に設定されている。若きロビンソンは、国内に留まって中流の暮らしをするのが最も幸せだという父親の忠告に背を向け、一攫千金を狙う冒険商人として**羅針盤**を手に船出する。アフリカ人をブラジルの**プランテーション**経営者に売る**黒人奴**

隷貿易に目をつけた彼は，その航海の途上で遭難し，カリブ海周辺の無人島にただ1人生きて漂着する。難破した乗船から運び出した**火薬**と**火器**(銃)と，ペンとインクと，そのほかごくわずかな道具類，それに聖書や煙草やラム酒や，犬猫とともに，ロビンソンは孤島にイングランド風の生活様式を打ち立てようとする。皿や器をこしらえ，穀物やブドウの農場と家畜の放牧場にするための土地を囲い込み，パンを焼いて肉のスープを煮込む。飼いならしたオウムに英語を覚えさせ，人のいない島で故国の言葉を耳にしようとさえする。

島での暮らしに転機が訪れたのは，漂着からおよそ15年後，海浜に残された何者かの足跡を発見したときである。すでに壮年を迎えていたロビンソンは震えおののき，恐怖にとりつかれる。やがて，この足跡が島外からやってくる食人種のものと知った彼は，銃を片手に勇を鼓して1人を捕虜(ほりょ)にし，彼にフライデイと名づけて英語を学ばせ，聖書を読み聞かせて教化する。そして，無二の相棒のもつ現地情報を引き出し，彼と協力して島を脱出する。漂着時から数えてじつに28年以上が経過していた。

> 危険におびえることは，目の前にある危険そのものの1万倍も恐ろしい。不安という荷物は，不安の元凶よりもはるかに重いものだ。
> （武田将明訳）
> 足跡を見つけた直後のロビンソン・クルーソーは恐怖に押しつぶされそうになる。孤独に自足していた心理が他者に出会うことで激しくかき乱されたのである。不安をとめどなく膨張させ，恐怖という感情自体を恐れるようになる心理は，閉じたピューリタン社会における集合主観の動きによくあてはまる。

解説 イングランドでは，**ウィリアム3世**(在位1689~1702)の治世における出版認可法撤廃(1695)ののち，ロンドンを中心とする各地の**コーヒーハウス**を拠点にして各種活字メディアが広汎に普及し，分厚い読者層を形成した。デフォーの『レヴュー』(1704~13)やアディソンとスティールの『スペクテイター』(1711~12, 1714)といった評論誌は，**アン女王**(在位1702~14)治世のいわゆるオーガスタン時代を代表する文物である。**ジョージ1世**(在位1714~27)時代に入ると，ますます拡大する読者層は時事的出版物以上のものを求めるようになった。デフォーが『ロビンソン・クルーソー』や女性を主人公にした『モル・フランダーズ』(1722)などの物語作品を次々に出版したのは，こうした時代の要請に応えるためであった。現代では，彼の創作した物語は近代小説の先駆であると一

般に見なされている。同時にまた、ロビンソン・クルーソーを孤立的な**経済人**と呼んだマックス・ヴェーバー（1864～1920）のように、冒険＝投機をくぐり抜けた合理主義的経営者の原型をデフォー作品の主人公に読み取ろうとする見解もある。

デフォーの生きた時代、彼のようなピューリタンにとってみれば、イングランドという島国は内外の危険に満ちていた。1660年の**王政復古**から名誉

▲デフォー

革命までのあいだ、**国教会**に属さない非国教徒は国内で繰り返し迫害された。革命後は寛容法によって信教の自由を認められたものの、今度はカトリック大国フランスとの戦争（アウクスブルク同盟戦争〈1688～97〉、**スペイン継承戦争**〈1701～14〉）という対外的危機にさらされた。この島国で**常備軍**を維持すべきかどうかをめぐる論争に肯定側として参加して以来、1720年代に大蔵卿**ウォルポール**（在職1721～42）のもとで国の指針が定まるまで、デフォーはほぼ片時も休まず時事評論を連ねたが、水面下ではつねにピューリタンとしての危機意識が流れを保っていたといえる。ロビンソン・クルーソーは火薬と銃を決して手放さないのである。

参考文献

デフォー（武田将明訳）『ロビンソン・クルーソー』（河出文庫）河出書房新社，2011．
ジェームズ・サザランド（織田稔・藤原浩一訳）『『ロビンソン・クルーソー』を書いた男の物語——ダニエル・デフォー伝』ユニオンプレス，2008．
イアン・ワット（藤田永祐訳）『小説の勃興』南雲堂，1999．

キーワード

経済人　ヨーロッパ古代における人間の理念が「政治的動物」（アリストテレス）であったとすれば、近代におけるそれは「経済人」であったかもしれない。ロビンソン・クルーソーは「公共」ではなく「私」から出発する。自己の生存欲求を満たすのに必要な物財を生産するための資源と時間を合理的に配分し、着実に生産高を伸ばす。あくまで実物的・即物的な世界に生き、貨幣すら「ゴミ屑」と呼んではばからない（捨てはしないが）。孤立人が営む経済では貨幣を計量単位とする他者との交換関係が成り立たないからである。現代の経済学は、多数者の営む交換経済においてロビンソン・クルーソー型経済人の理念がどこまで有効かという理論的問題をかかえている。

（林　直樹）

9 近世ヨーロッパ

91 イギリスとアイルランドのはざまで
ガリヴァー旅行記
スウィフト

作者 ジョナサン・スウィフト
Jonathan Swift 1667〜1745

　アイルランド王国の首都ダブリンに生まれ，同地で没。両親はイングランド**国教会**聖職者の家系の出で，ダブリンで出会って結婚。しかし父はスウィフト出生前に死去し，母とも生後すぐ離別。3歳で聖書を読み文字を書く。ダブリン大学を出て，**名誉革命**(1688〜89/91)直後のイングランドとアイルランドを行き来しつつ，有力政治家の秘書としてロンドン政界で活動。その後アイルランドで国教会聖職者・神学博士となり，病に苦しみつつ著述活動を本格化して名声を得る。『ドレイピア書簡』(1724)などでグレートブリテンによるアイルランド抑圧を舌鋒鋭く批判する一方，『小案』(1729)や『ガリヴァー旅行記』の風刺と空想で英語文学に巨大な足跡を残す。

内容紹介 『ガリヴァー旅行記』
Travels into Several Remote Nations of the World: in Four Parts: by Lemuel Gulliver 1726

　『ガリヴァー旅行記』の本文は，有名な「小人国」「巨人国」の第1・2編，「ラピュータ」や「日本」などの第3編，そして「馬の国」の第4編からなる。第1・2編では小人や巨人の姿形や生活，国の様子などが生き生きと描写され，空想とはいえかなりのリアリティを感じさせる。
　風刺も冴えている。小人国では大・小どちら側を割って卵を食べるかの問題が，宗教論争・思想弾圧と内乱・戦争まで引き起こす。巨人国でガリヴァーはグレートブリテンの文明を得意気に紹介するが，聞いてい

た国王は素朴な質問を次々に発してその欺瞞を暴きつつ，お前の国では地位を得るには徳性は必要とされないのだなと結論する。

　ガリヴァーは小人国では「気は優しくて力持ち」，巨人国では「知恵のあるペット」だったが，第3編では観察者として，数学と音楽に耽溺する殿上人や珍妙な実験に没頭する研究所員に出会って当惑し，魔術師が呼び出した歴史上の偉人たちの実の姿に失望し，さらに不死となって老醜をさらす人々に嫌悪を覚える。第4編ではガリヴァーは馬の僕（しもべ）である。ここではヒトは不快な下等生物（ヤフー）にすぎず，理性と徳性をもつ馬に使役される。こうした馬の高貴さにガリヴァーは感化され，人間界には帰るまいと決心するが，下等動物として扱われ泣く泣く帰郷する。戻った彼はすっかり人間ぎらいとなっており，人間界の馬とのみ心を通わせるのである。

> （……）王国第二の都市リンダリーノの住民は，前々から圧政に不満を抱いており，市の門を閉ざして総督を捕らえ（……）一切の苦情の解消，恩赦，そして総督の選出権などを要求した。（……）国王は彼らを屈服させようとしたが，打てる手をことごとく封じられてしまい，市の要求を飲まざるを得なくなった。
>
> この記述は，名誉革命時のアイルランドとイングランドの武力対立，もしくは1720年代のアイルランドとグレートブリテンの政治対立をもとにしている。アイルランドは前者では敗れたが，後者では『ドレイピア書簡』で受動的抵抗を説いたスウィフトの力もあって勝利したのである。

解説　この書は1726年，ロンドンで偽名で刊行された。すぐにスウィフトの作と知られ，たちまち売り切れてフランス語訳も出た。ただしこの版では，風刺の行き過ぎを懸念した出版社によって無断で改ざんがなされていた。1735年のダブリン版は元原稿に近く，完本とされることも多いが，後述のようにじつはまだ脱落があった。

　当時のグレートブリテンはオーガスタン時代と呼ばれる文芸興隆期にあり，スウィフトはその花形の1人であった。ただし『ガリヴァー旅行記』はまったく新しい創造物とはいえない。空想旅行記は，モア『ユートピア』（1516）をあげるまでもなくヨーロッパ文芸の重要なジャンルであった。また，スウィフトの作品は「イギリス文学」ともいい切れない。彼の著作のうち100点以上はアイルランドの権利の擁護を主題としている。本書でも，第3編第3章末尾で，リンダリーノ（Lindalino＝double lin すなわち Dublin とされる）が反乱を起こしてラピュータ国王から譲歩を勝ち取って

いる(上記引用参照)。ここは1896年版の註で初出であり，邦訳では別の底本を用いた中野訳・平井訳では出てこず，山田訳・富山訳を見る必要がある。

　ところが，じつはスウィフトはアイルランドぎらいでもあり，「こんな国に生まれ落ちたのはまったくの偶然」といい放っていた。一体何を考えていたのか。この矛盾を解く鍵は「自由」の理念にある。スウィフトにとって，自由の対極は同意なき統治すなわち圧政であり，イングランドの名誉革命はこれを糺したものとして正当化できた。しかしイングランド/グレートブリテンの対アイルランド政策は名誉革命後も依然として抑圧的であり，スウィフトは「私はイングランドでは自由な人間で，6時間かけて海峡を渡ると奴隷になるというのでしょうか？」(『ドレイピア書簡』)と抗議し，抵抗を呼びかけて勝利したのである。「祖国」より「自由」。彼の墓碑にはこう書かれている——「旅人よ，行きて，もし能うべくんば，この自由のため雄々しく闘い抜きしものをまねよかし」。

参考文献

スウィフト(中野好夫訳)『ガリヴァ旅行記』(新潮文庫)新潮社，1951.
中野好夫『スウィフト考』岩波書店，1969.
スウィフト(平井正穂訳)『ガリヴァー旅行記』(岩波文庫)岩波書店，1980.
富山太佳夫『「ガリヴァー旅行記」を読む』岩波書店，2000.
スウィフト(山田蘭訳)『ガリバー旅行記』(角川文庫)角川書店，2011.
スウィフト(富山太佳夫訳)『「ガリヴァー旅行記」徹底注釈』岩波書店，2013.

キーワード

名誉革命　ジェームズ2世(在位1685〜88)が3王国の君主だった以上，名誉革命はイングランド一国で完結した現象ではなかった。**ウィリアム3世**(在位1689〜1702)は，アイルランドとスコットランドでジェームズ2世側に勝利し，1691年にブリテン諸島全体に革命体制を確立する。ところが今度は，3王国の関係をどう定めるのかという課題が浮上した。18世紀初頭にイングランドとスコットランドは合同して単一国家をなしたが，アイルランドは従属的な地位に留められた。スウィフトはここに圧政を見たのである。

関連年表

1660	イングランド，スコットランド，アイルランドで王政復古
1688〜91	ブリテン諸島3王国で名誉革命戦争
1694	アイルランド国教会(イングランド国教会の姉妹版)聖職者となる
1703	アン女王即位
1707	イングランドとスコットランドが合同しグレートブリテン王国成立
1713	聖パトリック大聖堂(ダブリン)主任司祭となる
1714	ハノーヴァー朝成立
1719	デフォー『ロビンソン・クルーソー』出版
1726	『ガリヴァー旅行記』出版
1729	『小案(アイルランドの貧民児童が両親及び国の負担となることを防ぎ，国家社会の有益な存在とするための小案)』出版

(勝田俊輔)

近世ヨーロッパ

92 三権分立論の登場
法の精神
モンテスキュー

作者 モンテスキュー
Charles Louis de Secondat de la Brède et de Montesquieu 1689〜1755

　フランスの**啓蒙思想家**。ボルドー近隣の由緒正しい貴族の家に生まれ，一時は裁判官としても活動した。ボルドー大学法学部で学び，1709年から13年まではパリに移ったが，父の死を機に故郷で裁判官の職を得た。1716年にボルドー・アカデミーの会員に選出され，アカデミーでは，歴史や政治から物理まで多分野にわたる小論を発表した。1717年と20年に再びパリに滞在し，知識人たちとの交流を深めたのち，21年に出版された『ペルシア人の手紙』では，当時のフランスにおける不条理な思想や制度を風刺した。翌年からはパリに拠点を移し，1728年にアカデミー・フランセーズの会員に選ばれると，31年までヨーロッパ諸国を遊学した。1734年頃から『法の精神』の執筆を本格的に開始し，完成後はヨーロッパ中から称賛を受けたが，55年，流行性感冒のため死を迎えた。

内容紹介 『法の精神』
De l'esprit des lois 1748

　モンテスキューの主著。一般的には，**三権分立**を提唱し**アメリカ合衆国憲法**に影響を与えた作品として知られる。しかしながら，本作の，副題も含めた正式なタイトルは『法の精神について，あるいは，法律が政体の構造，習俗，風土，宗教，商業などに対してもつべき関係について。これに，著者は相続にかんするローマの法律についての，また，フランスの法律や封建制の法律についての新しい諸研究を加えた』であり，政体の理論のみを論じた作品ではない。本作は全6部からなっており，法

律と，政体の構造，習俗，風土，宗教，商業の5つの要素との関係を論じたあと，ローマ相続法と，フランス封建法について議論している。三権分立について述べられているのは，習俗と法律の関係を扱う第2部であるが，議論の前提となる第1部では，政体を①人民全体あるいはその一部が最高権力をもつ共和政体，②ただ1人が，確固たる制定法により統治をおこなう君主政体，③ただ1人が，自らの気まぐれで統治をおこなう専制政体の3つに分け，それぞれの原理や法律のあり方を明らかにしている。

三権分立論以外にも，近代以後の制度に影響を与えた点がいくつかあることから，本作は後世へのインパクトの面で注目されることが多いが，じつは，その記述は相対的かつ客観的であり，社会改革の必要を強く打ち出しているわけではない。

なお，本作は，日本についても言及している。例えば，第1部第6編第13章では，日本を例に，過度の刑罰と民衆の野蛮な精神の関連性が論じられている。この記述について，本作から約130年後の1875年に出版された日本初の全訳本（英訳からの重訳）何禮之訳『萬法精理』では，「100年以上前に長崎の出島に蟄居したオランダ人の伝聞に基づいており，事実とは異なる」との注をおいている。

> 同一の人間あるいは同一の役職者団体において立法権力と執行権力とが結合されるとき，自由はまったく存在しない。（……）裁判権力が立法権力や執行権力と分離されていなければ，自由はやはり存在しない。（野田良之ほか訳）

モンテスキューによると，立法権と執行権が結合されれば法律とその執行は暴君的なものとなり，立法権と裁判権が結合されれば人の生命と自由に対する権利が恣意的に利用され，執行権と裁判権が結合されれば裁きをくだす者が圧制者となる。つまり，三権分立とは，国家の暴走を防ぎ，国民の自由を守るために存在する「憲法」にとって，本質的な価値の1つをなすのである。

解説

本作は，モンテスキューの名を後世にわたるまで不動のものとした大作で，その執筆には20年もの歳月が費やされた。したがって，彼が本作にとりかかったのは，本格的な執筆開始から6年前の1728年頃のことであったと考えられる。たしかに，本作は『ペルシア人の手紙』におけるフランス社会の風刺・批判とは異なり，古代ギリシア・ローマ，さらにはアジアなど，時間的にも地理的にも広大な範囲にわたるさまざまな問題を扱っており，完成までにこれだけの時間が必要であ

ったことにもうなずける。

　本作の特徴としては，視野の広さ以外にも，客観的な描写があげられるだろう。ここから，本作は19世紀後半に本格化する社会学の先駆的作品としての意義ももつということができる。本作の相対的な態度は宗教について論じる際にも一貫していたため，**カトリック**に特別の地位が認められていた当時のフランス社会において，必ずしも好意的に受け取られたわけではなかった。実際，本作は1751年11月29日に，ローマ**教皇**により禁書に指定されている。

▲モンテスキュー（ヴェルサイユ宮殿美術館蔵）

　ただし，教会の側からの厳しい批判は，本作の，フランス啓蒙思想全体に対する影響力を反映しているともいえるだろう。モンテスキューの死から約半年後の1755年9月に出版された『**百科全書**』第5巻の冒頭には，**ダランベール**（1717〜83）によるモンテスキュー賛辞が掲載されているが，このことはモンテスキューの思想が当時の知識人にとっていかに大きな意義を有していたかを物語っている。

参考文献

モンテスキュー（野田良之ほか訳）『法の精神』全3巻（岩波文庫）岩波書店，1989.

キーワード

三権分立　三権分立とは，国家の基本的な権能である立法権・行政権・司法権を，それぞれ異なる機関が行使することで，権力の集中を防止する機能のことを意味する。この概念は，1788年の**アメリカ合衆国憲法**で制度化され，次いで，89年の**フランス人権宣言**や，91年の同国初の憲法など，近代以降の多くの国で採用されており，日本でも1946年の**日本国憲法**によりはじめて取り入れられた。

関連年表

1689	ボルドー近郊に生まれる
1714	ボルドー高等法院判事に就任
1716	ボルドー・アカデミー会員に選出
1721	『ペルシア人の手紙』出版
1726	裁判官の職を辞す
1728頃	アカデミー・フランセーズ会員に選出，『法の精神』執筆に着手
1734	『法の精神』執筆を本格的に開始
1748	『法の精神』出版
1755	ボルドーに死す
1875	日本ではじめての『法の精神』全訳本（何禮之『萬法精理』）出版

（福田真希）

9 近世ヨーロッパ

93 文明社会への危機感
人間不平等起源論
ルソー

作者 ジャン・ジャック・ルソー
Jean-Jacques Rousseau 1712〜78

　フランス**啓蒙思想**を代表する思想家の一人で，**フランス革命**(1789〜99)に大きな影響を与えた。しかし彼は，現在はスイスの一部となっているジュネーヴ共和国の出身である。彼は16歳でジュネーヴを出てから，放浪生活のなか，知識人たちとの人脈を築き，1750年頃からの約10年間で『人間不平等起源論』『エミール』『社会契約論』『新エロイーズ』などを発表し反響を呼んだ。ところが，彼の言動はしばしば争いを呼び，親交のあった知識人たちとの絶交に至った。さらに，1762年には『エミール』が焚書となり，ルソー自身にも逮捕状がとられたため，当時住んでいたパリを追われた。ジュネーヴでも同書に加え『社会契約論』が断罪され，晩年は失意のなか各地を転々とした。しかし，フランス革命期に『社会契約論』の意義が理解され，彼の亡骸は，死から16年後の1794年に，偉人たちの葬られるパリのパンテオンに移された。

　なお，彼は音楽の面でも現在に残る作品を有している。童謡「むすんでひらいて」は彼の作曲なのである。

内容紹介 『人間不平等起源論』
Discours sur l'origine et les fondements de l'inégalité parmi les hommes 1755

　本書は，**社会契約**以前の状態である「自然状態」と，文明社会の形成について考察したものである。ルソーによれば，自然状態では，人は森のなかで孤立して暮らし，人間性の源泉となる自己愛と憐れみの情しかもたなかった。また，このような動物的な人々のあいだには不平等は存

在せず，人々のあいだには悪への性向も，所有に対する欲も，残忍な争いも見られなかった。

ところが，人間には，さまざまなものを比較・選択する能力と，物事を改善する能力が備わっていたため，彼らは徐々に，定住や農耕，冶金（やきん）などを覚え，家族や社会を形成した。このような発展や他人とのかかわりの結果，相互の比較がおこなわれるようになり，人々は自己愛とは異なる，利己心をもつようになった。こうして不平等が誕生し，それは所有権とそれを守るための法律により固定化された。この意味での社会では，富をもつ者が権力をもち，自由であるはずの個人は専制に苦しめられている。これが，ルソーの生きた時代を意味していることはいうまでもないが，この状態を脱し，人間が人間らしく生きられる政治社会の構築を追及したのが，この7年後に出版される『社会契約論』であった。

> 不平等は自然状態においてはほとんど無であるから，不平等は，われわれの能力の発達と人間精神の進歩によって，その力をもつようになり，また増大してきたのであり，そして最後に，所有権と法律との制定によって安定し正当なものとなる。　　　　（本田喜代治ほか訳）
>
> 少し長いフレーズではあるが，本書の主張は，この言葉にまとめられているといえるだろう。この作品は，たんなる原始時代の礼賛ではなく，富と権力が結びつき，貧しく弱い人々の権利を侵害し続ける文明社会への警鐘（けいしょう）なのである。

解説　本作は，『社会契約論』『エミール』に次ぐルソーの代表作として広く知られている。じつは，これら2作はこの『人間不平等起源論』を基にして執筆されたものであった。ここから，ルソーの思想における本作の重要性が見てとれるが，これは，もともと懸賞論文として書かれたものであった。論文の落選後，彼は祖国のジュネーヴ共和国に向けた長い献辞をそえて，本作の出版へとこぎつける。しかしながら，献辞に描かれたジュネーヴの姿は，現実よりもはるかに美化された民主主義国家であったために，権力を握る貴族たちの不安をかきたて，のちのジュネーヴによるルソー断罪に結びついたことは皮肉である。

本書は，短いながらも広大で複雑な内容となっているが，そのなかで重要なのは，自然状態に大きな意義が認められていることであろう。それ以前にも，**ホッブズ**（→P.261）や**ロック**（→P.270）などにより，自然状態や社会契約については議論されていたが，彼らにおいては，自然状態は，契約後の社会状

態の意義を説明するためのものにすぎなかった。しかしながら，青年時代の放浪生活のなかで，貧困に苦しむ人々の姿を目の当たりにしていたルソーにとって，人間の能力と精神の発達の結果であるはずの文明社会は，富をめぐる略奪や争い，そして，それにより固定化された不平等に象徴される，堕落にほかならなかった。したがって，本書は，所有権とそれを保護する法律に基づく文明に対する批判としての意義をもつということができる。

ところが，彼自身「これを理解しうる読者は，ヨーロッパを通じてわずかしかいない」と述べていることからもわかるように，本書の難解さは多くの誤解や批判を招いた。例えばパリでは，保守的な人々が，本書の刊行をたんなる売名行為と受け取った。さらに，この時期のフランスを代表する啓蒙思想家の**ヴォルテール**（1694〜1778）も，「あなたの著作を読むと，人は四つ足で歩きたくなります」との皮肉を送っているのである。

▲ルソー（ジュネーヴ美術・歴史博物館蔵）

参考文献

ルソー（本田喜代治ほか訳）『人間不平等起源論』（岩波文庫）岩波書店，1933.
ルソー（桑原武夫ほか訳）『社会契約論』（岩波文庫）岩波書店，1954.
桑瀬章二郎編『ルソーを学ぶ人のために』世界思想社，2010.

キーワード

社会契約 社会契約とは，自己の生存をはじめとする自然権を保護することを目的に，個人が契約を結び，国家を成立させる行為のことをいう。社会契約について論じた思想家は，ルソー以外にもホッブズやロックなどがいるが，とりわけルソーやロックは，**アメリカ合衆国憲法**（1788）や**フランス人権宣言**（1789）をはじめとする近代憲法思想に大きな影響を与えている。

関連年表

1712	ジュネーヴに生まれる
1728	ジュネーヴを出て，放浪生活開始
1753	ディジョン・アカデミー懸賞論文への応募
1755	『人間不平等起源論』出版
1762	『エミール』『社会契約論』出版，パリ高等法院によるルソー逮捕命令，ジュネーヴによる『エミール』『社会契約論』の押収命令・焚書およびルソー逮捕命令
1778	パリ近郊に死す
1790	フランス革命議会によるルソー像作成の決議
1794	パリのパンテオンへ移葬

（福田真希）

近世ヨーロッパ

94

経済学の誕生
諸国民の富
スミス

作者 アダム・スミス
Adam Smith 1723〜90

　西欧近代経済学の祖スミスは，スコットランドに生まれ，同地で没した。税官吏の父親は出生前に亡くなり，母親により大事に育てられた。グラスゴー大学で学んだのちオクスフォード大学に移ったが，イングランドのこの名門大学は当時旧弊がめだち，スミスにいい思い出を残さなかった。帰郷後，27歳で母校グラスゴー大学に奉職し，研究・教育・学内行政に励んだ。『道徳感情論』(1759)もこの時期の産物である。1763年，ある貴族の家庭教師となって国外旅行に付き添うよう乞われ，大学を辞した。以後，約3年のあいだフランスに遊学し，**ディドロ**(1713〜84)やスイスの**ヴォルテール**(1694〜1778)らと交流した。帰国後は『諸国民の富』執筆に心血をそそぎ，1776年のその刊行により名声を揺るぎないものとした。1787年には母校の学長に選ばれた。長く一緒に暮らした母親は，息子の成功を見届けたのち1782年に没していた。スミスは生涯独り身であった。

内容紹介 『**諸国民の富**』(『国富論』)
The Wealth of Nations 1776

　スミスの主著であり，**古典派経済学**の礎となった著作である。それ以前，16〜18世紀までの西欧は**重商主義**の時代であった。国家が貿易を独占し，貨幣や貴金属を蓄積することが富の増大につながるというのが，重商主義の考え方である。『諸国民の富』でスミスはこの考えを批判し，労働こそが価値をつくりだすのだと論じた。より詳しくいえば，分業を

とおして，個々の労働が社会のなかで結びつけられていくことによって，生産力が発展し，消費財が潤沢に供給されるようになるのである。だが，分業が発達し，生産力が伸びていくためには，重商主義におけるような国家による規制，あるいは過大な地代のような封建的諸特権は，望ましい自然な状態を歪めるだけであった。市場の働きを自由にすればこそ，全体の調和のなかで「見えざる手」が作用して，社会はもっとも豊かになっていくのである。

　こうした考えを，スミスは『諸国民の富』全5編において，理論・歴史・現状の各方面から詳細に跡づけた。第1編では，労働および分業が価値を生み出すことについて理論的な基礎固めがなされる。第2編では，分業が維持されるための条件が考察される。具体的にはそれは資材の蓄積である。第3編では**ローマ帝国**（前27〜476）没落以降の歴史が顧みられ，重商主義へと至る道筋が確認される。封建的土地所有のせいで国内農業の発達が遅れ，都市＝工業は国外市場と結びつかざるをえなかったのである。この歴史的考察を踏まえて，本書全体の中核をなす第4編では，保護関税をはじめとする重商主義の実践が批判される。最後に第5編では，あるべき小さな政府の姿が財政学の観点から考察される。

見えざる手

よく「神の見えざる手」というが，スミスは神には頼っていない。原文はan invisible handである。国内産業を保護するために輸入制限をかけるのは間違いだ，という文脈で第4編に登場する。いわく，人は公共の利益など気にせずに，自分の利益を最大にすることだけを考え，結局それで「見えざる手」に導かれて国内産業を発展させるのである。公共の利益といった抽象ではなく，個々人の利益こそが人々の関心の対象になる，というのはスミスのモラル論の真骨頂である。

解説　『諸国民の富』はたんなる経済学の書であることを超えて，市民社会のあるべき姿を総合的に描いた大作である。その執筆にあたっては法学や財政学や倫理学などの幅広い学識が活かされているが，とくに大事なことは『道徳感情論』でのモラル論が継承されていることである。自由な市場で活動する市民は，むき出しの利己心によって生きるわけではない。社会全体を覆う分業のなかで何千回と交換を繰り返すことで，「正義感」すなわち法意識が生み出される。これが2つの主著をつうじてスミスが示した市民社会の像である。

　スミスの市民社会像は，重商主義のもとでの商業社会の発展，またヨーロッパで高揚する**啓蒙思想**のなかから出てきたものである。スコット

ランドは啓蒙思想の一大拠点であった。そしてまた，実学の振興にとくに力を入れていた同地の大学は，初期**産業革命**に沸くバーミンガムなど新興工業都市の職人たちとも関わりが深かった。スコットランド出身でロンドンで修行した**ワット**(1736〜1819)も，天文器具の修理の腕を買われてグラスゴー大学に作業場をおいていた。このとき教授陣のなかにいたスミスが『諸国民の富』を刊行した年，ワットも**蒸気機関**を実用化した。

▲スミス(エジンバラ，スコットランドナショナルギャラリー蔵)

　スミスとスコットランドの関わりは深いとはいえ，彼と同地の結びつきばかりを強調してはいけない。大陸の知識人との交流が示すように，スミスの知的地平は世界市民的なものであった。18世紀のスコットランドといえば，高地地方(ハイランド)の氏族の多くは**名誉革命**体制に敵対し(ジャコバイト)，民衆運動ともたびたび結託したが，スミスはこうした動きを忌避した。封建的諸特権につながる動きも，民衆運動が求める恩情主義的な市場規制も，スミスが批判したものにほかならなかったからである。

参考文献
アダム・スミス(大内兵衛・松川七郎訳)『諸国民の富』全5巻(岩波文庫)岩波書店，1959〜66.
内田義彦『新版　経済学の生誕』未来社，1994(初版1953).
近藤和彦『イギリス史10講』(岩波新書)岩波書店，2013.

キーワード

重商主義　16〜18世紀西欧の絶対王政諸国で主にとられた経済政策。貨幣や貴金属こそが国の富であるという考えのもと，貿易黒字を拡大し，常備軍や官僚制の財源を確保するために，政府が積極的に経済に介入し，とりわけ保護貿易政策を推し進めた。外交や貿易を阻害することともなったため，18世紀に入ると，農業を重視し自由主義的であった重農主義者や，スミスに代表される古典派経済学者から批判を受けるようになった。イギリスが最終的に保護貿易から自由貿易体制に転換するのは，19世紀半ばの**穀物法**(→P.293)・**航海法**の廃止によってである。

関連年表

1688	名誉革命
1707	イングランドがスコットランドを併合し，グレートブリテン王国成立
1715	ジャコバイトの反乱(1745にも)
1758	重農主義者のケネー，『経済表』刊行
1776	スミス，『諸国民の富』刊行 ワット，蒸気機関の実用化に成功 アメリカ合衆国，独立宣言
1789	フランス革命始まる
1846	保護貿易の柱であった穀物法の廃止
1849	同じく航海法の廃止

(池田嘉郎)

9 近世ヨーロッパ

95 近代哲学の転換点
純粋理性批判
カント

作者　イマヌエル・カント
Immanuel Kant 1724〜1804

　1724年にケーニヒスベルク（ロシア内カリーニングラード）で生まれる。25歳のときに運動と力に関する物理学的著作『活力測定考』でデビュー。自然科学の論文も多く，1755年のリスボン大地震の際には『地震三論』を発表している。哲学者として名高いが，百科全書派的な博学を誇り，数学や地理学に関する講義も受け持っていた。

　ケーニヒスベルク大学教授になったのは比較的遅く40歳のときであり，それまでは私講師として生計を立てていた（現在の予備校講師のようなものだが，大学教授よりも実入りはよかったそうである）。毎日決まった時間に散歩をしたことでも有名。1804年に79歳で死去。弔客があまりにも多かったため，葬儀は16日間続いたという。

内容紹介　『純粋理性批判』
Kritik der reinen Vernunft 1781

　自然科学は着実に進歩しているのに，形而上学（経験を超えたものについて考える哲学）はギリシア以来まったく先に進んでいない。例えば神について，さまざまな人々がさまざまなことをいうけれど，目の前のコップのように神を見たりさわったりして調べられない以上，客観的で確実なことは何もわからない。そして確証がないからこそ，哲学者たちは好き勝手に罵り合い，形而上学を組み立てては壊していった。ギリシア以来，形而上学はさながら闘技場のようであり，客観的な学問として成立したことは一度としてないではないか！

これが本書を執筆したカントの問題意識であった。したがって自然科学と同じような学問としての形而上学はいかにして可能か、これが本書の中心的な問いとなる。この問いに答えるために、カントは次のように考えた。神や自由のような形而上学の対象は経験にあらわれない。それなのになぜ私たちは神や自由について思考してしまうのか。こうした対象について考えてしまう原因は、対象の側にではなく、私たちの思考能力とくに理性にあるのではないか。そうであれば、まずは私たちの理性そのものを吟味し、どこまでが確実な思考に役立ち、どこからが空理空論に陥るのかをチェックしなければならない、と。

　このチェック作業こそが純粋理性批判である。この批判によって、哲学的考察の力点は、対象の側から私たちの能力の側へと決定的に**転回**する。それによって哲学の課題は、「世界とは何か」「神とは何か」といった伝統的な問題に先立つ「そもそも人間には何ができるのか」「人間とは何か」となる。カントの文体は重層的で難解だが、本書で示したスリリングな思考の進展は、今でも読者に哲学する喜びを与えてくれるはずである。

> ある種の認識において、人間理性は特異な運命をもっている。それは己れの本性によって課せられているがゆえに避けることができず、しかし己れの全能力を超えているために答えることもできないような問題に悩まされていることである。
> （原佑訳）
>
> これは本書第1版「序文」冒頭の言葉である。理性は宇宙には果てがあるのか、神はいるのかいないのか、などと考えてしまうことをやめられないが、しかし答えることができない。人間理性は万能ではないことを宣言した印象的な言葉である。

解説　本書は西洋哲学のみならず、西洋の学問の歴史においても最も重要な書物の1つであり、カントの名を歴史に刻んだ不朽の名作である。本書の論敵は大きく分けて4つの学派であった。①イギリス**経験論**、とくにヒュームの懐疑論やバークリーの観念論。②この①への対立から登場したスコットランド・コモンセンス学派。③ライプニッツ・ヴォルフ学派と呼ばれるドイツの講壇哲学。④この③への対立から登場したドイツ通俗哲学。これらについて逐一説明することはできないが、要するに同時代の主流な哲学・思想のほとんどに対して、カントは反旗を翻したわけである。そして、本書の登場以後、ドイツではカント哲学が主流派となり、フィヒテ・シェリング・**ヘーゲル**を中心とする**ドイツ**

観念論へと発展していくことになる。
→ P.299

　本書が後世に与えた影響は多大であるが，カントが哲学に持ち込んだ革命とは，哲学に「諸学問の基礎付け」という地位をもたらしたことであろう。およそ学問が理性によってなされる以上，それらは理性に何ができるか，できないかを明らかにする批判哲学に従わなければならないからである。極論をいえばカント以降，哲学なしには学問はないのである。

　いうまでもなくカントは，日本の近代哲学のなかでも積極的に受容された。研究が始まったのは明治中期以降で，東洋大学を設立した哲学者・井上円了（1858～1919）は本書をもって，釈迦（**ガウタマ・シッダールタ**）・孔子・ソクラテス（前469頃～前399）に並ぶ哲学の「四聖人」の1人にカントを数えている。また，本書は原文で800頁を超える大著であるが，知る限り9本（！）の全訳がある。『純粋理性批判』はこれからも，時代を超えて読み継がれていくに違いない。「哲学を学ぶことはできない，哲学することを学びうるだけである」というカントの態度は，哲学の範としていまだ輝きを失っていない。
→ P.69
→ P.78

参考文献
イマヌエル・カント（中山元訳）『純粋理性批判』全7巻，（光文社古典新訳文庫）光文社，2010～12.
イマヌエル・カント（熊野純彦訳）『純粋理性批判』作品社，2012.
石川文康『カント入門』（ちくま新書）筑摩書房，1995.

キーワード

コペルニクス的転回　私たちはふだん，「目の前にコップがある」というできごとは私たちの「心」とは無関係に「世界」で起こっていると考えている。ところが，目の前のコップというできごとの成立には，私たちの「心」が関与しているとカントは考えた。コップが空間・時間的に存在するのは「世界」そのものが空間・時間を備えているからではなく，私たちの「心」が空間・時間的に事物を知覚するからである，と。つまり空間・時間は知覚の方法なのである。これによって考察の重心は「世界」から「心」に移り，「心」がもつ純粋な思考能力へと関心が移る。以上をカントは，天動説から**地動説**への転回になぞらえ，「コペルニクス的転回」と呼んだ。

関連年表

1763	ベルリン・アカデミー公募論文で2位となり，カントの名声が高まる
1788	『実践理性批判』刊行
1789	フランス革命勃発
1790	『判断力批判』刊行。これによっていわゆる三批判書が完成する
1793	『理論と実践』刊行。革命を否定し改革を推奨する
1794	『たんなる理性の限界内における宗教』第2版が検閲にかかり，カントに対して宗教・神学に関する口述禁止令が出される
1795	『永遠平和のために』刊行。のちの国際連合の思想的バックボーンとなる
1892	中島力造による本邦初の研究論文「カント氏批評哲学」が出る（『哲学雑誌』5巻29号）
1921/31	天野貞祐による本邦初の全訳が刊行される（岩波書店，上巻21年，下巻31年）
1976	日本カント協会設立

（小谷英生）

近代ヨーロッパ・アメリカ合衆国 10

96 不都合な真実？

人口論

マルサス

作者 トマス・ロバート・マルサス
Thomas Robert Malthus 1766〜1834

古典派経済学の巨人の1人。イングランド南部のサリー州に生まれる。非国教徒のための教育機関ウォリントン・アカデミーなどを経て，ケンブリッジ大学ジーザス・カレッジに進み，主に数学と古典を学んだ。**キリスト教**信仰に篤く，1789年から**イングランド国教会**の聖職に就く（〜1805）。主著『人口論』初版は1798年に匿名で出版され，賛否を巻き起こした。1805年，新設された東インド・カレッジ（ヘイリーベリー校）の歴史学および経済学の教授に任ぜられ，生涯その地位にあった。在任中には『経済学原理』(1820)や『経済学における諸定義』(1826)を著す。各種スポーツをたしなみ，論争を好み，穏和で篤実な人柄から学生や友人に愛された。1834年，妻の実家を訪問中にバースで死去。

内容紹介 『人口論』
An Essay on the Principle of Population 1798

人類は究極の幸福社会，完成に向かって進んでゆけるのか——。この問いに挑んだのが本書『人口論』である。主張の核は次のとおり。①食糧は人間の生存に不可欠である。②そして人間の性欲は不変である。③したがって食糧があれば人口はひたすら増える。④しかし人口はかけ算で増えるのに食糧はたし算でしか増えない。⑤それゆえこの自然法則のもとで，人類はこれまでもこれからも食糧不足による人口抑制の圧力をこうむるほかない。⑥つまり社会制度をいかに改善しようと人類の未来にはユートピアも完成も訪れない。

マルサスが想定する人口抑制手段には，早婚回避，乳幼児死亡，売春，大都会の過酷な生活環境，伝染病，戦争，そして飢饉などが含まれるが，まとめて（決して撲滅できない）「貧困と悪徳」と呼び換えてもいる。そして国教会聖職者らしく，善なる神の創造した世界にあって，こうした「悪」は人間に刺激を与え，怠惰から目覚めさせ，努力を促すために存在するのだと説明している。このような認識に立って，コンドルセの提唱した社会保障制度案を，食糧を増やさないままで労働意欲を減退させ人口を増やす愚策，ゴドウィンの描いた平等社会も，食糧問題を考慮しない画餅だとする。「貧困と悪徳」を除去するアイデア群は一蹴されるのである。
　マルサスにおいて，社会の不平等は「悪」ではあるが根絶不可能なので，国家による是正策は有害と見なされ**自由放任**が選択される。その点で，忠良な**アダム・スミス**の信奉者といってよい。しかし，批判の矛先は当のスミスにも向けられる。外国貿易や製造業で社会の富の総量は増えるかもしれないが，それは人口増加を誘発し，食糧の価格高騰を招くので，大多数の下層民の幸福の増大には繋がらない，と指摘するのである。マルサスにとって，根本的な問題は食糧であって国の基は農業であった。

> 人口は，何の抑制もなければ，等比級数的に増加する。生活物資は等差級数的にしか増加しない。
> 　　　　　　　　　　　　（斉藤悦則訳）
>
> 『人口論』を代表する有名な命題。しかし，この本のおもしろさは，命題から展開される歴史人口学の先駆たる鋭い診断と政策的提言，論敵に対してなされる痛烈な反駁，そして自身の宗教的世界観との整合を果たそうとする議論にある。この命題にばかり目を奪われ，あたかも『人口論』の本質であるかのようにしてしまうと，マルサスは，貧者をあっさり見殺しにし，避妊による産児制限を推奨し，人種の改良を優生学的に遂行しようとしたりする，「マルサス主義者」に変造されてしまうだろう。

解説　マルサスは自由放任を是とするが，先達アダム・スミスと異なり「暗い」世界と厳しい「見えざる手」を描き，友人リカード(1772～1823)と異なり農業保護こそ国益にかなうと唱えた。そして彼は同時代の政策課題を真剣に論じた。救貧と農業である。
　『人口論』では，人口の原理が人類社会にもたらす「貧困と悪徳」に注意が向けられる。これは根絶不能で，人間性を向上させるために神によって存在している。そして，マルサスが重視するのは，逆風のなかでこそ鍛えられる独立の精神である。したがって，自活できなくなった貧者を教区で集めた税によって「義務」的に救済する公的な救貧法行政は，

この本のなかでは、貧者の怠惰を助長する悪制として弾劾されている（1803年の第2版では、自発的に「権利」としてなされる慈善は肯定される）。食糧唯物主義者ともいえるマルサスにとって、食糧の安定供給・増産を組み込まない策は受け入れられない。彼が自由放任を奉じつつ1815年制定の**穀物法**を支持したのは、そのためであった。

しかし、人類を必ず待ち受けるという人口抑制（「マルサスの罠」）は結局イギリスに訪れなかった。そのこともあり、彼の悲観的な診断は、イギリス内外、果てはインドや日本にまで賛否両論を巻き起こしつつ受容されていったとはいえ、その所説を毛嫌いする人は少なくなかった。**マルクス**は『**資本論**』のなかで、マルサスのことを御用学者のように書いて嘲弄したし、詩人コールリッジは彼を「人間を知らぬ愚か者」とくさした。もっとも、**ダーウィン**はその自然選択説の着想に際してマルサスから影響を受けたことを認めていたし、ケインズ（1883〜1946）は、マルサスをリカードよりも高く評価した。好むと好まざるにかかわらず、『人口論』には強力な磁力がある。現在も、よりよい将来を模索するとき、人はマルサスの予言に直面せざるをえない。

参考文献

マルサス（斉藤悦則訳）『人口論』（光文社古典新訳文庫）光文社、2011.

永井義雄・柳田芳伸編『マルサス人口論の国際的展開——19世紀近代国家への波及』昭和堂、2010.

J. M. Pullen, 'Malthus, (Thomas) Robert (1766-1834)', The Oxford Dictionary of National Biography (OUP, 2004-).

キーワード

穀物法　とくに1815年3月15日に制定されたものを指す。国産の穀物価格が1クォートあたり80シリング以下になると穀物輸入を禁じるという措置で、価格の低落を阻止した。ナポレオン戦争（1803〜15）中の輸入不振のために好景気に沸いた農業利害すなわち地主層を、戦後の輸入再開の衝撃から防衛するために立法されたといわれる。しかし、輸入を認めパン価格が下がればデフレになって労働者も企業家や地主同様に不利益をこうむるという観測から、いわば三方一両得の精神で制定されたという見方も有力である。ともあれこの法は、地主に偏した階級立法、かつ自由貿易への障害と見なされ、**産業資本家**層からなる「反穀物法同盟」の抗議運動にさらされるなどした結果、1846年に廃止された。

関連年表

1757	プラッシーの戦い
1765	イギリス東インド会社がインドのベンガル・ビハール両地域で徴税権獲得
1776	アダム・スミス『諸国民の富』
1789	フランス革命開始
1793	ゴドウィン『政治的正義』
1795	コンドルセ『人間精神進歩史』
1798	『人口論』初版
1815	穀物法制定、ワーテルローの戦い
1846	穀物法廃止
1859	チャールズ・ダーウィン『種の起源』

（金澤周作）

10 近代ヨーロッパ・アメリカ合衆国

97
伝説と歴史と時間が紡ぐ壮大な世界

ファウスト

ゲーテ

作者 ヨーハン・ヴォルフガング・フォン・ゲーテ
Johann Wolfgang von Goethe 1749〜1832

神聖ローマ帝国(962〜1806)の自由帝国都市フランクフルト・アム・マインの裕福な市民家庭の長男として生まれる(貴族の称号「フォン」は1782年に授与された)。ゲーテは幼い頃から文学への興味と才能を示したが,父親の意向でライプツィヒ,シュトラースブルクの各大学で法学を修めると1771年に弁護士として働き始め,75年から約10年間ヴァイマルの若き君主カール・アウグスト(1757〜1828)のもとで宮仕えした。その一方で,『ゲッツ・フォン・ベルリヒンゲン』(1773),『若きウェルテルの悩み』(1774)の成功で作家としての名声を確立。フリードリヒ・シラー(1759〜1805)とともに「ヴァイマル古典主義」の最盛期を築き,その時期の代表作『ヴィルヘルム・マイスターの修業時代』(1795/96)や,畢生の大作『ファウスト』(1808/32)など数々の作品を生み出した。

内容紹介 『ファウスト』
Faust 第1部 1808・第2部 1832

本書は,1808年に出版された『ファウスト第1部』と,ゲーテ没後数カ月して出版された『ファウスト第2部』からなる。第1部・第2部ともに「悲劇」と題され,悪魔メフィストーフェレスに魂を売り渡す契約をした学者ファウストをめぐる戯曲である。もっとも,この主題はゲーテのオリジナルではなく,実在したファウスト博士(1480頃〜1541頃)の伝説に基づく物語が,民衆本や芝居として広く知られていたという。ゲーテは,子どもの頃に慣れ親しんだファウスト伝説を,最初の構想から中

断を含め60年近くの歳月をかけ，独自の傑作に仕立て上げたのである。

『ファウスト』の内容として有名なのは，第1部のアウエルバッハの地下酒場の場面とグレートヒェンの悲話であろう。前者はファウスト伝説にも見られるエピソードで，ゲーテが学生時代を送ったライプツィヒに現存する酒場が舞台である。4人の学生が暴飲して悪ふざけする様子は，若きゲーテの体験に基づくとされる。ファウストは大学教授であり，メフィストーフェレスとの契約後，最初にいたずらをする相手が学生なのもおもしろい。近世ドイツの大学教授や学生は超一級の知識人であったが，社会一般の規範からは逸脱しがちな存在と見なされたようだ。

他方のグレートヒェンの悲話は，ゲーテ自身の恋愛体験と当時の新聞記事となった事件を素材に構成されている。悪魔との契約で若返ったファウストと純真無垢な少女グレートヒェンが恋に落ち，ファウストは2人の仲を邪魔するグレートヒェンの母親と兄とを死に追いやった挙げ句に彼女を捨て，グレートヒェンは生んだばかりのファウストの子を川に遺棄した罪で処刑されるという悲劇である。ファウストに恋い焦がれて1人紡ぎ車を回すグレートヒェンが口にする詩は，ゲーテと同時代に生きた作曲家フランツ・シューベルト（1797〜1828）によって歌曲にされ歌い継がれている。

フロッシュ〔新入生〕
　咽喉の調子がととのったぞ。
　　　　愛する神聖ローマ帝国は，
　　　　いかにしてなお存立するや。
ブランダー〔2年生〕
　いやな歌だな。チェッ，政治の歌なんか。
　たまらん歌だ。毎朝神に感謝するがいいや，
　お前たち，ローマ帝国なんかにかまう必要がないことをな。
　おれは少くとも，自分が皇帝や宰相でないことを，
　なみなみならぬ儲け物だと思っている。
　　　　　　　　（相良守峯訳）〔　〕内は筆者による補足

風前の灯のような神聖ローマ帝国を揶揄し，それを憂慮する必要のない気楽な立場を良しとするのは，ヴァイマルで宰相を務めたこともあるゲーテの本音かもしれない。

解説　『ファウスト』は，森鷗外（1862〜1922）による初の全訳がなされて以来，繰り返し邦訳されてきた。とはいえ，それは万人にと

って読みやすくわかりやすい作品ではない。その主な理由は，技巧的な韻文による戯曲という形式，ギリシア神話や執筆当時の思想的対立などが織り込まれた内容，さらに，最初の構想から第2部完成まで約60年を要したため，話の展開に勢いや一貫性が見出しにくいことにあろう。

　その60年とは1772〜1832年のことである。この間にゲーテの祖国ドイツ（神聖ローマ帝国）とそれを取り巻く世界は大きく変化した。1772年には**第1次ポーランド分割**がおこなわれ，東の隣国の滅亡が始まる。同時期，西の隣国フランスでは**啓蒙思想**が広がり，アンシャンレジーム（旧体制）の悪弊や財政赤字増大への批判が高まり，1789年に**革命**が勃発する。反革命勢力との戦いを通じて頭角をあらわした**ナポレオン**（1769〜1821）は，ヨーロッパ各地にさまざまな影響を与えるが，1806年に神聖ローマ帝国が解体されて滅亡に至ったのもその1つである。そして，オーストリアの宰相メッテルニヒ（1773〜1859）が主導したナポレオン後のヨーロッパの国際体制（**ウィーン体制**）は，1830年のパリ**七月革命**で崩れ始める。

　ゲーテは，こうした歴史的諸事件を横目で見ながら『ファウスト』を書き継いだことになる。もちろん，その都度の所懐が直接作品に反映されているとは断じえないが，例えば「神聖ローマ帝国」は，引用部分にあるアウエルバッハ酒場での学生たちの悪ふざけの場面以外にも，第2部第1幕で皇帝と大臣とが財政難を嘆いて金策を考える場面で顔を出す。そうしたところから，祖国滅亡を目の当たりにした皮肉屋ゲーテの本音を探ることも，『ファウスト』を読む醍醐味であろう。

参考文献
ゲーテ（相良守峯訳）『ファウスト』全2巻（岩波文庫）岩波書店，1958．
※そのほか，池内紀による散文訳（集英社文庫，2004）など翻訳は多数ある。
坂井榮八郎『ゲーテとその時代』（朝日選書）朝日新聞社，1996

キーワード

（ドイツ国民の）神聖ローマ帝国　476年に時の皇帝が廃位されて消滅した**西ローマ帝国**は，800年に**フランク王国**のカールが教皇**レオ3世**（在位795〜816）により戴冠されて復活し，962年に**東フランク王国**（ドイツ）の国王**オットー1世**（在位936〜973）があらためて戴冠されることで継承された。これが「ローマ帝国」の由来である。そこに「神聖」が加えられるようになったのは13世紀半ばとされ，さらに遅くとも15世紀後半には「ドイツ国民の」という語が付加された。皇帝は選挙される原則であったが，15世紀以降は事実上**ハプスブルク家**が世襲した。**三十年戦争**（1618〜48）によって領土が荒廃し，その講和である1648年の**ウェストファリア条約**で領邦の主権が確立すると，帝国は統一体としての機能を弱め，1806年に終焉を迎えた。

（森田直子）

98 世界と歴史を遍歴する「精神」

精神現象学

ヘーゲル

作者 ゲオルク・ヴィルヘルム・フリードリヒ・ヘーゲル
Georg Wilhelm Friedrich Hegel 1770〜1831

18〜19世紀ドイツの哲学者。テュービンゲン神学校時代に盟友ヘルダーリン（詩人，1770〜1843），シェリング（哲学者，1775〜1854）と出会う。フィヒテ（哲学者，1762〜1814）も含め，彼らの哲学は**ドイツ観念論**と総称されることもある。ヘーゲルは『精神現象学』(1807)で独自の哲学構想を展開したのち，哲学体系の全体像を『哲学的諸学のエンツュクロペディー』（初版1817）において示した。人間精神が自己自身を知るプロセスを**弁証法**という独特の論理によって壮大かつ細緻に叙述する彼の哲学は，生前のみならず20世紀の哲学にも大きな影響を与えた。ヘーゲルの死後は，弟子たちにより哲学史・美学・歴史哲学・宗教哲学などの講義録が編纂された。日本では，アメリカの哲学者・東洋美術史家であるフェノロサ（1853〜1908）が東京大学でおこなった哲学史講義（1878〜86）がヘーゲル哲学受容の端緒となった。

内容紹介 『精神現象学』
Phänomenologie des Geistes 1807

ヘーゲルはこの著作全体を通じて，人間の知がさまざまな認識段階や歴史の歩みを経て，真の意味で自己を知る「絶対知」となるまでの遍歴過程を，豊富な思想史的・文学的文脈を織り混ぜながら叙述した。もともと本書は「意識の経験の学」というタイトルのもと，自然的意識が「感覚的確信」「知覚」「悟性」「自己意識」の順に知のさまざまな形態を経験し，最終的に「理性」に至るという構成で完結する予定であった。しかしヘ

ーゲルの考える理性は、そのようにたんに認識論の枠内で語られる理性ではなく、自然的世界や共同体や歴史のただなかを生きる人間の精神の現実的な奥行きをもった理性である。こうした考えに基づき、後半部では、自然的世界と行為の世界、共同体、そして宗教の世界を歴史的にたどるなかで人間の精神がどのようにあらわれてきたか、つまり「精神の現象の学」が展開され、これが最終的に本書のタイトルとなった。

『精神現象学』最大の特徴は、全体を貫く弁証法的運動の原理にある。知る主体は、さまざまな世界経験のなかで、自己が無自覚に営んでいた既存の枠組み（即自）の限界や矛盾に絶えず直面し、葛藤しながらもその都度自己と対峙して（対自）、単純に自己を新たなものに置き換えるのではなく、それまでの成長過程全体を含めて自らを把握できる可塑性を備えた主体となってゆく（即かつ対自）。ヘーゲルは本書の緒論で、こうした知の弁証法が、そのただなかにある主体にとっては「懐疑の道」ないし「絶望の道」になるだろうと述べているが、その都度自己が限界に直面するというこの「否定性」の契機こそが、新たな知の可能性に向けて弁証法を推進する原動力として重要な役割を担う。

> **私たちである私、私である私たち。**
> 『精神現象学』「自己意識」の章でヘーゲルは〈私・自我〉の概念を端的にこう表現した。ヘーゲルの考える〈私・自我〉は、フィヒテの自我論のように根本原理から演繹的に説明できるものでも、実存思想のように単独の個人の次元に沈潜することで語られるものでもない。「私」という個人の自己意識は、経験的・社会的・歴史的に生成する「私たち」人間の自己意識とつねに不可分の関係にある。

解説 哲学をはじめとする諸学問、文芸・芸術作品、歴史的できごと、政治体制、宗教、慣習や倫理等々からなる人間の精神の所産を弁証法という独自の切り口から洞察し、精神という主体の一大発展史を描き出そうとする『精神現象学』は、**ゲーテ**の『ヴィルヘルム・マイスター』に代表されるような「教養小説（ビルドゥンクス・ロマン）」の哲学版ともいえる。ただし『精神現象学』に独特なのは、教養形成をおこなう主体が、個体でありながら同時に時代精神ないし世界精神を反映しているという二重性を備えている点である。生成する主体は、『**ファウスト**』やギリシア悲劇の『**アンティゴネー**』、**フランス革命**（1789〜99）の**ロベスピエール**（1758〜94）や**ナポレオン**（1769〜1821）の姿をなぞりながら、世界史に息づく時代精神を経験してゆく。

18世紀後半以降ドイツの学問・教育の場では，近代に生きる個人主義的な人間が，古典古代の文字と精神の修養を通じて，自らの精神的ルーツを知るとともに，古代ギリシア世界のように普遍的視野をもった人間へと教養形成することをめざす新人文主義の思想運動が興った。ヘーゲルもこの流れを汲み，『精神現象学』序文では，個人の教養形成が世界精神の教養形成の歴史をその「シルエット」においてたどり直し，自分のなかで有機化してゆくことの重要性を説いている。この場合，個人の教養形成は，たんに感覚的確信から出発する自然的意識の経験に留まらず，この名もなき主体とともに『精神現象学』という物語をたどる読者の体験まで含めて考えるべきであろう。『精神現象学』はすでに**マルクス主義**，実存思想，哲学的解釈学などさまざまな視点から読まれてきたが，本書は変動する時代のなかでつねにアクチュアル（現実的）な論点を提供し，多様な解釈の可能性に開かれている。

▲ヘーゲル（1831，ヤーコプ・シュレジンガー画。ベルリン，旧国立美術館蔵）

参考文献

G・W・F・ヘーゲル（樫山欽四郎訳）『精神現象学』全2巻（平凡社ライブラリー）平凡社，1997．
加藤尚武編『ヘーゲル「精神現象学」入門』（講談社学術文庫）講談社，2012．
イポリット（市倉宏祐訳）『ヘーゲル精神現象学の生成と構造』全2巻，岩波書店，1972〜73．

キーワード

ドイツ観念論 18世紀終わりから19世紀初めにかけて，ドイツの哲学者フィヒテ，シェリング，ヘーゲルを中心に展開された思想運動。フランス革命，**啓蒙思想**，カント哲学，自然科学の進歩によって人間理性の可能性が一挙に開化した時代に，理性が最終的にめざす「理念」すなわち「絶対的なもの」を探究するべく，おのおのの哲学者が独自の切り口から包括的な哲学体系を打ち立てた。フィヒテは自我の原理に基づく自由の体系を，シェリングは自然と精神を合一する同一性の体系を，ヘーゲルはあらゆる否定性や矛盾を原動力とする精神の自己知の体系を築いたことで知られるが，いずれの場合にも理性の力によって展望できる生き生きとした全体が見据えられていた。

関連年表

1781	カント『純粋理性批判』
1789	フランス革命開始
1796	ゲーテ『ヴィルヘルム・マイスターの修業時代』
1804	ナポレオン皇帝即位（第一帝政）
1806	イェーナ・アウエルシュタットの戦いでプロイセン王国軍がナポレオン率いるフランス帝国軍に敗北。イェーナに入城するナポレオンにヘーゲルは「馬上の世界精神」の姿を見，その感動を友人への書簡に綴っている。

（阿部ふく子）

10 近代ヨーロッパ・アメリカ合衆国

99 復古王政年代記

赤と黒

スタンダール

作者　スタンダール
Stendhal 1783〜1842

　ルイ**16世**(在位1774〜92)治下のフランス・グルノーブルで，高等法院の弁護士の家に生まれた。本名はアンリ・ベール。父親は地元の名士で保守的な人であったが，母方の祖父から**自由主義**的な精神を学んだ。1799年，理工科学校受験のためにパリに出たが，ちょうど**ナポレオン**(1769〜1821)がクーデタで第一統領になったところで，結局翌年，陸軍省に入り，ナポレオン軍に従ってイタリアに出征した。イタリアには生涯愛着をいだいた。退役後，1805年に再び軍官吏となって出世し，モスクワ遠征にも参加したが，ナポレオンの没落ですべてご破算になった。その後7年にわたりイタリアに滞在し，芸術論などを発表し始めた。1830年の**七月革命**でトリエステ，次いで**教皇領**の領事となり，死ぬまでその職にあった。

内容紹介　『赤と黒』
Le Rouge et le Noir 1830

　ナポレオン没落後の反動の時代に果敢に生きた，ジュリアン・ソレル青年の野心と破滅の物語である。フランス西部の山あいの町，ヴェリエールで物語は始まる。貧しい製板小屋の息子ジュリアンは，ナポレオン崇拝者で上昇欲に燃えているが，もはや軍功での出世がかなう時代ではない。身分の低い者が唯一のし上がる道として，彼は僧職をめざしている。優れた頭脳，抜群の記憶力，それに美貌が彼の武器だ。ある日ジュリアンは町長レナールの家の家庭教師に雇われ，そこの夫人と恋愛関係に落

ちる。関係が発覚しそうになり、ジュリアンはブザンソンの神学校に身を移す。校長ピラール師はジュリアンに宛てたレナール夫人の手紙を握りつぶし、恋人たちのあいだに行き違いが生じる。他方でピラール師は優秀で孤独なジュリアンのことを気に入り、パリのラ・モール侯爵の秘書となれるように取り計らってやる。パリに出たジュリアンは、今度は打算、それに貴族たちへの復讐心をかなりの動機として、侯爵の娘マチルドと恋の駆け引きを繰り広げる。レナール夫人の愛が献身的なものであったとすれば、マチルドの愛には自己愛めいたものがある。やがてマチルドは彼の子をみごもり、ジュリアンには彼女との結婚、そして上昇の道が大きく開けたように見える。だが、彼のことを厳しく非難するレナール夫人の手紙がラ・モール侯爵のもとに届き、事態は急転する。成功の夢が幻と消えたばかりか、レナール夫人の愛をも失ったと思ったジュリアンは、破滅的な気分から彼女に発砲する。

「赤と黒」の意味は作中では明示されていない。赤は軍服、黒は僧衣をあらわすとする説のほか、赤をジュリアンの共和主義的精神、黒を反動的な時代相とする見方などもある。

> 「あなた方の御眼に映る私は、おのれの卑しい身分に反抗した一介の百姓に過ぎないのです。」（桑原武夫・生島遼一訳）
> 物語終盤の裁判において、ジュリアンが地方の名士からなる陪審員に向けて語る演説の一節である。復古王政の時代は家柄が再び重要になり、裕福なブルジョワでも自分の出自には引け目をもった（作中にも工業家の娘であることに劣等感をもつフェルバック元帥夫人が登場する）。そのような息苦しい秩序にジュリアンは全力で歯向かい、滅びていったのである。

解説 本作の舞台となるのは復古王政時代のフランスである。1814年にナポレオンが没落したあと、フランスでは**ブルボン朝**の支配が復活した（第一次王政復古）。ナポレオンの百日天下を経て、あらためてブルボン朝の統治が打ち立てられ（第二次王政復古）、1830年の七月革命まで続いた。この1814年から30年までが、復古王政の時代である。**フランス革命**で処刑されたルイ16世の2人の弟が、順に統治をおこなった。復古とはいっても、体制の安定をめざす**ルイ18世**（在位1814〜24）の政治は比較的穏健であった。1814年の欽定憲章（憲法の語は用いなかった）は、国王に大きな権力を保障し、選挙権にも厳しい財産規程を設けたが、ともかくも立憲君主制を導入した（作中、憲章を非難するラ・モール侯爵たち超王党派の謀議が描かれるが、これは1817年の実際の策謀を下敷きにしている）。

法の前の平等を定めた**ナポレオン法典**の原則も維持された。ただしカトリックの観点から，離婚は禁止された。ところが1824年に即位した**シャルル10世**（在位1824〜30）は極端に復古的な考えの持ち主で，即位式では中世の儀礼を復活させ，病人に国王がふれることで病を回復させる「王の奇蹟」すらおこなった。シャルル10世のもと，亡命貴族に対する補償，教会に対する冒瀆の厳罰化，議会の無視など，反動的な政策が相次ぎ，ブルジョワをはじめとする社会の不満が高まって，1830年の七月革命につながるのである。

▲「民衆を導く自由の女神」（ドラクロワ画，パリ，ルーヴル美術館蔵）

『赤と黒』は1829年から30年にかけて執筆された。つまりシャルル10世の治下，反動的な気運が強まった時代のフランスがもっぱら描かれているのである。1830年11月に刊行された『赤と黒』初版では，最初は副題が「19世紀年代記」となっているのだが，数頁めくると「1830年年代記」という別の副題があらわれる。出版に至る過程での七月革命勃発という臨場感が伝わってくるといえるだろう。

参考文献

スタンダール（桑原武夫・生島遼一訳）『赤と黒』全2巻（岩波文庫）岩波書店，1958．
スタンダール（大久保和郎訳）『赤と黒（改訳）』全2巻（角川文庫）角川書店，1959．
谷川稔『十字架と三色旗——近代フランスにおける政教分離』（岩波現代文庫）岩波書店，2015．

キーワード

七月革命 1830年7月にパリで起こった革命で，ブルボン家のシャルル10世を放逐し，オルレアン家の**ルイ・フィリップ**（在位1830〜48）を玉座に就けた。ドラクロワの絵画「民衆を導く自由の女神」はこの七月革命を描いたものである。ルイ・フィリップのもとで成立した七月王政（オルレアン朝）は，国民主権の考えに立ち，自由主義的な政策をとった。だが，大ブルジョワ寄りの政策が下層ブルジョワや民衆層の反感を呼ぶようになり，1848年の**二月革命**で打倒された。

関連年表

1789	フランス革命開始
1792	第一共和政の成立
1793	ルイ16世処刑
1799	ブリュメール・クーデタ（ナポレオン，第一統領に）
1804	ナポレオン，皇帝に即位（第一帝政の成立）
1814	第一次王政復古，百日天下，第二次王政復古
1824	ルイ18世没，シャルル10世即位
1830	七月革命（七月王政の成立）
1848	二月革命（第二共和政の成立）

（池田嘉郎）

近代ヨーロッパ・
アメリカ合衆国 10

100

制度を変えるのが先か，人間性を変えるのが先か

オリヴァー・トゥイスト

ディケンズ

作者 チャールズ・ディケンズ
Charles Dickens 1812～70

　ポーツマス軍港に勤める下級事務官の息子として生まれた。転勤が続くうちに家計が傾き，一家がロンドンに移り住んだとき，父親は数カ月間債務者監獄に入れられた。家族も父親と一緒にそのなかで暮らすことを望み，実際そのようになったが，12歳のディケンズだけは靴墨工場に働きに出された。15歳で法律事務所の事務員になると，速記を習い，新聞記者となった。1836年に小品集『ボズのスケッチ』でデビューし，同年に月刊分冊のかたちで発表を始めた『ピックウィック・ペーパーズ』が大評判となった。以後，本作，『骨董屋』(1840～41)，『デイヴィッド・コパフィールド』(1849～50)，『荒涼館』(1852～53)，『二都物語』(1859)，『大いなる遺産』(1860～61)など，絶えることなく次々と名作を発表した。貧しい人々に温かなまなざしを寄せながら，**産業革命**や**交通革命**の時代のイギリス，とりわけロンドンと，そこに生きるさまざまな階層の人物たちを描き出し，**ヴィクトリア朝**(1837～1901)を代表する大作家となった。10人の子をもうけたが，本当に好きだったのは妻の妹のほうであり，夫婦生活には影があった。

内容紹介 『オリヴァー・トゥイスト』
Oliver Twist 1837～39

　イギリスのある町の救貧院で物語は始まる。行き倒れの女性が，男児を生み落として息を引き取る。オリヴァーと名づけられた孤児は劣悪な施設で育てられる。後見人である役人のバンブルは頑迷で利己的で，オ

リヴァーに辛くあたることしかしない。ある日，オリヴァーはくじ引きで負けて，粥のおかわりを院長に求めることになる。この狼藉(ろうぜき)が大問題となって，オリヴァーは葬儀屋に徒弟に出される。そこでの嫌がらせに堪えかねてオリヴァーは脱走し，徒歩でロンドンに向かう。道中でごろつきの少年に声をかけられ，オリヴァーはロンドンに巣くう少年窃盗団の仲間にされる。窃盗団の元締めはフェイギンという年老いたユダヤ人である。わけもわからず町に出されたオリヴァーは，仲間の犯罪の巻き添えをくらって逮捕されるが，目撃者の証言もあって釈放され，親切な老紳士ブラウンロウに保護される。ブラウンロウ邸でオリヴァーはこれまで体験したこともない親切な世話を受け，また自分によく似た優しそうな女性の肖像画を見つける。一方フェイギンは，オリヴァーの証言から足がつくのを恐れ，悪漢サイクスとその情婦ナンシイを使って気の毒な少年の奪還に成功する。バンブルの言葉が仇(あだ)となって，ブラウンロウ邸でも彼の評判はがた落ちになる。オリヴァーは仕方なく泥棒仲間と行動をともにするが，ある日再び親切な女性に救われる。オリヴァーの出生の秘密を知る人物モンクスが彼の幸福を妨げるべく暗躍するが，優しい心を完全には失っていなかったナンシイが命がけでオリヴァーの名誉を守る。悪党どもはみな滅び，オリヴァーの出生の秘密が明らかとなり，物語は大団円を迎える。

> 「どうか，僕，もう少しほしいんです。」
> （本多季子訳）
>
> オリヴァーがくじで負けて粥のおかわりを求めるときのセリフで，必ず挿絵がつく名シーンである。ディケンズの長編小説は月刊や週刊の分冊で発表され，人気画家の挿絵がついた。分冊は安価で，労働者でも購読できるため，広範な読者を獲得することができた。それは19世紀前半，工業化に湧くイギリスによく合った形式だったのである。ディケンズの『ピックウィック・ペーパーズ』こそが，分冊形式が普及するためのきっかけとなった作品であった。

解説 作者紹介でも書いたように，ディケンズは12歳のときに父親が債務者監獄に入れられ，彼以外の家族もみなそこに入った。借金を返せない者を収監するこの監獄は，1869年の債務者法によって改革されるが，それ以降も債務者の収監がなくなったわけではない。それまで通っていた小学校をやめさせられ（義務教育ではなく，授業料が必要だった），靴墨工場に働きに出されたこと，父親の境遇を他人に隠さねばならないこと，こうしたことはディケンズの心に生涯消えぬ傷跡を残した。債務者監獄の不衛生で惨(みじ)めな状態は，彼の小説にたびたび描かれており，

本作における貧民や孤児向けの施設の描写にも，少年時代の屈辱的な体験が色濃く影を落としている。

ただし，ディケンズは小説中で貧しい人々の苦境を描き，彼らの味方をしたけれども，だからといって社会改革思想や，まして社会主義と彼の名前を結びつけることには，慎重にならなければいけない。ディケンズは社会制度を批判しているわけではなく，彼の作品の根底にあるのは，もっと道徳的な怒りや哀れみの感情であり，また勧善懲悪的な人間観なのである。この意味で，ディケンズの小説はとても古臭い。それは小説の技法においても同様であり，やたらと長ったらしい章題や，長編中に短編が挿入される形式，それに極端に戯画的であっておよそ成長することがない登場人物など，みな18世紀頃の悪漢小説などと地続きである。

しかし，だからこそ，ディケンズの小説は根本のところで人の心を打ち，感情を強く揺さぶるだけの力をもっている。世の中をよくするためには，つまるところ制度を変えねばならないのか，それとも人間性を変えねばならないのか。**マルクス**とディケンズ，革命家と道徳主義者のこの競争
→ P.312
は永遠に続くと，イギリスの小説家・批評家ジョージ・オーウェル（1903〜50）は1940年に発表したディケンズ論のなかで書いた。今日もなお，ディケンズの作品はまったくその力を失ってはいないのである。

参考文献
ディケンズ（本多季子訳）『オリヴァ・ツウィスト』全2巻（岩波文庫）岩波書店, 1956.
小池滋・石塚裕子訳『ディケンズ短篇集』（岩波文庫）岩波書店, 1986.
小野寺健編訳『オーウェル評論集』（岩波文庫）岩波書店, 1982.

キーワード

交通革命 『オリヴァー・トゥイスト』では人々は徒歩か馬車で移動しているけれども，ディケンズの生きた時代は「蒸気の時代」であり，蒸気機関車と汽船が人々の暮らしを変えていく交通革命の時代であった。1842年にディケンズはアメリカを初訪問したが，これは汽船による大西洋横断である。1865年には愛人と一緒に乗っていた列車が大事故を起こすという体験に見舞われている。鉄道事故をめぐる傑作短篇『信号手』が発表されるのはその翌年のことである。

関連年表

1781	イギリスのワット，直線運動を回転運動に転換する仕組みを考案
1789	マンチェスターで蒸気力の紡績工場が稼働開始
1807	アメリカのフルトン，蒸気船を発明
1814	イギリスのスティーヴンソン，蒸気機関車を発明
1830	リヴァプール・マンチェスター間で鉄道営業開始
1837	ヴィクトリア女王即位
1838	蒸気船による大西洋横断
1901	ヴィクトリア女王死去

（池田嘉郎）

10 近代ヨーロッパ・アメリカ合衆国

101

南北戦争勃発の契機

アンクル・トムの小屋

ストウ

作者 ハリエット・ビーチャー・ストウ
Harriet Beecher Stowe 1811〜96

　ハリエットは，コネティカット州のビーチャー家という良家の子女として生まれた。5歳で母を亡くし，カルヴァン派信者である父と継母に，13人姉弟の1人として育てられた。1832年に神学校校長になる父とともにオハイオ州に引っ越し，女学校で教師をした。文化人との交流も始まり，信仰や家庭の大切さを説く「家庭小説」を書く女流作家となった。25歳で父の神学校で聖書文学の教授だったストウと結婚し，5人の子どもを産み育てた。1845年にはじめてハリエットは**奴隷制**反対を表明した。東部へ転居した1850年に，逃亡奴隷法の成立に怒りを覚えて『アンクル・トムの小屋』を執筆し，翌年から奴隷制廃止論者の機関誌に連載した。連載終了前に単行本が発行されるという大反響となった。

内容紹介 『アンクル・トムの小屋』
Uncle Tom's Cabin: Life among the Lowly 1852

　逃亡奴隷法が成立した1850年，奴隷州のケンタッキー州シェルビー農園から物語は始まる。シェルビー家の奴隷トムとイライザという，対照的な人生を歩んだ2人の運命が描かれる。多額の借財返済を迫られたシェルビーは，トムに加えてイライザの4歳の息子も売ることを決意した。イライザは息子をかかえ，凍ったオハイオ川の流氷を跳ぶように渡って，対岸のオハイオ州へ逃亡し，地下鉄道組織のクエーカー教徒に救われた。途中で，やはり逃亡した夫と再会して，家族3人でカナダに到着して自由の身になるのだった。

一方，農園主シェルビー家の家族に対して忠実で，エミリー夫人によって**キリスト教**を教えられ敬虔な信者となったトムは，妻子と引き離され奴隷商人に連れられ南部に向かった。その船でニューオーリンズに帰るイヴァという少女に会い，その父に買われたが，2年後にイヴァが死亡して，レグリー農園に売られたのだった。

　人情家の奴隷主もいるが，結局奴隷は農園主の財産として処分され，家族は引き裂かれるという悲劇が描かれた。自由の尊さ，人間の魂は売買の対象にはならないというキリスト教的人道主義が強く主張された。エミリー夫人やその息子ジョージ，さらに船上で会った天使のような少女イヴァたちに，白人のキリスト者の「善」が描かれた。

> 「僕はこの国から奴隷制度というこの呪いを取り払うため，一人の人間にできること(what one man can)は何でもします！(……)トムを哀れまないでほしい！　トムの生涯と死は，哀れまれるべきものではない！　神の最高の栄光は，すべてを可能にする富にあるのではなく，自己を犠牲にして苦難に耐える愛にあるのだ！」(小林憲二訳)
> 第41章「若主人」からの引用。トムを看取ったジョージに奴隷制への怒りを語らせた著者は，トムを殉教者として位置づけ，奴隷制の悪を伝えたのだった。

　レグリー農園で，農園主の女にされていた奴隷キャシーは，かつて幸せな結婚をしていたが，2人の子どもとも引き裂かれた過去があった。子どもの1人がイライザであることも判明した。そのキャシーの逃亡に怒った残忍な主人レグリーが，トムに逃亡先を白状するように迫って，殴り殺してしまったのだった。必ず買い戻すと約束したジョージがやっと迎えに来たときには，トムは瀕死の状態で，ジョージの腕に抱かれたまま天国に旅立つのだった。

解説　1851年6月から奴隷制廃止運動の機関誌の1つ『ナショナル・イアラ』に，「アンクル・トムの小屋――卑しい人々の生活」と題した，奴隷制の悪を告発する小説の連載が始まった。当初は数カ月で終わると思われたが，読者からの反響が大きく翌年4月まで続いた。連載途中の1852年3月には単行本として出版され，発売初日に3000部，1年間で30万部が売れた。53年初頭までに「100万部以上売れたはじめての小説」となり，19世紀中に42カ国語に翻訳され，世界中で読まれて聖書に次ぐ人気本となった。

大ベストセラー作家となったストウ夫人は，2つの執筆目的を達成した。奴隷制の不法性を全国民に訴えるという社会的・政治的目的と，ストウ家とビーチャー家という大家族を支える生活費を稼ぐという個人的目的であった。彼女の生涯は，19世紀の多くの女性作家同様，生活の糧を得る手段として書くことを続け，晩年になって想像力が枯渇しても筆を折る自由はなかった。彼女の惨めな晩年のことは，1874年以来隣人であった**マーク・トウェイン**の『自伝』に記されている。
→ P.327

　リンカン大統領（在任1861〜65）がストウ夫人と会見したことは事実だが，有名なエピソード「この方が大戦争（**南北戦争**）を引き起こした小さな女性なのですね」という発言について史料は残っていない。『アンクル・トムの小屋』が多くの人に読まれた理由は，奴隷制という白黒が明白と思われる問題を扱いながら，さまざまな立場の人物を登場させ，問題の複雑さを示したためとされる。破壊された家庭の悲しみや子どもを守ろうとする母の力，キリスト教の信仰の強さ，キリストの償いによって，神を信じる者すべてに天国が開かれ，神の愛と救いが与えられるというストウ夫人の主張がなされ，キリスト教の女性化も見られた。つまり話の展開にしたがって「怒りの神」から「愛の神」へと変化したのだった。

参考文献
ストウ（丸谷才一訳）『アンクル・トムの小屋』（河出文庫）河出書房新社, 1993.
ストウ（小林憲二監訳）『新訳　アンクル・トムの小屋』明石書店, 1998.
高野フミ編『「アンクル・トムの小屋」を読む——反奴隷制小説の多様性と文化的衝撃』彩流社, 2007.

キーワード

南北戦争　1861〜65年，アメリカ合衆国の南北両地域間での戦争。「内戦」（The Civil War）は北部側の表現。南部11州が連邦脱退後，南部連合を結成して開戦となった。原因は複雑で，たんに奴隷制問題ばかりではない。奴隷制を基盤とする南部と，商工業により産業社会に移行する北部の併存の均衡が，西部への領土拡大によって崩れた。5年間で戦死者は62万3000人に達し，合衆国がかかわったすべての戦争の死者総数を超え，アメリカ人が経験した最大の戦争となった。

関連年表

1820	ミズーリ協定（ミズーリを例外として北緯36度30分以北での奴隷制度禁止）
1850	逃亡奴隷取締法（ストウ夫人が『アンクル・トムの小屋』を書き始める契機）
1852	奴隷制廃止運動機関誌に1年間連載
1854	カンザス・ネブラスカ法（両準州での奴隷制をめぐって衝突。南北対立激化）
1860	奴隷制反対を唱えて結成した共和党初のリンカン候補が大統領選挙で当選
1861	南部11州連邦脱退し南部連合結成。戦闘開始
1862	ストウ夫人がリンカン大統領とホワイトハウスで会見
1863	1.1.リンカン大統領が奴隷解放宣言に署名
1865	南北戦争終結。リンカン大統領暗殺。奴隷制廃止

（岩本裕子）

近代ヨーロッパ・アメリカ合衆国 10

102

生物進化のメカニズム
種の起源
ダーウィン

作者 チャールズ・ロバート・ダーウィン
Charles Robert Darwin 1809～82

イギリスを代表する自然科学者の1人。医師で投資家のロバート・ダーウィンと妻スザンナの次男として生まれる。父方の祖父は博物学者として有名なエラズマス・ダーウィン，母方の祖父は陶器製造業社「ウェッジウッド」を設立し，奴隷解放論者としても知られたジョサイア・ウェッジウッド。ケンブリッジ大学卒業後，ビーグル号の探検航海に参加。帰国後，ガラパゴス諸島などで収集した標本に大きな関心が寄せられ，一躍ときの人となる。1859年に主著『種の起源』を出版したあとも，『人間の由来と性選択』(1871)，『人間と動物の感情表現』(1872)を発表するなど，慢性的な健康不良に苦しみながらも，精力的に研究・著作活動に取り組む。晩年には，動物の生体解剖を規制する法律の制定に寄与した。

内容紹介 『自然選択による種の起源について
――生存闘争に有利な品種の保存』
*On the Origin of Species by Means of Natural Selection,
or the Preservation of Favoured Races in the Struggle for Life* 1859

『種の起源』(*The Origin of Species*)として知られるが，原語に忠実に訳出すると上記のようになる。原題のor以下は副題を示す。第6版(1872)で，冒頭のOnが削除された。

啓蒙期ヨーロッパ諸国の非ヨーロッパ世界への進出は，新たな動植物と多様な自然環境の発見をもたらした。さらに，相次ぐ化石の発見は，現在は絶滅した生物が太古の地球には存在したという事実を突きつけ，

生物は不変だという従来の**キリスト教**的世界観を根幹から揺るがせた。

19世紀中頃には，気候や環境の変化，時間の経過により，種は変化するという考え方が，しだいに広まりつつあった。問題となるのは，種が変異し，新たな種を形成するメカニズムだった。『種の起源』は，この問題に次のように答えた。自然環境のもとで生物が生存し，繁殖するための資源は限られている。したがって，生存に有利な性質をもつ個体は，生存確率が高まり，より多くの子孫を残す可能性に恵まれる。こうして，種全体のなかで環境に適応した変異の割合が増加する。そのプロセスが繰り返されることにより，環境に適応しにくい集団が絶滅する一方，適応しやすい変異は新しい種を形成するようになる。これが自然選択（自然淘汰）による種の起源である。なお，自然選択（natural selection）の名称は，品種改良における人為的選択（artificial selection）とのアナロジーによる。

ダーウィンは一朝一夕に，自然選択説を思いついたのではない。それは，ビーグル号航海によるフィールドワークに始まり，観賞鳩の繁殖実験や動物園でのオランウータン観察，そして**マルサス**『**人口論**』から得られた着想などをもとに，先達のライエル（地質学者）や親友のフッカー（植物学者）との対話を経て，長い年月をかけて形成されたのである。

人の起源と歴史にやがて光があてられるだろう。

『種の起源』は生物進化に関する包括的な議論であり，人の進化が1つのテーマとして取り上げられることはなかった。最終章に，人の進化を暗示するこの一節が，やや唐突に挿入されただけである。ダーウィンは人と類人猿は共通の祖先をもつと考えたが，それを自ら明らかにすることが社会的混乱をもたらし，自身の科学者としての名声を傷つけることを恐れた。ダーウィンは『人間の由来と性選択』において，はじめて人の進化を論じた。

解説 しばしば，ダーウィンは**進化論**の代名詞のように扱われるが，進化論を唱えたのはダーウィンが最初ではない。『種の起源』の新しさは，自然を目的や道徳律を内包したものでも，法則に従って進歩するものでもない，外的な環境と捉えたところにある。それは情況性（偶然性）が支配する，それ自体は意味をもたない世界である。自然は創造主の痕跡が記されたテクストであると考えた自然神学者とも，生物は定められた方向に向かって変容していくと考えたダーウィン以前の進化論者とも一線を画す自然観だった。

一方，『種の起源』は，自然選択に関与する超越的な意思の存在を読者

が想像する余地を残し，進化論と創造説との接合を許すことになった。進化を「神の意匠」の証左と見なす宗教的解釈は，『種の起源』出版直後に隆盛し，20世紀初頭アメリカのファンダメンタリズム（キリスト教根本主義・原理主義）を経て，今日の英語圏の一部を中心に広がるインテリジェンス・デザイン論へと継承された。これは，とくに初等中等教育における科学と信仰の分離という問題を引き起こしている。

もう1つの，より大きな影響力をもったダーウィン進化論の解釈は，自然選択や適者生存の考え方を社会理論に応用し，社会政策や国家運営の指針にしようとするイデオロギー的解釈である。その中身は，個人間の生存競争を是としたスペンサー（1820〜1903）の**自由主義**的解釈から，優勝劣敗を根拠に**植民地**支配を正当化した**帝国主義**的解釈まで多岐にわたる。国民の身体と生殖を管理し，国家全体の健康を増進しようとした優生学も，その1つに数えられる。社会ダーウィニズム（社会進化論）という用語は，こうした進化論のイデオロギー的展開に対する批判が高まるなかで，20世紀半ば以降，幅広く使用されるようになった。

なお，生物学におけるダーウィン進化論は，遺伝学研究の発展を受けて，1930年代以降，ネオダーウィニズム（進化の総合説）に組み込まれた。生物進化理論としての『種の起源』の意義と限界に関しては，今日でも議論が続けられている。

参考文献
ダーウィン（八杉龍一訳）『種の起原』全2巻（岩波文庫）岩波書店，1990.（改訂版）
内井惣七『ダーウィンの思想——人間と動物のあいだ』（岩波新書）岩波書店，2009.
松永俊男『ダーウィン前夜の進化論争』名古屋大学出版会，2005.

▶ キーワード

進化論 生物は不変ではなく，長い時間をかけて変化してきたとする議論，あるいはそのメカニズムに関する理論である。ダーウィン以前は，フランスのラマルク（1744〜1829）が代表的な進化論者と見なされていた。ダーウィンがビーグル号航海から帰還した頃のイギリスでは，進化論は政治的な急進主義と結びつき，支配者層から警戒されていた。そのため，ダーウィンは入念に準備をしたうえで自然選択説を公表しようと考えた。しかし，マレー諸島を探検したウォレスが自説と同じ見解に至ったことを知り，ロンドン・リンネ協会におけるウォレスとの自然選択説の共同発表を経て，『種の起源』を執筆した。もし，ウォレスが登場しなければ，ダーウィンの進化論が世にあらわれるのは，もう少し先のことになっていただろう。

（伊東剛史）

10 近代ヨーロッパ・アメリカ合衆国

103 近代社会の経済的運動法則を暴露する

資本論

マルクス

作者 カール・マルクス
Karl Heinrich Marx 1818～83

プロイセンのトリーアでユダヤ人の弁護士の家に生まれた。父親はマルクスが生まれる前に**プロテスタント**に改宗していた。ベルリン大学で哲学を学んだが、ドイツ諸邦の保守的な空気のなかで教授職を断念した。1842年に急進的な『ライン新聞』の編集長となり、翌年に貴族の娘イェニー・フォン・ヴェストファーレンと結婚した。1844年、パリにいたマルクスを、工場主の息子**エンゲルス**（1820～95）が訪ね、終生の友となった（1842年に一度会っていた）。『共産党宣言』も2人で書いた。1848年革命後、マルクスは官憲を逃れてロンドンに終の住みかを得た。貧窮のなかで子どもを相次いで亡くしながら、エンゲルスの援助を受けて執筆活動を続けた。1864年には前年に起こったポーランド反乱の支援運動をきっかけに、国際労働者協会（第1インターナショナル）がつくられ、マルクスはその創立宣言と規約を起草した。

内容紹介 『資本論』
Das Kapital 第1巻1867・第2巻1885・第3巻1894

マルクスの主著であり、近代社会の動態の全面的な解明をめざす。副題「経済学批判」とは、**スミス**など**古典派経済学**（これはマルクスのつくった言葉である）への批判を意味する。彼らが**資本主義**的生産様式を自然状態と考えたのに対して、マルクスはそれを歴史的発生物として分析したのである。全3巻からなるが、マルクスの生前に刊行されたのは「資本の生産過程」を扱った第1巻（1867）のみである。「資本の流通過程」を扱

った第2巻(1885),「資本主義的生産の総過程」を扱った第3巻(1894)は,エンゲルスが遺稿を整理・編集した。エンゲルスがいうとおり「第1巻は,高い程度においてそれ自身として全体をなしている」ので,ここでは第1巻の内容を紹介する。

　貨幣は,ある経済的企図に投下されたのち,**資本**として価値増殖を遂げていく。価値増殖はそれ自体が目的であるので,資本の運動は無限に続く。では,価値増殖がどのように起こるのかというと,労働過程において「剰余価値」が加わることにその鍵がある。労働過程のうち,**資本家**によって支払われる賃金に相当するだけの価値を生産する部分は,たんなる再生産である。それに対して,この部分を越えた残りの部分は,資本家のために,対価ゼロで,価値を生産しているのである。これが剰余価値である。

　以上のような理論的考察に続いて,剰余価値の創出,つまりは労働者の搾取について,豊富な資料を用いた叙述がなされる。さらに,かような資本主義的生産の出発点として,15世紀終わりから16世紀にかけて,農民からの土地収奪が起こり,農業生産者が無保護のプロレタリアとなって労働市場に投げ出されていく過程が明らかにされる。

> ### 暴力は,新しい社会をはらむ,すべての古い社会の助産婦である。
> （第7篇第24章第6節,向坂逸郎訳のうち「強力」を「暴力」に変えた）
> 15世紀末以降,ヨーロッパ先進諸国では封建的生産様式から資本主義的生産様式への転化が進むが,その過程を短縮するための方法,すなわち植民地経営や国債制度などは,「社会の集中され組織された暴力である国家権力」を利用しておこなわれたのである。マルクスの歴史的・鳥瞰的視点がよくあらわれた一節である。

解説　自分が生きている社会を,外から見つめようとするのは難しい。官憲に追われ,窮乏のなかで生きるという,アウトサイダー的立場に身をおくことで,マルクスはそうした外部からの観点を研ぎ澄ましていった。一方では労働者の窮状を見据え,他方ではかような窮状を生み出す資本の動態を冷徹に鳥瞰することで,資本主義的生産様式というメカニズムを,全体として浮かび上がらせることになったのである。この社会秩序を無時間的な,所与のものとするのではなく,歴史的に形成され,力強く発展し,そしていずれは次の段階に取って代わられるものとして動的に描き出した点に,『資本論』の大きな魅力がある。もっとも,社会主義への移行に関する叙述は,本書にはほとんど登場しない。資本

の集中にともない，労働過程の協業的形態も成長する，「生産手段の集中と労働の社会化とは，それらの資本主義的外被とは，調和しえなくなる一点に到達する(……)。資本主義的私有の最期を告げる鐘が鳴る。収奪者が収奪される」(第7篇第24章第7節)という有名な言葉は，あくまで未来についての信念の表明である。

自分の社会を外から見ると書いたが，もちろんマルクスにしても時代の規範からは逃れられない。とりわけ「価値尺度としての貨幣は，商品の内在的な価値尺度である労働時間の必然的な現象形態である」(第1編第3章第1節)として，労働時間を価値の尺度とする労働価値説を古典派経済学から受け継いだことは，今日の情報化社会から見れば議論の余地がある。だが，マルクスが生きた19世紀半ばにあっては，労働者が極度に酷使され，彼らからしぼりとられた労働力が剝き出しのモノとして資本の運動を突き動かしていたともいえるのであり，マルクスはそうした労働者の現状をどこまでも直視しようとしたのである。

▲ロンドン，ハイゲート墓地にあるマルクスの墓(著者提供，撮影 池田嘉男)

参考文献
マルクス(向坂逸郎訳)『資本論』第1巻，岩波書店，1967．
カール・マルクス(今村仁司・三島憲一・鈴木直訳)『資本論』第1巻(上・下)，筑摩書房，2005．

キーワード

資本主義 じつはマルクスは「資本主義的」という形容詞は多用するが，「資本主義」という名詞は事実上使わない。「資本主義的生産様式」と「これに相応する生産諸関係および交易諸関係」を探求し，究極的には「近代社会の経済的運動法則を暴露すること」が，マルクスがめざしたことである(第1版序文)。なお，特筆すべきは，イギリスから主要な素材をとりつつも，マルクスが資本の運動をつねにグローバルなものとして考えていることである。その意味で『資本論』は21世紀にも依然読める。

関連年表

1838	人民憲章(チャーティスト運動の始まり)
1848	『共産党宣言』，1848年革命
1863	ポーランドで1月蜂起
1864	第1インターナショナル結成
1870	普仏戦争
1871	パリ・コミューン
1876	第1インターナショナル解散
1889	第2インターナショナル結成

(池田嘉郎)

近代ヨーロッパ・
アメリカ合衆国 10

104

「1812年」と人生の意味

戦争と平和

トルストイ

作者 レフ・トルストイ
Lev N. Tolstoy 1828～1910

　ロシアの文豪にして伯爵・大地主。執筆活動に専念しなかった。貴族であることに誇りをもつ一方，貴族と民衆の融合をめざした。だが，所領の農民との信頼関係を得ることは難しく，また，情熱をそそいだ村の学校は当局に閉鎖に追い込まれた。その挫折から立ち直った時期に書かれたのが，『戦争と平和』である。その後『アンナ・カレーニナ』(1875～77連載)執筆中に生は無意味という境地に至り，**正教会**の教えと異なる独自の信仰に救いを見出すようになる。以後，肉体労働と簡素な生活を志し，権力と暴力を否定する，いわゆる「トルストイ主義」が形成されていった。『復活』(1899)はその表現である。1901年に正教会を破門された。1910年に家出を決行し，病没。

内容紹介 『戦争と平和』
Voyna i mir 1865～69連載，1869刊行

　皇帝**アレクサンドル1世**(在位1801～25)**の時代**，ロシアは**対仏大同盟**に参加し，1805年にアウステルリッツの**三帝会戦**でナポレオン軍に敗北した。1807年にはフランスとの同盟条約締結を余儀なくされるものの，12年6月に**ナポレオン**(在位1804～14, 15)率いるヨーロッパ諸国の大軍の侵入を受けた。ロシア軍は退却を続け，スモレンスクを捨て，ボロジノ会戦後，モスクワも放棄した。講和交渉を拒否されたナポレオンは，モスクワへ入城するものの退却し始め，ロシア軍は敵を追い払い，その後，西欧へ転戦した。この国土での戦いはロシア史で「祖国戦争」と呼ばれ，

義勇軍の結成などでも知られる。

『戦争と平和』は，1805年と1812年の戦争を主たる題材とする文学作品である。そこには積極的人生観がある。主人公の1人アンドレイ公爵が親近感を覚えていた，年老いて芽吹かなかったナラの大木は，初夏には「すっかり姿が変わって，しっとりした，濃い緑の葉を天蓋のように広げ，夕日の光のなかでかすかに揺らめきながら，うっとりと喜びに浸っていた」(藤沼貴訳)。小説は，戦争や人生の厳しい現実に直面しつつ青年貴族たちが得る，人生を肯定する境地，現実的で幸福な生の喜び，宇宙の調和，すべてのものへの愛を描いた。

この作品は歴史も論じる。歴史を形成するのは皇帝でも英雄でもなく，すべての者の集団的な無意識の行動であるという歴史観が展開された。著者が描く「1812年」は，貴族と民衆が一体となってナポレオン軍に勝利した戦いであった。皇帝周辺の戦争における指導力・計画性は否定された。一方，8月に総司令官となったクトゥーゾフは，ヨーロッパの救済を志す皇帝と異なり，ロシア国民の精神を体現し，「国民の戦争」を代表する者として評価される。また，1813〜15年の西欧での対ナポレオン戦は語られない。それは「国民の戦争」でないゆえである。

> その地球儀は大きさのはっきりしない，生きた，揺れ動く玉だった。その玉の表面は全部，しっかりとくっつき合った滴からできていた。(……)真ん中に神がいて，どの滴も精一杯の大きさで神を映し出すために，広がろうとし(……)，大きくなり，融け合い，押し合い，表面でつぶれて，奥に入り込み，また浮かび上がる。　(藤沼貴訳)
>
> 世界を構成する細かい滴のひしめき合いが「生」であり，大小の滴の一体化した動きが歴史であると著者は見る。

解説　トルストイはこの作品で，人々の調和と力強い生の世界を見事に実現させた。だが，そのような世界は夢物語にすぎないという意識が，やがて彼を悩ませることになる。

近年の歴史研究によれば，ナポレオン軍が迫るなかで農民の多くは農地を捨てて逃げ，ロシア当局の支配が崩壊した地域では，フランス軍に容易に味方した。また，敵と戦ったとしても，それは，自分と家族と教会のためであった。もっとも，ロシア人がみな，祖国のためだけを思って行動したというイメージは誤りである，とトルストイも書いている。彼

によれば，全体の意味を意識せず行動する者だけが有用な働きをすることができた。

　歴史を無意識の営みと見なし，「1812年」を国民の一体となった戦いと考える彼の視点は，皇帝や軍の計画性を否定する。一方，歴史研究は計画性にむしろ注目している。ナポレオンの侵入地点と時期はおおよそロシア側に知られており，退却も，焦土作戦や遊撃作戦の採用も春には決定していた。アレクサンドル1世は，政治上の理由から，ロシアの中核地域を戦わずして失うことに抵抗を見せたものの，軍事的に都合のよい地点までの退却とその後の反撃を原則とすることを戦争前に認めており，司令部はそれに忠実に動いた。「国民の戦争」の必要性も早くから意識され，反撃後には西欧へ転戦し，ナポレオンを倒さねばならないと戦争前から考えられていた。「1812年」は対ナポレオン戦争の一部であった。

　トルストイは，自らの歴史観に従って1812年の世界を再構築した。この大作の魅力と影響力は大きく，例えば，ロシア軍事史において1812年だけが注目されやすく，その後の西欧での戦争と区別して論じられてきた理由の1つとしてあげられる。

参考文献
レフ・トルストイ(藤沼貴訳)『戦争と平和』全6巻(岩波文庫)岩波書店，2006.
レフ・トルストイ(工藤精一郎訳)『戦争と平和』全4巻(新潮文庫)新潮社，1972.
藤沼貴『トルストイ』第三文明社，2009.

キーワード

アレクサンドル1世の時代　18世紀後半，ロシアは欧州国際秩序の完全で重要な一部となった。19世紀初頭までの軍の活躍には目を見張るものがある。ロシアは1812年にナポレオンを撃退し，14年に同盟軍を率いてパリへ入城した。戦後アレクサンドルはポーランドの中核地域を得て，望みどおりに立憲王国としたばかりか，自ら提唱した「神聖同盟」に，イギリス国王と教皇を除く欧州の全君主を参加させた。このような外交的成功はイギリスなどの反露宣伝を誘発する。それでも，世紀後半と比べれば，ロシアの国際的立場は著しく良好で，国内情勢もそこまで深刻ではなかった。彼の死の直後に蜂起した**デカブリスト**たちが，彼が帝国憲法案を作成させていることに，1820年頃まで期待をかけていたことからも，それはわかる。

関連年表

1801	アレクサンドル1世即位
1805	アウステルリッツの三帝会戦
1807	仏＝露ティルジット同盟条約
1812	ナポレオンのロシア戦役(「祖国戦争」)
1813～14	第6次対仏大同盟戦争
1815	ウィーン会議最終議定書。神聖同盟条約
1825	アレクサンドル1世死去。デカブリストの乱
1828	トルストイ，ヤースナヤ・ポリャーナで誕生

(池本今日子)

10 近代ヨーロッパ・アメリカ合衆国

105

19世紀パリ，労働者家族の転落の物語

居酒屋

ゾラ

作者 エミール・ゾラ
Émile Zola 1840〜1902

　フランス**自然主義**文学の中心的な作家。1840年，パリで生まれる。父はヴェネチア出身の土木技師，母はフランス中北部ボース地方の出身。3歳から17歳までを南仏エクス＝アン＝プロヴァンスで過ごし，中学の同窓にはのちに**印象派**の画家となるセザンヌがいた。大学進学を志すも失敗し，パリの出版社に勤務したのち，1866年から文筆活動に専念。小説家として作品を発表するかたわら，新聞や雑誌の時評欄に連載をもつなど，ジャーナリストとしても活躍した。**ドレフュス事件**（1894〜99）では，ドレフュスの冤罪を訴える大統領宛の公開状「私は告発する！」を発表。1902年，パリの自宅で一酸化炭素中毒により急逝した。

内容紹介 『居酒屋』
L'Assommoir 1877

　ジェルヴェーズ・マッカールは，内縁の夫で帽子職人のランチエとともに田舎からパリへ出てきたばかり。到着早々ランチエは出奔してしまい，パリの場末にジェルヴェーズが打ち捨てられるところから物語は始まる。彼女は洗濯女としての職を得て，トタン工のクーポーと結婚し，娘アンナをもうける。夫婦は真面目に働き，倹約に努め，隣人で誠実なレース工と鍛冶職人のグージェ母子と親交を結ぶ。やがてジェルヴェーズはグット＝ドール街で洗濯屋を開き，3人の従業員を雇うまでになる。

　しかし幸福な時間は長続きせず，ジェルヴェーズ一家はこののち転落の一途をたどることとなる。きっかけはクーポーが仕事中の事故で怪我

を負ったことで，彼は働かず居酒屋に入り浸るようになる。そのうえ舞い戻ったランチエが，どさくさにまぎれてクーポー夫妻の家に転がり込み，2人の男を養うことになったジェルヴェーズは借金を重ね，店を失う。生活は困窮を極め，やがて家庭は崩壊する。成長したアンナは造花工となるが，遊びほうけて家には寄りつかなくなり，アルコールに溺れたクーポーは，狂気の果てに死んでしまう。ジェルヴェーズは物乞いに身を堕とし，最期はグット＝ドール街の集合住宅の階段下で人知れず息を引き取り，物語は幕を閉じる。

「安定した仕事と，食べるものと寝るところさえあればいい」と，ジェルヴェーズは結婚前，クーポーに語っていた。彼女のささやかな望みはかなえられるが，その後無残に打ち砕かれる。アルコール，そして貧困。この2つが，パリの労働者街で懸命に生きようとする家族を蝕み，破滅へと向かわせた。

> ジェルヴェーズも，住み慣れた場末の薄汚い一角が取り壊され，街並みが美しくなることが嫌だった。彼女が嫌がったのは，自分は転落の一途をたどっているのに，街は反対にきれいになってゆくからであった。
>
> オスマンによる都市改造の波は，ジェルヴェーズが暮らす界隈にも押し寄せていた。『居酒屋』の舞台となるグット＝ドール街は，パリ北部（18区）に実在する。この地区はかつてパリ市の外にあったが，改造事業にともない，1860年にパリ市に編入された。

解説　1871年から93年にかけて，ゾラは「ルーゴン＝マッカール叢書（そうしょ）」という全20巻からなる連作小説を発表した。**第二帝政**期（1852～70）のパリや地方を舞台にして，ルーゴン＝マッカール一族5世代にわたる人々の活躍を描いた作品群で，『居酒屋』はシリーズ第7巻にあたる。

本作品は新聞連載中から，「猥雑」「不道徳」「民衆を侮辱している」との批判にさらされ，連載が一時中断されるという騒動にみまわれた。しかし1877年に単行本が出版されると，話題性もあってか異例のベストセラーとなり，ゾラは一躍流行作家として名を馳せた。

小説を執筆するにあたり，ゾラは取り上げるテーマについて綿密な取材をおこなっていたことが知られている。『居酒屋』はあくまで架空の物語ではあるが，そのなかで描かれた労働者たちの服装や食事，住宅事情などは，作者が実際にパリの民衆地区を歩き，観察した事実に基づいている。こうした生活の極めて具体的な細部描写を積み重ねることで，民

衆層のおかれた状況を語らしめ，ひいては第二帝政期のフランス社会の矛盾を照らし出そうとの狙いが，この作品にはあった。ゾラは『居酒屋』に向けられた批判に対して，次のように反論している。「私が描いた民衆は，決して不道徳ではなく，無知のまま，苛烈な労働と貧困がのさばる環境に毒されたにすぎない」「民衆とはこのような境遇にある。しかしそれは，社会がそう仕向けているからなのだ」。

物語のなかでジェルヴェーズは，ランチエとクーポーとのあいだに三男一女をもうけている。彼らは成長すると，それぞれ画家，機関士，炭鉱夫，娼婦となるのだが，各人がたどる数奇な運命は，同シリーズの『制作』『獣人』『ジェルミナール』『ナナ』で読むことができる。

▲グット゠ドール街の集合住宅〈Zola, *Les Rougon-Macquart*, Tome 2, Paris, Éditions du Seuil, 1970, p. 397.〈*Œuvres complètes illustrées d'Émile Zola, L'Assommoir*, Paris, 1906〉〉

参考文献

ゾラ（田辺貞之助・河内清訳）「居酒屋」（『ゾラ』〈世界文学大系〉筑摩書房，1959）．
ゾラ（古賀照一訳）『居酒屋』（新潮文庫）新潮社，1970．
ゾラ（清水徹訳）「居酒屋」（『ゾラ』〈世界文学全集〉集英社，1978）．

キーワード

フランス第二帝政 1852年，国民の圧倒的な支持を受けて**ナポレオン3世**（在位1852～70）が皇帝に即位し，フランス第二帝政が始まる。**自由貿易**の理念のもと国内産業の育成がはかられ，フランスの経済は飛躍的に発展した。オスマン（1809～91）による都市整備も進み，首都パリは近代的な都市へ変貌を遂げる。**クリミア戦争**（1853～56）への**介入やインドシナ半島への出兵**（1858～67）など，ナポレオン3世は積極的な外交政策を展開し成功をおさめたが，1870年，**普仏戦争**で自らがプロイセン軍の捕虜となり廃位に追い込まれ，第二帝政は崩壊した。

関連年表

1840	エミール・ゾラ誕生
1848	二月革命，第二共和政発足
1852	ナポレオン3世，皇帝に即位。第二帝政発足
1853	オスマン，セーヌ県知事に就任。パリ改造に着手
1854	クリミア戦争に介入（～56）
1860	パリの市域拡大（12区から20区へ）
1870	プロイセン＝フランス（普仏）戦争（～71）
1871	パリ・コミューン。第三共和政発足（～1940）
1898	ゾラ，ドレフュス事件についての公開状「私は告発する！」を発表
1902	ゾラ，一酸化炭素中毒により死去

（平野奈津恵）

近代ヨーロッパ・アメリカ合衆国 10

106

現代を揺るがす予言

カラマーゾフの兄弟

ドストエフスキー

作者 フョードル・ドストエフスキー
Fedor Dostoevskii 1821〜81

　慈善病院の医者の息子としてモスクワで生まれた。1839年に父親が領地の**農奴**に惨殺されるという悲劇が起こった。工兵士官の道を歩んでいたが，1844年に退役し，文学に専念した。『貧しい人々』(1846)で批評家に賞賛されるが，社会主義に傾倒し，1849年に逮捕された。処刑判決がくだったが，執行寸前に取り消されるという究極の体験をした。1854年までシベリアのオムスクで服役し，最下層出身の囚人たちと交わったことで人間観をおおいに深めた。1859年にペテルブルグでの居住を認められてからは，旺盛に文筆活動を繰り広げた。とくに『罪と罰』(1866)，『白痴』(1868)，『悪霊』(1871〜72)，『未成年』(1875)，それに本作は五大長編として名高い。賭博狂であり，ロシアの世界的使命を信じるスラヴ主義者であり，反ユダヤ主義者でもあった。

内容紹介 『カラマーゾフの兄弟』
Brat'ia Karamazovy 1879〜80

　13年前に起こった謎の殺人事件を振り返ると冒頭で記されているので，時代設定は大改革に揺れる1860年代のロシアであるといちおう想定される。舞台は「家畜追い込み町」という架空の田舎町で，淫蕩(いんとう)な地主フョードル・カラマーゾフとその息子たちが物語の主人公である。長男ドミートリーは乱暴者，次男イワンは冷徹で，三男アレクセイは信仰に生きる。さらに，フョードルの私生児といわれる下男のスメルジャコフも「カラマーゾフの兄弟」の1人である。官能的なグルーシェニカをめぐるフョー

ドルとドミートリーの争い，気高いカテリーナとイワン，ドミートリーの三角関係，それに心の不安定なリーザとアレクセイ，イワンの三角関係と，愛憎が激しく入り乱れる。そのようななかでもアレクセイは宗教者ゾシマ長老を敬慕し，それにまた貧しい少年イリューシャやその同級生たちとの交流を深めていく。ところが突然に父フョードルが殺害され，真相は謎に包まれたままドミートリーが逮捕され，全ロシアを騒がす裁判が始まる。

こうした筋立ての合間に，本作ではさらに，登場人物の手になる物語が重要な役割を果たしている。イワンがアレクセイに語って聞かせる「大審問官」の物語，それにアレクセイが編纂したゾシマ長老の回想がそうである。とくに異端審問の荒れ狂う15世紀のスペインに**キリスト**が復活したという筋の「大審問官」では，自由とは何かという問題が正面から問われる。

作品の舞台である「家畜追い込み町」は，作家が逗留した小都市スタラヤ・ルッサをモデルとしている。川沿いに建つグルーシェニカの邸宅や，イワンが「大審問官」を物語った料理屋「みやこ」など，今日でも見ることができる。

> 「人間と人間社会にとって，自由ほど堪えがたいものは，いまだかつて何一つなかった。」（原卓也訳）
>
> 大審問官が復活したキリストに向かって叫ぶ言葉である。お前は人間から自由を奪わなかった，だが人間はパンのためならば喜んで自由を差し出すのだ，と大審問官はいう。彼らの代わりに自由の重荷に堪え，支配してやっていることに対して，人々はわれわれに感謝するだろうとも。自由からの逃走という見方は，20世紀の思想に大きな影響を与え，独裁体制や管理社会を予言していたともいえる。

【解説】 1860年代のロシアは，大きな変革期を迎えていた。**クリミア戦争**（1853〜56）の敗北を1つのきっかけとして，旧態然とした政治・社会制度を改革しようとする気運が盛り上がったのである。戦争中の1855年にニコライ1世（在位1825〜55）を引き継いで即位した**アレクサンドル2世**（在位1855〜81）は，この気運のなかで開明的な官僚とともにもろもろの改革を進めることとなった。はじめに，以前から政府内部で検討がなされていた**農奴制**の廃止に手がつけられた。1861年に**農奴解放令**が出され，農民に対して人身の自由が認められたのである。さらに，大学自治の復活や地方自治体の設置，それに司法制度改革などが次々と実施された。これら一連の措置を総称して「大改革」と呼ぶ。司法改革では司法の独立や，陪審員制度の導入がはかられ，『カラマーゾフの兄弟』の

ドミートリー裁判の描写にもそのことは反映されている。

　もっとも，改革が進められたとはいえ，身分制は残った。さらに，土地取得は有償であったため農民は経済的には困窮したままで，また連帯責任で農村共同体に縛りつけられた。貧困や隷属が色濃く残る地方の生活が，『カラマーゾフの兄弟』に描かれた「家畜追い込み町」の姿であるといえる。

　信仰心もまた，とりわけ地方の人々のあいだでは篤かった。ゾシマ長老にはアンヴローシー長老（1812〜91）というモデルがいて，同時代人から崇敬されていた。ドストエフスキー自身，『カラマーゾフの兄弟』発表の前年にあたる1878年にアンヴローシー長老とその修道院を訪ね，感銘を受けた。優れた僧侶の遺骸は腐らないということも，広く信じられていた。ゾシマの遺体をめぐる叙述は，この民間信仰が背景になっている。聖者の遺骸は腐敗しないという考え方は，レーニン廟にも影響をおよぼした。**ボリシェヴィキ**は**レーニン**の遺体をミイラ化することで，民衆の聖者崇拝の伝統を利用しようとしたのである。
→ P.345

参考文献
ドストエフスキー（原卓也訳）『カラマーゾフの兄弟』全3巻（新潮文庫）新潮社，1978．
Nina Tumarkin, *Lenin Lives! : The Lenin Cult in Soviet Russia*, enlarged ed., Cambridge, Harvard University Press, 1997.
和田春樹『テロルと改革——アレクサンドル二世暗殺前後』山川出版社，2005．

キーワード

農奴制　15世紀には農民の移動の自由が認められていたとされるが，同世紀末には農民の移動は11月末前後の2週間に限り許されることになった。その後，16世紀末には全面的に移転が禁じられた。領主の逃亡農民への追及権も17世紀半ばに無期限とされた。18世紀後半から19世紀前半のロシアの農民は御料地農民，国有地農民，領主農民に分かれるが，一般に農奴といえば領主農民のことである。農奴は人頭税の支払いと兵役が義務付けられており，領主によって売却や贈与などの対象とされた。厳しい貢租や賦役の義務も負った。領主の土地に縛りつけられているという意味で，「緊縛農民」と訳すこともある。

関連年表

1853	クリミア戦争開始
1855	ニコライ1世没，アレクサンドル2世即位
1856	クリミア戦争終結
1861	農奴解放令
1863	大学自治の復活
1864	地方制度の改革，司法制度の改革
1874	国民皆兵の導入
1881	アレクサンドル2世暗殺

（池田嘉郎）

10 近代ヨーロッパ・アメリカ合衆国

107 無意味な生を生き抜く
ツァラトゥストラはかく語りき
ニーチェ

作者 フリードリヒ・ニーチェ
Friedrich Nietzsche 1844〜1900

　ドイツの古典文献学者であり哲学者。**プロイセン王国**領レッケン村に，牧師の子として生まれた。ライプツィヒ大学などでギリシア悲劇をはじめとする古典文献学を学び，1869年には24歳の若さでバーゼル大学の教授となった。19世紀は，ヨーロッパ列強が圧倒的な力で世界中を次々と**植民地**化した時代であり，プロイセン王国も1871年に**ドイツ帝国**を成立させ，その仲間入りをしている。しかしニーチェは，一見栄華を誇るように見える今こそ，ヨーロッパが袋小路に向かっている段階に他ならないとして，その超克に生涯を捧げた。ニーチェは1870〜80年代を通じて精力的に作品を発表していった。しかし1889年以降は，精神的なバランスを崩して思想家としての活動が困難となり，1900年に55歳で死去した。

内容紹介 『ツァラトゥストラはかく語りき』
Also sprach Zarathustra 1883〜85

　1883〜85年のあいだに数回に分けて出版された本書は，約20年間にわたるニーチェの思想家としての活動の後期に属している。ニーチェは，論文型の『悲劇の誕生』『道徳の系譜』，アフォリズム（格言）を集めた『人間的な，あまりにも人間的な』『善悪の彼岸』など，さまざまな表現形式を駆使して自らの思想をあらわした。そうしたなかで本書の特徴は，物語の形式をとっている点にある。
　主人公ツァラトゥストラは，「人間は何のために生きているのか」「自分はどのように生きるべきか」という根源的な問いに答えるものであった

宗教や道徳が，現代ではもはや機能しなくなってしまったことを看破し，「神は死んだ」と語る。そして，人間は神がいなくては生きていくことができなかったこれまでの自分を超克し，「超人」にならねばならない，と主張した。

ツァラトゥストラによれば，「生きることに意味などないし，めざすべき目的は何もない」という厳しい現実を直視しながらも，人生に絶望しない強さをもち，神なき時代を生き抜いていけるのが，超人である。超人は，従来の価値観や決まりごとに捉われず，自分の意志にのみ従い，必要とあれば，これまでは道徳的に禁じられていたことにさえ，果敢に取り組む存在である。もちろん，このような生き方は危険な道のりであり，場合によっては当人を破滅させてしまうこともある。しかし生きている以上，神がいなくても人間にできることはまだたくさんあることに気づいて，強い意志でそれを実践する存在になるべきである，と彼は主張した。ツァラトゥストラは，自分の考えが間違っていないことを確信する兆しを感じ取り，すべてのしがらみを捨て去って新しい生を迎えるところで，物語は終わる。

> 「さあ！　いざ！　諸君ら，高等な人間たちよ！　今初めて，人間の未来という山が，産みの苦しみに入った。神は死んだ，今や我々が欲するのは——超人が生きることだ」
>
> ニーチェは，宗教が力を失った現代を生き抜くためには，人間自身が超人となって，これまで神が果たしていた役割を担わなければならない，と考えた。この「超人思想」については賛否が分かれるところだが，「生きる意味を見失ってしまった者はいかに生きるべきか」という問題提起は，今なおアクチュアル（現実的）である。

解説　ニーチェは，**キリスト教**やギリシア哲学といった，西洋思想の根幹をなす部分にラディカルな批判を加えて，20世紀以降の思想と文化に多大な影響を与えた。日本でもすでに1910年代には，夏目漱石（1867〜1916）が『行人』のなかでニーチェを引用して，その問題提起が洋の東西を問わず，現代人にとって普遍的な問題であることを論じている。

しかし，ニーチェの問題意識と危機感は，ただちに理解されたわけではなかった。というのも，彼が「神の死」という，考えうる限り最も根源的な精神的危機を感じ取ったのは，ヨーロッパがまさにその絶頂期を迎えた時代であったからである。先駆者ゆえにニーチェは，「超人」への

道のりの模索という困難な課題だけでなく，周囲の無理解にも苦しまなければならなかった。理解者に飢えていた彼の孤独は，本書にもよくあらわれている。主人公ツァラトゥストラは，「神の死」を認めようとせず，従来の世界観に安住して変わろうとしない人々を激しく批判し，軽蔑する一方で，自身の思想に共感する者に対しては，「高等な人間たち」「兄弟」と呼びかけ，限りない親愛の情を示している。

　現実の過酷さに耐えきれず，欺瞞と知りつつも安定を求めてしまう，人間の本質ともいえる「弱さ」を否定し，強者たらんとするニーチェの主張に対して，読み手が行き過ぎや矛盾を感じることは，しばしばある。しかし，生の無意味さやニヒリズム（虚無主義）への転落が，誰よりも彼自身を追いつめる問題であったからこそ，ニーチェは一般的な哲学書が備えている論理的整合性や倫理的配慮を時に犠牲にしてでも，自らの直感や閃きをあますところなく表現することを決断した。したがって，ニーチェの言葉は，自分と同じ苦しみをかかえた人間による試行錯誤として受け止めてこそ価値がある。それをせずに，語られた文脈や意図を無視して都合のいいところだけを切り取って読んでしまうと，大きな過誤を犯すことになる。

参考文献

フリードリヒ・ニーチェ(吉沢伝三郎訳)『ツァラトゥストラ──ニーチェ全集』全2巻(ちくま学芸文庫)筑摩書房，1993.
三島憲一『ニーチェ』(岩波新書)岩波書店，1987.
ジル・ドゥルーズ(湯浅博雄訳)『ニーチェ』(ちくま学芸文庫)筑摩書房，1998.

キーワード

ドイツ帝国　ビスマルク(1815〜98)が**鉄血政策**に基づいてドイツ統一を推進した結果，1871年に成立した国家。ドイツ帝国は，連邦制を採用する一方で，プロイセンおよびドイツ皇帝に強い権限が認められた。帝国成立から1890年までは，宰相ビスマルクが辣腕をふるい，外交面では，敵国フランスを孤立させるビスマルク外交を展開し，内政面では，**カトリック**や社会主義勢力を弾圧する一方で，社会政策を充実させるアメとムチの政策をおこなった。1890年以降は，**皇帝ヴィルヘルム2世**(在位1888〜1918)が親政をおこない，軍備拡張や積極的な対外政策を推進したことにより，イギリス・フランスをはじめとする列強諸国との対立が激化した。1918年に，第一次世界大戦の敗北によってヴィルヘルム2世はオランダへ亡命し，ドイツ帝国は消滅した。

関連年表

1844	ニーチェ誕生
1866	普墺戦争
1870	普仏戦争
1871	ドイツ帝国成立
1876	第1回バイロイト音楽祭
1879	ニーチェ，体調不良によりバーゼル大学を辞任
1883〜85	『ツァラトゥストラはかく語りき』出版
1889	ニーチェ，バーゼルの精神病院に入院
1890	ビスマルク辞職
1900	ニーチェ死去

(吉野恭一郎)

近代ヨーロッパ・アメリカ合衆国 10

108 アメリカ文学の始まりの1冊
ハックルベリー・フィンの冒険
トウェイン

作者 マーク・トウェイン
Mark Twain 1835〜1910

　本名はサミュエル・クレメンズ。ミズーリ州ハンニバルという片田舎で生まれ育った。ハックが生まれた町のモデルである。大自然のなかで冒険好きな少年として育ったクレメンズは，教育らしい教育も受けず，ミシシッピ川の蒸気船パイロット見習いとして働いた。蒸気船安全航行のためには水深2尋(3.7メートル)が必要で，その水深を確認するときに，"Mark twain."といっていた。その掛け声を彼のペンネームとしたのである。**南北戦争**(1861〜65)勃発で仕事を追われ，兵役逃れのためにネバダへ移住し，ジャーナリズムの世界に入った。ユーモア文学の名手となり，結婚により東部へ移った。楽観主義から晩年の虚無思想に至るまで，同時代を**金ぴか時代**と名づけ，批判的な視点を貫いた作家だった。

内容紹介 『ハックルベリー・フィンの冒険』
Adventures of Huckleberry Finn 1885

　南北戦争勃発前，1835年から45年頃の話である。ミズーリ州(奴隷州)の架空の町セント・ピーターズバーグで，母親のいない少年ハックルベリー・フィンは，アルコール中毒の父親と暮らしていた。仕事もせず，酒に酔って暴力をふるう父親から逃げるために，ハックは家を出た。野性のハックを養子にして彼を「狂育」することが，キリスト者としての義務だと信じていたウィドウ・ダグラスのもとからも，ハックは逃げ出した。閉鎖的な田舎町を飛び出した浮浪少年の冒険物語である。

　ミシシッピ川に浮かぶジャクソン島に逃げ込んだハックは，逃亡奴隷

のジムと出会った。ダグラスの姉，ミス・ワトソンの農園奴隷だったジムは，川下へ売却されれば妻や子どもと生き別れになるため，その恐怖から逃亡してきたのだった。暴虐な父親や養育者ダグラスから逃げ出したハックと共通する境遇だった。2人は筏(いかだ)で川をくだることを決めた。自由州のイリノイ州南にあるケイロ（ミシシッピ川とオハイオ川の合流地点）を目標に，そこから蒸気船に乗ってオハイオ川を遡り自由州に入って自由を獲得するつもりでいた。

　ところが，川で難破船を見つけたり，川をくだって結局南部に入りケンタッキー州の白人農家や特権階級の人たちと出会ったり，アーカンソー州に入って「王様」や「公爵」と名乗る怪しい男たちと出会うのだった。

　奴隷制度があたりまえの南部社会で，奴隷を盗んだり，逃亡奴隷を助けたりすることは不道徳な行為だと子どもたちは教えられた。ハックも，いつのまにか逃亡奴隷ジムを助けたことに気づき，激しく悩むのだった。この体験からもハックは精神的に成長していく。こうしたさまざまな冒険を繰り返して，最後は逃亡奴隷ジム同様，ハック自身も自由を獲得して冒険を終えるのだった。

> 「河を下ってきたオレたちの旅のことを考え始めた。するとジムはいつでも，おいらの目の前にいた。昼も夜も，時には月の光の中で，時には嵐の中でだ。（……）どの場所を思い出しても，おいらはジムのことを悪く思うことは出来ねぇで，その反対のことばっかり思い出した（……）ジムを盗み出して，また奴隷の身から救ってやる(out of slavery)仕事にとりかかろう」
>
> （第31章，大久保博訳）
>
> 物語後半，ジムとはぐれたハックが旅を述懐する場面。逃亡奴隷を助けた自分を責め悩むが，結局ジムを救うことを決意する。

解説　マーク・トウェインによるほかの3編の主人公だった，トム・ソーヤーの親友ハックルベリー（ハック）によって語られる。方言や話し言葉を多用して，トウェインの少年時代の思い出を叙事詩的に綴っている。

　たんなる少年の冒険物語ではなく，文明と自然の根源的な対立や人種問題，アンテベラム期（南北戦争前）のアメリカ社会の深刻な社会問題を描いている。南北戦争以前の奴隷評価に対しても鋭く風刺した。これらをとおしてハック少年が人間的に成長していくという，アメリカ文学特有の主題が数多く含まれている。

ノーベル賞作家**ヘミングウェイ**は,「すべての現代アメリカ文学は『ハックルベリー・フィン』と呼ばれる1冊の本に由来する」と高く評価した。1876年に書き始めたトウェインは,途中で挫折して何度も中断し,『王子と乞食』(1881)や『ミシシッピ河での生活』(1874)などを先に書き終えていた。『ハックルベリー・フィンの冒険』完成までに8年の歳月を費やしたのだった。

現在では黒人の差別呼称である"nigger"(邦訳では「黒ん坊」)を222回使用したことで批判もされたが,作品中でトウェインは,ハックに黒人ジムのことをこう呼ばせたことは一度もない。トウェインの宗教は**プロテスタント**だったが,別稿で**カトリック**や神父に対する痛烈な批判をしている。ハックが飛び出した迷信深い閉鎖的な町の名前をカトリック総本山大聖堂と同じ「聖ペテロの町」と名づけたことからもうかがえる。

トウェインは「この作品をとおして人間の自由とは何か,魂の自由とは何かを教え,読者を楽しませながら人間解放へと導こうとした」という解釈もされている。

参考文献
マーク・トウェイン(大久保博訳)『ハックルベリ・フィンの冒険』角川書店,1999.
亀井俊介『ハックルベリー・フィンのアメリカ――「自由」はどこにあるか』(中公新書)中央公論新社,2009.

キーワード

『金ぴか時代』(*The Gilded Age*) 1873年に出版されたマーク・トウェインの共作小説の題名である。南北戦争終結以降1890年頃までの四半世紀を指し,「鍍金時代」とか「金箔時代」とも訳される。「The Golden Age」のもじりで,「鍍金の黄金時代」の意味となる。南北戦争後のアメリカ社会をみごとに表現した小説である。農業国だったアメリカ合衆国が戦後,工業化・商業化を進めて,空前の繁栄を示し,人々が一攫千金の夢に駆られてドル獲得に狂奔した時代だった。経済の急成長のひずみとして,政財界の癒着で政治が腐敗し,社会不正や道徳の堕落が社会全体に広がった時代であった。トウェインは,この小説によって同時代のアメリカ社会を批判したのである。

関連年表

1862	ホームステッド法制定(国有地貸与)により西部開拓促進
1865	南北戦争終結,連邦憲法が修正され,奴隷制度廃止
1867	ロシアからアラスカ購入。世紀末に金鉱発見でゴールドラッシュ
1869	最初の大陸横断鉄道がユタ州プロモントリーで結ばれ完成
1877	連邦軍による南北戦争の戦後処理と南部再建(南部脱退諸州の連邦復帰)終了。連邦軍引き揚げ後,南部人により黒人差別待遇(人種隔離制度)定着
1885	2.18.『ハックルベリー・フィンの冒険』出版(イギリス版は前年出版)
1886	都市部でアメリカ労働総同盟(AFL)結成。農村部でポピュリズム(農民運動)台頭
1890	国勢調査の結果,フロンティア(人口過疎地域)が消滅したことを宣言
19世紀末	イギリス・ドイツをしのぐ世界一の工業国に成長

(岩本裕子)

11 現代の世界

109 万国のムスリムよ，団結せよ
固き絆
アフガーニー

作者 ジャマールッディーン・アフガーニー
Jamāl al-Dīn al-Afghānī 1838/39〜97

　1838年あるいは39年にイラン北西部のアサダーバードに生まれたとされ，97年にトルコのイスタンブルで死去した。生前本人は「アフガン出身」を意味する「アフガーニー」を多くの場面で名乗ったため，一般にその名で知られている。幼少期にイランやイラクの各都市で伝統的な教育を受けたのち，大反乱前後のインドを訪れ，近代的諸科学にふれると同時にイギリス植民地主義の脅威に目覚めると，以後その生涯にわたる諸国遍歴のなかで，**帝国主義**列強に対する**イスラーム世界の団結と抵抗**（**パン・イスラーム主義**）およびムスリム（イスラーム教徒）社会の内部改革を主唱した。

内容紹介 『固き絆』
al-ʿUrwa al-Wuthqā 1884

　『固き絆』は，アフガーニーがエジプト人の弟子ムハンマド・アブドゥとともに，1884年の3月から10月にかけてフランスのパリで刊行したアラビア語の政治評論誌である。「固き絆」の語は，聖典『**コーラン**（クルアーン）』（→P.123）の「偽神を否定し，神を信ずる者は，決してはずれることのない固き絆を握った者である」（2章256節）に由来し，もともとイスラームの信仰自体を指すが，当時は**カリフ**制の隠喩として用いられる傾向もあった。アフガーニーはこの語を政治評論誌のタイトルに採用し，帝国主義列強による侵略と**植民地**支配に直面している世界各地のムスリムに団結と抵抗を促すとともに，専制政治や受動的な世界観に陥っているムスリ

ム社会の内部改革を訴えた。実際に,『固き絆』は帝国主義列強の政治動向を分析する時事的論稿と,ムスリム社会の分裂や停滞の原因およびその克服の方法を考察する理論的論稿を含んでいる。前者の論稿について,栗田禎子による「幻想」の抄訳を以下に引用し,その一端を見てみよう。

> エジプト人たちは,イギリスの力を良く吟味してみれば,イギリスには,エジプトとスーダンに,仮に専念したとしても,2万人以上の兵を送ることはできないということに気がつくはずである。イギリス軍がスーダンで釘付けになっている間に,〔エジプトの〕シャルキーヤやブハイラやファイユームでほんのささいな運動でも起きれば,イギリスは混乱に陥り,決意が衰えて,エジプトをその住民に委ねて撤退せざるを得なくなるだろう,ということに気がつかないのか。まことに幻想とは,呪うべきものである。

この2つの集団〔イラン人とアフガン人〕は,いわば1本の木にある2つの枝であり,1つの根に遡る2つの部位である。(……)イスラームの真実の教えのなかで両者の集団的な繋がりは強固となった。

「アフガンとの連帯に向けたペルシアへの呼びかけ」と題された論稿のなかで,アフガーニーはイランとアフガニスタンの人々に民族的団結を訴えるとともに,両者はそれぞれシーア派とスンナ派に属して宗派が異なるものの,アッラーと預言者ムハンマドがもたらしたものを信ずる点で同じムスリムであることを強調し,宗派間の連帯をも説いている。

解説　帝国主義列強による侵略と植民地支配に晒されている東洋諸民族すべての連帯を視野に入れつつも,『固き絆』の主な目的は,とりわけ世界各地のムスリムにイスラームを紐帯とする団結を促し,帝国主義列強による侵略に抵抗する主体的行動を喚起する点にあった。このイスラームを紐帯とする団結と抵抗が,人種や民族の違いのみならず,**スンナ派やシーア派**といった宗派の垣根をも越えて標榜されたことは,同誌の大きな特徴であり注目に値する。

また『固き絆』で取り上げられている地域とテーマは,イギリスのエジプト占領政策やスーダンの**マフディー運動**,イランやインド,アフガニスタンにおける列強諸国の動静など多岐にわたっているが,そこにアフガーニー自身が諸国遍歴のなかで得た実際の見聞が認められる一方,列強諸国が発信する情報の収集や翻訳において,在欧のムスリム知識人サークルの協力があったこともうかがえる。このようなムスリム団結へ

の呼びかけと多国におよぶ情勢分析の背景にはさらに，同誌がフランスのパリという，いわばイスラーム世界を外側から客観的に俯瞰し統一的に把握し得る地点で刊行されたということもあるだろう。

『固き絆』が主として郵送により，カイロやチュニス，ベイルートやバグダードといったアラブの諸都市やイスタンブルのほか，イランやインドなどの各都市に持ち込まれると，アラビア語の読み書きが可能な現地のムスリム知識人を中心に大きな反響を呼び起こし，エジプトやインドでは警戒したイギリス当局により発禁処分を受けるまでとなった。その後停刊を余儀なくされるものの，その主義主張に共鳴する多くの読者によって読み継がれ，帝国主義の超克とムスリムの団結を希求するイスラーム世界の思想家や政治活動家に大きなインスピレーションを与え続けた。

参考文献

ジャマールッディーン・アフガーニー（栗田禎子抄訳・解説）「幻想」『固き絆』1884年9月25日号（歴史学研究会編『世界史史料8 帝国主義と各地の抵抗Ⅰ——南アジア・中東・アフリカ』岩波書店，2009）．

Jamāl al-Dīn al-Afghānī, "al-'Urwa al-Wuthqā" in Hādī Khusraw Shāhī ed., *al-Āthār al-Kāmila 1: al-Sayyid Jamāl al-Dīn al-Ḥusaynī al-Afghānī,* Cairo, Maktaba al-Shurūq al-Dawlīya, 2002.

大塚和夫ほか編『岩波イスラーム辞典』岩波書店，2002．

キーワード

パン・イスラーム主義 イスラーム世界全体の連帯と団結をめざす思想と運動。19世紀後半に**オスマン帝国**（1300頃～1922）が帝国主義列強による領土分割に対抗する政治イデオロギーとして採用したことを嚆矢とする。アフガーニーら近代のムスリム知識人は，これを反帝闘争の理論的・実践的支柱として捉え，全世界のムスリムが民族や宗派の違いを超えて一致団結し，帝国主義列強による植民地支配からの解放をめざすべきと説いた。その精神は今日のイスラーム協力機構などの国際組織や一部のイスラーム主義運動にも受け継がれている。

関連年表

1838/39	アフガーニー誕生
1838	アフガニスタンとロシアのあいだでアフガン戦争勃発（～42。78～80第2次アフガン戦争）
1857	インドで大反乱が勃発（～58。ムガル帝国滅亡，イギリスはインドを直接統治下に）
1876	オスマン帝国でミドハト憲法が発布
1877	ロシア・トルコ戦争が勃発（～78。バルカン半島の国々がオスマン帝国から独立あるいは自治を獲得）
1881	エジプトでウラービー運動が発生（～82。イギリスはエジプトを事実上の保護下に） スーダンでマフディー運動が発生（～98）
1884	アフガーニー，弟子のムハンマド・アブドゥとともにパリで『固き絆』を刊行 ベルリン会議開催（～85。帝国主義列強によるアフリカ植民地支配の原則が確定）
1891	イランでタバコ・ボイコット運動が発生（～92。その後イランはイギリス・ロシアへの経済的従属を深める）
1897	アフガーニー死去

（平野淳一）

110

若き芸術家による市民文化の「白鳥の歌」

ブッデンブローク家の人びと

マン

作者 トーマス・マン
Thomas Mann 1875〜1955

　リューベック市の裕福な商家の次男として生まれる。マン家は市政にも参与する上流市民層であったが，1891年の父親の死を機に廃業してミュンヒェンに移住し，長男も次男も父の遺産で大学に通って文筆家の道を歩んだ。マンは19歳のときに短編で文壇デビューし，出版社から長編の執筆を勧められると自身の家族年代記に着手。その成果である『ブッデンブローク家の人びと』(1901)は，『ヴェニスに死す』(1912)や『魔の山』(1924)発表後の1929年に，ノーベル文学賞を授与された。1933年に**ナチス**政権が誕生するとスイスからアメリカに亡命し，ドイツ文化と対峙しつつ，**ゲーテ**(1749〜1832)とその作品をモチーフにした『ヴァイマルのロッテ』(1939)，『ファウスト博士』(1947)などの長編を世に問うた。
→ P.294

内容紹介 『ブッデンブローク家の人びと』
Die Buddenbrooks 1901

　物語はリューベックのヨハン・ブッデンブローク商会が栄華を極めた1835年，2代目当主ヨハン一家が移り住んだばかりの「メング通りの宏大な古い邸宅」での食事会の場面から始まる。それは親族たちの「ほんの簡単な昼食」と紹介されるが，優に10人を超える招待客，供される食事の量・種類や社交の豊かさは，商会の羽振りの良さを印象づける。時がたち，商会はヨハンの息子ジャン(ヨハン)の時代を経て孫のトーマスに受け継がれ，1868年に創立100周年を迎える。その頃にはしかし，商会の盛期はとうに過ぎ，数年後にメング通りの大邸宅が手放され，さらに

その数年後には4代目当主トーマスが急逝する。彼の遺言により商会は解散・清算されるが，1年後，病弱で商会を継ぐ能力にも意欲にも欠けていたトーマスの一人息子が病死することで，物語は幕を閉じる。
　家業の商売に基づく富と名誉を家長が守り育むという内容から，これは典型的な市民（ブルジョワ）家族の物語（ゲシヒテ）であり，商会も後継者も断絶に終わるという点では，まさしく一家没落の歴史（ゲシヒテ）である。それゆえ，この歴史物語（ゲシヒテ）の表向きの主人公は，ブッデンブローク家の家長＝商会の当主たち，なかでも時代のうねりに翻弄されるトーマスということになろうが，真の中心人物はトーマスの妹トーニ（アントーニエ）である。本書は8歳の少女トーニの言葉で始まり，二度の結婚と離婚を経て50歳になろうという彼女が——廃人扱いされる弟のクリスチャンを除き——男系が途絶えた一家の運命を嘆く場面でもって終わる。魅力的で感情豊かなトーニとともに，読者は伝統的な家族が経験するあらゆるできごとと，それにともなう喜怒哀楽を追体験しうる。『ブッデンブローク家の人びと』は，19世紀のドイツを舞台にした歴史物語ではあるが，不朽の人間ドラマといえるだろう。

> 「この家は，いつごろ建てられたんです？」（……）「1682年の冬に建てられました。当時『ラーテンカンプ商会』は，日の出の勢いで栄え始めたところでした。……その商会が，この20年間に，あのように左前になったのは，人ごととは思えないことです。……」
> 　　　　　　　　　　（望月市恵訳）
> 本書の冒頭で，引っ越したばかりのメング通りの家について尋ねられ，このように語るブッデンブローク商会3代目当主の言葉は，自らの行くすえを暗示しているかのようである。

解説　本物語は，著者マンの家族史を下敷きにし，彼の身内や知人を登場人物のモデルにしていることから，マン家≒ブッデンブローク家に固有の歴史物語と見なされうる。と同時に，そこに登場する人々は，ドイツ近代の市民層に共有された価値観を体現しているため，特定の家族の年代記は普遍的な市民の歴史物語としても読まれうる。
　市民的価値観の1つとして，市民であることへの誇りに注目してみよう。この誇りは，市民でない人間と市民としての自己とのあいだに一線を画そうとする努力と換言できる。例えば，貴族に対しては富とそれに基づく優美な外面に羨望と憧憬の念がいだかれる。朝食のココアや優雅な服

装を愛するトーニが好例であるが，その彼女でさえ再婚相手が商売から手を引き「有閑階級」の仲間入りをしたことに絶望する。トーマスも，妹トーニの貴族趣味をも満足させる贅沢な豪邸を新築するが，貴族的な郊外の生活には見向きもせず，「市民」の語源どおり都市（市壁）のなかに住み，都市共同体への帰属を優先する。他方で彼らは，新興の市民や下層市民には侮蔑の念を隠さない。リューベックの新入り市民の父親とユダヤ人の母親をもつ隣家の兄妹を見くだすトーニの言動は，脅威を増すライバル商会の社主ハーゲンシュトレーム家に対するブッデンブローク家の虚栄心そのものである。

▲リューベック「メング通り4番地の家」（通称ブッデンブロークハウス〈ハインリヒ＆トーマス・マンセンター〉）

　資本主義の浸透や政治参加の広がり，教育・宗教などにおける価値の多様化が進むなか，ブッデンブローク家の人々に与えられた経験や命運は，多かれ少なかれ同時代の市民のそれであった。家族商会を営む彼らの没落の歴史物語は，市民が拠り所としてきた伝統的な価値規範，すなわち広義の**市民文化**が最期を悟って生んだ「白鳥の歌」（白鳥が死ぬ間際に歌うとされる美しい歌）と見なせるだろう。

参考文献
トーマス・マン（望月市恵訳）『ブッデンブローク家の人びと』全3巻（岩波文庫）岩波書店，1969．
小塩節『トーマス・マンとドイツの時代』（中公新書）中央公論社，1992．

キーワード

市民文化　18世紀後半以降，ヨーロッパの都市に住む商工業者＝市民は〔イギリスで〕始まった**産業革命**とそれにともなう資本主義の展開と，**啓蒙思想**〔革〕命理念の広まりとを両輪に，伝統的な貴族層に取って代わ〔ろうと〕する。彼らの原動力は都市における商工業もしくは学芸の分野〔で，〕そのために勤勉や節約・節制が旨とされ，実利思考が重視さ〔れ，共〕同体の公的案件への積極的関与が期待された。こうした広義〔の市民〕文化に影響をおよぼしたのみならず，近代的な諸科学や新しい〔芸術を生み出〕し，19世紀末から20世紀初頭にかけて爛熟期を迎えた。

11 現代の世界

111 清末官僚世界の実態

官場現形記

李宝嘉

作者　李宝嘉
1867～1906

　清(1616〈36〉～1912)末のジャーナリスト。江蘇省に生まれ、若い頃から文才があり、**科挙**の「生員」となる試験に1番で合格したが、その次の段階の試験である「郷試」は何度受けても落第した。その後、上海に出て『指南報』という新聞を皮切りに『遊戯報』『上海世界繁華報』などの新聞を発行し、雑文や小節、詩をはじめ、芸能人や花柳界のゴシップを書いた。晩年にはその手腕を買われ、上海有数の出版社である商務印書館のために『繡像小説』(1903～06)という絵入り新小説専門の雑誌の編集を担当した。1901年から没年まで執筆され、未完に終わった本書においては、科挙の受験やジャーナリズムの世界で得たであろう官場(官界)の知識が活かされている。

内容紹介　『官場現形記』
1901～06

　本書は章回小説の形式をとり、主役となる官僚も次から次へと入れ替わるため、全体として一貫したストーリーがあるわけではないが、それによって多様な官僚のありさまを暴露することが可能になっている。本書に登場する官僚とその予備軍たちは、正規の官僚ルートである科挙によらなくても、さまざまな手管、とくに「賄賂」や血縁などを利用し〔関係〕」の構築によってさまざまな官職や職務を手に入れて地位を上〔げ、あ〕らゆる手段で蓄財をはかっていく。西洋式の機械を購入する〔予算は〕妓楼での遊びで使い込まれ、匪賊を討伐するはずの軍隊は

強姦・略奪・放火・虐殺など，匪賊以上の暴虐の限りをつくし，その軍隊の兵隊の給料は提督がピンハネしてしまう。大飢饉の義援金募集も金儲けの手段となってしまうし，その行程で人身売買までおこなっている。地方官として赴任しても，訴訟は取り上げなければ訴えなくなるので受理しないといった仕事の手抜きは怠りない。こうした官僚の不正・不作為に対する弾劾，外国人による抗議もあるが，そういった危機を，本書に出てくる官僚たちは賄賂を含めてあの手この手を使ってうやむやにして切り抜けていく。その際には，仲介に立つ者が大きな役割を果たし，同時に依頼人をカモにしてうまく儲けているのが特徴である。官僚や胥吏(しょ)たちの悪辣な行為や，強い者にへつらい弱い者には徹底的に強く出る態度も本書のなかで延々と繰り返される。そのうちに，読者はそうした行動パターンが全然悪いものとは思わなくなっていく。こうして本書の読者は自然と清末当時の官僚世界の「常識」を身につけるのである。

> 「もしも父を釈放してほしいならたやすいこと，毎年銅銭三百吊を寄付するほかに，べつに二千吊をすぐに役所の修理費のために寄付すればよい。」
> （入矢義高・石川賢作訳）
> 商人が知府(府知事)に法外な寄付をしいられ，拒否したところ拘束されてしまい，商人の息子が釈放を請願したときに知府がいった言葉。当時は地方財政の不足から，商人は役人から実質的な税金である強制的な寄付(捐)が徴収されることが多く，それに抵抗した場合，引用文にあるように拘束されて脅されることも多かった。

解説 **義和団事件**(1900～01)が清朝の敗北に終わった20世紀初頭，清朝の体制変革を主張する変法派だけではなく，清朝の体制そのものを転覆しようとする革命派の活動も海外で拡大していた。そのなかで譴責(けんせき)小説といわれるような当時の政治を風刺する小説が出現したが，『官場現形記』はその代表的作品である。

　本書は批判的精神のなさが指摘されるが，じつのところ，官僚たちの腐敗問題は中国の王朝の財政システムと結びついた構造的なものであるため，清末当時の官僚らの行為だけを取り上げて責めるのは無理がある。すなわち，清朝は究極の「小さな政府」であったためにそもそも官僚の俸給が少ないうえ，役所が使用している人々の多くは政府から給与が支払われなかった。さらに，地方の行政経費が不足し，その状況は清代を通じて悪化していた。それゆえ，地方においては，さまざまな「税」や「手数料」を得ることが必須となっており，それが腐敗問題につながってい

った。清末には**洋務運動**をはじめとする近代化の経費や**日清戦争**(1894〜95)・義和団の賠償金などで財政が肥大化していたことも、こうした腐敗行為が拡大する一因となっていた。こうした「腐敗」の結果、官僚たちの動かしている金額は膨大となり、庶民の年収に相当する金額の何倍、何十倍もの金がちょっとした「手数料」で消えていくことになった。まさに空前の格差社会ともいえよう。

▲李宝嘉

また、猟官運動がさかんなのも、そもそも清朝が小さな政府であったため、官僚のポストが少なすぎることに原因がある。それに加えて**太平天国の乱**勃発以降、財政難を補うために捐納というかたちで売官が大規模におこなわれ、官僚予備軍過多の状況を悪化させていたのである。本書で取り上げた『**儒林外史**』(→P.219)と合わせ読むと、時代を通じた共通性と近代における変化を感じ取ることができるだろう。

現在の中国において深刻化している「腐敗」問題も、本書を読むことでよりリアルに感じることができるだろう。清末の中国と現在の中国は大きな変動期と見なすことができるが、構造的な問題で共通する点も多い。

参考文献

李宝嘉(入矢義高・石川賢作訳)『官場現形記』全2巻、『老残遊記』(中国古典文学大系)平凡社、1968・69.
岩井茂樹『中国近世財政史の研究』(東洋史研究叢刊)京都大学学術出版会、2004.
伍躍『中国の捐納制度と社会』(東洋史研究叢刊)京都大学学術出版会、2011.

キーワード

洋務運動 太平天国の乱において西欧近代軍事技術を認識した**李鴻章**(1823〜1901)に代表される地方の総督・巡撫が、太平天国鎮圧後に進めた近代化政策。武器弾薬を生産する軍需工業や軍艦を製造する造船所の建設など近代軍事力の拡大に重点をおきつつも、綿紡績業や航運業などの殖産興業も幅広い分野で進められた。一方で清朝政府は太平天国の時期に混乱した社会秩序の回復をはかっており、清朝の体制そのものを転換することはできず、旧来の官僚システムも手つかずであったから、西洋の知識を身につけた知識人たちの活躍の場は限られており、近代化の進展には制約があった。

関連年表

1851	太平天国の乱(〜64)
1856	アロー戦争(〜60)
1862	同治の中興(〜74)
1895	変法運動(〜98)
1900	義和団事件(〜01)

(村上 衛)

現代の世界 11

112

未完の国家建設構想
三民主義
孫文

作者 孫文
1866〜1925

　孫文は1866年，マカオに隣接する広東省香山県の貧しい農家に生まれた。しかし長兄が，1879年に孫文をハワイに呼び寄せたことから彼の人生は開けた。孫文はハワイの教会学校，香港のカレッジで教育を受け，さらに広州で医学を学び，1892年に西医書院（香港大学医学部の前身）を卒業してマカオや広州で医者を開業するという，通常の**清朝**知識人とはまったく異なる道を歩んだ。**キリスト教**に帰依し，英語を修得したことは，海外における知名度を高め，その活動領域を広げることにつながった。

　その後，孫文は民族意識を強め，1894年にハワイで**興中会**を組織し，95年に広州で武装蜂起を企てるが失敗，日本に脱出する。以後の訪日は十数回，通算9年間におよび，孫文と日本との関係は深く，複雑である。革命に際しては宮崎滔天(1871〜1922)や梅屋庄吉(1869〜1934)をはじめとする民間人から多くの支援を受け，東北の利権の日本への譲渡まで提起したものの，日本政府の支援は得られなかった。また日本亡命時の仮名「中山樵」の「中山」はのちに孫文の号となっており，孫文が宋慶齢と結婚式を挙げたのも東京である。そのほかにも日本人妻子の存在など，日本にかかわるエピソードはつきない。

内容紹介 『三民主義』
1924〜25

　『三民主義』は1924年1〜8月に孫文が広州で断続的におこなった講演の筆記であり，孫文の国家建設構想の最終的なバージョンにあたる。孫

文が「三民主義」をはじめて公表したのは1905年である。この年，東京で**中国同盟会**が結成されたが，その際の同盟会宣言で，韃虜の駆除，中華の恢復，民国の建立，地権の平均の「四綱」が打ち出された。同年に同盟会機関誌『民報』において孫文は「四綱」を民族・民権・民生の3つにまとめて「三大主義」として発表し，翌年に「三大主義」は「三民主義」として置き換えられた。

「三民主義」の内容はその後終始一貫していたわけではなく，「民族主義」も当初は「韃虜の駆除」に見られるように清朝打倒に主眼がおかれていたが，最終的に対外的には民族の解放，対内的には国内諸民族の平等を主張することとなった。

また，「民権主義」は，立法・司法・行政の三権に，考試権・監察権を加えて五権の分立とされるが，通常の三権分立とは異なり，立法権は国権の最高機関ではなく，政府に管理されるかたちになっていた。さらに，同じ1924年に出された「建国大綱」では，共和国が実現するまでの時期を軍政時期，訓政時期，憲政時期の三段階に分けており，当初は個人の権利が大きく制約される可能性があった。

> 外国人はいつも，中国人はばらばらの砂だ，と申します。中国人の国家にたいする観念は，もともとばらばらの砂であって，民族という団体がありません。　（島田虔次訳）
>
> 中国人がバラバラであることを強調する有名な一節で，『三民主義』の複数箇所で同様の表現がある。孫文はこうしたバラバラの中国人をまとめて強固な国家をつくりあげていくことを構想した。

「民生主義」は主として地権の平均と資本の節制(独占的大企業の排除)で，そのうち「平均地権」について見ると，孫文は1900年頃には土地国有化と小作農らへの分配を唱えていたが，同盟会宣言の際にはすでに曖昧になり，最終的には地主制の急激な変化をともなうものではなくなった。

以上のような変化や政策の実現性など「三民主義」の問題点は多いが，これは，下記に示すように，孫文が激しい情熱を燃やして続けた革命運動が紆余曲折をたどり，さまざまな勢力と結びついておこなわれ，支持母体も変化し，また結局「未完」に終わったことに原因があろう。

解説　1905年の中国同盟会結成後，孫文は華南を中心として武装蜂起を繰り返したが，ことごとく失敗した。また，同盟会の内部対立も激しく，**辛亥革命**でも革命派は主導権を握ることができなかった。

辛亥革命時にアメリカにいた孫文は帰国後に中華民国臨時大総統となり，1912年1月に**中華民国**が成立したが，その財政・軍事的基盤は弱体であり，結局，孫文は**袁世凱**(1859～1916)にその地位を譲った。袁が専制体制を強めていったため，1913年に孫文らは第二革命を起こしたが敗れた。孫文は日本に亡命したが，翌14年に結成された中華革命党は孫文への絶対服従を宣誓させられるというものであった。その後，孫文は広州を拠点として，南方の**軍閥**の力に依拠して北方の軍閥と対抗したが，自らの軍事力の欠如が決定的な弱点となった。1919年になると，**五・四運動**などの影響もあり，中華革命党を**中国国民党**に改組し，しだいに公開政党へと転換させた。さらにソ連に接近してその援助を得ることになり，そのために1924年には**国共合作**もおこなわれ，国民党の連ソ・容共・扶助農工の方針も決まった。「三民主義」はこうした政治的変動と政治方針のなかで最終的に形成されたものである。かくして，国民党の方針が定まり，軍事力整備が進むなか，孫文は1925年3月，北京で客死した。彼の死後，国民党は**北伐**によって北方の軍閥を打倒して**南京国民政府**を樹立，「国父」孫文の「三民主義」はその「国教」となった。そして，国民政府を打倒して**中華人民共和国**を打ち立てた共産党も孫文を「革命の先駆者」とした以上，その「三民主義」を否定することはできなかった。

「三民主義」が最初に呈示されて1世紀あまり，中国は著しい経済発展を遂げて国際的地位を上昇させ，孫文の願望はかなりの面で達成された。しかし，「三民主義」を子細に読めば，現在でも「三民主義」が示す課題の多くが，中国が直面する諸問題として残されていることがわかる。

参考文献
孫文(安藤彦太郎訳)『三民主義』全2巻，岩波書店，1957．
孫文(島田虔次・近藤秀樹・堀川哲男訳)『三民主義(抄)ほか』中央公論新社，2006．
深町英夫編訳『孫文革命文集』(岩波文庫)岩波書店，2011．
藤村久雄『革命家孫文——革命いまだ成らず』中央公論社，1994．

キーワード

辛亥革命 1911年10月10日に革命派が武昌で引き起こした武装蜂起を契機に，華中・華南の諸省が独立し，孫文を臨時大総統とする中華民国政府が成立した。しかし，主導権は袁世凱にあり，袁は清朝皇帝を退位させ，臨時大総統の地位を孫文から譲り受けて実権を掌握した。こうして2000年続いた皇帝のもとでの王朝体制は終焉を迎えた。しかし，王朝体制に代わる新たな政治体制は十分構想されておらず，それはむしろ辛亥革命後に模索されることになり，孫文の「三民主義」もその1つであった。

(村上　衛)

11 現代の世界

113 アジア初のノーベル賞

ギーターンジャリ

タゴール

作者 ラビンドラナート・タゴール
Rabindranath Tagore 1861〜1941

　1861年5月7日にイギリス領インドの首都カルカッタ（現コルカタ）に生まれ，1941年8月7日に没する。近代インドを代表する詩人・文学者・思想家。1913年に，非白人として初のノーベル文学賞を受賞する。西洋人が独占するノーベル賞をタゴールが受賞したできごとは，イギリスの**植民地**支配にあえぐインドの人々を大きく勇気づけた。母語のベンガル語では「ロビンドロナト・タクル」と発音され，タゴールはその英語訛り。近代インドの文芸復興運動を主導し，独立の父**マハトマ・ガンディー**（1869〜1948）とも親交が深く，インド国歌やバングラデシュ国歌の作詞・作曲者としても知られる。小説や戯曲も多く残し，絵画や舞台演出もおこなった。代表作に近代インド文学を代表する長編小説『ゴーラ』（1907〜10）がある。

内容紹介 『ギーターンジャリ』
Gitanjali: Song Offerings 1912

　タゴールは，生涯に約50冊の詩集を残している。ベンガル語の音楽的な響きと調和のとれた韻律が，意味と象徴が織り成す鮮やかなイメージと呼応することで，美しい詩的世界を生み出している。『ギーターンジャリ』は，そのベンガル語詩から抒情的宗教詩を選んで自ら英訳し，103編の散文詩集にまとめたものである。ベンガル語の原題は「ギタンジョリ」であり，「歌の捧げもの」という意味。

あなたは，わたしを限りのないものに，お造りになりました。
　　　　　それが，あなたの歓びなのです。
　　　このこわれやすい器を，あなたはくりかえし空にしては，
　　　　　いつも新しい生命で満たしてくれます。
　　　あなたは，この小さな葦の笛をたずさえて，
　　　　　丘を越え，谷を渡り，この笛で，
　　　　　いつまでも新しい旋律を響かせてくれます。
　　　あなたの永遠のみ手に触れて，わたしの小さな心は，
　　　　　歓びのあまり度を失い，
　　　　　言葉にならないことばを語ります。
　　　あなたの尽きない贈り物を，わたしは，
　　　　　ただこの小さな二つの手のひらで受け止めるだけです。
　　　いく年月ものあいだ，休むことなくあなたは注ぎ続けるのですが，
　　　　　なおも，満たされない場所が残ります。

幾年か前のことです。私は，日本から訪れた一人の偉大な独創的な人物に接した時，真の日本と出会いました。この人物は長い間，私達の客人となり，当時のベンガルの若い世代に測り知れない刺激を与えました。　　（「東洋文化と日本の使命」）

1902年にインドを訪れた岡倉天心は，タゴール家に滞在し，互いに親交を深める。1916年に初来日したタゴールは，亡き天心を偲び，北茨城の六角堂を訪ねている。その後，日本での軍国主義の台頭に懸念を深めたタゴールは，インドでの天心との思い出を語ることで，日本人に警鐘を鳴らそうとした。

解説　タゴールは，カルカッタの名家の出身である。有数の富豪であったタゴール一族は，ベンガル・ルネサンスと呼ばれる19世紀後半の民族文化の復興運動で，中心的な役割を担った。父デベンドロナトは，ブラフマ・サマージと呼ばれる宗教改革運動を指導し，一族からは文学者・画家・作曲家・女性作家など，多彩な人材を輩出した。

　タゴールも，早くから英文学やサンスクリット文学に親しみ，それをヴィシュヌ派の宗教詩などのベンガル文学の伝統に融合させ，独自の文学的境地を切り開いた。英文詩集『ギーターンジャリ』は，その宗教的抒情詩を翻訳したもので，インドの神秘主義詩人としての欧米でのイメージを決定づけた。

　実際にはタゴールは，植民地下の人々の民族意識を鼓舞する愛国歌や，

口語体を取り入れた恋愛小説を生み出すなど、その作品は多岐にわたる。短編小説の名手としても知られ、写実文学や社会小説、文明批評など、幅広いジャンルで才能を発揮した。自然との調和をテーマとし、民族教育をめざしてシャンティニケトンに創設した学園は、現在では国立タゴール国際大学として発展している。ここでは、インディラ・ガンディー元首相やノーベル経済学賞のアマルティア・センも学んでいる。

当時のインドは、150年におよぶイギリス支配からの独立の機運が高まり、インドの知識人を代表するタゴールは、その精神的支柱となった。1905年の**ベンガル分割令**では政治運動にもかかわるが、暴力的な運動に懸念を深めてゆく。独立運動の方針をめぐり、ガンディーとも論争をおこない、世界各地の講演会や知識人との交流では、普遍的な宗教や東西文明の融合を説いた。

日本には5回訪れ、その体験を綴る『日本紀行者』は、今もインドで読まれている。1902年に渡印した岡倉天心とも親交を深め、翌年には横山大観や菱田春草が派遣される。やがて日本に台頭する軍国主義への懸念を深め、**日中戦争**(1937〜45)をめぐり、1938年には詩人・野口米次郎との公開論争をおこなった。

参考文献
タゴール(我妻和男・山室静ほか編)『タゴール著作集』全12巻、第三文明社、1981〜93.
丹羽京子『タゴール』(人と思想)清水書院、2011.

キーワード

マハトマ・ガンディー(モーハンダース・カラムチャンド・ガーンディー) イギリス支配からのインドの独立を、**非暴力**を掲げた民衆運動をとおして実現する。マハトマは、「偉大なる魂」という意味の愛称。南アフリカでの人種差別撤廃運動を成功させ、インドに帰国後は、エリートの政治組織であった**インド国民会議**を、民衆を基盤とした国民運動へと脱皮させる。しかし、パキスタンの独立を求める**ムスリム連盟**のジンナー(1876〜1948)と対立し、ヒンドゥー教徒が多数派を占めるインドとムスリム(イスラーム教徒)を主体としたパキスタンは、分離・独立をする。その後もガンディーは、ムスリムとの融和を説き続け、それに不満をもつ急進的なヒンドゥー教徒によって、1948年に暗殺される。

関連年表

1857〜59	インド大反乱
1861	タゴール誕生
1902	岡倉天心の渡印
1905	ベンガル分割
1913	タゴール、ノーベル文学賞受賞
1916	タゴール初来日
1919	インド統治法・ローラット法制定
1920	ガンディーの非暴力・非服従運動の開始
1947	インド・パキスタンの分離独立
1948	ガンディー暗殺

(外川昌彦)

現代の世界 11

114
国家死滅のユートピア
国家と革命
レーニン

作者 ウラジーミル・レーニン
Vladimir Lenin 1870〜1924

　本名ウリヤーノフ。ヴォルガ河畔のシムビルスクで生まれた。視学官でのちに世襲貴族となる父は，アジア系の出といわれる。旧姓をブランクといった母も，母語はドイツ語であった。レーニンの自意識はロシア人である。1887年，兄が皇帝暗殺の陰謀を企てて絞首刑となり，深い衝撃を受けた。カザン大学放校後，ペテルブルク大学の検定試験に合格し，弁護士補となるが，25歳で**マルクス主義**の活動家として逮捕され，シベリア流刑となった。刑期が明けた1900年以降は亡命暮らしが長かった。1917年の帝政崩壊（**二月革命**）後の4月，スイスからロシアに帰国した。その際，ドイツ政府の支援を得て，いわゆる封印列車でドイツ領内を通過した。このことでレーニンは「ドイツのスパイ」の汚名を着せられた。実際のところ，敵国ロシアの混乱を深めたいドイツ政府と，二月革命でできた**臨時政府**を倒したいレーニンとのあいだには，利害の一致が見られた。**十月革命**を率いたのちは，人民委員会議議長（首相）として自らを範とすべく激務に明け暮れ，脳髄血管の硬化症で亡くなった。筆名の由来はシベリアのレナ河や，同時代人の名前，怠け者の意など諸説ある。

内容紹介 『国家と革命』
Gosudarstvo i revoliutsiia 1917

　第一次世界大戦中（1914〜18）に準備され，**ロシア革命**の最中に書き上げられた本書は，1916年執筆の『帝国主義論』と並ぶレーニンの代表作である。副題は「マルクス主義の国家論と革命におけるプロレタリアー

トの任務」である。この副題が示すとおり，マルクス主義の観点から書かれた国家論であり，その根本的な主張は，国家とは決して中立的な存在ではなく，階級支配の道具にすぎないということにある。軍隊・警察・法律はみな，階級支配のためのものであり，現代にあってはブルジョワが，国家をつうじてプロレタリアート（財産をもたない労働者などの民衆層）を支配しているのである。それゆえ，マルクス主義者はブルジョワが支配する国家を革命によって打倒しなければならない。ただし，革命後しばらくは，ブルジョワの反攻を打ち砕くため，国家を即時廃止することはできない。これが「プロレタリアート独裁」の段階である。しかし，そこではすでに本来の意味での国家に代わって，各地のコミューン（自治体）が土台となる「コミューン国家」があらわれてくる。そして，徐々に万人が国家の主人となる状態が訪れ，階級も階級支配もなくなり，国家一般も死滅に向かう。

学術的な趣（おもむき）の強い『帝国主義論』と違って，『国家と革命』は論戦の書である。レーニンが何よりも非難するのは，革命ではなく議会政治によって漸進的な改良をめざす社会民主主義者，とくにドイツ社会民主党のカウツキー（1854〜1938）である。その一方で，プロレタリアート独裁の必要を理解せず，即座の国家廃止を求める無政府主義者も糾弾される。かくして，国家権力を奪取することによって，国家の死滅に向けての移行を開始するという，レーニンならではのダイナミックな革命理論が繰り広げられる。

> 社会の全成員，あるいは少なくともその大多数が，自ら国家を統治することを学び，自らその事業を手中におさめたときから（……）あらゆる統治一般の必要性が消滅し始める。

レーニンは合理化された現代国家では，労働者でも官吏の代わりが務まると考えていた。実際には十月革命後，国家による経済管理が進むにつれて，行政機構は肥大化・複雑化した。工場から行政機構に派遣された労働者も，「官僚主義」の解毒剤とはならず，逆に特権階層化した。

解説 国家の死滅を展望した『国家と革命』は，非常にユートピア的な書物である。軍隊は全人民の武装によって置き換えられ，犯罪も警察ではなく一般の人々が取り締まるようになるとされる。こうした未来像と，ロシア革命によって実際に成立したソ連とではあまりに対照的であるので，『国家と革命』は革命後の政治に何の影響も与えなかったといわれることもある。だがそれは誤解であって，ソ連の指導者たち

は何度も『国家と革命』の描いた未来像に立ち返っている。内戦期に**トロツキー**(1879〜1940)が工場労働に軍事規律を持ち込んだのも，1930年代に**スターリン**(1878/79〜1953)指導部がモスクワを大家族のように描き出したのも，すべて国家と市民生活の融合をめざしたものであって，『国家と革命』を意識していた。むしろ，『国家と革命』が理想像でありつづけたことで，ソ連史のさまざまな時期に市民生活の過度の政治化，あるいは私的空間の萎縮が促されたといえる。ユートピアが反ユートピアをもたらしたのである。

『国家と革命』は1916年に構想ノートがつくられ始めた。つまり，当初レーニンが念頭においていたのはロシア革命ではなく，ヨーロッパ革命の展望なのであった。レーニンによれば，ドイツをはじめとする西欧諸国では，**総力戦**のもと，国家が経済活動を統制する「国家資本主義」が形成された。労働者が官吏に代わって国家運営や経済管理をおこなうまでにはあと一歩だとされた。ところが1917年にロシアで帝政が倒れ，各地に民衆の評議会である**ソヴィエト**ができると，レーニンはソヴィエトこそが未来の「コミューン国家」の土台になると主張するようになった。『国家と革命』を読めば，ヨーロッパ革命の展望とロシア革命の現実とがかなりアクロバティックに結合されていることがわかる。

参考文献

レーニン（菊地昌典訳）「国家と革命」（江口朴郎編『レーニン』〈世界の名著〉中央公論社，1966）．
和田春樹編『レーニン』（世界の思想家）平凡社，1977．
石井規衛『文明としてのソ連——初期現代の終焉』山川出版社，1995．

キーワード

ロシア革命 第一次世界大戦中の1917年3月（ロシア暦2月），総力戦の負担に耐えかねて**ロマノフ朝**が倒れた（二月革命）。このとき生まれた臨時政府は自由主義者が主導し，5月からは社会主義者との連立になった。彼らはイギリスやフランスの議会主義をモデルとした。だが，戦争を継続したことや土地改革を先延ばししたことなどから民衆の反発が募った。11月（ロシア暦10月），レーニン率いる**ボリシェヴィキ党**が武装蜂起を起こし（十月革命），史上初の社会主義政権を確立した。

関連年表

1898	ロシア社会民主労働党創立
1903	ロシア社会民主労働党，ボリシェヴィキとメンシェヴィキに分裂
1905	第1次ロシア革命
1914	第一次世界大戦勃発
1917	二月革命，十月革命
1918	ボリシェヴィキ，ロシア共産党に改称。ペトログラードからモスクワに遷都
1921	戦時共産主義から新経済政策（ネップ）に
1922	スターリンが共産党書記長に。ソヴィエト社会主義共和国連邦（ソ連）成立

（池田嘉郎）

11 現代の世界

115 変われ，中国社会
阿Q正伝
魯迅

作者 魯迅 1881〜1936

　浙江省紹興の出身。本名は周樹人。1898年から南京の海軍学校や陸軍学校付属の鉱山・鉄道学校に入り，西洋の思想にふれ，通常の知識人とは異なるコースを歩んでいった。さらに1902年に日本に留学，東京の弘文学院を経て04年に仙台医学専門学校（東北大学医学部の前身）に入るが，06年に退学。一時帰国して結婚したのち，日本に戻り，東京で文芸活動に入る。1909年に帰国したのちは杭州や紹興において教員となり，**辛亥革命**（1911〜12）後の12年に南京に赴いて**中華民国**政府教育部に就職，政府の移転にともない北京に転居する。1918年に『**新青年**』上に『**狂人日記**』を発表，魯迅のペンネームを用いる。その後，『阿Q正伝』などの文学以外にも多数の批評を執筆した。1926年，愛人の許広平とともに北京を離れて廈門大学，中山大学教授を勤めたのち，27年に上海に移り，ここを拠点として執筆活動を続け，左派内部の論争にも積極的に論陣を張ったほか，版画の普及にも尽力したが，1936年10月に病死した。

→ P.341

内容紹介 『阿Q正伝』 1921〜22

　本作品は1921〜22年にかけて『晨報副刊』に連載された，魯迅の最高傑作。主人公の阿Qに代表される，いい加減でその場しのぎをする人々だらけの欺瞞に満ちた旧社会を痛烈に批判する作品として知られている。
　作品の舞台は未荘という村，主人公は姓名・原籍すら定かではなく，土地廟をねぐらとし，日雇いの仕事で何とか生計を立てている男阿Qで

ある。阿Qはしばしばつまらないことで村人たちと喧嘩をして，たいてい負けていた。しかし，阿Qはその際に，息子にやられたようなものであって，今の世の中はまったくなっていないと思うことで満足する精神的勝利法をとっていた。つまり，喧嘩の相手を自分の息子と見なして一段低く見ることによって，喧嘩に負けたことを相殺し，自己満足していたのである。

そうした阿Qは，ある日突然女性に関心をもつようになり，日雇いの仕事をしていた村一番の名族である趙家の女中に手を出した。その結果，趙家を追い出されただけでなく，村人からも仕事をもらえなくなった。そこで阿Qはついに村にいられなくなり，姿を消す。その後しばらくして，県城から帰ってきた阿Qの身なりが一変していたことから，村人はいったん，阿Qを尊敬するが，彼が盗賊の品物を受け取るだけの下っ端だったことがわかり，またもや彼は馬鹿にされるようになる。

> 「革命も悪くないな」と阿Qは考える。「こん畜生どもをカクメイしてやる，憎い野郎どもを！（……）おいらだって革命党にくらがえできるぞ」（竹内好訳）
>
> 革命を憎悪してきた阿Qが，革命党が挙人を縮みあがらせたと聞いて発したセリフ。阿Qに限らず，本作品の登場人物は革命に対していい加減な認識しかなかったが，その当時の中国人にとっても革命直後に大きな社会的変化があったわけではないから，「革命」の意味するものがわからなかったのも無理はない。

その後，革命が起こると，阿Qは革命党に身を投じようとし「謀反だ」と騒ぎ立てては村人たちを脅かすが，阿Qが寝ているあいだに村の有力者たちは素早く革命派に鞍替えし，阿Qは相手にされなくなる。革命党が県城に入城したものの，村に大きな変化はなかったが，趙家に強盗が入る事件が発生，阿Qは容疑をかけられ，無学なために十分に弁解できないまま，見せしめのために公開処刑されてしまう。

解説 魯迅が生きてきた時代の中国は**義和団事件**（1900〜01），辛亥革命による**清朝**（1616〈36〉〜1912）の滅亡，中華民国の成立と**袁世凱**の専制およびその崩壊といったように，政治的変動は大きかった。しかし，その政治的変動にもかかわらず，『阿Q正伝』に書かれているように，中国社会に根本的な変化は見られなかった。そうした厳しい現実に直面し，いったんは絶望しかけていた知識人が始めた運動が**新文化運動**である。その中心となったのが**陳独秀**（1879〜1942）らの編纂した『**新青年**』

という雑誌であり、そのなかで胡適(1891〜1962)が「文学改良芻議」を発表し、文語文学から口語文学への転換を主張した。それを実践したのが魯迅であり、1918年に『新青年』上に『狂人日記』を発表した。これは中国最初の口語体の近代文学となっただけでなく、新文化運動で主張されていた儒教批判を後押しするものであった。さらに魯迅は翌年には『孔乙己』を発表し、中国社会を強く批判して衝撃を与え、1921〜22年には本作『阿Q正伝』を完成させている。

▲魯迅

　魯迅の死後も中華民国南京政府や**中華人民共和国**の成立など、「カクメイ」によって中国の政権は次々と入れ替わった。しかし、中華人民共和国におけるさまざまな政治的運動のなかでも、いい加減で欺瞞的な態度が繰り返され、多くの人々が犠牲となった。そして著しい経済発展を遂げた現在の中国においても、厳しい競争社会と激しい政治的変動のなかで生き抜いていくために中国人が身につけなければならない性質には、魯迅の時代と変わらない部分がある。魯迅が批判した中国人のあり方は決して過去のことではない。

参考文献

片山智行『魯迅――阿Q正伝の革命』(中公新書)中央公論社，1996．
坂元ひろ子責任編集『世界大戦と国民形成』(新編　原典中国近代思想史)岩波書店，2010．
魯迅(竹内好訳)『阿Q正伝・狂人日記　他十二篇(吶喊)』(岩波文庫)岩波書店，1955．

キーワード

新文化運動　辛亥革命後、共和政治が実現せず、袁世凱の死後にはいっそう混迷が続いたことは知識人を反省させ、旧来の思想、文化を全面的に変革することが重要だと見なして陳独秀らが始めた運動。こうした運動が可能になったのは新聞・雑誌などのメディアの発達や、学校の整備があり、新文化運動の拠点となったのも北京大学であった。この運動は**文学革命**に大きな影響を与えたほか、新しい思想の流入を促進し、1920年代における中国の思想界における豊かな議論を準備するものであった。

関連年表

1900	義和団事件(〜01)
1904	日露戦争(〜05)
1911	辛亥革命
1917	新文化運動
1919	五・四運動
1927	上海クーデタ、南京国民政府成立
1932	上海事変

(村上　衛)

現代の世界 11

116 第一次世界大戦後のヨーロッパ
西洋の没落
シュペングラー

作者 オスヴァルト・シュペングラー
Oswald Spengler 1880〜1936

　20世紀前半を代表する哲学者の1人。ドイツ帝国中北部のハルツ山地の一都市で生まれた。父方は鉱山技師を家業としており，シュペングラーも父（鉱山の衰退のために郵便局員に転職していた）から数学や自然科学の才能を受け継いだ。1904年に古代ギリシアの自然哲学者ヘラクレイトスを主題として博士号を取得し，学校教員に職を得た。だが1911年に教職を辞め，以後は困窮のなかで著述に専念した。主著『西洋の没落』は**第一次世界大戦**（1914〜18）末期の1918年夏に第1巻，22年に第2巻が刊行され，世界各地でベストセラーとなった。

　この間，1919年に発表した『プロイセン主義と社会主義』では，イギリスの**自由主義**や個人主義に否定的な評価を与える一方，規律や全体を重視する「プロイセン主義」を称揚し，それこそが本来の社会主義であるという見解を表明した。

　階級ではなく有機的な民族を単位として社会を捉え，議会制を忌避するなど，シュペングラーの思想にはナチズムと似通ったところがあった。だが，排他的な人種主義にははっきりと異を唱え，1933年刊の『決断の年』では成立したばかりの**ナチス政権**を激しく非難した。そのため政権からは疎まれ，孤立のなかで晩年を送った。

内容紹介 『西洋の没落』
Der Untergang des Abendlandes 第1巻1918・第2巻1922

　副題に「世界史の形態学の素描」とあるとおり，シュペングラーは世

界史を複数の文化の盛衰として捉え，それぞれの文化のもつ形態を多様な側面から比較している。そのための切り口は，芸術・宗教・哲学・自然認識・都市・国家・経済生活など，極めて多岐にわたる。シュペングラーはそれぞれの文化を一個の有機体として理解している。それらは存在した時代と地域の違いを超えて，同様の発展と衰退のパターンをたどるのである。議論の核をなすのはギリシア・ローマ文化と西洋文化の対比であり，マギ的（アラビア）文化にも大きな関心が割かれる。ギリシア・ローマ文化は無時間的であり，事物は眼前にあるままの姿で理解される。マギ的文化では事物は神との関係において理解される。これに対して西洋文化のみは歴史的感覚をもっており，事物は時間的な方向感覚のなかで理解される。ある目的に到達しようとする意志がそこから生じる。

本書で用いられる独特な概念に，文化と文明の対比がある。それぞれの「文化」はある高度な段階に達すると，無機的・人工的・都市的な「文明」の状態に入る。それは「生に続く死であり，発達に続く固結」である。文化から文明への推移は西洋においては19世紀に完成されたとシュペングラーは論じる。

> デモクラシーとは，貨幣と政治権力との同等化の完成されたものである。
> （村松正俊訳）
>
> シュペングラーは大都市が栄え，近代資本主義のもとで伝統と人格ではなく貨幣が社会関係を規定する状態を，文化ではなく文明段階と見た。その政治上の形態が，イギリスにおいて完成された議会制民主主義である。議会制のこうした忌避は，ヴァイマル共和国の右翼的な現状打破運動に広く見られた。

シュペングラーは，哲学や歴史学はもとより，数学や宗教学や美学など，幅広い分野の膨大な知識を駆使して，諸文化の比較分析をおこなっている。ただし，そのなかにはかなり強引な説明も見られるし，非西洋文化それ自体を理解することよりは，あくまで西洋文化の位置づけを明確にすることが最終的な狙いでもあった。それでも諸文化のあいだにいっさいの優劣を認めない彼の相対主義は，20世紀初頭のヨーロッパ知識人としては際立っているといえる。

解説 題名だけを見ると，本書は第一次世界大戦がヨーロッパに与えた衝撃，とりわけその国際的地位の低下を受けて書かれたもののように思われがちである。だが，実際には本書の草稿は第一次世界大戦勃発時にはできあがっていた。開戦前夜のドイツにあって，階級政治の高まりや植民地支配の激化，列強間の競争の深刻化など，西洋世界の

変動の兆しをシュペングラーは鋭敏に感じていたのであろう。「没落」という言葉はいかにも衝撃的であるが，これも「晩年」や「黄昏」といった意味で捉えたほうがより本書の趣旨にかなうといえよう。実際，本書のどこにも他の地域に対して西洋が没落していくという認識は示されていない。アメリカ合衆国は西洋文化の一部として理解されているし，ロシア（基本的に帝政ロシアが念頭にある）はなお文化の初発段階にすぎない。シュペングラーは，西洋社会がもはやみずみずしい「文化」ではなく「文明」段階に入ったという現状を自覚して，「抒情詩よりも工業に，絵画よりも海事に，認識批評よりも政治に」身を投じる覚悟を決めよと，ドイツ人に向けて呼びかけていたのである。

それでも本書が第一次世界大戦後の世界においてベストセラーとなったのは，多くの人々がいだいていた**ヨーロッパの没落**という気分をその題名が端的に表現していたからにほかならないだろう。大部かつ晦渋な本書を読みとおした人はそう多くはなかっただろうが，『西洋の没落』という言葉は一世を風靡することとなったのである。

さらに今日，この言葉は100年の隔たりを超えて，再び人々の関心を捕らえることになった。2014年，中東からの難民，あるいは移民の受け入れをめぐって揺れるヨーロッパ諸国では，「西洋の没落」という言葉が頻繁にメディアによって用いられたのである。

参考文献

O. シュペングラー（村松正俊訳）『西洋の没落――世界史の形態学の素描　ニュー・エディション』全2巻，五月書房，2015．
シュペングラー（桑原秀光訳）『シュペングラー政治論集』不知火書房，1992．
木村靖二・柴宜弘・長沼秀世『世界大戦と現代文化の開幕』（世界の歴史）（中公文庫）中央公論新社，2009．

キーワード

ヨーロッパの没落　4年におよんだ第一次世界大戦はヨーロッパに大きな打撃を与えた。人的・経済的損失は無論のこと，人類文明の頂点としてのヨーロッパという自他ともに許す認識が崩れたことはいっそう深刻であった。白人同士の殺戮はヨーロッパの「野蛮」さを物語り，動員された植民地の人々は白人も決して無敵ではないことを悟った。アメリカ合衆国とソ連が国際舞台において民族自決や大衆民主主義の理念を高らかに掲げたことも，ヨーロッパ文明の普遍性の動揺につながった。

関連年表

1871	ドイツ帝国成立
1914	第一次世界大戦開始
1918	ドイツ革命。第一次世界大戦終結
1919	ヴァイマル憲法。ヴェルサイユ条約
1929	世界恐慌
1933	ナチス政権の成立

（池田嘉郎）

11 現代の世界

117

戦争の不条理性への悲観的な思想

武器よさらば

ヘミングウェイ

作者 アーネスト・ヘミングウェイ
Ernest Hemingway 1899〜1961

シカゴ近郊のオーク・パーク生まれ。高校卒業後短い記者修業を経て，**第一次世界大戦**(1914〜18)末期の1918年に志願して，イタリアで赤十字要員として傷病兵輸送に従事し，重傷を負う。帰国後，カナダの週刊紙の特派員を務め，1921年から28年までパリに住み文学修業を重ねた。『われらの時代』(1924)，『日はまた昇る』(1926)，『男だけの世界』(1927)などを刊行後，フロリダ州キーウエストに移って，『武器よさらば』を発表。**スペイン内戦**(1936〜39)・**第二次世界大戦**(1939〜45)にも従軍記者として参加し，その成果『誰がために鐘は鳴る』(1940)は商業的に成功した。1952年発表の『老人と海』でピュリッツァー賞を受賞，54年には「躍動感あふれる優れた文体を生み出した」ことが称えられノーベル文学賞を受賞した。1961年に猟銃自殺。

内容紹介 『武器よさらば』
A Farewell to Arms 1929

ヘミングウェイの代表作で，戦争文学の傑作とされる。第一次世界大戦で，ドイツ・オーストリアを相手に苦戦するイタリア軍に身を投じたアメリカ人中尉，フレデリック・ヘンリーの苦い体験の物語。舞台は，1915年の夏から18年の春にかけての北イタリアである。

理不尽で悲惨な近代戦争を支える空虚な大義名分に対し，ヘンリー中尉が幻滅していく過程が話の軸である。イタリア軍のなかで，傍観者のように兵士の行進や戦況を眺めていた主人公が，突然迫撃砲に撃たれ重

傷を負い，戦争渦中に引きずり込まれるのだった。

　反戦テーマと同時に，「男女の愛」のテーマを内在する。物語の最初でフレデリックは，イギリス人看護師キャサリン・バークリーと知り合う。婚約者の戦死から立ち直れない繊細な女性であった。重傷を負い運び込まれたミラノのアメリカ赤十字病院で，キャサリンと再会し恋に落ちる。傷が癒えたフレデリックは，ミラノから前線への出動を命じられた。

　1917年10月の「カポレットの敗走」という史実が物語の中核となり，厭戦小説の様相を呈する。ドイツ軍の大攻勢にあってイタリア軍総退却のなか，現実の戦線に絶望し厭戦したフレデリックは「単独講和」を決意した。忠誠を誓ったイタリア軍を脱走して，恋人キャサリンの待つミラノに向かうのだった。

　ミラノからマッジョーレ湖を渡って，スイス領内に入り，モントルーからローザンヌへの逃亡劇は成功する。妊娠していたキャサリンは産気づき，病院で帝王切開ののち亡くなるという悲劇的結末となる。戦争と愛という対照は，死と愛という結末へとつながる。

　タイトルは，16世紀後半のイギリス詩人ピールが**エリザベス女王**に捧げた「Farewell to Arms」からとっている。年老いた騎士が主君への奉仕第一線から引退する心境を詠った詩である。

> 怒りは川の中で，義務感と共に洗い流されていた。もっとも，義務感はもう，憲兵に襟をつかまれたときに消えていたのである。外見はさほど気にならないが，この軍服はなんとか脱ぎ捨てかった。（……）ぼくにとってはすべてが終わったのだ。　　（第32章，高見浩訳）

「カポレットの敗走」の途中，野戦憲兵隊（Battle police）によって将校が尋問され銃殺されるという事態となり，主人公は憲兵（carabiniere）の隙を見て川に飛び込んで脱走。戦況悪化の一途で，厭戦的になった主人公の脱走直後の描写。

解説　第一次世界大戦当時のアメリカの若者は，政府が唱えた「民主主義を守るための戦争」「聖戦——世界に永遠の平和をもたらす戦争」という言葉に酔い，欧州の戦場に駆り立てられた。そこで人類最初の大量無差別近代兵器による戦争に直面し，「聖戦」とはたんなる欺瞞で，無意味な殺戮であることを思い知らされた。

　戦争の実態が明らかにされた『武器よさらば』は反戦，あるいは厭戦小説と呼べる。**ムッソリーニ**（1883〜1945）統治下の**ファシスト政権**では，発禁処分されたほど，「カポレットの敗走」でのイタリア軍の混乱描写が

生々しく,戦争の実態を正確に伝えたのだった。

パリで出版された,前作『日はまた昇る』は,第一次世界大戦後を描いた長編で,内容としては『武器よさらば』の後編といえる。パリにたむろするアメリカやイギリスからの「国籍離脱者」たちの無軌道な生活と,その根底にある禁欲的な「おきて」への信奉ぶりを通じて,大戦後の精神の荒廃を描き出した傑作とされる。「同時代作家の作品中,最高の小説」と賛辞され,この作品でヘミングウェイは「**失われた世代**」の代弁者としての地位を確立した。

ヘミングウェイは再婚によってパリを離れ,母国フロリダ州キーウェストに移り住み,『武器よさらば』の執筆に取りかかった。執筆途中に起こった,妻の帝王切開による出産と,父親の拳銃自殺による衝撃が,同作の終章に影響したとされる。フレデリックとキャサリンの悲恋は,ヘミングウェイのイタリア戦線での実体験が基盤ではあったが,時期や場所の設定は大きく異なり,自身の失恋から10年を経た,作家としての新たな創造力のあらわれであり,力量の大きさを示す展開となっている。

3年ぶり2作目の長編小説によって,ヘミングウェイの文体スタイルは完成の域に達したと評価された。とくに,カポレットの総退却から中尉の脱走に至るくだりは名高い。

参考文献
ヘミングウェイ(高見浩訳)『武器よさらば』(新潮文庫)新潮社,2006.
ヘミングウェイ(金原瑞人訳)『武器よさらば』全2巻(光文社古典新訳文庫)光文社,2007.
今村楯夫『ヘミングウェイ 人と文学』東京女子大学,2006.

キーワード

失われた世代(The Lost Generation) 多感な年齢を第一次世界大戦期に送り,その惨禍を体験したことで,既成の価値観に対して懐疑と否定的な感情をもち,絶望して人生の方向を見失った世代。ヘミングウェイの『日はまた昇る』の題辞に引用されたガートルード・スタインの言葉に由来する。パリ在住の彼女のサロンには,ヘミングウェイに代表される若い作家や前衛芸術家が多く集った。伝統に対し反逆しつつ,同時に喪失感をもった彼らに向かって,スタインが「あなたたちはロスト・ジェネレーションね」といった言葉が,戦後登場した一群の若いアメリカ人作家を指す表現となった。

関連年表

1914	サライェヴォ事件
1918.7.	ヘミングウェイ,イタリア戦線に従軍。1週間後に追撃砲の直撃で足に重傷
	野戦病院からミラノのアメリカ赤十字病院に移送,看護師アグネスに出会う
1921	特派員兼見習い作家としてパリに赴任
1927	『日はまた昇る』の巻頭エピグラフに「失われた世代」の呼称
1928	パリからフロリダのキーウェストに移り,『武器よさらば』執筆(翌年出版)
1936	スペイン市民戦争勃発。従軍記者として渡西。『誰がために鐘は鳴る』執筆
1953	『老人と海』でピュリッツァー賞
1954	ノーベル文学賞受賞

(岩本裕子)

118 土地から生まれて土地に帰る

大地

パール・バック

作者 パール・バック
Pearl Sydenstricker Buck 1892〜1973

アメリカの作家。アメリカのウェスト・ヴァージニア州に生まれるが，生後3カ月のときに宣教師である父とともに家族で中国に渡り，その後総計40年あまり中国に滞在することになる。中国ではミッションスクールで教育を受け，17歳のときに大学に入るためにアメリカに帰ったが，卒業後間もなく，中国に戻った。1917年には25歳で中国の農業経済研究者のジョン・ロッシング・バックと結婚し，名前がパール・バックとなった。結婚によって夫とともに華北で暮らすことになり，その際の経験は本書に十二分に活かされている。1921年にジョンが南京大学教授になったことにより夫妻は南京に移り，25〜26年に一時帰国してコーネル大学で英文学修士号を得た。その後，南京に戻り，1930年から本書を書き始め，翌年に出版された本書はベストセラーとなった。1934年にはジョンと別れてアメリカに移り，38年には両親の伝記でノーベル文学賞を受け，その後も81歳で死去するまで執筆活動を続けた。

内容紹介 『大地』
The Good Earth 1931

本書は農民の王龍が主人公となる第1部「大地（*The Good Earth*）」，王龍の息子，とりわけ三男の王虎が中心となる第2部「息子たち（*Sons*）」，王虎の息子の王元が主役となる第3部「崩壊した家（*A House Divided*）」の三部作となり，三部作全体の題名は「大地の家（*The House of Earth*）」であるが，第1部の題名をとって『大地』と総称される。

第1部では王龍が努力とさまざまな好運もあって大地主に上昇していく姿，第2部では堕落した地主の長男，金の亡者となった商人の次男を脇役としつつ，王虎が一介の軍人から**軍閥**の首領にのしあがっていく姿が描かれる。そして第3部は都市に出た王元が，革命運動，投獄，留学を経て新たな中国人となっていくという筋立てとなっている。物語は20世紀初頭から1930年ぐらいまでの約30年間の中国近代史を下敷きにしているが，実際の年代に対応しているわけではない。

　本書の魅力は第1部にあるといって過言ではない。貧しい農民であった王龍が，地道に農業に励み少しずつ土地を購入，飢饉の際に大金を得るという好運もあり，最終的に大地主となる。この間，王龍が妾を入れて放蕩生活をしたことによって家族が崩壊の危機にさらされることもあったが，立ち直って最後まで大地を愛した男として死ぬ。

　この第1部で最も印象深いのは，王龍の妻阿蘭である。美人でもなく，無口であるが堅固な意思をもち，家事のみならず農業も手伝い，4人の子どもを生み，王龍の家の繁栄を築き上げている。長男の結婚を見て安心して死ぬ場面は非常に心を打つ。

> 「土地はほんとうに売りません」彼女は言った。「そうでないと，南から帰ってきても，暮らしがなり立ちません。(……)」
> （小野寺健訳）
>
> 飢饉の際に土地を安値で買い叩こうとした王龍の叔父たちに阿蘭がいった言葉。この夫婦の土地に対する執念はすさまじいが，この土地へのこだわりが，やがて王龍が大地主となる1つの背景となる。

　この第1部と比較すると，第2部・第3部は飽きさせないストーリーではあるが，主要な登場人物がおかれた環境が金銭面も含めて恵まれていて，それゆえたび重なる危急を切り抜けていることからも，やや非現実的なストーリーになっており，近代中国の激動の歴史と厳しい現実を知ってしまっている現在のわれわれから見た場合，第1部ほどの魅力はない。まさに本物の歴史が，ある意味で物語を乗り越えたといってよいだろう。

解説　本書の舞台は華北農村と上海の租界，そして**中華民国**の首都南京という都市および大恐慌前の繁栄するアメリカであるが，その中心はあくまでも華北農村であり，当時のさまざまな状況を踏まえている。例えば，本書の舞台は安徽省北部であるが，当時は政情が安定せず，戦争の際には軍隊の通路となり，さらには匪賊の横行でも知られていた。

本書でも叔父が参加する匪賊や甥の参加する軍隊が王龍らの脅威となる。

また，当初の王龍についての記述は華北が圧倒的多数の零細自作農による小農経営であったことを反映している。もっとも，華北も一部には大規模地主は存在したから，大地主となった最終的な王龍のあり方は必ずしも例外的ではない。

▲パール・バック

本書では，農村を舞台にしているにもかかわらず，家族や近隣の人々とのつながりや助け合いといったことはあるものの，村の組織にかかわるような人々の存在が見えない。これは，一般にいわれるような華北における村落結合の弱さを反映している。

とはいえ，本書は，あくまでもアメリカ人の見た中国を反映したものであるから，中国人とはまったく異なる視点からの記述になる。そのため誤りもあるが，中国の特徴を明確に把握して表現しており，われわれに貴重な視点を与えてくれる。本書を，より悲観的な**魯迅**（→P.348）の作品などと読み比べると，中国社会のあり方についての理解がいっそう深まるであろう。

王龍は土地に執着したが，**中華人民共和国**成立後，土地は国有となり，土地改革によって地主の土地が小作人に分配されたものの，集団化の過程でその土地すら公有となってしまい，現在に至るまで農民の私有地は存在しない。もし王龍がこのありさまを見たら，何と思うであろうか。

参考文献
内山雅生『中国華北農村経済研究序説』金沢大学経済学部，1990.
パール・バック（小野寺健訳）『大地』全4巻（岩波文庫）岩波書店，1997.
フィル・ビリングズリー（山田潤訳）『匪賊――近代中国の辺境と中央』筑摩書房，1994.

■ キーワード

軍閥 中華民国成立後，とくに**袁世凱**（1859〜1916）の死後に中央政府の力が弱まると，「督軍」といわれる軍人らが各地において独自の軍事勢力をつくりあげ，地域的な近代化政策をおこなった。しかし，このような軍事勢力が相互に争ったことにより，軍事費が増大し，本書にも見られるように民衆の負担を大きくした。また，こうした軍事勢力はのちに中国の統一と中央集権的統治をめざす**国民党**などからは，「軍閥」として批判され，打倒の対象となった。

（村上　衛）

11 現代の世界

119

文化大革命のバイブル

毛沢東語録

毛沢東

作者 毛沢東
1893～1976

　20世紀の中国を代表する政治家。**中国共産党**と**中華人民共和国**の指導者。湖南省の富農の家に生まれ，1920年に**マルクス主義**を受け入れて21年の中国共産党第1回党大会に出席した。その後は農民運動を重視し，**第1次国共合作**崩壊後は，農村根拠地の拡大をはかり，31年には瑞金に樹立された**中華ソビエト共和国臨時政府**の主席になった。一時失脚したが，1934～36年の**長征**のなかで実権を回復し，**日中戦争**（1937～45）のなかで党の指導権と権威を確立した。戦後の国共内戦では国民党を破って中華人民共和国を成立させ，国家主席となり，国家の最高指導者となった。その後は**朝鮮戦争**（1950～53）に参戦し，**大躍進**で急速な集団化をはかったが，失敗に終わり，2000万～4500万人の餓死者を出した。大躍進の失敗と**中ソ対立**のなかで，毛沢東が党の実権を取り戻すために1966年に発動したのが**文化大革命**であり，その際に大々的に出版されたのが『毛沢東語録』（以下『語録』）である。文革は10年続き，中国社会を大混乱に陥らせた。1970年代に入ると，毛沢東は対米・対日改善をはかるなど，中国の国際的地位の回復に努めたが，多くの犠牲を生んだ文革を終結させないまま，1976年に死去した。

内容紹介 『毛沢東語録』（『毛主席語録』）
1966

　『語録』は毛沢東の論文・講話・談話などのさまざまな背景のもとに書かれた文章をバラバラに切り取って編纂したもので，本来の文脈を失っ

ている。とはいえ,以下のフレーズが示すように,人々を動員するための冊子となった『語録』の言葉は生き生きとしており,また歴史的にはアイロニーに満ちている。

「中国共産党は全中国人民の指導核心である」から,当然,共産党員のあり方が問われる。そこで「われわれは,謙虚で,慎重で,おごりをいましめ,あせりをいましめ,誠心誠意,中国人民に奉仕しなければならない」,つまり「為人民服務(ウェイレンミンフーウー)」となる。これこそが,中国共産党の現在まで一貫した課題である。

この中国共産党にとって「鉄砲から政治権力が生まれる」とあるように,軍隊は決定的に重要であるが,「われわれの原則は党が鉄砲に命令することであって,鉄砲が党に命令することは,けっして許さない」と述べ,解放軍はあくまで党の軍隊であると釘を刺す。『語録』の生みの親である林彪(りんぴょう)(1908～71)はこれを守れなかった。

> 「革命は,客をよんで宴会を開くことではない。(……)革命は暴動である」
> 1927年「湖南農民運動視察報告」より引用。以後の毛沢東の生涯は激烈な運動の連続であった。

文革時,米ソと対立して孤立していた中国は,「自力更生」以外の道はなかった。そして,「原爆は,アメリカの反動派が人をおどすのに使っているハリコの虎(紙老虎)です」とアメリカの保有する核兵器の脅威を低く見積もりつつも,中国は1964年に「自力更生」による核実験をおこなう。

解説 1959年に林彪は,毛沢東の著作を学習することがマルクス・レーニン主義学習の近道であると主張し,61年から人民解放軍の新聞である『解放軍報』のコラムに毛沢東の言葉が連載された。のちに解放軍はそれらを増補編集して軍内で発行,最初は将校,のちに兵士一人一人に配布された。いつでも読めるように軍服の胸ポケットに入れておくため,その大きさがB7サイズに決まり,汗でぬれることを想定して表紙はビニールとなった。

1966年に文化大革命が発動されると,林彪が自ら執筆した「再版序文」を加え,全国で大々的に出版された。中国語以外の50数種類の言語によって,あわせて50数億冊が印刷されたといわれ,人類史上**『新約聖書』**(→P.12)に次ぐ刊行数を誇る。

文革期には『語録』は毛沢東崇拝の象徴となり,この『語録』を高く

振りかざして「毛主席万歳！」（マオジューシーワンスイ）と絶叫する紅衛兵たちの姿はよく知られている。学校や職場では『語録』の内容の暗唱が強要され，全国のいたるところに『語録』から選んだ

◀『毛沢東語録』を掲げる労働者

▼『毛沢東語録』表紙（著者提供）

語句がスローガンとして大書された。なお，文革中の1971年に林彪は毛沢東との政争に敗れて，亡命をはかって墜落死し，その後に刊行された『語録』からは林彪の序文は削除された。

　こうした熱狂も文革が終わると冷め，一時『語録』は骨董品と化した。しかし，毛沢東の時代の中国は「運動」の時代であり，その推進力となった『語録』の言葉の力を見ることは，現代中国の理解に欠かせない。また，近年においてはしばしば政治的文脈から毛沢東が賞賛され，毛沢東崇拝がおこなわれるほか，反日デモなどで文革時代のスローガンが呈示されるのを見れば，『語録』は未だ死せず，といえるだろう。

参考文献
天児慧ほか編『岩波現代中国事典』岩波書店，1999.
毛沢東（竹内実訳）『毛沢東語録』平凡社，1995.

キーワード	関連年表
文化大革命　大躍進の失敗後，毛沢東が共産党の実権を取り戻すために1966年に発動した大政治運動，正式にはプロレタリア文化大革命。紅衛兵・労働者らによる大規模な大衆運動が展開され，社会秩序は崩壊し，死者は40万人以上，被害者は1億人に達したとされる。経済的な長期停滞を招いたうえ，貴重な文化財が破壊されるなど，文化的な損失も大きかった。1976年に毛沢東が死去し，文革を主導していた「**四人組**」が逮捕されると，この運動は終結した。	1949　中華人民共和国成立 1950　朝鮮戦争参戦 1958　大躍進始まる（〜60） 1963　中ソ論争開始 1966　文革開始 1971　林彪事件 1976　毛沢東死去，文革終了

（村上　衛）

現代の世界 11

120 西欧の支配からイスラームを守る
法学者の統治
ホメイニー

作者 ルーホッラー・ムーサーヴィー・ホメイニー
Rūḥ Allāh Mūsavī Khomeinī 1902〜89

　イラン中央部に位置するホメインの町にて**預言者ムハンマド**の血を引く家（セイエド）に生まれたホメイニーは**イラン革命**(1979)を指導し，革命により成立した，「**イスラーム法**学者の統治する体制」における最高指導者として在位すること10年，テヘランにて没した。シーア派法学者最高権威の1人であったが，若き頃は正統な法学者たちが眉をひそめる神秘哲学イルファーンに傾倒していた。1963年からパフラヴィー国王（在位1941〜79）の諸政策に対して批判を強め，反国王運動を煽動したため国外追放され，イラク・ナジャフの宗教学院に移った。彼が『法学者の統治』の内容について論じたのはここでの講義であった(1970)。

内容紹介 『**法学者の統治**』
Velāyat-e Faqīh 1970

　西洋植民地主義者の支配や影響のもとで，社会で施行されるべきイスラーム法がないがしろにされている。ムスリム（イスラーム教徒）たちが安全かつ安心して日々を過ごし，自らの信仰と道徳を保つには法と公正さの統治，すなわち**イスラーム**がその法と運営方法を提示している統治を必要とする。

　その統治権限であるが，信徒たち本来の指導者イマームが不在の今日では，イマームの代理である法学者にある。その統治権限のおよぶ範囲は宗教領域のみでなく政治領域も含まれ，したがって政教一致である。

　ホメイニーはこの見解に立ち，法学者に統治権限があることを論証す

べく数多くの伝承（ハディース）を論拠としてあげるが，その論証プロセス
→P.126
は複雑にして難解である。

　ところで，シーア派では18世紀後半に優勢だったアフバール学派をウ
スール学派が駆逐した。駆逐されたアフバール学派はイジュティハード
（イスラーム法解釈）を認めず，ハディースを重視したが，ウスール学派は
理性の活用によるイスラーム法解釈をおこなう。ちなみに今日のシーア
派（ウスール学派のシーア派）では，理性に基づく論証をアグリーと呼び，
啓示に基づく論証，すなわちコー
ラン（クルアーン）やハディー
→P.123
スを論拠とする論証をナグリー
と呼ぶ。

　前述したホメイニーの難解な
（ナグリーの）論証は，宗教学院
での講義を活字にしたものであ
ったが，その数年後（1976）に，
ホメイニーはアグリーすなわち
理性に基づく論証を主柱とし，
ナグリーによる論証を傍証とす
るかたちで，論旨を整理しなお
し彼の「売買の書」に記した。
その骨子を簡潔に述べてこの項
を締めくくる。

　「イスラーム法は政教分離に
はそぐわない。また，その法は
永続的に施行されねばならず，

> 植民地主義者が月に行くと自分たちの
> イスラーム法を捨て去るべきだと考え
> た！　（……）火星にも銀河系にも彼ら
> は行くだろうが，にもかかわらず，幸
> 福や人格的卓越性や精神的高邁さに
> おいては無力である。（……）社会の
> 問題や不幸を解決するには信仰，道
> 徳の解決法が必要であり，物質的力
> や富，自然や宇宙の征服はその解決
> に役立たない。資力や物質的力や宇
> 宙征服にはイスラームの道徳や信仰が
> 必要であり，それでもって均衡がとれ，
> 総体化されて人に役立つのである。
>
> ちなみにアメリカのアポロ計画による人類初の月面着陸
> は1969年7月，ホメイニーの『法学者の統治』の講義
> は半年後の1970年1～2月にかけてであった。

そのためには統治を不可欠とする。統治の目的は法の施行と公正さの樹
立にあるから，公正なる法学者がそれを担う。したがって統治樹立は公
正なる法学者の誰かによって果たされるべき義務であり，その統治権限
はイマームの権限と同じである。これらのことはアグリーに基づく論証
にて十分であり，ナグリーに基づく論証は必要ない」。

解説　**サファヴィー朝**（1501～1736）によってシーア派イスラームが国
教と定められて以来，イラン国民の大半は十二イマーム・シー

ア派教徒である。この宗派は第4代正統**カリフ**の**アリー**ならびにその子孫11人（計12人のイマームたち）が，ムハンマド亡きあとのイスラーム信仰共同体を指導する権限をもつと考え，第4代正統カリフのアリー以外のスンナ派カリフたちは，アリーの先任者たちの第1代から第3代正統カリフも含めて，その権限の簒奪者であると見なす。また，第12代イマームは941年に姿を隠したが，死去したのではなく末世にマフディー（救世主）として再臨すると信じる。ところで，イマーム不在となると，**ウラマー** →P.164
（法学者などイスラーム諸学の有識者たち）がその間のイマームの代理であるとする考えが生じた。当初これはイマームの権限のうち，ほんの少しを主張したにすぎなかったが，数世紀を経るなかでしだいに拡大解釈されていく。

こうして**カージャール朝**（1796～1925）期には，世俗王権とイスラーム法学者が，本来1つであるイマームの統治権限を政治と宗教に分けて分掌すると見る考えが主流となっていた。ここで歩をさらに進め，法学者がイマームの代理として，政治と宗教の両面にわたる統治権限を担うと『法学者の統治』で説き，決起を呼びかけてイラン革命でこれを具現したのが，ホメイニーである。

なお，彼がウラマーのなかでもとりわけ法学者のみを取り上げその統治権限を論じたのは，伝承学者を除外するためである。これはハディース重視のシーア派アフバール学派を駆逐したシーア派ウスール学派の立場を示すとともに，伝承偏重のスンナ派ワッハーブ主義（サウディアラビア）との関係も示唆するといえよう。

参考文献
R. M. ホメイニー（富田健次編訳）『イスラーム統治論／大ジハード論』平凡社，2003.
桜井啓子『シーア派——台頭するイスラーム少数派』（中公新書）中央公論新社，2006.
モハンマド＝ホセイン・タバータバーイー（森本一夫訳）『シーア派の自画像——歴史・思想・教義』慶應義塾大学出版会，2007.

■ キーワード

イラン革命 1979年，パフラヴィー王制を倒して（2月11日），イスラーム法学者による統治体制を成立させた革命。東西冷戦下で国王は西側陣営に立ち，近代西欧化と脱イスラーム政策を推進した。これは1973年**第4次中東戦争**に起因する石油収入の急増で拍車がかかったが，社会混乱と渦巻く不満のなかで国王は国民諸階層を敵にまわし失墜した。東西不偏とイスラームへの回帰を説いたホメイニーは，1982年末の非常時態勢の解除（彼の8項目指示）により，革命による混乱と新体制樹立プロセスに，1つの区切りをつけた。

（富田健次）

編者 (五十音順。数字は執筆担当の作品番号)

池田嘉郎	(いけだ よしろう)	東京大学准教授	80, 94, 99, 100, 103, 106, 114, 116
上野愼也	(うえの しんや)	共立女子大学准教授	
村上 衛	(むらかみ えい)	京都大学准教授	111, 112, 115, 118, 119
森本一夫	(もりもと かずお)	東京大学准教授	49

執筆者 (執筆順)

山吉智久	(やまよし ともひさ)	1
杉江拓磨	(すぎえ たくま)	2
上村 静	(うえむら しずか)	3
青木 健	(あおき たけし)	4
高橋裕子	(たかはし ゆうこ)	5, 6
齋藤貴弘	(さいとう たかひろ)	7, 11
宮﨑 亮	(みやざき まこと)	8, 9
竹内一博	(たけうち かずひろ)	10
内川勇海	(うちかわ ゆうみ)	12
内田康太	(うちだ やすたか)	13
阿部 衛	(あべ まもる)	14
川本悠紀子	(かわもと ゆきこ)	15
伊藤雅之	(いとう まさゆき)	16
福山佑子	(ふくやま ゆうこ)	17
兼利琢也	(かねとし たくや)	18
小坂俊介	(こさか しゅんすけ)	19
伊澤敦子	(いざわ あつこ)	20, 21
堀田和義	(ほった かずよし)	22, 23
土口史記	(つちぐち ふみのり)	24, 31, 32
古勝隆一	(こがち りゅういち)	25, 26, 28
宮宅 潔	(みやけ きよし)	27, 29
永田知之	(ながた ともゆき)	30, 33, 34, 37, 38, 39
藤井律之	(ふじい のりゆき)	35
矢木 毅	(やぎ たけし)	36
森山央朗	(もりやま てるあき)	40, 41
加藤瑞絵	(かとう みずえ)	42, 50
亀谷 学	(かめや まなぶ)	43, 53
西尾哲夫	(にしお てつお)	44
大塚 修	(おおつか おさむ)	45, 47
俵 章浩	(たわら あきひろ)	46
青柳かおる	(あおやぎ かおる)	48
四日市康博	(よっかいち やすひろ)	51
宮 紀子	(みや のりこ)	52, 62, 63, 64, 65, 66
菊地重仁	(きくち しげと)	54
成川岳大	(なりかわ たかひろ)	55
藤崎 衛	(ふじさき まもる)	56, 57, 58, 81
藤本 猛	(ふじもと たけし)	59, 60, 61
金 文京	(きん ぶんきょう)	67, 68, 69
二階堂善弘	(にかいどう よしひろ)	70
井波陵一	(いなみ りょういち)	71
岩井茂樹	(いわい しげき)	72
杉山雅樹	(すぎやま まさき)	73
小泉順子	(こいずみ じゅんこ)	74
青山 亨	(あおやま とおる)	75
岡美穂子	(おか みほこ)	76
島田竜登	(しまだ りゅうと)	77
坪井祐司	(つぼい ゆうじ)	78
嶋尾 稔	(しまお みのる)	79
大貫俊夫	(おおぬき としお)	82
長谷川直子	(はせがわ なおこ)	83
内村俊太	(うちむら しゅんた)	84
川崎倫史	(かわさき ひとし)	85
石川敬史	(いしかわ たかふみ)	86, 89
御園敬介	(みその けいすけ)	87
有賀暢迪	(ありが のぶみち)	88
林 直樹	(はやし なおき)	90
勝田俊輔	(かつた しゅんすけ)	91
福田真希	(ふくだ まき)	92, 93
小谷英生	(こたに ひでお)	95
金澤周作	(かなざわ しゅうさく)	96
森田直子	(もりた なおこ)	97, 110
阿部ふく子	(あべ ふくこ)	98
岩本裕子	(いわもと ひろこ)	101, 108, 117
伊東剛史	(いとう たけし)	102
池本今日子	(いけもと きょうこ)	104
平野奈津恵	(ひらの なつえ)	105
吉野恭一郎	(よしの きょういちろう)	107
平野淳一	(ひらの じゅんいち)	109
外川昌彦	(とがわ まさひこ)	113
富田健次	(とみた けんじ)	120

〔写真提供〕
大阪府立中之島図書館
東京大学総合図書館
PPS通信社
ユニフォトプレス

名著で読む世界史120

2016年11月20日　1版1刷　印刷
2016年11月30日　1版1刷　発行

編　者	池田嘉郎／上野愼也／村上　衛／森本一夫
発行者	野澤伸平
発行所	株式会社 山川出版社

〒101-0047　東京都千代田区内神田1-13-13
電話　03(3293)8131(営業)　8134(編集)
https://www.yamakawa.co.jp/
振替　00120-9-43993

印刷所	株式会社 太平印刷社
製本所	株式会社 ブロケード
装　幀	菊地信義
本文デザイン	中村竜太郎

©Yamakawa Shuppansha 2016 Printed in Japan　ISBN 978-4-634-64063-4
造本には十分注意しておりますが，万一，落丁・乱丁などがございましたら，
営業部宛にお送り下さい。送料小社負担にてお取り替えいたします。
定価はカバーに表示してあります。